거울나라의 앨리스와 함께 하는

언어와 언어학의 탐구

거울나라의 앨리스와 함께 하는
언어와 언어학의 탐구
(Language Through the Looking Glass)

초판 인쇄 2018년 6월 25일
초판 발행 2018년 6월 30일

지은이 마리나 야겔로 ┃ **옮긴이** 김지은
펴낸이 박찬익 ┃ **편집장** 황인옥 ┃ **책임편집** 강지영
펴낸곳 ㈜ **박이정** ┃ **주소** 서울시 동대문구 천호대로 16가길 4
전화 02) 922-1192~3 ┃ **팩스** 02) 928-4683 ┃ **홈페이지** www.pjbook.com
이메일 pijbook@naver.com ┃ **등록** 2014년 8월 22일 제305-2014-000028호

ISBN 979-11-5848-393-7 (93700)

거울나라의 앨리스와 함께 하는

언어와 언어학의 탐구

Language Through the Looking Glass

마리나 야겔로 Marina Yaguello 지음 · 김지은 옮김

(주)박이정

머리말

이 책은 마리나 야겔로(Marina Yaguello)가 1998년 옥스퍼드대학 출판사에서 펴낸 『*Language Through the Looking Glass : Exploring Language and Linguistics*(거울을 통해서 본 언어: 언어와 언어학의 탐구)』를 『거울나라의 앨리스와 함께 하는 언어와 언어학의 탐구』라는 이름으로 번역한 것이다. 이 원서는 야겔로가 1981년 프랑스의 쇠이유(Seuil) 출판사에서 펴낸 『*Alice au pays du langage. Pour comprendre la linguistique*(언어학의 이해를 위한 언어나라의 앨리스)』를 트레브 해리스(Trevor Harris)와 함께 영어판으로 개작(改作, adaption)한 것이다. 야겔로는 서문에서 "나는 원서를 크게 수정하였고 새롭게 개정하였지만 그 원서가 가지고 있는 정신은 유지하고 있다(I have significantly revised and updated the original book, while retaining its spirit)."고 개작의 정도를 명확히 밝히면서 "이 책을 거의 전체적으로 다시 썼다(rewrite this book almost entirely)"는 것을 분명히 말하고 있다.

이처럼 야겔로가 17년의 시차를 두고서 『*Alice au pays du langage. Pour comprendre la linguistique*(언어학의 이해를 위한 언어나라의 앨리스)』(1981)를 영어판 『*Language Through the Looking Glass : Exploring Language and Linguistics*(거울나라의 앨리스와 함께 하는 언어와 언어학의 탐구)』(1998)로 개작한 것은, 루이스 캐럴(Lewis Carroll)이 6년의 시차를 두고서 『이상한 나라의 앨리스 *Alice's Adventures in Wonderland*』(1865)에 이어 그 속편으로 『거울나라의 앨리스 *Through the Looking-Glass and What Alice Found There*』(1871)를 간행한 것과 상통하는 면이 있다. 야겔로는 1981년 프랑스어판 원저의 이름에 캐럴(1865)의 '이상한 나라(Wonderland)' 대신에 '언어나라(pays du langage)'를 사용하고 있다면, 1998년 개작한 영어판의 이름에서는 캐럴(1871)의 '거울-보기(Looking-Glass)'를 그대로 사용하

고 있다. 이는 우리가 번역하고 있는 야겔로의 영어판(1998)이 프랑스어판(1981)을 단순히 영역(英譯)해 놓은 것이 아니라, 기본적인 분석의 대상이 되는 주 언어가 프랑스어에서 영어로 바뀐 것 외에 내용과 서술 방식에서도 그 시간 차만큼이나 많은 차이가 있는 '개작된(adapted)' 저술이라는 것과도 궤를 같이한다.

이 책은 언어학 입문서이지만 야겔로가 서문에서 말하고 있듯이 "단지 학문적인 환경에서만 사용하도록 계획된 것은 아니므로" 독자층도 "학생들만이 아니라 언어를 사랑하고 언어에 대해 호기심을 갖는 사람이면 누구나 알아야 할 모든 것"을 포함하고 있다. 야겔로는 이 책에서 캐럴의 『앨리스 *Alice*』[1]를 출발점으로 삼아 언어에 대한 독창적인 항해에 독자들을 초대한다. 그 여정 동안 언어학의 주요 주제들을 흥미진진하게 전개해 나간다. 이 책은 구성방식이 진부한 기존 언어학 개론서들에 정이 떨어졌을 수도 있는 모든 사람들에게 『앨리스』에 등장하는 인물들(곧 화자들)이 그랬던 것처럼, 발화의 주체, 곧 화자가 언어를 도구로 삼아 다양하게 구사하는 '말놀이'나 '언어유희'를 통해 언어학은 매력적이고 재미있고 아주 아주 이해하기 쉬울 수 있다는 것을 보여준다.

우리가 야겔로의 프랑스어판(1981년)에 이어 이 원저를 개작한 1998년 영어판을 번역하게 된 이유는 다음 한 가지다. 이 책이 논의 전개에서 분석 자료(곧 데이터)로 삼은 주 언어가 영어이고, 또 이 영어 데이터를 기술하고 설명하는 메타언어 또한 영어라는 사실이다. 언어 이론의 전개가 독자들이 이미 알고 있는 언어에 기반할 때 '언어를 사랑하고 언어에 대해 호기심을 갖는' 많은 사람들이 자신들의 갈증 해소를 넘어 더 큰 관심 속에서 언어학은 재미있고도 매력적인 학문이라는 것을 경험할 수 있기 때문이다.

이 책은 총 14장으로 구성되어 있다. 각 장에 담긴 주요 내용은 다음과 같

---

1) 여기서 『앨리스 *Alice*』란 두 권이 합본되어 출판된 다음의 L. Carroll(1992)판을 말한다. 캐럴(L. Carroll, 1992), 『이상한 나라의 앨리스 *Alice in Wonderland*』(1865))와 『거울나라의 앨리스 *Through the Looking Glass and What Alice Found There*』(1871)의 합본, Norton Critical Edition, Donald J. Gray(ed.), London: W. W. Norton and Co. 야겔로는 이 책 내내 바로 이 Carroll(1992)판을 참조하고 있으며, 해당 쪽수는 인용 뒤의 괄호 안에 제시되어 있다〈역주〉.

다. 1장에서는 언어의 다양한 기능에 대해서 말하고 있다. 언어의 의사소통행위는 여섯 가지 요소(곧, **화자**와 **청자**, 이들이 사용하는 **코드**, 코드로 주고받는 **메시지**, 메시지가 가리키는 **지시대상**, 그리고 화·청자 사이를 이어주는 목소리, 쓰기, 몸짓 등과 같은 **접촉**)로 구성된다. 이들 중 어느 요소가 중요시되는가에 따라 여섯 가지 언어 기능(곧, 표현적, 능동적, 메타언어적, 시적, 정보적, 친교적 기능)이 『앨리스』에서는 물론, 민간전승, 만화, 주문, 광고 포스터, 속담, 시, 동요 등에서 가져온 다양한 실례를 통해서 설명되고 있다. 2장에서는 바벨탑의 신화에 기원을 둔 '언어의 다양성'과 함께 '선조성, 불연속성, 이중분절성, 자의성' 등과 같은 언어의 보편적인 특징들에 대해서, 3장에서는 '언어에서 잉여성의 역할'에 대해서, 4장에서는 '낱말, 형태소, 음소'와 같은 언어학적 분석 단위들을 자르는 방법에 대해서, 5장에서는 '낱말을 구성하는 형태소들의 결합 원리'에 대해서, 6장에서는 '언어의 음운 체계와 그 표기법'에 대해서, 7장에서는 '기호로서의 말', 곧 '말과 사물, 기표/기의와 지시대상 그리고 언어와 현실'에 대해서, 8장에서는 '언어 기호는 자의적인가 아니면 동기화되어 있는가'에 대해서, 9장에서는 '의미와 무의미', 곧 '의미의 구성과 파괴'에 대해서 논하고 있다. 10장에서는 '언어능력과 언어수행', 곧 '어떻게 유한한 언어능력의 모델로 무한한 언어수행을 이행하는가'에 대해서, 11장에서는 '문법의 세 계층(곧 음운, 형태와 통사, 의미)이란 무엇이며, 통사론과 의미론의 경계는 무엇인가'에 대해서, 12장에서는 '비유적 표현을 통한 의미의 전이 문제'를 다루고 있다. 13장에서는 어휘적 의미, 곧 '다의성과 동음이의, 동의성과 반의성 그리고 금기어와 완곡어법' 등에 대해서 논하고 있고, 마지막 14장에서는 '통사적 동의성, 통사적 동음성 그리고 통사적 중의성'이란 무엇인지에 대해서 논의하면서 '통사론의 속임수와 함정'에 대해서 밝히고 있다.

　이 책에는 각주와 미주가 있다. 각주는 독자들의 이해를 돕고자 역자가 보탠 것이고, 미주는 원서에 있는 각주로 각 장의 끝에 정리되어 있다. 그리고 이 책에서 인용되거나 언급된 우리말 책이름은 『 』로, 학술지나 잡지명은 《 》로, 작품이나 예술품 이름은 「 」로, 학술지나 잡지에 실린 논문이나 글의 제목은 " "로 표시했고, 원문에서 이탤릭체로 쓰인 것들 중 역자가 보기에 핵심어로 판단되는 것은 볼드체로 처리해서 각 장의 핵심 내용을 파악하는 데 용이하게 했다. 그리고 내용 중 인용은 " "로, 강조는 ' '로 표기했다.

번역하는 과정에 본교 영문과 교수님들의 도움을 받았다. 박혜선 교수님은 이해가 쉽지 않았던 구절과 통사적으로 중의성을 띤 문장을 해석하는 데 도와주셨고, David Lyons 교수님은 통사적 비정상(Syntactic Anomalies)을 찾아내는 데 도와주셨고, 윤원희 교수님은 영국 현지에서 말해지는 비유적 표현의 의미와 잉글랜드와 스코틀랜드 지방의 억양의 특징에 대하여 도움을 주셨다. 러시아어과의 박선진 교수님은 러시아어 동요를 통한 발음 학습법에 대한 이해에 도움을 주셨다. 이들 교수님께 감사의 마음을 표한다. 그리고 이 책의 출판을 흔쾌히 받아주신 박이정 출판사의 박찬익 사장님, 판권 확보 등 출판을 위한 '들머리' 작업을 해 주신 권이준 상무님, 표지 디자인과 함께 편집을 전반적으로 책임져주신 황인옥 편집장님, 그리고 편집과 교정을 꼼꼼히 챙겨주신 강지영 팀장님 등 박이정 출판사 모든 분들께 깊은 감사의 마음을 표한다. 마지막으로 이 역서가 나오기까지 초고에서부터 재교까지 꼼꼼히 읽으면서 우리말 표현이 적절하지 않을 때마다 문제 해결의 제언을 아끼지 않은 아내 김경희에게는 물론, 어느덧 대학생이 되어 게임언어를 코딩하느라 밤을 하얗게 새우기를 마다 않는 준묵에게도 고마운 마음을 전한다.

김 지 은
2018년 6월

서문 왜 『거울나라의 앨리스』를 통해서인가?

앨리스와 내가 알고 지낸 지는 오래되었다. 내가 그때까지 보았던 최초의 영화인 디즈니 영화에 매료된 어린이로서 나는 그녀를 모방하려 했다. 나는 더 나중에서야 캐럴[1]의 책을 발견하였는데, 그때는 아무도 더 이상 동화를 읽지 않을 나이였다. 그것은 다행히도 영어 원서였다. 그렇지 않았다면 앨리스의 헤아릴 수 없이 다양한 면 중에서 나를 가장 매혹시킨 것, 즉 앨리스의 언어를 놓쳐버릴 수도 있었기 때문이다.

앨리스 책들은 언어학에 관심이 있는 사람이라면 누구에게나 생각을 위한 끊임없는 먹을거리와 끊임없는 기쁨을 선사한다. 영어를 가지고 노는 동안에 루이스 캐럴이 끊임없이 물음을 던지고 있는 것은 언어 일반이다. 지난 수년간 나는 완전히 말놀이에 기반한 언어학 입문서를 쓰는 것이 상당히 가능성이 있다는 생각이 들었다. 그러나 그것은 언어학으로서의 엄격함을 박탈당한 언어학일 것이다. 『언어나라의 앨리스 *Alice au pays du langage*』[2]는 앨리스 책

---

1) 루이스 캐럴(Lewis Carroll, 1832~1898)은 1832년에 영국 체셔 데어스베리에서 태어난 수학자이자 동화작가이다. 그의 본명은 찰스 루트위지 도지슨(Charles Lutwidge Dodgson)으로 아버지 찰스 도지슨 사제와 어머니 제인 루트위지의 열한 명의 자녀들 가운데 셋째였다. 그는 어린 시절부터 말장난, 체스 게임, 인형극 같은 것에 관심이 많았고, 형제들과는 늘 그러한 놀이를 하면서 지냈다. 1851년 옥스퍼드 크라이스트 처치 칼리지(Christ Church College)에 입학한 이래 수학과 논리학에서 두각을 드러냈고, 1855년에는 옥스퍼드 대학에서 수학 교수로 일했다. 평생 독신으로 살았던 그는 아이들을 무척 좋아했다. 1865년에 간행된 『이상한 나라의 앨리스 *Alice's Adventures in Wonderland*』와 그 속편으로 6년 후인 1871년에 간행된 『거울나라의 앨리스 *Through the Looking-Glass and What Alice Found There*』는 그가 속했던 칼리지 학장의 딸인 앨리스 리델(Alice Liddell, 1852~1934)과 친구가 되어 그녀를 위해 지어서 들려주던 이야기였다. 전자가 따뜻한 5월의 야외에서 이야기가 시작되고 카드놀이의 이미지가 사용되었다면, 후자는 추운 11월에 실내에서 시작되며 시간 · 공간이 자주 바뀌고 체스의 이미지가 사용되었다(『두산 동아』 참조)〈역주〉.

2) 야겔로의 저서 *Alice au pays du langage. Pour comprendre la linguistique*(1981, Paris: Seuil)는 다음과 같이 본 역자에 의해 번역된 바 있다. 마리나 야겔로(1981)저/김지은(2014)역, 『언어학의 이해를 위한 언어나라의 앨리스』(서울: 한국문화사)〈역주〉.

들에서뿐만 아니라 시와 구비설화와 어린 학생들의 언어에서도 많은 예들을 가져와 쓰여졌다.

이 책의 영어판을 준비할 기회가 왔을 때 나는 어떤 의미에서는 내가 프랑스어 원판에서 맞닥뜨렸던 것들과는 정반대의 모습으로 제기되는 어려움들에 직면하였다. 여기서 나는 전 영역에 걸쳐 적절한 프랑스어 예들을 자유롭게 활용하면서도 『언어나라의 앨리스』의 참고문헌을 제한해야만 했다. 앨리스는 자기 같은 사람들 가운데서 다시 자기 자신을 찾기 때문에 나는 많은 나의 프랑스어 예문을 버리고, 영어에서 동일하거나 유사한 점을 나타내는 다른 부가적인 자료를 찾아내야만 했다. 동시에 나는 원서의 정신은 유지하면서도 그 원서를 크게 수정하였고 새롭게 개정하였다.

비록 이 책이 언어학 연구의 입문서라고 할지라도 단지 학문적인 환경에서만 사용되도록 계획된 것은 아니다. 독자층에 학생들과 언어를 사랑하는 사람들이 둘 다 똑같이 포함되는 것이 나의 희망이다.

나는 오류와 애매한 것들을 지적하고, 끝없이 유용한 제안들을 해 주면서 내가 이 책을 거의 전체적으로 다시 쓰도록 용기를 준 옥스퍼드대학 출판부의 편집장 프란시스 모피(Frances Morphy)씨에게 특히 감사를 드리고 싶다. 비록 그녀는 내가 더 읽기 쉽고 더 잘 구성된 책을 만들도록 도와주었지만 남아있을 수 있는 어떠한 오류도 나 자신의 책임이다.

마리나 야겔로
1997년 3월

차 례

서론 　그럼, 당신은 언어학자시군요...

'그럼, 당신은 언어학자시군요... 당신이 추천하려는 책이 있나요?... 저는 정말 언어학이 무엇에 대한 것인지 이해하고 싶어요.' 이것은 언어학자들을 향한 공통된 질문이다. 그럴 경우 나는 보통 에밀 벤브니스트[1], 드와이트 볼린저[2], 로만 야콥슨[3] 혹은 존 라이온스와 같은 언어학자들의 저작물을 읽을 것을 제안한다. 그들의 저작—따라서 그들의 생각—은 그들이 다루고 있는 주제의 복잡성이 어떻든 간에 아주 놀랍도록 명쾌하다. 그러나 비전문가들에게는 그것들을 읽기가 항상 쉬운 것은 아니다. 더군다나 촘스키[4]주의자들의 저작은

---

1) 에밀 벤브니스트(Émile Benveniste, 1902~1976)는 현대 프랑스의 가장 위대한 구조주의 언어학자들 중의 한 명이다. 그는 1930년에 콜레주 드 프랑스(Collège de France)의 교수가 되어 1970년 은퇴할 때까지 연구와 교수 활동을 했다. 그는 소쉬르(F. de Saussure, 1857~1913)와 메이예(A. Meillet, 1866~1936)의 뒤를 이어 인도-유럽어를 비교 연구한 프랑스학파(École française)의 일원이었다. 그의 저서로는 『인도-유럽어에 있어서의 명사 형성의 기원 *Origines de la formation des noms en indo-européen*』(1935)과 이 논의를 더 발전시킨 『인도-유럽 제도 어휘집 *Vocabulaire des institutions indo-européennes*』(1969)이 있다. 이외에 그가 연구한 많은 논문은 『일반언어학의 제 문제 I, *Problèmes de linguistique générale I*』(Éditions Gallimard, 1966)과 『일반언어학의 제 문제 II, *Problèmes de linguistique générale II*』(Éditions Gallimard, 1974)라는 두 권의 책으로 출판되었다〈역주〉.

2) 드와이트 볼린저(Dwight Bolinger, 1907~1992)는 하바드대학교에서 로만스어를 연구한 미국 언어학자이다. 그의 주요 저서로는 구동사(phrasal verbs)의 과학적 접근으로 많은 언어학자들의 주목을 받은 『영어 구동사 연구 *The Phrasal Verb in English*』(1971)와, 형식(form)에서의 차이는 의미(meaning)에서의 차이를 함축한다는 원리를 세운 『의미와 형식 *Meaning and Form*』(1977)이 있다. 그리고 그는 1981년 (다른 언어학자들에게) 언어 연구에 있어서 사회통념(common sense)의 개념을 적용하기 위한 역할을 복원케 한 책인 『언어—장전된 무기 *Language —The Loaded Weapon*』로 미국 영어교사 위원회(National Council of Teachers of English)로부터 오웰 상(Orwell Award)을 받기도 했다〈역주〉.

3) 로만 야콥슨(Roman Jakobson, 1896~1982)은 러시아 태생의 미국 언어학자로 프라하학파의 창시자였다. 그는 음운론, 언어의 기능구조 연구, 시학뿐만 아니라 다른 다양한 문화 영역, 실어증 연구 등 여러 방면에 걸쳐서 현대 구조주의 사상에 지대한 영향을 끼쳤다. 주요 저서로는 『음성분석 서설—판별적 특징과 그 관련량(關聯量) *Preliminaries to Speech Analysis*』(1952, M.할레, G.판트와의 공저)과 저작집 『Selected Writings』(7권, 1962~) 등이 있다〈역주〉.

4) 노암 촘스키(Noam Chomsky, 1928~)는 미국의 언어학자로서 변형생성문법의 창시자이다.

말할 것도 없고 더 최근의 기능주의와 인지주의 언어학자들의 경향이 보여주는 전문적인 특성은 단순히 언어에 대해 호기심을 갖는 사람들의 용기를 꺾게 할 뿐이다. 또한 학생 독자를 겨냥한 개론서들은 그 구성방식의 진부함으로 인해 일반 독자층의 관심을 끌기에는 창의성 없는 단순한 교재의 성격을 벗어나지 못한다.

이 책은 가능한 한 광범위한 독자들에게 무엇인가를 깨닫게 하고자 하는 의무감 같은 것을 가지고 있다. 그러므로 나는 이 책을 가능한 한 학문적이 아닌 방법으로 전개할 것이고, 언어학이나 언어학적 용어에 대한 사전 지식이 없다고 여겨지는 독자들을 대상으로 할 것이다.

그럼에도 불구하고 나는 뒤따르는 논의들에서, 당신이 엄격한 의미에서 비록 언어학자는 아니지만 **언어를 사랑하고, 언어에 매료되어있다**는 것을 알기 위해 필요한 모든 것을 발견할 것이라는 것을 분명히 말할 수 있다. 더 나아가, 산더미처럼 많은 수의 수학적 공식으로 사회과학(그런고로 부정확한 과학)으로서의 정체성을 너무 자주 숨기는 이론적인 언어학에 정이 떨어졌을 수도 있는 모든 사람들에게 그런 재미없는 겉모습을 넘어서 언어학이 매력적이고 재미있고 아주 아주 이해하기 쉬울 수 있다는 것을 보여줄 것이다. 전문적인 용어나 메타언어의 사용은 최소한으로 제한되어질 수 있고 또 그렇게 하도록 할 것이다. 그렇지만 그런 용어들을 완전히 사용하지 않을 수는 없다. 왜냐하면 우리가 오직 일상어만을 사용하여 언어와 언어학에 대해서 이야기할 수 있다고 믿는 것은 비현실적이기 때문이다.[1]

인류의 문화적 도구 가운데 언어는 매우 특별한 위치를 차지한다. 왜냐하면 인간은 어떤 언어이든 간에 언어를 말하고 배우도록 프로그램화되어 있지만 물리학이나 수학을 배우도록 프로그램화되어 있지는 않기 때문이다. 정말, 언

그는 언어의 표면형에 집착한 구조문법의 한계를 비판하고, 구상적인 표면구조의 이면에는 관념적인 또 하나의 구조, 곧 심층구조가 있다고 가정한 후, 전자의 표면구조는 후자의 심층구조로부터 변형에 의해 파생된다고 생각했다. 그는 심층구조상의 유한한 언어규칙을 가지고 우리가 표면구조상에서 무한히 실현하는 창조적 언어사용을 설명하고자 했다. 그는 변형생성문법을 알린 첫 저서 『통사 구조 *Syntactic Structures*』(1957)를 시작으로 수십 권에 이르는 언어학 저서를 발표했다. 또한 그는 언어학 분야뿐만 아니라, 1960년대 베트남전쟁 반대 운동을 시작으로 다양한 사회운동과 현실 비판에 앞장서는 실천적인 지식인이기도 하다〈역주〉.

어는 인간의 기본적인 욕구에 부응한다. 즉 의사소통을 하려는 욕구는, 먹고 숨 쉬고 자고 사랑하고자 하는 욕구와는 달리 '자연적'인 방식으로 저절로 나타나지 않는다. 언어는 **발화 행위**로 표현되기 위해서는 특별한 **언어공동체**에 속하는 **언어체계**의 형태로 학습되어야 한다. 반면에 잠재적인 말하기 능력은 유전적이므로 그것의 실현에는 문화적 학습 과정이 요구된다. 요컨대, 언어공동체에서 격리되어 언어학습이 이루어지지 않은 사례를 통해 확인된 사실은 '야생의' 아이들, 곧 공인된 프랑스어 용어를 사용하자면 **앙팡 소바주(enfants sauvages, 야생아)**는 말하는 능력이 퇴화되어 있다는 것이다.

언어는 또한 달리 표현하면 특별하다. 언어는 상징화하고 추상화하는 특별한 인간 능력을 제어한다. 인간은 현재의 것을 감지할 수 있을 뿐만 아니라 시간상 혹은 공간상 멀리 있는 것, 추상적인 것, 더 나아가 상상적인 것까지 그려낼 수 있다. '태초에 말씀이 있었기'에 언어 없이 인간의 생각은 존재할 수 없다.[2]

그러나 나는 언어 자체의 특성만큼이나 화자에게도 흥미가 있다. 나는 내가 언어학에 대해 **화자—지향적인** 접근법이라고 부르는 것을 독자들이 알아차렸으면 한다. 나에게 있어서 화자는 언어의 핵심이다. 이것은 언어의 연구가 화자에 대해 말하기, 곧 화자의 배경과 성격 그리고 그의 경험과는 결코 분리될 수 없다는 것을 의미한다. 그러므로 우리가 언어현상을 가장 잘 분석할 수 있을 때는 언어사용자로서 우리 자신의 경험에서 출발할 때이다.

그러나 언어학에는 다른 모든 학문들과 구별되는 한 가지 특징이 있다. 요컨대 언어학은 오직 언어 자체를 사용해서 그 주제를 파악하고, 기술하고 분석할 수 있다. 그러므로 우리는 분석을 위한 **주제**로서 언어와 그 분석을 위한 **도구**로 사용되는 언어 사이의 **메타언어적** 관계를 받아드려야만 한다. 그런 까닭에, 사회학을 하기 위해서는 사회학자가 되어야 하고 수학을 하기 위해서는 수학자가 되어야 하는 반면에, 단지 그들이 화자이기 때문에 **모든** 화자들에 의해 행해지는 직관적이고 전이론적이며 자발적인 형태의 언어학을 하기 위하여 언어학자가 될 필요는 없다. 언어는 모든 사람에게 속하기 때문이다. 실제적인 언어경험은 모든 인간행위의 중심이다. 언어학자들은 물리학자들이 물리학에 대해서 가지고 있는 것과 같은 독점권을 가지고 있지 않다. 비록 우리가 '순진 무구한' 원어민 화자의 언어학(때때로 민간언어학(folk linguistics)[5]이라 불린다)과 과학적인 언어학 사이에 선을 그을 필요가 분명히 있을 때조차도 우리 모두는 언어학을 한다.

모든 화자는 **메타언어적 활동**에 젖어있다. 이 활동은 낱말들이나 발화들을 대조하고 정의하고 다른 말로 바꾸어 표현할 때는 **의식적**일 수 있고, 자신의 모국어를 '자발적으로' 습득하는 복잡한 과정에서는 **무의식적**일 수 있다.

모든 그러한 메타언어적 활동이 시야에 가득하게 들어오는 아주 의미심장한 영역이 있다. 그것에는 재치 있는 말장난(wordplay), 음이 비슷한 말을 이용한 말장난(playing *on* words), 말을 가지고 하는 놀이(playing *with* words), 그리고 모든 형태의 말놀이(verbal play) 곧 다의어, 동음이의어를 이용한 재담(punning), 그림·기호 문자 따위를 짜 맞추어 어구를 나타내는 수수께끼(rebus), 한 사람이 하는 몸짓을 보고 그것이 나타내는 말을 알아맞히는 몸짓놀이(charade), 두음전환(spoonerism), 시각운(eye rhymes)[6], 전래 동요(nursery rhymes), 수수께끼(riddles), 두 말의 음과 뜻을 포함시켜 만든 혼성어(portmanteau words), 십자말풀이(crosswords), 어구의 철자 바꾸기 놀이, 곧 아나그램(anagrams) 등등이 있다. 이렇듯 이러한 말놀이들은 화자가 내재하고 있는 생득적이고 직관적인 언어학을 드러내 보이는 담화상의 모든 것이다. 놀이라는 것은 무엇보다도 사람들이 규칙을 아는 것에서 더 나아가 그 규칙을 변칙 적용하는 법을 알고, 자연언어들이 허용하는 창조성만큼이나 놀이의 특징이라 할 수 있는 중의성을 활용하는 법을 안다는 것을 전제로 한다. 아이들에게 있어서 언어 학습은 낱말 놀이와 분리될 수 없다. 왜냐하면 낱말 놀이는 교육학적 가치− 밝혀진 대로 주로 자율적 교육의 가치 −를 지니고 있

---

5) '민간언어학'은 언어, 언어 변이 그리고 언어 사용 등에 대한 화자의 의견이나 관점을 보일 뿐 아직 학문으로서의 체계화가 이루어지지 않은 언어 연구를 말한다〈역주〉.

6) 시각운(視覺韻, eye rhymes)이란 발음은 틀리나 철자로는 운이 맞는 것처럼 보이는 것을 말한다. 쉬운 예로 'move, love'를 들 수 있다. 다른 예로 셰익스피어의 『햄릿 *Hamlet*』의 3막 2장에서 왕에 의해 'flies'와 운을 맞추기 위해 사용된 'enemies'를 들 수 있다〈역주〉.

기 때문이다. 정말, 모든 말놀이는 코드의 정확한 습득을 전제로 한다. 언어에 대한 불충분한 지식은 형편없는 말놀이로 이어질 뿐이다. 말을 가지고 하는 놀이의 능력은 언어 유창성의 척도이다.

시는 말을 가지고 노는 또 다른 방식이다. 왜냐하면 놀이와 시는 **무동기성**으로 결합되어 있기 때문이다. 낱말과 시인과의 관계는 소리와 음악가 혹은 점토와 조각가의 관계와 같다. 말하자면 살아있는 실체는 사랑과 기쁨으로 다듬어져야 하기 때문이다. 몇몇 예만 들자면 스위프트(J. Swift)[7], 루이스 캐럴(L. Carroll), 에드워드 리어(E. Lear), 제임스 조이스(J. Joyce), 에드워드 에스틀린 커밍스(e.e. cummings), 엘리엇(T.S. Eliot)[8], 잭 케루악(Jack Kerouac)[9], 거트루드 스타인 (G. Stein), 앤서니 버지스(A. Burgess)[10], 윌리엄 버로스(W. Burroughs) 등은 모두 언어에 매료당했으며, 언어의 구조를 밝혀내고 언어의 한계를 드러내고자 하였다.

진지한 연구의 대상인 수많은 언어 특성들이 『이상한 나라의 앨리스』와 『거울나라의 앨리스』에 강조되어 있다. 아이로 남아있던 한 어른에 의해 아이들에 대해, 그리고 아이들을 위해 쓰여진 이 두 권의 책은 1세기 이상 동안 성

---

7) 조나단 스위프트(Jonathan Swift, 1667~1745)는 아일랜드의 더블린에서 영국인 부모 사이에서 태어난 작가이다. 그의 작품으로는 더블린의 포목상으로 가장하여 악랄한 영국의 화폐 정책을 공격한 『드레피어의 편지 *The Drapier's Letters*』(1724)가 있고, 영국의 아일랜드에 대한 착취 문제를 인간과 인간사회에 대한 풍자로 그린 『걸리버 여행기 *Gulliver's Travels*』(1726), 그리고 또 아일랜드에 대한 영국의 착취 문제를 소름끼치는 섬뜩한 풍자로 그린 『온건한 제안 *A Modest Proposal*』(1729)이 있다〈역주〉.

8) 엘리엇(Thomas Stearns Eliot, 1888~1965)는 미국 세인트루이스에서 태어나 하버드대학에서 공부했고, 1927년 영국으로 귀화한 20세기 최고의 시인이자 극작가이며, 문학 비평가이다. 1922년 그는 현대 모더니즘 문학을 대표하는 시 「황무지 *The Waste Land*」를 발표했고, 이 작품으로 1948년에 노벨문학상을 수상한 주지주의의 대표 작가이다〈역주〉.

9) 잭 케루악(Jack Kerouac, 1922~1969)은 미국의 작가이자 시인이다. 1960년대에 앨런 긴즈버그 (Allen Ginsberg, 1926~1997), 윌리엄 버로스(William Burroughs, 1914~1967)와 함께 비트 세대(Beat Generation)의 선구자로 꼽힌다. 그는 히피 문화의 창시자라고도 알려져 있다. 대표작은 1957년에 발표한 소설 「길 위에서 *On the Road*」이다〈역주〉.

10) 앤서니 버지스(Anthony Burgess, 1917~1993)는 소설가, 시인, 극작가, 비평가 등으로 활동한 영국 문학가이다. 그의 작품은 창의적인 언어, 해박한 지식, 피카레스크식 구성, 기괴하고 이국적인 작품 배경이 한데 결합된 것이 특징적이다. 주요 작품으로는 과학에 의해서 개성을 상실하고 로봇화한 인간을 다룬 『시계태엽 오렌지 *A Clockwork Orange*』(1971)가 있다〈역주〉.

인들, 특히 언어학자들을 매료시켰다.

루이스 캐럴이, 비록 하나의 이론으로 명료하게 설명되지는 않았지만 촘스키보다 훨씬 앞서 깨달은 것은 절의 무한정 끼워 넣기(embedding)를 허용하는 **귀환성**[11]으로 알려진 규칙에 의해 언어가 무한히 실현된다는 특징이다. 마찬가지로 캐럴은 구조주의가 후에 의미보다 소리, 곧 **형태**에 부여하려 했던 우위성에 일찍이 반발했다. 캐럴은 늘 그렇듯이 잘 알려진 속담[12]을 "**의미**(sense)에 신경을 쓰라, 그러면 **소리**(sounds)는 저절로 제 자리를 찾아간다."와 같이 뒤집어서 자신의 선호도를 표현했다.

루이스 캐럴은 우리에게 언어와 놀이 사이의 관계를 상당히 명료하게 보여준다. 많은 면에 있어서 그의 연구는 언어의 본질에 대한 깊은 성찰을 보여준다. 그러한 성찰에는 현대의 언어학자들을 위한 이론적 함의가 재미 속에 숨겨져 있다. 아마 우리가 인정해야 할 것은 언어로 노는 법과 언어에서 기쁨을 끌어내는 법을 가장 잘 아는 언어 사용자들인 시인과 아이들은 궁극적으로 전문가들만큼 많은 것을 우리들에게 가르쳐줄 수도 있다는 것이다. 언어학은 너무나 중요한 일이어서 언어학자들에게만 맡겨둘 수 없을 것 같다는 생각이 든다.

---

11) 촘스키의 생성문법에서 말하는 규칙의 귀환성(歸還性, recursiveness)이란 문법(G)의 규칙(R)이 적용되는 경우에, 규칙 R(예를 들어 X→Y)의 왼쪽 요소(즉 X)가 오른쪽에 나타나면(즉 Y가 X를 포함하면), 규칙 R이 귀환성을 띤다고 하고, 그러한 규칙을 귀환규칙(recursive rule)이라 한다[『영어학사전』(조성식 외 1990: 1029, 신아사) 참조]. 그 일례로 다음 (i)의 구절구조규칙이 있다하자.
   (i) a. S → NP + VP
       b. VP → V + NP
       c. NP → Det + N
                S
   (i)의 다시쓰기규칙은 예를 들어 '① Sierra heard the story.'와 같은 S(문장)가 '② Sierra heard that Emma said that Don told Rebecca that…'(이 예는 『언어: 이론과 그 응용』(김진우 2017: 174, 한국문화사)에서 가지고 옴)와 같은 S로도 무한히 실현될 수 있다는 것을 설명한다. 그것이 가능한 이유는 목적어 명사구(NP object)가 ①에서처럼 'Det(한정사) + N(명사)'의 구성으로 종결되지 않고, ②에서처럼 (i)c.의 귀환규칙에 따라 그 자리에 다시 보문절(S)의 실현이 끊임없이 반복될 수 있기 때문이다(역주).

12) "Take care of the pence, and the pounds will take care of themselves(동전을 돌보면, 파운드는 그들 스스로를 돌본다).", 곧 "푼돈을 아끼면 목돈은 저절로 만들어진다."라는 영국 속담을 말한다〈역주〉.

말놀이는 무의식적인 메타언어학적 활동에 기반을 두고 있으므로 발화주체의 언어능력을 드러낸다. 따라서 우리는 **놀이 기능**을 포함하고 있는 **시적 기능**이 언어의 여러 기능들 중에서 중심이 된다고 주장할 수 있다. 왜냐하면 인간의 의사소통은 그 목적이 오로지 정보를 전달하는 것만이 아니라는 바로 그 사실에 의해 다른 형태의 의사소통들과는 구별될 수 있기 때문이다.

나의 야망은 언어학의 모든 영역을 다루는 것도, 언어학의 이론들과 방법들 혹은 그 목표들을 모두 언급하는 것도 아니다. 아무튼, 지금까지 언어현상을 전체적으로 설명할 수 있는 단 하나의 이론이나 기술(記述)은 물론이고 한 특정한 언어 혹은 단지 한 언어의 일부분만을 설명할 수 있는 이론이나 기술(記述)은 존재하지 않는다. 언어학은―그것이 정말 과학이라면―비록 그렇게 많은 것이 이미 성취된 것 같음에도 불구하고, 거의 모든 것이 여전히 완성되지 않은 채 남아있는 악마같이 어려운 학문이다. 언어학의 주제와 궁극적인 목적까지도 끊임없이 논의거리가 되고 있다. 언어학의 많은 개념들이 모호한 채 논란거리로 남아있다. 무엇이 **기호(sign)**를 구성하며 그 기호의 자의적인 특성을 구성하는지와 같은 기본적인 점들에 대해서조차도, 무엇이 **언어체계**에 포함되고 무엇이 **발화행위**에 포함되는지에 대해서도, 통사론과 의미론과 화용론의 관계에 대해서도, 그리고 기본적인 기술적(記述的) 용어의 불일치에 대해서는 말할 것도 없고 의미의 개념에 대해서조차도 의견일치가 아직 이루어지지 않고 있다. 한 프랑스 언어학자[13]는 다음과 같이 그 사실을 다소 비관적으로 쓰고 있다.

> 언어학은 다양한 개념들을 정의내리고자 하는 헛된 시도들로 이루어져 있다. 그러한 헛된 시도들의 유일한 공통분모는 정의 내리는 행위에 대한 저항이었다. 바로 그런 이유로 크람스키(1969)[14]는 '언어학이란 바로 그러한 정의를 내

---

13) 고드지히(Wladislaw Godzich, 1945~)는 독일에서 태어나 프랑스에서 자란 문학평론가, 문학이론가, 번역가 그리고 학자이다. 그는 현재 미국 캘리포니아 대학(Santa Cruz)에서 일반 비교문학과 비평을 강의하고 있다〈역주〉.

14) 제리 크람스키(Jerry Kramsky, 1953~)는 이탈리아 태생의 만화시나리오 작가로 본명은 파브리치오 오스타니(Fabrizio Ostani)이다. 그는 친구인 로렌조 마토티(Lorenzo Mattotti)와 함께 다양한 작품을 만들었다. 우리나라에 번역된 작품으로는 『지킬과 하이드』, 『고집쟁이 해님』이

리는 문제와 싸우고 있는 과학'이라고 써 놓았다. 사실 '언어학에서 무엇이건 정의할 가능성에 대해서 우리가 비관적'이라는 것을 인식하기 위해서는 음소, 음절 그리고 더 최근에는 문장에 대해 제시된 정의의 풍부성과 다양성을 살펴보는 것으로 족하다. [3]

게다가 **언어 행동(language behaviour)**의 정확한 성격은 아직도 논란이 많다. 그 기원은 오직 신화를 통해서만 접근할 수 있는 영원한 미스터리로 남아 있을 것이다. 우리는 인간이 언제 혹은 어떻게 말을 발전시켰는지 아직 정확하게 모른다. 우리는 아직도 모든 언어가 동일한 '모국어'[4]에서 파생되었는지 어떤지를 알지 못한다. 우리가 아는 것은 **화자** 혹은 언어 사용자가 무엇보다도 사회적 존재라는 것이다. 그들은 오랫동안 언어학에서 배제되었지만 마침내 사회언어학자들에 의해서 다시 언어학에 들어가는 것이 허용되었다. 그 결과 지난 4반세기에 걸쳐서 언어 과학의 주제에 대한 과감한 재정의와 함께 더 많은 논란이 이어졌다.

그렇지만 언어를 향한 모든 접근에는 공통분모가 있다. 요컨대, 언어학의 목적은 **자연언어**가 어떻게 작동하는지를 기술하고, **인간 언어**의 보편적인 특징들을 지적하고, 그리고 우리가 말을 할 수 있도록 하기 위해 인간 두뇌가 수행하는 불가사의한 작용에 관한 가설을 세우는 것이다.

나는 분명히 애매성을 바로잡거나 모순을 해결하려고 주제넘게 굴지 않을 것이다. 나는 단지 많은 언어학자들에 의해 단편적으로 그리고 체계적이지 못한 방식으로 이미 제기되어 왔지만, 내가 알기로는, 아무도 완전하고도 지배적인 대답을 지금까지 제공하지 못한 한 가지 질문에 대답하려고 한다. 즉, 가장 넓은 의미에서 언어의 모든 비지시적 사용을 포함하는 말놀이가 언어에 관해서, 말하자면 언어의 기능, 특징, 구조 그리고 그 작용에 대해서 우리에게 무엇을 가르쳐주는가?

나는 개별 언어체계의 구조들을 기술하고, 이러한 것들에서부터 인간 언어의 보편적 특성들까지 다시 접근하기 위하여 **말놀이**와 **일탈적인 언어 사용**(고

있다〈역주〉.

의적이건 아니건, 예를 들어 부주의한 말실수도 포함된다)의 영역에 들어가는 모든 것을 활용한다는 생각을 캐럴[15]에서 가져왔다. 때때로 나는 **코드**에 바탕을 둔 **언어**에 대한 농담과 발화가 가리키는 **상황**에 바탕을 둔 **내용**에 대한 농담 사이에 무엇인가 구별되어야만 하는 차이를 강조할 것이다. 말하자면 '말놀이와 말놀이가 코드에 대해서 드러내는 것을 이해하기 위해서 우리는 언어학자들과 문법학자들이 다른 곳에서 사용한 것과 같은, 농담에서 사용된 용어들의 **문법적** 특징에 대한 우리의 지식을 필요로 한다.'[5]

그래서 결국 독자들은 사람들이 이미 알았지만 그들이 안다는 것을 결코 알지 못했던 것 이상을 이 책에서 배우게 될 것이다.

이어질 장들에 있는 방대한 예들은 대부분 영어에서 가져올 것이다. 그리고 나는 언어의 쟁점에 대해서 잘 아는 사람들에 의해서조차 광범위하게 지속되고 있는 편견, 즉 몇몇 언어들이 말장난과 말놀이에 더 적합하므로 몇몇 인종집단들은 더 위트가 있고 더 예리하다는 편견을 무너뜨리기 위해 다음 사실을 말하고 싶다. 모든 언어는 놀이를 허용한다. 확실히 놀이가 의존하는 언어학적 특징들(통사적, 형태론적, 음운론적 그리고 운율론적)은 언어마다 다르게 나타난다. 바로 그런 이유로 말놀이의 번역은 너무나 큰 도전인 것이다.

문화는 사회적 가치들이 서로 다른 형태의 언어활동과 결부되어 있기 때문에 다를 수밖에 없는 것이다. 말놀이와 구전 전통문화 그리고 시(詩)가 예술형태로서 가치를 부여받거나 받지 못하는 것은 문화에 달려있는 것이다. 그러나 말을 가지고 놀 수 있는 가능성은 보편적이다.

---

15) 루이스 캐럴(L. Carroll)의 두 권의 책 『앨리스 *Alice*』를 말한다〈역주〉.

1 모든 전문 용어들은 색인에 실려 있다. 볼드체(굵은 글씨)로 쓰인 쪽수는 전문 용어에 대한 상세한 설명이 있는 페이지를 나타낸다.

2 이에 대한 대단히 흥미로운 증거는 헬렌 켈러(Helen Keller)에 의해 그녀의 유명한 자서전에 제시되어 있다. 그녀는 낱말의 특성을 이해했을 때인 7살의 나이에 세계가 자신에게 어떻게 드러났는지를 설명한다. 이것은 물론 분절된 언어 밖에서는 어떠한 형태의 정신적 활동도 불가능하다는 것을 의미하지는 않지만(아이들, 언어 장애자들 혹은 동물들조차도 확실히 '생각은 한다') 우리의 더 정교한 생각의 과정은 낱말에 의존한다는 것을 말한다.

3 고드지히(w. Godzich, 1974).

4 모든 언어는 동일한 '모국어Mother tongue'(하느님이 주셨든 아니든 간에)에서 유래한다는 생각은 19세기 후반 현대 언어학의 출현 때까지 수세기 동안 고찰과 토론의 대상이었다[야겔로(Yaguello, 1991)를 볼 것]. 그 생각은 최근에 스탠포드 대학 학자들인 조지프 그린버그(Joseph Greenberg)와 메리트 루렌(Merritt Ruhlen), 그리고 러시아의 한 언어학파의 작업에서 다시 떠올랐다. 그러나 그들은 지금까지 언어학 공동체 전반을 설득하는 데는 실패했다.

5 이 관점은 주디스 밀네르(Judith Milner, 1976: 190)에서 상술되고 있다.

1 언어는 무엇에 사용되는가?

언어가 어떤 구조로 이루어져있고 어떻게 작동하는지 고려하기 전에 우리는 언어가 하나의 도구로서 무엇에 사용되는가를 자문해 볼 필요가 있다. 그 대답은 자명한 것처럼 보인다. 언어는 의사소통을 위한 것이다. 그러나 인간에게 있어서 의사소통을 한다는 것은 단지 정보를 전달하는 문제만은 결코 아니다. 종종 우리는 말을 하기 위한 말을 하고 혹은 우리가 의미하고자 하는 것의 반대의 것을 말하거나 수신인이 이미 알고 있는 것을 말한다. 게다가 우리가 전달하는 상당량의 정보는 암시적이다. 말하자면 메시지 자체에 정보가 담겨져 있지 않다. 정말 사람들은 정보를 알려주는 행위와는 전혀 관계가 없는 다양한 이유로 말을 한다. 예를 들면, 높은 권력자의 자리를 과시하기 위하여, 혹은 결속 관계를 확고히 하기 위하여 말을 한다. 발화되는 말은 하나의 도구일 뿐만 아니라 자기표현의 수단이자 어떤 행위의 한 형태이고, 사회적 존재로서 자기주장을 하는 방식이면서도 기쁨 혹은 고통의 근원이기도 하다.

모든 언어적 의사소통 행위에서는 **화자**가 (부재하거나 암시적일 수도 있는) 청자 혹은 **수신인**에게 **메시지**를 전한다. 메시지는 **지시대상**을 가지고 있다. 이를테면 지시대상은 담화의 소재, 즉 담화가 가리키는 것이다. 다음으로 메시지를 구성하기 위해서 화자는 수신인이 공유한다고 추정되는 **코드**(즉 언어)를 사용한다. 마지막으로 의사소통에는 **접촉**을 하는데 사용할 목소리, 쓰기, 몸짓 등과 같은 물리적인 **통로**가 필요하다. 이 여섯 가지 특성들은 어떤 발화 행위에서도 밀접하게 상호의존적이지만, 하나 혹은 두 가지의 특성이 특정한 의사소통 상황에서 특별하게 부각될 수도 있다.

언어의 여러 기능 [1]

언어의 여섯 가지 핵심 기능은 위에서 약술된 여섯 가지의 특성에서 나온다.

① **화자**는 **감정**을 전하는 **표현적 기능**(expressive function)과 관련되어 있다.
② **수신자**는 **명령**을 전하는 **능동적 기능**(conative function)과 관련되어 있다.
③ **지시대상**은 **정보**를 전하는 **정보적 기능**(informative function)과 관련되어 있다.
④ **통로**는 **교감**을 전하는 **친교적 기능**(phatic function)과 관련되어 있다.
⑤ **코드**는 **코드 분석**을 전하는 **메타언어적 기능**(metalinguistic function)과 관련되어 있다.
⑥ **메시지**는 **놀이, 기쁨**을 전하는 **시적 기능**(poetic function)과 관련되어 있다.

이미 암시했듯이, 발화가 반드시 하나의 기능에만 속하지는 않는다. 대개 여러 기능이 겹친다. 발화는 우세한 기능에 기조를 두고 분류된다. 언어를 순수한 소리 실체(sound substance)의 수준으로 서서히 축소하는 소리시(詩)(sound poetry)와 같은 몇몇 극단적인 시적 시도를 제외하고는, 비록 지시적 기능이 말놀이, 각운 등등의 경우에서는 분명 부차적인 중요성만 띨지라도, 메시지에 전혀 지시적 의미가 없는 경우는 아주 드물다. 마찬가지로, 당신이 '*아야!*'라고 할 때, 당신은 표현적 기능을 분명하게 드러낸다. 그러나 동시에 당신은 당신 주위의 사람들에게 당신이 아프다(정보적 기능)는 정보를 또한 제공해주고 있다. 혹은 당신이 광고에서 생산품을 찬양하는 노래를 할 때, 당신은 소비자들에게 정보를 제공해 줄 뿐만 아니라 메시지에 더욱 충격을 주고 그것을 더욱 재미있게(시적기능) 하려는 한편, 또한 어떤 유형의 행동(능동적 기능)을 유도하려고 애쓴다. 이것은, 말하자면, 언어의 기능들을 분류하는 문제가 아니라 주어진 발화에서 그 기능들의 상대적인 중요성을 평가하는 문제이다.

누가 누구에게 무엇을 말하는가?

위 목록의 처음 세 기능의 각각은 화자, 청자, 메시지의 지시대상을 차례로 강조한다. 우리는 여기서 다음의 표 1.1에서처럼 문법적 '인칭들'로 구성된 삼각형의 세 꼭지점의 상호관계를 주목하게 된다.

I   you

(표현적)   (능동적)

화자   수신자

그/그녀, 그것

(정보적)

지시대상

표 1.1. 문법적 '인칭'

그러나 이 삼각관계에는 근본적인 비대칭이 있다. 곧 1인칭과 2인칭은 다음에서처럼 **발화 상황**의 구성 성분으로서 상호의존적이다.

나[화자]는 *너*[수신자]에게 (이것)을 말하고 있다.

비록 1인칭과 2인칭은 '*누가 그걸 말했지?*' : '*내가*', 또는 '*너 누구에게 말하고 있지?*' : '*아니 너지, 물론*'에서처럼 명료화를 목적으로 담화에 항상 다시 포함될 수 있지만, 메시지에서 반드시 공공연하게 표명되지는 않는다.

이 점에서 3인칭은 혼자만 겉도는 것으로 남는다. 3인칭은 고유한 의미에서의 발화, 즉 실제로 말해지는 것의 구성 요소일 뿐이다.

(나)는 (너)에게 *그/그녀/그것*에 대해서 *무엇인가*를 말하고 있다.

((I) am saying *something* to (you) about *him/her/it*.)

3인칭의 **지시대상**은 항상 **언어적 맥락**에서 발견될 수 있는 반면, 1인칭과 2인칭의 지시대상은 단지 **담화 상황**(speech situation) 내에서만 부여될 수 있다. I와 you는 '말을 하고 있는 사람'과 '말을 듣고 있는 사람' 이외의 다른 의미를 가지지 않는다는 점에서 독특하다. 이들은 단지 담화 상황만이 의미를 부여할 수 있는 '빈 낱말들'이다. I와 you는 말 그대로 유일한 '진짜' 사람이다. 3인칭은 사실 **비인간**(non-person)(곧 비인칭)으로 **화제**(topic), 곧 말해지고 있는 것을 가리키는 방식이지 그 이상은 아니다. 그것은 인간일 수도 있고 인간이 아닐 수도 있으며, 생물일 수도 있고 무생물일 수도 있으며, 실재일 수도 있고 상상일 수도 있으며, 구체적일 수도 있고 추상적일 수도 있다. 그러므로 3인칭은 매우 방대한 각양각색의 겉모습들 중의 하나에서 나타날 수 있다. 즉, 몇몇 언어에서 3인칭은 *남성과 여성, 생물과 무생물, 인간과 비인간, 가까움과 멂* 사이에서 변할 수 있거나 또는 이러한 특성들의 조합일 수 있는 인칭대명사와 지시대명사로 나타날 수도 있고, 혹은 대명사가 사용되지 않을 때는 동사의 어미[2], 고유명사 혹은 보통명사 등등으로 나타날 수 있다.

I와 you는 대화를 하는 동안 서로 번갈아 교체된다. 바로 그러한 이유로 이 두 대명사는 '**연동자**'[1]라 불린다. 유대인의 민간전승 일화는 이러한 의사소통의 양상을 분명히 보여준다.

한 남자 아이가 자기의 친구에게 다음과 같은 편지를 쓴다.

> 리위키야, 착하게 굴어. 그리고 너의 실내화를 나에게 보내줘. 물론 나는 '너의 실내화'가 아니라 '나의 실내화'라고 말하고 싶어. 그러나 네가 '나의 실내화'라고 읽으면 너는 내가 너의 실내화를 원한다고 생각할 거야. 따라서 내가 '나에게 *너의* 실내화를 보내라'고 쓰면 너는 너의 실내화로 읽을 것이고 내가 *나의* 실내화를 원한다는 것을 이해할거야. 그러니까 나에게 너의 실내화를 보내주렴.[3]

---

1) '연동자(shifters)'는 의미가 상황과 따라 변하는 '나'와 '너'와 같은 대명사나 '여기'와 '지금'과 같은 부사를 가리키는 언어학 용어로 언어학자 오토 예스페르센이 처음 사용했다. 이들 낱말은 언어 차원에서는 고유한 지시관계를 가질 수 없어 의미가 결여되어 있지만, 메시지 안에서는 지시대상과 연결되어 의미를 갖게 된다. 프랑스 언어학에서는 로만 야콥슨과 에밀 벤브니스트가 'embrayeur(연동소)'라는 이름으로 이 개념을 더욱 발전시켰다〈역주〉.

이 이야기는 진정한 어려움을 드러내 보여준다. 아이가 화자의 역할을 맡아 상호 주관적인 의사소통에 참여할 수 있게 하는 I의 적절한 사용이 아이들의 언어습득과정에서 상당히 늦게 이루어진다는 것은 잘 알려져 있다. 오랫동안 아이는 계속적으로 자기 자신에 대해서 3인칭으로 말한다(몇몇 형태의 정신 질환에서-우연히-지속되는 습관). 같은 방법으로, 제인(Jane)이 타잔(Tarzan)에게 '넌 타잔, 난 제인'이라고 말할 때, 타잔이 '넌 제인, 난 타잔'이라고 올바르게 대답하는데, 다시 말해서 대명사를 '전환'하는데 상당한 어려움이 있다는 것을 우리 모두는 기억하고 있다. 또한 '원주민'의 말을 묘사하는 연재만화나 영화에서 3인칭의 사용은 관례이다. 이 사실은 그러한 민족들의 이른바 유아적 사고방식에 대해 '개화된' 문화들이 가지고 있는 편견을 반영하고 있다 하겠다.

질문: 항상 오고 있지만 결코 도착하지 못하는 것은?
대답: 내일. 그것이 도착하면 오늘이니까.

이렇게 수수께끼가 만들어진다. 시간과 공간의 부사 역시 연동자이다. 따라서 어제, 오늘 그리고 내일, 여기와 저기의 지시관계는 끊임없이 계속 움직이고 있는 화자의 **좌표**-곧 발화의 시간과 장소-를 통해서만 식별될 수 있다. 여왕이 앨리스에게 '이틀에 한 번' 잼을 받는 조건으로 하녀가 될 것을 제안할 때, 앨리스는 오늘 잼을 원하지 않는다는 사실을 이유로 내세우면서 그 제안을 거절한다. 여왕이 대답하기를, '그렇지만 네가 원한다 해도 가질 수 없을 거야... 규칙이 이렇게 정해져 있으니까. 내일의 잼, 어제의 잼은 있어도 결코 오늘의 잼은 없어.' '그러나 분명히 어느 날엔가 "오늘의 잼"에 이를 거잖아요!' 하고 앨리스는 항의한다.[4] 앨리스는 분명히 연동자의 영향력을 믿는다. 반면 여왕이 인정하지 않으려 하는 것은 내일이 오늘이 되고 오늘이 내일이 되는-혹은 내가 네가 되고 네가 내가 되는-것을 허용하는 바로 그 규칙이다.

언어의 세 가지 기본적인 기능, 곧 표현적, 능동적, 정보적 기능은 차례로 다음 세 가지 유형의 시를 정의하는데 사용된다.

(1) 시인이 그/그녀의 감정이 넘쳐흐르게 하는 **서정시**

    ('나는 외로이 구름처럼 떠돌았네.'[2])

(2) 독자가 시인을 따르도록 부추기는 **애가**

    ('자 가세, 너와 나 / 저녁이 하늘을 뒤로 하고 너부러져 있을 때'[3])

(3) 영웅의 수훈에 대해 이야기한 **서사시**

    ('인간의 최초의 불복종에 대해...노래하라, 천상의 뮤즈여[4]')

더 일반적으로 말하면, 문학에서 내레이터는 이야기의 일부분이 될 수도 있고(1인칭 서술), 독자들―혹은 한 사람의 특권을 가진 독자―에게 직접적으로 말을 걸 수도 있고(예를 들면 스턴[5]의 『트리스트럼 샌디 *Tristram Shandy*』에서처럼), 또는 소위 '객관적'인 자연주의 혹은 사실주의 소설에서처럼 완전히 이야기의 밖에 남아 있을 수도 있다. 내레이터가 자신의 복제에게 말을 하는 것처럼 자기 자신에게 말을 하는 것으로 이루어지는 기법(혹은 그 이상의 기법)은, 미셸 뷔토르[6]의 『변경 *La Modification*』이나 조르주 페렉[7]의 소설 『잠

---

2) 워즈워스(W. Wordsworth), 「수선화 *Daffodils*」의 한 구절이다〈역주〉.

3) 엘리엇(T.S. Eliot), 「황무지 *The Waste Land*」의 한 구절이다〈역주〉.

4) 밀턴(J. Milton), 「실낙원 *Paradise Lost*」의 한 구절이다〈역주〉.

5) 스턴(L. Sterne, 1713~1768)은 아일랜드 클론멜에서 태어난 소설가이다. 그의 대표작인 『신사 트리스트럼 샌디의 인생과 생각 이야기』는 1759년 말에 제1,2권의 출판을 시작으로 1767년에서야 마지막 제9권이 출판되었다. 이 대작은 인간의 보편적 문제점을 유머러스하게 탐색한 작품으로 출간된 지 200년이 더 지난 지금까지도 파격적 실험성과 유희 정신, 탈근대정신 등으로 많은 사람들을 매료시키고 있는 작품이다〈역주〉.

6) 미셸 뷔토르(Michel Butor, 1926~2016)는 프랑스 북부의 작은 도시인 몽상바뢸(Mons-en-Barœul)에서 태어나 소르본(Sorbonne) 대학에서 문학과 철학을 공부했다. 그는 알랭 로브그리예(Alain Robbe-Grillet, 1922~2008)와 더불어 1950년대 프랑스의 대표적인 누보로망 작가로 『밀랑의 통로 *Le passage de Milan*』(1954)로 주목을 받은 이후 『시간의 사용 *L'Emploi du temps*』(1956), 『변경 *La modification*』(1957) 등을 발표하며 대중적인 성공을 거둔 소설가이자 평론가이며 시인이기도 하다. 그의 주요 작인 『변경』은 2인칭 시점의 소설로 일상적 현실의 배후에 있는 전체적 구조를 정밀한 기교를 통해 투시하려고 한 작품이다〈역주〉.

7) 조르주 페렉(Georges Perec, 1936~1982)은 파리에서 태어나 제2차 세계대전 중 나치에 의해 폴란드계 유대인 부모를 모두 잃고 파리의 노동자 계급 거주지인 벨빌 구역에서 불우한 유년을 보냈다. 그는 1954년 소르본 대학에 입학하지만 학업을 중단하고 여러 잡지에 기사와 문학 비평을 기고한다. 1965년 첫 소설 『사물들 *Les choses*』로 르노도상을 받았고, 1967년에는 실험 문학 그룹 울리포(OuLiPo: 'Ouvroir de Litterature Potentielle'('잠재 문학 공동 작업실'의 약어)에 가입하여 이후 울리포의 실험 정신에 따라 작품을 썼다. 그의 주요 작품으로는 『실종

자는 남자 *Un homme qui dort*[5] [8]에서처럼, 프랑스의 '누보로망[9]' 작가들 (nouveaux romanciers)'에 의해 종종 사용되어져 왔다. 앨리스의 특징들 중의 하나는 스스로에게 용기를 주거나 스스로를 꾸짖기 위해서 다음과 같이 끊임없이 자기 자신에게 말을 한다는 것이다.

'자자 그렇게 징징거려봐야 소용없어! 뚝 그치는 게 좋겠어!'하고 앨리스가 자기 자신에게 다소 매몰차게 말했다. (31)

자기도취식으로 행동하기: 표현적 기능

각각 다른 언어기능은 다른 문법적, 문체적 기법들을 선호한다. 예를 들어 **표현적 기능**에는 간투사, 의성 · 의태어, 욕설, 감탄문이 사용된다. 땡땡 (Tintin)[10]의 모든 모험에서 그의 동료인 해독(Haddock) 선장은 아주 독창적인 욕설과 모욕적인 말을 연달에 해대는 것으로 잘 알려져 있다.

La disparition(1969), 『W 또는 유년의 기억 *W ou le souvenir d'enfance*』(1975) 외에 거대한 퍼즐을 방불케 하는 소설 『인생 사용법 *La vie mode d'emploi*』(1978)이 있다. 한편 『잠자는 남자 *Un homme qui dort*』(1967)는 페렉이 시도한 새로운 형태의 자서전적 글쓰기로, 작품의 처음부터 끝까지 배제된 '나'의 존재가 역설적이게도 '나'를 부각시키는 결과를 낳는 2인칭 소설이다〈역주〉.

8) 다비드 벨로스는 영국 태생의 번역가이자 전기 작가이면서, 또한 미국 프린스턴 대학교에서 프랑스 문학과 비교문학을 전공하는 교수이다〈역주〉.

9) 누보로망(nouveau roman)이란 전통적인 소설의 형식을 부정하고, 세계와 인간조건에 대한 새로운 탐구를 목적으로 하는 '신소설'을 말한다. 작가가 개별적으로 자신의 머릿속에 떠오른 순간적인 생각이나 기억을 새로운 형식과 기교를 통해 재현하려할 뿐이다. 그러다 보니 누보로망 작품들 간에 어떤 유사성을 가지고 있지 않고 문체나 구성이나 인물의 공통점도 가지고 있지 않다〈역주〉.

10) 에르제(Hergé, 1907~1983)의 만화 『땡땡의 모험 *The advantures of Tintin*』의 주인공 '땡땡'을 말한다. 에르제는 벨기에 태생으로 자신의 본명인 '조르주 레미(Georges Rémi)'의 이니셜을 거꾸로 해서 프랑스식으로 읽은 것(R.G)으로 만든 필명이다. 그는 그 유명한 『땡땡의 모험』(1929년 첫 선을 보임) 시리즈(총 24권)를 만든 만화가로 프랑스-벨기에의 만화 형성기와 황금기를 이끈 '유럽만화의 아버지'이다〈역주〉.

*혼령과 소통하는 사람의 몸에서 나와 혼령이 형체를 가질 수 있게 해 준다는 물체
**주로 마다가스카르 인근 해역에서 발견되는 대형 어류. 1938년에 발견될 때까지는 멸종된 것으로 여겨졌음
***콘도르처럼 썩은 고기나 쳐 먹는 놈

이에 비해 앨리스는 너무 정중해서 그녀가 스스로에게 사용하도록 허용하는 유일한 간투사는 '*well*(이것 참, 원 이거)'나 '*oh dear*(이런, 저런, 맙소사, 어머나)' 정도이다.

> 앨리스는 생각했다.
> '이것 참! 이 정도로 떨어지고 나면, 계단에서 굴러 떨어지는 것쯤은 아무 일도 아닐 거야. 가족들은 나를 정말 용감하다고 생각할 거야!' (25)

> '하지만 이런!'
> 갑자기 앨리스는 울음을 터뜨렸다.
> '누구든지 나를 좀 봐 주었으면 좋겠어! 계속 혼자 있는 것은 싫어!' (37)

억양 또한 기쁨, 화, 놀라움, 고통, 열정 등과 같은 감정을 표현하는 데 있어서 중요한 역할을 한다. 흉내, 몸짓, 버릇, 전달 속도, 목소리의 어조와 음량과 같은 준언어적인 특징들도 모두 고유한 의미의 메시지를 뒷받침해 주고 보충해 줄 수 있다. 예를 들어 『작가의 일기』[11]에서 도스토옙스키는 한 술집의 출구

---

11) 『작가의 일기 *Diary of a Writer*』는 도스토옙스키(F.M. Dostoevskii, 1821~1881)가 1873년, 1876~1877년, 그리고 1880~1881년 사이에 독자적으로 발간한 월간지로 독특한 형식의 1인 집필 형식을 취하고 있다. 이를 통해 작가는 콩트, 사회 · 정치 평론, 수기, 소설 등의 장르를

에서 거나하게 취한 여섯 명 노동자들이 대화중 차례차례로 돌아가며 내뱉는 단 하나의 낱말인 'Shit!(빌어먹을!)'에다 각각 완전히 다른 정서적-그리고 지시적-의미를 불어넣고 있다.

열려라 참깨!: 능동적 기능

명령법과, 대부분 사회적으로 코드화된 여러 가지 호칭의 사용은 언어의 **능동적 기능**에 속한다. 그것들은 화자와 청자 사이의 관계를 정립하는데 사용된다. 그렇게 하여 고유한 의미의 발화 외적인 관계들, 즉 **화용론적인** 관계들이 확고해 진다.

입말(곧 구어)은 사실상 하나의 행동 양식인데, 종종 의식(儀式)적 혹은 마법적 의미를 띤다. 『성경』에서 하느님이 말씀하시길, '*빛이 있으라*.'하니, 빛이 있었다. '아브라카다브라(abracadabra)[12]', '*열려라 참깨!*', 종교적 혹은 마술적인 주문들, 그리고 기도, 이 모든 것들은-상상의 당신에게 말을 할 때조차도-**능동적 기능**을 반영하고 있다. 여기에서 중요한 것은 화자가 청자를 지배하는 **말의 힘**(power of The Word)을 믿는다는 것이다. 누군가 와서 자신을 돌보도록 하기 위해서 우는 아기 또한 이 기능으로 자신의 의사를 표현하고 있다. 아이는 자기 주위의 사람들에게 있어서 자신의 울음이 갖는 거의 마술적인 효과를 일찍 알아차린다. 이에 대한 극단적인 예는 귄터 그라스[13]의 『양철북 *The Tin Drum*』에서의 어린 오스카(Oscar)로, 그의 울음소리 때문에 유리가 산산조각이 난다. 또 다른 경우, 제품을 사도록 권고하는 광고 포스터나 사상을 고취시키려는 정치적 포스트는 목표의 대상이 된 구경꾼을 손가락으로 가리키면서 종종 '**당신(you)**'를 사용한다.

넘나드는 실험적 저널리즘 양식으로 자신의 미학적, 철학적 견해를 밝히고 있다〈역주〉.

12) 이 표현은 서양에서 전통적으로 주술적인 것이 행해질 때 말해지는 주문이다. 예컨대 이 표현은 병에 걸리지 않기 위해서나 치유되기 위해서 행운을 가져다주는 영을 마법의 힘으로 불러들이는 일종의 신비의 주문으로 말해진다〈역주〉.

13) 귄터 그라스(Günther Grass, 1927~2015)는 시, 소설, 희곡 등 다방면의 작품을 쓴 독일의 작가이다. 1999년에는 『양철북』(1959)으로 노벨문학상을 수상했다〈역주〉.

" 당신의 조국이 당신을 필요로 한다. "

　능동적 기능은 또한 **발화행위동사**, 아니면 **수행동사**(performative verbs)
라는 아주 특별한 동사의 범주에서 설명된다. 이들 동사는 단지 말을 함으로써
화자가 청자에게 가하는 행동 속에서 그 말의 의미를 도출해내는 동사이다. 이
동사들은 행위에 근거를 두고 있지 코드 체계에 근거를 두고 있지 않다. 명령
법의 경우와 같이 수행적 술부는 그것들의 사실 여부에 이의가 제기될 수 없다
는 점에서 특이하다. 누군가가 예를 들어 '*내가 너에게 세례를 주노라!*', 혹은
'*나는 당신들이 이 혼인관계를 통하여 하나가 되었음을 선언 합니다.*', '*당신이
선출되었음을 공표 합니다.*', '*일어서십시오, 존 경*, 혹은 '*낙찰 되었습니다*'라
고 말할 때 말이 행위를 구체화하고, 그 행위를 나타낸다. 이들 경우에 우리가

목격하고 있는 것은 법적으로 구속력을 띤 코드화된 의식이다(물론 말하고 있는 사람이 문제의 의무를 수행할 자격이 있는 사람이라는 조건하에서이다). 조금이라도 어떤 흉내 내기나 말놀이가 있다면, 『이상한 나라의 앨리스』의 끝에서의 카드놀이 시합에서처럼 수행적 발화는 그 의미가 없어진다.

이와 같이 능동적 기능은 현실이나 인간을 완전히 바꿔 놓거나 완전히 바꿔 놓으려고 시도하는 일정한 의사소통행위에서 나타나며, 사건들의 흐름이나 개인들의 행동에 영향을 미치는 것을 목적으로 한다.

코끼리들이 통행우선권이 있습니다: 정보적 기능

오직 실용적인 가치를 가진 발화들은 엄격히 지시적일 수 있다. 예를 들어 '도로 통행금지', '이쪽 면을 위로'가 그렇고, 또는 관광객들이 아프리카 동물보호구역에서 볼 수 있는 이 놀라운 표지판, 즉 '코끼리들이 통행우선권이 있습니다!'가 그렇다. 다른 예들로는 낱말 하나하나가 정보를 담고 있는 전보가 있고, 아니면 어떤 표현적이거나 미적인 의도도 제거된 과학·기술 교재가 있다.

그렇지만 대체로 정보적 기능은 다른 기능들과 공존한다. 요컨대 가장 순수하고 가장 기본적인 형태로 정보를 저장하고 다루는 것이 바로 정보과학의 영역이긴 하지만, **인간 언어**는 결코 완전히 중립적이지 않다. 우리가 무엇을 말하든지 간에 우리가 말하기를 원하는 것보다 항상 더 많은 것을 말한다.

예년에 비해 날씨가 좋네요!: 친교적 기능

친교적 기능—폴란드의 문화인류학자 말리노프스키[14]가 만든 용어—은 화자

---

14) 말리노프스키(Bronislaw Kasper Malinowski, 1884~1942)는 폴란드의 크라코프(Krakow) 출생으로 영국에 건너가 런던대학 문화인류학 교수에 이어 미국의 예일대학 객원 교수로도 있었다. 그는 그때까지 문화를 역사적인 측면에서 문제시한 것과는 달리, 기능주의라는 연구방법을 창시하여 사회 문화연구에 새 국면을 열었다. 주요 저서로는 『미개사회에서의 범죄와 관습

들 사이의 접촉을 유지하고 의사소통 통로의 원활한 운용을 확보해 준다.

이 기능은 언어를 분절하여 말하기 전에 이미 존재한다. 왜냐하면 신생아는 옹알이를 통해서 자신을 돌보는 사람들에게 자신의 발성기관이 정상이라고 안심시키는 것 외에 자기 주위의 사람들과의 접촉을 확립해 나갈 수 있기 때문이다. 실제로 그러한 접촉이 없으면 신생아가 옹알거림을 멈춘다는 것은 잘 알려져 있다. 바로 그런 이유로 아기들의 언어적, 정서적, 사회적 발달을 헤치지 않기 위해서는 아기들에게 말을 하는 것은 매우 중요하다. 이 같은 언어 사회화 기능을 고려해 볼 때 놀이와 접촉은 필수적일 뿐만 아니라, 정보보다 우위에 위치한다할 것이다.

전화, 라디오 등에 의한 이른바 **매개 의사소통**에서 모든 종류의 고정된 표현, 예들 들어 '*여보세요. 내 말 잘 들리세요?*' 또는 '*당신 얘기 크게 잘 들려요.*', '*알았다*'와 같은 관용 표현은 의사소통의 '순환'을 확인하기 위하여 사용될 수 있다. 선생님의 발화 중간에도 주위가 산만하지 않은지 그리고 이해가 확실히 되었는지를 확인하기 위한 목적으로 담화가 자주 중단된다. 예컨대 '*이해하시겠어요?*', '*제 말의 뜻을 알겠지요?*', '*잘 들어보세요!*', '*다시 한 번 이야기 하겠습니다*' 등이 그 예들이다. 마찬가지로 우리의 대화도 '*알겠지*', '*있잖아*'와 같은 표현의 무의식적인 출현으로 구멍이 숭숭 뚫린다.

한편 청자들은 자신들의 공감을 전달하기 위하여 혹은 화자가 말하고 있는 것에 집중하고 있다는 것을 나타내기 위하여 '*그렇군.*', '*이것 참!*', '*옳지!*', '*정말?*'과 같은 친교어를 사용한다. 이러한 종류의 맞장구 내지 반응은 얼굴과 얼굴을 마주보고 하는 의사소통에서뿐만 아니라, 전화상에서는 한층 더 필수적이다.

마지막으로 우리의 일상생활에서 하는 많은 대화는 단지 사회적 접촉을 시작하거나 유지하는 것을 목적으로 한다. 예들 들면 한 운전자가 히치하이커(hitch-hiker)를 태울 때, 둘 중 어느 쪽이건 대체로 상투적인 말을 주고받는 대화를 시작해야 한다는 압박을 언제나 느낀다. 왜냐하면 이러한 상황에서 침

Crime and Custom in Savage Society』(1926), 『문화변동의 동태(動態) The dynamics of culture change』(1945) 등이 있다〈역주〉.

묵은 대개 적대적 태도로 해석될 수 있기 때문이다. 바로 이와 같은 동기화는 대부분의 칵테일파티 대화나 '한담(small talk)'에서도 있다. 서구사회에서 우리가 사람들 앞에 있을 때는 말을 하기 위하여 말을 하는 것이 놀이의 규칙이다. 우리가 말할 것이 없을 때 침묵을 유지할 수 있는 곳은 단지 특정한 상황들, 곧 가장 가까운 사람들과의 거래 관계에서, 매우 형식적인 관계에서 혹은 일터에서뿐이다. 저녁 식사를 하는 중에 긴 침묵은 일반적으로 당황스러움을 불러일으킨다. 이때 일화나 우스운 이야기에 대한 풍부한 지식은 중단 없이 언어 접촉을 완벽하게 유지하기 위해 흔히 사용되는 수단들 중의 하나이다. 어떤 사람들은 그러한 언어적 접촉이 끊어진 것을 깨달을 때 극도의 불안을 느낀다. 왜냐하면 그것은 각자가 자기의 생각대로 하도록 혼자 내버려져있다는 것을 의미하기 때문이다. 그리고 우리 모두는 사람들이 막 떠나려는 순간에 현관 문간에 서서 끝없이 길게 대화를 다시 시작하는 사람들을 알고 있다.

『이상한 나라의 앨리스』에서의 가장 흥미로운 양상들 중의 하나는 친교적 기능을 문제 삼는 것이다. 앨리스는 다소 어리둥절한 세계에 자신이 있다는 것을 깨닫는다. 그곳에서 다른 인물들은 친교적 의사소통에 대해 최고의 경멸을 드러낸다. 현실 세계에서 사용되는 대화의 규칙들은 끊임없이 웃음거리가 되고, 이들 규칙의 상투적인 특징이 강조된다. 접촉을 하거나 그것을 유지할 목적의 공손한 표현들—그것이 문장이든 구절이든—은 모두 다음 예들에서처럼 문자 그대로 받아들여지거나 의도적으로 잘못 해석 된다.

> '오, 크기가 문제가 아니에요. 아시겠지만, 단지 너무 자주 변하는 것이 싫어요.'라고 앨리스가 재빨리 대답했다.
> '난 모르겠는걸.' 쐐기벌레가 말했다. (71)

> '안녕히 계세요. 다시 만날 때까지!'
> 앨리스는 되도록 밝은 목소리로 그렇게 말했다.
> '우리가 만난다고 해도 다시 너를 알아보지 못할 거야.'
> 험프티 덤프티가 불만스러운 목소리로 말했다. (168)

이상한 나라에는 언어활동의 무의식적 자동성[15]을 위한 여지는 없다.

낱말 '개'는 짖지 않는다: 메타언어적 기능

'머시아와 노섬브리아의 에드윈 백작과 모르카 백작은 정복왕 윌리엄을 지지했습니다. 심지어 애국적인 캔터베리 대주교 스티갠드조차 그것(it)이 현명한 일임을 발견하고...'
'*뭘*를 발견했는데요?' 덕(Duck)이 물었다.
'*그것*(*it*)을 발견했죠. 모두가 (그것(it)이 의미하는 바를) 아는 것 아닙니까?' 마우스(Mouse)가 조금 퉁명스럽게 대답했다.
'물론 (그것(it)이 의미하는 바를) 알고말고요. 내가 발견한 거라면요. 그건 대개 개구리거나 벌레예요. 그런데 대주교는 뭘 발견했는데요?' 덕이 다시 물었다.[16] (22)

캐럴이 여기에서 활용한 것은 한 낱말(이 경우 대명사 *it*)이 발화에서 **사용되거나 언급될** 수 있다는 사실이다. 첫 번째 나타나는 *it*−비록 덕이 그 *it*을 잘못 해석할지라도−은 자신을 뒤따를 수 있는 부정사절(곧 '정복왕 윌리엄을 지지하는 것')이 가리키는 문맥상의 한 요소를 지시한다. 두 번째 경우, *it*는 단지 낱말 'it' 자체를 가리키면서 자기 지시적으로 사용되고 있다. 이는 바로 메타언어적 용법이다. 따라서 이 메타언어적 용법은 텍스트에서 인용부호 혹은 이탤릭체로 강조된다(이들 인용부호나 이탤릭체는 입말에서는 가벼운 휴지에 해당한다).[6] 이와 동일한 대립이 'Where Simon had had had had, Peter had had had.'와 같은 아이들의 말놀이에서 활용된다. 일단 구두점이 찍히면 'Where Simon had had "had had", Peter had had "had".'처럼 이 문장은 더 쉽게 읽힌다.[17]

---

15) 이곳 두 구절의 예에서 쇄기벌레나 험프티 덤프티가 앨리스의 말에 친교상 공감을 표하는 것이 언어 활동상의 자동적인 반응이라 할 수 있는데, 이들은 그렇게 하지 않고 앨리스의 말을 문자 그대로 받아들이거나 의도적으로 잘못 해석하고 있다〈역주〉.

16) 이 내용은 『이상한 나라의 앨리스』의 3장 「코커스 경주와 긴 이야기 *A Caucus-Race and a Long Tale*」에 나오는 대화임. 우리말 옮김은 루이스 캐럴 원작/ 마틴 가드너 주석 & 존 테니얼 그림/ 최인자 옮김(2005), 『마틴 가드너의 앨리스 깊이 읽기. **Alice** 이상한 나라의 앨리스·거울나라의 앨리스』(북폴리오) 참조〈역주〉.

17) 문법적으로는 맞지만 읽어내기 어려워 이해하기 어려운 문장인 'Where Simon had had had had, Peter had had had.'는 'Where Simon had had "had had", Peter had had "had"(사이먼이 "had had"를 가졌던 곳에서 피터는 "had"를 가졌다).'처럼 인용부호가 더해지면 이해하기가

이제 다음 문장을 보자.

(1) The dog is barking(개가 짖고 있다).

우리가 이 문장을 문법적으로 분석한다면 우리는 다음과 같이 말할 것이다.

(2) *The dog*(개)은 동사인 *is barking*(짖고 있다)의 주어이다.

이 경우 *the dog*(개)은 그 지시대상으로 명사구 'the dog'을 지시하지, 더 이상 (1)에서처럼 우리가 가리킬 수 있을 한 특별한 개를 지시하지 않는다. 그 결과 우리는 '낱말 *dog*(개)은 짖지 않는다.'와 같은 메타언어적 기능을 압축적으로 보여주는 원리에 이르게 된다.

벤브니스트의 말에 따르면 모든 기호 체계 중에서 유일하게 언어만이 **자기-해석(self-interpretation)**의 힘을 가지고 있다. 언어만이 언어 그 자체와 모든 다른 코드들에 대해서 말할 수 있다. 언어만이 유일하게 언어 자체를 분석의 대상으로 삼으며, 순환적(circular)이고 재귀적(reflexive)인 관계를 구축한다. 그 결과 언어의 여섯 가지 기능 중에서 메타적 기능에 가장 중요한 지위가 주어진 것임에 틀림없다. 사실, **표현적, 능동적** 그리고 **친교적 기능**은 언어만의 고유한 기능이 아니며, 행위, 흉내 그리고 몸짓으로도 표현될 수 있다. **정보적 기능**은 표기(表記) 혹은 표의(表意)의 기호 체계(이들 기호 체계는 공항이나 역과 같은 국제적 영향력을 지닌 정보에 점점 더 자주 쓰인다)나 혹은 외국에서 길을 잃은 여행자가 도움을 청하는 의태(擬態) 본능과 같은 다양한

쉬워진다. 다른 예로 'James while John had had had had had had had had had had had a better effect on the teacher'라는 긴 문장은 문법적으로 올바른 문장이지만 이해가 쉽지 않다. 이 문장은 다음 (1)에서처럼 구두점과 인용부호가 더해지면 그 의미해 진다.

(1) James, while John had had "had", had had "had had"; "had had" had had a better effect on the teacher. (존은 "had"를 가졌던 반면, 제임스는 "had had"를 가졌다. "had had"는 교사에게 더 큰 영향을 주었다.)

다른 한편, 다음 (2)에서처럼 어순이나 단어를 조금만 바꾸어도 그 의미는 어려움 없이 해석될 수 있다〈역주〉.

(2) While John had used "had," James had used "had had." The teacher had preferred "had had." (존은 "had"를 사용했던 반면, 제임스는 "had had"를 사용했다. 교사는 "had had"를 더 선호했다.)

다른 기호체계에 의해 수용될 수 있다. **시적 기능**은–뒤에서 다시 언급하겠지만–모든 예술적 표현 형태를 포괄하는 넓은 의미의 미적 기능에 포함될 수 있다. 단지 **메타언어적 기능**만이 기호체계와 그 기능에 집중되어 있으므로 언어와 분리될 수 없다.

상당한 부분의 메타언어적 활동은 무의식적이다. 메타언어적 활동은 모든 언어활동의 기초가 된다. 사람들이 외국어를 배울 때나 또는 학교에서 체계적인 방식으로 모국어를 탐구할 때는 메타언어적 활동이 의식적이긴 하지만, 그 활동은 모국어를 배우는 어린이에게는 분명 무의식적이다. 메타언어적 활동은 화자들이 낱말 놀이, 말장난, 십자말풀이, 문자 수수께끼 혹은 낱말의 의미 혹은 그 기능의 분석을 요하는 어떤 다른 놀이에서 '옳은' 낱말을 찾는 문체적 선택과 같은 말의 선택을 할 때는 언제나 부분적으로 의식적이다. 예를 들어 십자말풀이를 완성하기 위해서는 **동의관계, 동음이의, 다의성**의 작용 방식과 그것들이 생성해내는 모호성에 대해서뿐만 아니라, 그리고 종종 그런 모호성에 대한 원인이 되는 은유, 환유, 전이된 별칭과 같은 비유적 표현의 작용 방식에 대해서도 철저한 지식이 필요하다.

무의식적 메타언어적 활동은 말하기를 배우는 아이에게서 분명하게 드러난다. 그 이유는 어린아이는 자주 상당히 자연스럽게 **신어**를 만들어내면서, 그렇게 자신이 유추의 원리를 터득했다는 것을 보여주기 때문이다. 이런 의미에서 우리는 아이의 '실수들'–곧 *went* 대신에 *goed*, *took* 대신에 *taked*, *put* 대신에 *putted*로의 유추–이 실제로는 아이의 언어능력의 발달을 증거하는 것이라고 말할 수 있는 것이다. 왜냐하면 이러한 아이의 실수는 아이가 규칙 동사의 단순과거형을 만들기 위한 규칙을 습득하고 있다는 것을 예증하고 있기 때문이다.

유사성 분별 장애에 걸린 실어증 환자에게는 메타언어적 기능이 감퇴되어 있다. 이들 화자들은 은유7를 통해, 아니면 말이 갖는 기능이나 의미를 통해 등가적 의미를 갖는 낱말들을 비교하는 모든 능력을 잃어버렸다. 그러므로 이들 실어증 환자는 통사적 분류나 의미론적 영역에서 낱말을 구조화할 수 없고,

발화를 다른 말로 바꾸어 표현할 수도 없고, 또한 발화를 한 언어에서 다른 언어로 번역하거나 아니면 발화를 다른 기호체계로 바꾸는 것, 예를 들어 도로의 신호표지판을 말로 옮기는 것도 불가능하다.

『거울나라의 앨리스』의 제6장에서 앨리스와 험프티 덤프티 사이의 유명한 대화 전체는 사실상 메타언어적이다. 험프티 덤프티는 먼저 캐럴이 만든 낱말들로 구성된 시 *재버워키(Jabberwocky)*를 해석하고 난 다음(아래 제9장을 볼 것), 기호의 자의적 성질에 대한 자신의 고유한 이론을 펼치면서(아래 제8장을 볼 것) 앨리스에게 의미론을 가르친다. 험프티 덤프티에게 있어서 '자의적(arbitrary)'이라는 말은 '자유 의지', 곧 언어사용자의 의지와 변덕이라는 엄격한 어원적 의미로 사용된다. 이는 곧 '자의적'이라는 말이 언어학에서 이 말이 갖는 의미는 분명 아니라는 것이다. 험프티 덤프티에게 있어서 화자는 낱말들이 자신이 좋아하는 것을 의미하도록 하는 힘을 가지고 있다. 그 결과 낱말들은 한 주인의 시종들로 전락한다. 비록 그 주인이 '내가 한 낱말에 이렇게 많은 일을 시킬 때는 항상 특별한 수당을 지불하지'(164)에서처럼 확실히 자애로운 주인일지라도 그렇다.

욕망의 모호한 대상[18]: 시적 기능

> O mouths, Man is searching for a new language
> Which no grammarian will have anything to say about
> The old languages are so close to death
> That it is only by force habit or want of courage
> That we still make use of them for poetry
>
> (G. Apollinaire, La victoire)

---

18) 「욕망의 모호한 대상 *The Obscure Object of Desire*」은 스페인의 거장 루이스 브뉘엘(Luis Bunuel) 감독이 1977년에 발표한 영화의 제목이다. 영화는 한 여자와 섹스를 하기 위한 중년 남자의 집착과 욕망을 보여주는 작품이다〈역주〉.

(오 입들이여, 인간은 새로운 언어를 찾고 있다
어떠한 문법가도 그것에 대해 아무것도 말하지 않을
오래된 언어들은 죽음이 가까워지고 있다
우리는 아직 그 언어들을 시를 쓸 때 사용하고 있다는 것은
오직 습관과 용기 부족 때문이다)

(기욤 아폴리네르, 「승리」)

인간은 언어와 에로틱한 성질의 관계를 가지고 있다. 언어는 사랑의 대상이며, 기쁨의 근원이다.[8] 아이의 선천적인 경향은 놀이, 무질서, 기쁨, 자유 그리고 창의적 상상으로 향한다. 이러한 경향은 아이의 사회화의 과정 동안 언어와 언어사용을 지배하는–구조적이고 사회적인–규칙들의 실현이 늘어남에 따라 방해를 받는다. 어린이는 자신이 타인에게 이해되고 언어공동체에 통합되기 위해서는 어른들처럼 말하는 것을 배워야만 한다. 기쁨의 원리를 점차적으로 대신하는 현실의 원리 또한 코드와 코드의 상관요소를 학습하는 어려운 현실에서 나타난다. 즉 **실수(mistake)**가 있으면 그것이 왠지 도덕적 잘못과 유사한 것으로 보인다. 옹아리의 단계에서 언어는 그저 아이를 위한 음악, 곧 순전히 아무 동기도 없는 놀이일 뿐이다. 그 이후에 아이는 의사소통을 위한 실용적인 언어의 가치를 조금씩 습득해 나간다. 그러나 오랫동안 언어는 놀이로, 억제되지 않은 탐험으로, 순수한 기쁨으로 남아있다.

낱말–소리 또는 의미–을 가지고 노는 것, 언어를 소재로서뿐 아니라 표현 수단으로서도 가지는 어떠한 활동도 그것의 실용주의에도 불구하고 무동기성을 유지하면서 기쁨의 원리를 존속시켜 준다. 놀이는 언어 내에 존재하며, 그 역도 마찬가지이다. 그 이유는 인간은 기본적으로 놀이를 위해 태어났기 때문이다. 어쨌든 인간이 성교를 하지만 에로티시즘은 하나의 놀이이다. 인간들은 필요에 의해서 먹지만 요리는 하나의 예술이다. 인간이 의사소통을 위해 말을 하지만 말하는 것 또한 놀이의 한 형태이다.

영어에서 낱말 'play'는 (최소한) 다음과 같은 의미들을 가지고 있다.

동사로서

(1) 게임에 참여하다

(2) 연기(演技)하다

(3) 재미로 활동에 참여하다

명사로서

(4) 규칙을 따르는 활동

(5) 공연을 위한 희곡

(6) (무엇을 자신이 원하는 대로 하거나 변경할 수 있는) 자유, (행동방식의) 자유, (권리로서의) 자유

이것은 겉보기에는 우리에게 두 세트의 모순된 의미를 보여준다. 한편으로는 탄력적이고, 자유롭고, 여지가 있는 개념이 있고 다른 한편으로는 규칙과 제약의 개념이 있다. 사실, 'play'가 제멋대로 굶과 규칙, 자유와 제한의 의미를 둘 다 가지고 있다는 것이 'play'를 정의하는 특징이다.[9] 언어에 대한 제약은 있지만, 우리가 언어에 대해 전혀 자유를 가질 수 없다면 그때 언어는 기계어에 지나지 않을 것이다. 오직 형식적이거나 인공적인 언어는 놀이를 허용하지 않는다. 언어는 자신 속에 어느 정도의 놀이를 가지고 있고, 똑같이 우리는 어떤 메커니즘이나 혹은 어떤 구조 속에 놀이가 있다고 말할 수도 있다. 그리고 놀이라는 것이 무엇보다도 어떤 것과의 거리를 확보하는 방식이라면, 말장난한다는 것은 언어와의 거리를 확보하는 방식이므로, 결국 말장난 자체와 거리를 확보하는 방식이다. 따라서 말장난할 능력이 없다는 것은 존재론적인 결핍을 드러내 보이는 것이다.

언어는 그 규칙들이 자주 왜곡된 놀이(곧 구조)이다. 언어는 모든 종류의 속임수와 비열한 행동을 허용하므로, 허용되는 것과 허용되지 않는 것의 총체적인 범위를 정확하게 정의하기란 거의 불가능하다. 그렇다 하더라도 규칙이 있기 때문에 어떤 것도 전적으로 허용된다고 말할 수 없다(제10장을 볼 것). 언어는 자신 속에 멸망이나 파괴의 가능성을 가지고 있다. 이러한 이유로 야콥슨

(1973)은 다음과 같이 말한다. 즉 '시가 언어의 혼에 해당한다고 생각하는 이론과, 시적 형태가 언어에 대해 조직적인 폭력을 행사한다는 이론을 우리는 대비시킬 수 있다.'

'언어는 초현실적으로 사용되도록 인간에게 주어졌다'고 앙드레 브르통[19]은 『초현실주의의 선언 Le manifeste surréaliste』[10]에서 말했다. 분명 루이스 캐럴, 에드워드 리어[20], 그리고 많은 다른 사람들 또한 낱말은 가지고 놀도록 만들어졌다고 느꼈다. 만약 에로스와 타나토스[21]가 연결되어 있다면, 언어에 대한 사랑으로 시인은 언어의 구조를 그 극한의 한계까지 파괴하고, 언어를 죽이기까지 하고 싶어 한다는 것이 이해가 된다. 이것이 조이스[22]나 거트루드 스타인[23]이 한 것이고, 프랑스의 초현실주의 작가이자 드라마 작가인 앙토냉 아르

---

19) 브르통(André Breton, 1896~1966)은 프랑스의 시인이자 초현실주의의 주창자였다. 그는 젊은 시절 말라르메(S. Mallarméé)의 시에 열광하여 초기 시작에는 그의 영향이 고스란히 드러나 있다. 1915년 의과 대학생이던 그는 징집되어, 1916년 낭트에서 신경정신의학자로 군복무 중 프로이트의 저작을 처음으로 접한다. 1919~1920에 다다 운동에 참여하여, 아라공(L. Aragon), 수포(Ph. Soupault)와 함께 『문학 Littérature』를 창간하고, 초현실주의의 맹아를 담은 『자기장(磁氣場) Les Champsmagnétiques』(1920)을 발표하나 1922년 다다와 결별하고, 비엔나에서 프로이트를 만난다. 그는 1924년 초현실주의를 '마음의 순수한 자동 현상'으로 정의하는 『초현실주의의 선언』을 발표하여 초현실주의 운동을 주도하였고, 1952년에는 '반항(Révolte)'에 관해 카뮈와 논쟁을 벌인다. 1953년에 에세이 모음집 『들판의 열쇠 La Clé des champs』를 출간하고, 1956년에는 잡지 『초현실주의, 그것 자체 Le Surréalisme même』을 창간하면서 왕성한 초현실주의 활동을 이어가다가 1966년 사망한다〈역주〉.

20) 에드워드 리어(Edward Lear, 1812~1888)는 영국 런던에서 태어난 영국 시인이자 화가 겸 아동문학가이다. 그는 『난센스 시집 Book of Nonsense』(1846), 『난센스의 노래와 이야기집 Nonsense Songs and Stories』(1871)『난센스 시집 속편 More Nonsense Songs, Pictures, etc.』(1872)와 같은 작품에서 보듯이 루이스 캐럴과 함께 난센스 문학가로 유명하다〈역주〉.

21) 에로스(Eros)와 타나토스(Thanatos)는 프로이트(S. Freud)의 본능 이원론, 즉 '삶의 본능'과 '죽음의 본능'의 대립 개념에 부여된 별칭이다. 프로이트는 자기 보존적 본능과 성적 본능을 합한 삶의 본능을 에로스라 했고, 공격적인 본능들로 구성되는 죽음의 본능을 타나토스라 했다. 결국, 프로이트는 인간이 성 본능과 죽음 본능, 즉 두 개의 본능을 좇아 산다고 말하면서, 역설적이게도 죽음과 대면하는 에로티즘의 본능 속에서 삶의 에너지가 생긴다고 말한다〈역주〉.

22) 제임스 조이스(James Joyce, 1882~1941)는 아일랜드의 소설가이자 시인으로 20세기 문학에 커다란 영향을 끼친 작가이다. 그의 주요 작품으로는 출간 당시 음란성과 신성모독 등의 이유로 그의 조국 아일랜드는 물론, 영국, 미국 등 영어사용권 국가에서는 모두 외면 받은 대표작 『율리시스 Ulysses』(1922) 외에 『더블린 사람들 Dubliners』(1914), 『젊은 예술가의 초상 A Portrait of the Artist as a Young Man』(1916) 그리고 『피네간의 경야 Finnegan's Wake』(1939) 등이 있다〈역주〉.

23) 거트루드 스타인(Gertrude Stein, 1874년~1946년)은 미국의 펜실베이니아 주에서 출생한

토[24])가 한 것이다. 그에게 있어서 '모든 현실 언어는 불가해(不可解)하다.' 언어의 사랑은 또한 다다이즘[25])이나 문자주의[26]) 등과 같은 극단주의적 실험에 대한 동기이기도 하다. 나는 언어사용의 극적인 양상들을 제9장과 제11장에서 다룰 것이다.

놀이는 또한 진부한 말, 언어의 불필요한 중복, 상투적인 말, 곧 기계적이고 생각 없고 의미 없는 모든 형태의 언어사용에 대한 반란이다. 깊이 생각한 후에도 의미가 통하지 않는 터무니없는 어구(語句)-예를 들어 에드워드 리어가 실천한 것과 같은 어구-가 항상 무의미한 것보다 더 낫다.

한 가지 기본적인 차이가 두 가지 유형의 놀이, 곧 입말 혹은 글말의 형식을 가지고 하는 놀이와 의미를 가지고 하는 놀이(물론 이 둘 다를 동시에 가지고 하는 놀이도 포함해서) 사이에서 도출될 수 있다. 야콥슨(1973)은 '시에서는 모든 분명한 소리의 유사성은 의미의 유사성과 차이(아니면 의미의 유사성 혹은 차이)라는 면에서 다루어진다.'라고 쓰고 있다. 그러나 우리는 많은 놀이들 또한 글말이라는 그래픽 차원을 활용하기 때문에 형식을 소리에만 제한해서는 안 된다.

소리로 하는 놀이는 기본적으로 운율, 반복, 두운법(자음의 반복)[27]), 반해음

여류작가이자 시인이다. 그녀는 1902년 런던으로 건너갔고, 그 이듬해 파리로 갔다. 스타인은 '자동 기술(autobiography)'이라 일컬어지는 새로운 문체 등으로 소설이나 시에서 대담한 언어상의 실험을 시도했다. 그녀의 작품으로는 『3인의 여성 *Three Lives*』(1908), 『미국인의 형성 *The Making of Americans*』(1925) 등 소설과, 자서전 『앨리스 B. 토클라스의 자서전 *Alice B. Toklas and its precursors*』(1933) 그리고 시집 등이 있다〈역주〉.

24) 아르토(Antonin Artaud, 1896~1948)는 프랑스의 극작가 및 연출가이자 시인이었다. 초현실주의 운동에 참가하였으며, 세계를 움직이는 것은 서로 투쟁하는 힘이라는 '잔혹 연극이론'은 훗날 전위극에 커다란 영향을 미쳤다. 저서에는 『연극과 그 분신 *Le Théâtre et son double*』(1938), 『로데즈로부터의 편지 *Lettres de Rodez : Lettres à Henri Parisot*』(1946) 등이 있다〈역주〉.

25) 다다이즘(dadaism)은 인간 본능이나 자발성, 불합리성을 강조하면서 기존 체계와 관습적인 예술에 반발한 문화 운동이다. '다다(Dada)'란 말은 '어린이가 갖고 노는 말 머리가 달린 장난감'에서 우연히 선택된 어휘로, 어린이를 닮고 싶은 욕망과 인간의 충동을 암시한다. 이 운동은 1916년 스위스 취리히에서 일어나 1920년대 프랑스, 독일에서 성행하였다. 브르통, 아라공, 엘뤼아르, 휠젠베크, 뒤샹, 아르프 등이 참여했는데, 후에 초현실주의로 계승되었다〈역주〉.

26) '문자주의(lettrism)'는 1940년대 후반 프랑스에서 일어난 문학 운동으로 말의 뜻보다 문자가 모여서 내는 소리 효과를 중시한다〈역주〉.

27) 두운법(alliteration)은 다음 예에서처럼 '연속된 낱말에서 첫 자음 또는 중간 자음이 되풀이되는

(半諧音)(동일하거나 유사한 모음의 반복), 동음어[28](운율을 맞춘 속어처럼 음성학적으로 아주 가까운 낱말들)의 병렬이나 대체, 잘못된 자르기 그리고 **스푸너리즘**[29]으로 구성되어 있다.

의미로 하는 놀이는 서로 상당히 다른 낱말들의 예기치 않은 병렬, 유의어의 기교적인 활용, 모든 형태의 중의성, 의미의 고의적인 훼손−'Sethe looked down at her feet again and saw the sycamores'[30](세드는 그녀의 발을 다시 내려다보았고 플라타너스를 보았다)(토니 모리슨 Toni Morrison[31])−그리고 어구의 변형과 암시를 포함한다.

이러한 과정들은 보통 말하는 그런 시에서뿐만 아니라 속담, 격언, 학교 아이들의 언어 놀이에서, 즉 동요, 깡충깡충 뛰면서 혹은 손뼉을 치면서 부르는 노래들에서도 발견된다. 아이들은 의미로 놀이를 시작하기 전에 소리로 놀이를 시작한다. 아이는 소리를 반복함으로써 기쁨을 얻는 순전히 감각적인 단계를 지나 의미가 점차 지배적이 되는 더 지적인 단계로 옮겨간다. 이에 대해서

자음운'을 말한다〈역주〉.
　예) To the low last edge of the long lone land(A.C. Swinburne)(『영어학사전』(조성식 편)참조).
28) 동음이철어(同音異綴語, paronym)란 hair와 hare처럼 음성적으로 유사하나 의미와 철자가 다른 두 개 이상의 단어를 말한다〈역주〉.
29) 스푸너리즘(spoonerism)이란 우리말로 '두음전환(頭音轉換)'이라고 하는데, 이웃해 있는 단어의 첫소리 자음을 서로 바꿔 발음하는 실수를 뜻한다. 이 용어는 영국 옥스퍼드 대학의 뉴칼리지 학장까지 역임한 스푸너(William Archibald Spooner, 1844~1930) 교수가 이웃하는 낱말의 두음을 서로 바꿔 말하는 실수를 많이 한 데서 유래한다. 예를 들어 'Light a Fire(불을 피워라)'라고 말하려다 'Fight a Liar(거짓말쟁이와 싸워라)'라고 말한다든가, '삶은 닭'과 '재능 기부'를 말하려 했는데 자기도 모르게 각각 '닮은 삶'과 '기능 재부'라고 말하는 경우이다〈역주〉.
30) 이 표현은 모리슨의 소설 『사랑받은 사람 Beloved』에 나오는 문구로 노예로 자라느니 차라리 죽음이 낫다는 생각으로 2살 된 딸을 죽인 Sethe의 마음의 상처를 다른 의미의 단어로 대체한 것이다. 즉, 'sycamores'는 'more scars(더 많은 흉터)'를 연상시킨다. 따라서 이 문구는 'Sethe looked down at her feet again and saw the more scars(Sethe는 그녀의 발을 다시 내려다보았고 더 많은 흉터를 보았다)'의 의미를 내포하고 있다고 할 수 있다〈역주〉.
31) 토니 모리슨(Toni Morrison, 1931~)은 1993년 노벨문학상을 수상한 아프리카계 미국인 여류 소설가이다. 모리슨의 소설은 잘 짜여져 있고 호소력 있고 생동감이 넘치는 문체로 흑인의 복잡한 정체성을 다루고 있다. 그녀의 주요 소설로는 『가장 푸른 눈 The Bluest Eye』(1970), 『솔로몬의 노래 Song of Solomon』(1977), 『사랑받은 사람 Beloved』(1987), 『재즈 Jazz』(1992) 등이 있다〈역주〉.

는 약 6세에서 12세 사이의 아이들의 언어행위에서 수수께끼와 '함정'을 만드는 언어 놀이의 중요성을 관찰하기만 하면 된다. 이와 동일한 과정들이라 할 수 있는 어구의 변형, 암시, 동음어의 연속 등이 주문과 의례의 정형화된 문구, 상업적이면서도 정치적인 슬로건, 책과 영화의 제목 등등에서도 발견된다. 왜냐하면, 시적 기능은 시의 영역에만 한정되지 않으며, 그것은 메시지의 내용 혹은 의사전달의 목적이 무엇이든 간에, 메시지의 형식에 주의를 집중시키고자하는 소리와 의미의 배열이 발견되기만 하면—즉흥적이든 아니면 신중히 준비된 것이든, 전통에 뿌리를 둔 것이든 혹은 일시적인 것이든—모든 언어적 생산을 포함하기 때문이다.

여기 몇 가지 예들이 있다.

동일어원어의 연속

There once was a **fisher** named **Fisher**

Who **fished** for a **fish** in a **fissure**

But the **fish** with a grin

Pulled the **fisher**man in

Now they all **fish** the **fissure** for **Fisher**

(옛날에 피셔(Fisher)라는 이름의 어부(fisher)가 있었지

길게 갈라진 틈에서 고기를 잡으려 했지

그러나 그 고기(fish)는 씩 웃으며

그 어부(fisherman)를 안으로 당겼네

지금 그들 모두는 길게 갈라진 틈에서 피셔 낚시를 하네)

슬로건들

이 슬로건들은 동일어원성, 대구법, 반복법, 각운 그리고 두운법에 따라 구성되어 있다.

Clunk, click, every trip(쾅, 딸깍, 모든 여행에서)　　　　　　　　동일어원성

(안전벨트를 매도록 상기시키는 것)

Kids cook quick(아이들은 빨리 요리된다)   동음어
　(태양으로부터 당신의 아이들을 보호하기 위하여!)

Up yours, Delors[32](빌어먹을, 들로르)   대구법
　(유럽연합에 반대하는 영국의 잡지)

Hatch, Match and Dispatch(부화하기, 짝짓기, 죽이기)   각운
　('탄생, 결혼, 죽음')

Three tenors for under a tenner(10파운드 이하로 3명의 테너를) 동음 반복
　(오페라 광고)

Ninteresting Nincentive Nintendo(니흥미롭고 니자극적인 닌텐도)   두운법
　(컴퓨터게임)

Check out our new check in(우리의 새로운 탑승수속대를 확인하세요)   두운법
　(항공사 광고)

어구의 변형과 암시 둘 다 다음에서처럼 높이 평가된다.

Beauty and piste[33](아름다움과 피스트)
　(겨울휴가 광고)

A dedicated follower[34]of function(기능의 헌신적인 추종자)
(메르세데스 광고)

Merchant of venison[35](사슴고기 상인)
　(일요일의 증보판 요리 페이지)

All pomp and no circumstance[36](모든 장관과 무 상황)

---

32) 자크 들로르(Jacques Delors, 1925~)는 프랑스 경제학자이자 사회당 정치인으로써 미테랑
　　정부 때 경제·재무부(1981-83), 경제·재무·예산부(1983-84) 상관을 지냈다. 그는 1985년부
　　터 유럽공동체(EC) 집행위원장이 되어 1994년까지 연임되었다. 1990년대 전후 그는 영국의
　　유럽 정책에 정면으로 맞섰다〈역주〉.

33) 'Beauty and piste'는 눈을 다져 놓은 스키 활강 코스의 이름이다. 이 문구는 'Beauty and
　　beast(미녀와 야수)'를 연상시킨다〈역주〉.

34) 여기서 'follower'는 'flower(꽃)'을 연상시킴〈역주〉.

35) 'Merchant of venison'은 'Merchant of Venice(베니스의 상인)'을 연상시킴〈역주〉.

(재미없는 축구경기에서)

Fat and fiction[37)](비만과 허구)

(마아가린 광고)

다음에서처럼 문체의 특징과 다의어들이 허용하는 중의성에 기반을 둔 슬로
건도 마찬가지이다.

Labour isn't working(노동당은 일하고 있지 않다)

(영국 보수당의 선거 슬로건)

France: discover a land of placid valleys, rocky gorges and
mountainous lunches[38)](프랑스: 잔잔한 골짜기와 바위로 된 협곡과 산더
미 같은 점심의 땅을 발견하라).

성서의 격언들, 속담들, 아이들의 운을 맞춰지은 동시들 또한 자주 대구법을
따른다.[11]

성서의 격언들

An eye for an eye and a tooth for a tooth(눈에는 눈, 이에는 이)

The spirit is willing, but the flesh is weak(마음은 굴뚝같은데 몸이 안
따라준다)

속담들

Like father, like son(그 아버지에 그 아들)

He who laughs last, laughs longest(마지막에 웃는 자가 가장 오래 웃는다)

Once a thief always a thief(한 번 도둑은 영원한 도둑이다)

---

36) 'All pomp and no circumstance'는 'pomp and circumstance(거창한 의식)'를 떠올리게
한다〈역주〉.

37) 'Fat and fiction'은 'Fact and fiction(사실과 허구)'를 떠올리게 한다〈역주〉.

38) 이 슬로건은 'a land of milk and honey(젖과 꿀이 흐르는 땅)'[출애굽기 3:8]를 떠올리게
한다〈역주〉.

All's well that ends well(끝이 좋으면 다 좋다)

What's good for the goose is good for the gander(암거위에게 좋은 것은 수거위에게도 좋다)

Take care of the pounds and the pence will take care of themselves[39] (파운드를 돌보면 펜스는 그들 스스로를 돌본다 = 목돈에 신경을 쓰면 푼돈은 저절로 만들어진다)

동시

Finding's keeping(먼저 찾은 사람이 임자)

Taking back's stealing(물리는 것은 도둑질하는 것이다)

Giveses, keepses(주어라, 가져라)

Finders keepers(찾은 사람들이 주인)

Losers weepers(진 사람은 울보)

Touch wood, no good(나무를 만져보렴 소용없어)[40]

Touch iron, rely on(철을 만져보렴 믿어보렴)

Cross my heart and hope to die(가슴에 십자를 그리고 맹세할게. ≒ 내 말에는 추호도 거짓이 없다)

Drop down dead if I tell a lie(내가 거짓말을 하면 벼락 맞아 죽을 거야).

책 제목, 신문 헤드라인 그리고 동요도 반복, 동음어, 어구 변형, 암시 그리고 다의성과 같은 동일한 과정을 사용한다.

책 제목들

Absalom, Absalom![41](『압살롬, 압살롬!』)

---

39) 이 속담을 거꾸로 한 것 또한 속담이다. "Take care of the pence, and the pounds will take care of themselves(동전을 돌보면, 파운드는 그들 스스로를 돌본다=푼돈을 아끼면 목돈은 저절로 만들어진다)〈역주〉.

40) 나무를 만지면서 부정 타지 않기를(곧 행운을) 비는 미신에서 온 표현이다. 따라서 '부정 타지 않기를 빌어라, 그래도 소용없어'로 의역할 수 있다〈역주〉.

41) 미국의 소설가 윌리엄 포크너(William Faulkner, 1897~1962)가 1936년 발표한 장편소설이다

Antic Hay [42)](『우스꽝스러운 시골 춤』)

Arms and Man [43)](『무기와 인간』)

Endgame [44)](『승부의 끝』)

Erewhon [45)](『에레혼』)

Eyeless in Gaza [46)](『가자에서 눈이 멀어』)

Language Through the Looking-Glass [47)](〈거울을 통해서 본 언어〉)

Tinker, Tailor, Soldier, Spy [48)](『팅커 테일러 솔저 스파이』)

Where Angels Fears to Tread [49)](『천사들이 밟기 두려워하는 곳』)

신문 헤드라인

The merchant of venom(독(毒) 상인)

　(베니스에서 온 정치가에 대해서)

Star tekkies(스타 기술자들)

　(영국의 첨단기술 디자인과 건축)

〈역주〉

42) 영국의 소설가 올더스 헉슬리(Aldous Huxley, 1894~1963)가 1923년에 발표한 소설로 국내에서는 『어릿광대의 춤』으로 번역되어 있다〈역주〉.

43) 아일랜드 출신의 영국의 극작가 겸 소설가 조지 버나드 쇼(George Benard Shaw, 1856~1950)가 1894년에 발표한 희곡이다〈역주〉.

44) 아일랜드 출신의 소설가이자 극작가인 사무엘 베케트(Samuel Beckett, 1906~1989)가 1957년에 발표한 희곡이다〈역주〉.

45) 영국의 소설가 새뮤얼 버틀러(Samuel Butler, 1835~1902)가 1872년에 발표한 풍자소설이다〈역주〉.

46) 영국의 소설가 A. 헉슬리가 1936년에 발표한 반 자서전적인 소설이다〈역주〉.

47) 언어학자 마리나 야겔로(Marina Yaguello, 1944~)가 해리스(Trevor Harris)와 함께 1998년 옥스퍼드대학 출판사에서 펴낸 책의 주제목이다. 이 책은 부제까지 포함해서 『거울나라의 앨리스와 함께 하는 언어와 언어학의 탐구 *Language Through the Looking Glass : Exploring Language and Linguistics*』라는 한국어명으로 우리가 지금 번역하고 있는 책의 원서이다〈역주〉.

48) 영국의 작가 존 르 카레(John le Carré, 1931~)가 1974년에 발표한 스파이 소설이다. 이 제목을 그대로 직역하면 〈땜장이, 양복장이, 군인, 스파이〉가 된다〈역주〉.

49) 영국의 소설가 포스터(Edward Morgan Forster, 1879~1970)가 1905년에 발표한 첫 장편소설이다. 이 소설은 1991년 찰스 스트릿지(Charles Sturridge) 감독에 의해 영화화되었는데 국내에서는 『몬테리아노 연인』이라는 제목으로 소개되었다〈역주〉.

Saddling up for the future(미래를 위하여 안장 얹기)

(새들러스 웰스(Sadler's Wells)[50]를 재건하기 위한 계획에 대해서)

A marriage maid in heaven(하늘에서 결혼해서 여종처럼 생활하는 여자)

(순종적인 동양의 부인들에 대하여)

Day of long knives(긴 칼의 날)

(요리경연대회에 대하여)

동요

eeny, meeny, miny, mo(이니 미니 마이니 모)

(술래 뽑기 노래의 구절)

fee, fi, fo, fum(피 파이 포 펌)

(허둥거림이나 화를 표현)

'유아어'는 운율과 반복을 동시에 사용한다는 것에 주목해야 한다. 옹알이 단계의 낱말들은 자연스럽게 쌍으로 이루어져있다. 즉 모든 언어들은 *bye-bye*(바이-바이), *choo-choo*(칙칙폭폭), *din-dins*(맘마), *gee-gee*(말(馬)), *poo-poo*(응가), *tum-tum*(둥둥), *wee-wee*(쉬) 등의 등가어를 가지고 있다. 이들 쌍의 유아어는 몇몇 정신분석학자들에 따르면 반복의 욕구에 해당된다. 성인들의 어휘에서 애정이 (함축적으로) 담긴 낱말들은 *coodgy-coodgy*(멋진, 좋은), *lovey-dovey*((애정 표현이 남 보기에 우스꽝스러운 정도로) 달콤한), 그리고 좀 더 성행위를 떠올리게 하는 말인 *rumpy-pumpy*(섹스 행위)처럼 종종 본래의 두 음절 리듬을 향한 유아적 퇴행을 보인다. 이것이 놀이와 기쁨과 연계된 언어가 종종 성관계에서 발견되는 이유이다.

그러나 운을 맞춘 낱말들이 어린이 언어나 혹은 어린애 같은 언어에 한정되는 것은 결코 아니다. 성인화자들은 *chit-chat*(시끌시끌), *dilly-dally*(꾸물꾸물), *helter-skelter*(허둥지둥), *hocus-pocus*(수리수리 마수리), *hotch-potch*

---

50) 새들러스 웰스(Sadler's Wells Theatre)는 영국 런던에 있는 복합극장이다. 이 극장의 창립은 17세기 말이고 그 후에 수많은 변천을 겪으면서 오늘날까지 존속하고 있다〈역주〉.

(뒤죽박죽/뒤범벅), *mish-mash*(뒤죽박죽), *riff-raff*(쓰레기들), *willy-nilly* (우물쭈물/싫든 좋든 간에), *wishy-washy*(미적지근) 등과 같은 낱말을 사용한 다. 이러한 낱말들은 음의 유사를 통해서이건 두운을 통해서이건 분석이 거의 불가능하고(제5장을 볼 것), 장난 끼가 많거나 어떤 경우에도 방정스러운 의미와 소리의 울림을 제공한다는 점에서 특이하다. 이들 낱말들은 언어의 어휘 속에 굳어져있으므로 소리로 놀이를 하는 화자들의 자연스러운 성향을 되새겨준다.

엄밀한 의미의 시와, 슬로건과 같은 것에 사용된 언어를 분리하는 것은, 지 시적인 것이나 능동적인 것을 넘어선 시적인 것의 절대적인 탁월함이다. 슬로 건에서의 시적 기능은 비록 형식적인 과정이 동일한 것일지라도 피상적인 현 상, 즉 하나의 목적을 위한 수단일 뿐이다. 반면에, 시를 순수한 놀이와 구별 짓는 것은 시적 텍스트에 존속하는 의사소통적 목적이다. **아무것도** 연상시키 는 것이 없는 단지 형식적인 놀이일 뿐일 수 있는 시는 몹시 제한적일 수밖에 없을 것이다(제9장을 볼 것).

또 다른 중요한 차이는 즉흥적이고 자유롭고 창조적인 놀이(시, 낱말 놀이, 재담 등)와 순서를 정하는 것을 목표로 하는 규칙이 있는 놀이(아나그램, 십자 말풀이, 스크래블 등) 사이에 생길 수 있다. 마찬가지로 아이들에게도 두 단계 가 구분될 수 있다. 하나는 자유롭고, 제한이 없는 놀이의 단계이고, 다른 하 나는 좀 더 나중에 사회화 과정의 한 부분인 규칙이 있는 놀이 단계이다. 왜냐 하면 놀이는 역설적이게도 사회 규범의 파괴로 정의되는 동시에 사회 규범으 로의 통합으로도 정의되기 때문이다.

일부 사회에서는 언어적 놀이에 아주 높은 사회적 지위가 주어진다. 요컨대, 이들 사회는 *말싸움, 토론대회, 수수께끼 같은 얘기하기* 그리고 *의례상 모욕적 인 말하기*와 같은 그런 의식적인 언어 표명을 장려하고 그것에 가치를 부여한 다. 말싸움, 예를 들어 사춘기 직전의 터키 젊은이들에게서 행해지는 말로 하 는 이러한 의식적인 대결은 기지에 찬 답변과 모욕적인 말을 운에 맞게 이어가 는 기교에서 뛰어난 솜씨를 요구한다. 이는 성인 세계로의 접근을 허가하는 시 작 의례, 즉 통과의례에 해당된다. 미국의 도심지역의 젊은 흑인들 사이에서

청년기 동안에 의식적으로 모욕적인 말을 하는 행위, 예를 들어 다즌스와 사운딩[51]은 울분을 푸는 기능을 한다.[12] 모욕적인 말을 하는 행위는 공격성의 대체물이며, 또한 언어에 대한 뛰어난 조작을 필요로 한다. 요컨대 각운, 말재롱, 이중의미 그리고 비유적 표현은 서로 빠른 박자로 이어진다. 말해지는 것이 현실과 아무런 관계가 없어야 하는 것이 규칙이므로 정보적 기능은 완전히 무시된다. 우리 문화에서 어린 학생들에게 제한되어있는 수수께끼 또한 구술문화를 가진 많은 사회에서는 대단히 높은 가치를 부여받는다. 언어 놀이가 최상의 예술 형태로 간주되는 마다가스카르 섬에서 말싸움 혹은 *하인테니(hain-teny)*는 열광적인 대중들 앞에서 꼬박 몇일 동안 지속될 수도 있다. 그에 반해서 우리 서양인들은 지시적인 것, 순수하게 단순히 정보적인 것 그리고 실용적인 것의 총체 아래로 점점 더 매몰되고 있다. 시인들과 말의 요술사들은 옛날에 그들을 위해 마련되었던 곳에서 우월한 위치를 잃었다.

---

51) 다즌스(dozens)는 '상대방 어머니에 대한 욕지거리 시합'을 말하고 사운딩(sounding)은 '불량소년들이 하는 욕설 주고받기'를 말한다〈역주〉.

1 언어의 여러 기능에 대한 이곳 설명은 로만 야콥슨에 의해 1960년에 발표된 다음의 유명한 논문에서 가져온 것이다. Jakobson R., "Closing Statements: Linguistics and Poetics", in *Style in Language*(ed. Thomas Sebeok), Cambridge Massachusetts, MIT Press, 1960, pp. 350-377.

2 이에 해당하는 언어로는 라틴어, 스페인어, 이탈리아어 그리고 슬라브족의 언어들이 있다.

3 밀네르(J. Milner, 1976) 참조.

4 『이상한 나라의 앨리스 *Alice's Adventures in Wonderland*』(『거울나라의 앨리스 *Through the Looking-Glass and What Alice Found There*』도 합본되어 있음), Norton Critical 출판사, Donald J. Gray(ed.)(런던: W.W. Norton & Company, 1992), p.150. 이 책이 본 텍스트에서 내내 사용된 판본임. 참고 쪽수는 인용 뒤의 괄호 안에 제시되어 있다.

5 이 소설은 다비드 벨로스(David Bellos, 1945~)에 의해 『A Man Asleep』라는 제목으로 영어로 번역되었다.

6 일반적으로 인용부호, 곧 따옴표는 종종 메타언어적 의미를 가진다. 어떤 경우에는 낱말이 언급되지 않고 사용될 때조차도 그렇다. 왜냐하면 따옴표는 화자(혹은 필자)가 해당 낱말에 대해 거리를 둠으로써, 그것이 체계 내에서 갖는 언어적 가치와 그것의 위치에 대한 화자의 입장을 드러내는 한 방식이기 때문이다. 이 경우 해당 낱말은 한편으로 어휘화되지 않은 발화 형태 또는 신어이거나 아니면 그 신어의 예기치 않는 다소 과감한 사용일 수 있고, 다른 한편으로 외래 차용어이거나 혹은 문맥상 매우 친숙한 속어일 수도 있다.

7 로만 야콥슨(1941) 참조.

8 밀네르(Jean-Claude Milner)의 『언어의 사랑 *L'Amour de la langue*』(1978)과 울프슨(Louis Wolfson)의 『분열과 제 언어 *Le Schizo et les langues*』(1970)를 볼 것.

9 호이징가(J. Huizinga, 1951)를 볼 것.

10 영어로는 『*The Surrealist Manifesto*』로 번역된다.

11 주스(M. Jousse, 1978), 『발화주체, 말 그리고 호흡 *Le parlant, la parole et la Souffle*』을 보라.

12 라보프(W. Labov, 1972b) 참조.

2 바벨탑
언어의 보편적 특징

언어는 모든 인간이 공유하는 것이다. 언어들 사이에 **본질적**인 차이는 없으며 단지 **구조적**인 차이만 있을 뿐이다. 어떤 '단순한' 언어도 '복잡한' 언어도 없다. 모든 언어들이 단순하면서도 복잡하다. 어떤 언어는 형태론적으로 단순하지만 통사론적으로는 복잡할 수 있고 … 혹은 그 반대도 있을 수 있다. 화자의 '문명화' 정도에 따라서 **원시적** 단계에서 **발전된** 단계까지 언어의 계층화를 수립하고자 했던 소위 '언어 단계 이론'은 반박을 당한지 오래다.[1]

모든 자연언어는 공통적으로 어떤 보편적 특징들, 즉 인간 언어가 무엇인가를 정의내릴 수 있는 특징들을 가지고 있다. 왜냐하면, 세계에서 말해지는 언어들의 놀랄만한 **다양성**을 넘어서 우리는 인간 언어의 본질적인 특성, 즉 비인간적 의사소통 기호체계와 비교할 때 무엇이 인간 언어 특유의 것인가를 인식할 필요가 있다. 인류는 비록 신화적인 관점이긴 하지만 항상 이 문제를 인식해 왔다. 바벨탑의 신화(언어의 다양성에 대한 성서적 설명)와 하나의 언어를 가졌던 바벨탑 이전의 태고 적의 잃어버린 낙원에 대한 추억은 언어의 보편적 특성들에 대한, 즉 모든 언어활동의 기초가 되는 정신적 작용들에 대한 현대적인 연구에서 그 흔적을 찾는다.[2]

우선 우리가 보통 당연한 것으로 여기는 두 가지 특징이 있다. 첫째, 언어는 **선조적(線條的, linear)**이다[1]. 이 특징에 따라 언어적 메시지는 예를 들면 음표가 서로 겹치는 것을 허용하는 음악적 메시지(평성가[2]), 곧 목소리만으로 노

---

1) 부연하자면, 언어의 선조성(線條性, linearity)이란 언어의 단위들, 곧 음소, 형태소, 낱말, 어절, 문장 등이 공간 속에서 동시적으로 말해지거나 쓰일 수 없고, 시간 속에서 선(線)적 형태로 계기적으로 전개되는 특징을 말한다〈역주〉.

2) 평성가((不聲歌, Plain chant)란 성부(聲部)가 하나인 가톨릭교회의 성악음악을 말한다. 중세의 종교적 신앙의 기념탑으로 꼽히는 그레고리오 성가(Gregorian Chant)는 반주와 화음이 없는 단선율의 평성가였다〈역주〉.

래하는 성가는 목소리를 악기로 취급한다)와는 구별된다. 둘째, 언어의 단위들은 **불연속적(discrete)**이다. 말하자면 그것들은 서로 서로 분리될 수 있다. 이는 쓰기에서 여백이 가리키는 것이다. 예들 들어 색깔들의 스펙트럼은 그 경계선이 언어에 의해서 자의적으로 그어진 연속체인 반면, 언어의 메시지는 일반적인 담화에서 아무리 혼합되어 나타난다할지라도 뚜렷이 구별되는 일연의 단위들이다. 언어의 이 두 가지 특징, 즉 **선조성**과 **불연속성**을 통해서 언어의 메시지를 나눌 수 있고 분석하는 것이 가능해진다.

모든 언어들은 **잉여성**(실제로 전달되는 정보에 비해 수단이 과도함)을 포함하고 있으며, 이는 제3장의 주제이다.

모든 언어는 의미 단위(낱말 또는 형태소)와 소리 단위(모음과 자음, 또는 음소)로 **이중분절**을 나타낸다. 이 두 종류의 단위는 제4장에서 제6장까지 상세하게 논의될 것이다.

모든 언어는 체계이다. 이 체계의 단위들은 총체적인 구조로 조직화된 전체 체계 내에서 정의된다. 소리와 의미의 관계는 **자의적**이면서도 **관습적**이다. 나는 이점에 대해서 제7장과 제8장에서 다룰 것이다.

언어들은 또한 **중의성, 동의성, 다의성, 비대칭성** 그리고 **불규칙성**을 보인다. 이에 대해서는 제5장과 제14장에서 다룰 것이다.

언어들은 모두 **소리, 문법적 배열** 그리고 **의미**라는 세 가지 다른 층위로 구조화되어 있다(제9장에서 제11장까지 볼 것). 언어들은 모두 이론적으로 *유한한* 수의 기호를 가지고 *무한한* 수의 발화를 생성해 낼 수 있다(제10장을 볼 것). 언어들은 모두 **발명**과 **창조, 의미의 이동, 놀이** 그리고 **문체상의 기교 장치**의 사용을 허용한다(제11장에서 제13장 까지를 볼 것).

마지막으로 모든 언어는 본래 끊임없는 진화의 과정에 있다. 이는 쇠퇴라기보다는 생명력의 표시이다. 더 이상 변화하지 않는 언어는 막 죽어가는 언어일 뿐이다.[3]

다음 장들에서 우리는 앞 단락들에서 언급한 특징들 각각을 순서대로 살펴볼 것이다. 그러나 나는 또한 언어가 다양한 층위로 상호 연결된 체계로 구성되어있기 때문에 각 개념은 모든 다른 개념들과 연결되어 있으며, 그것들을 차례차례 다루고자 하는 결정은 어느 정도 어쩔 수 없이 자의적인 결정이라는 사실을 강조하고자 한다.

1   야겔로(1991b), 『언어의 광적 애호가들 *Lunatic Lovers of Language*』 참조.

2   앞에서와 같은 책 참조.

3   그리고 이런 일은 정말 점점 더 자주 일어난다. 왜냐하면 언어들이 서서히 쓰이지 않게 되더니 사라지기 때문이다. 사용 중인 인간 언어의 수가 급속하게 감소하고 있다. 소멸율의 추산치는 매해 12개어 언어에서 50개의 언어까지 다양하다. 이는 인류가 가진 언어 유산의 10%까지가 2005년까지 돌이킬 수 없을 정도로 사라져 버리게 될 것이라는 것을 의미한다. 21세기 말까지 현재 5000개 이상의 언어들 중에 1000개 이내의 언어만이 여전히 존속할 것이라고 추정된다. 언어학자들은 위협을 받고 있는 언어들은 너무 늦기 전에 기록되어야 한다는 것을 점점 더 자각하고 있다.

3 분홍색 코끼리들
일하는 잉여성

> 코끼리는 예쁜 새야
> 이 가지 저 가지로 날아다니지
> 대황나무에 자신의 둥지를 틀고는
> 소처럼 휘파람을 불지

당신은 '크래쉬(Crash)' 놀이를 어떻게 하는지 아는가? 나는 한 낱말을 선택하고, 당신은 동일한 수의 글자로 된 다른 낱말을 선택한다. 예를 들어 다섯 글자로 된 낱말이라 하자. 나는 당신의 것을 짐작하려 하고 당신은 나의 것을 짐작하려 한다. 이것을 하기 위해서 우리는 각자 다섯 글자로 된 낱말을 번갈아가며 제안하고, 각 상대는 그 낱말이 몇 개의 옳은 글자—1에서 5까지—를 포함하고 있는지 말한다. 일단 첫 번째 글자를 짐작하자마자, 내가 추측하는 각 연속적인 낱말에 한 번에 한 글자씩만 바꾸면 다른 글자들을 짐작하는 것은 상당히 단순하다.

이 놀이를 할 때, 자음이 모음보다 더 많은 도움이 되고 더 많은 정보를 제공한다는 것은 곧 분명해 진다. 이는 자음들로 구성된 문맥에서 쉽게 추론된다. 모음이 무엇이 될 것이라는 것은 상당히 예측 가능한[1] 반면 그 반대의 경우, 즉 자음은 그렇지 않다. 결과적으로 모음과 자음에 의해 전달되는 정보가 알파벳에서 그들의 수에 비례한다고 말할 수 있다. 일반적으로 말해서 한 언어에는 모음보다 자음이 더 많이 있으며[2] 이는 글말에서 더 명백히 드러나는 차이이다. 영어에서는 단지 5개의 모음 글자(a, e, i, o, u)가 20개의 **모음 소리**를 나타내는데 사용된다(제6장, 표 6.1을 볼 것).

동일하게 관련이 있는 것은 소리들(또는 글자들)이 조합되는 방식이다. 어떤 소리군이나 글자군은 특히 빈번하므로 비교적 적은 정보를 제공한다. 그와는 반대로 다른 것들은 드물지만, 결과적으로는 매우 유용한 정보를 제공한다. 그럼 우리의 관심사로 돌아가 보자. 당신이 *tweet*라는 낱말을 선택했다고 가정하자. 만약 내가 여기에 쓰인 두 모음을 추측한다면, 그 위치에 *ee*를 포함하고 있는 다섯 글자의 낱말이 수가 매우 많기 때문에 게임을 이기기 위해서는 여전히 해야 할 일이 많을 것이다. 반면에 내가 *w*를 추측한다면, 나는 오직 *d, s,* 그리고 *t*만이 *w*앞에 올 수 있다는 것을 안다. 내가 예를 들어 *dwell* 혹은 *swell*을 제안했을 때, *tw*의 조합만 남으며, 이 조합으로 시작하는 낱말은 영어에서 10개 이하이다. 이 중에서 단지 *tweet*와 *tweed*만이 단 하나의 자음에 의해 구별되는 쌍을 이룬다. 그걸로 나는 거의 이긴 것이다.

어떤 놀이꾼들은 유별난 자음군을 포함하고 있는 낱말을 선택한다. 그러나 이것은 두 가지 상반된 효과가 있다. 사실, 나의 상대자가 예컨대 *fth*로 끝나는 낱말을 즉각적으로 생각할 수 없을 수도 있지만, 일단 그가 그것을 추측을 한다면 그 나머지는 간단하고 쉬운 일이다. 같은 이유에서, 처음부터 낱말의 끝을 짐작하는 것이 그 반대의 경우보다 더 쉽다는 것이 곧 명확해진다. 말하자면, 시작이 더 도움이 되며 끝보다 더 많은 정보를 제공한다.

크래쉬 놀이를 할 때, 그땐 우리는 해당 언어의 구조와 그 철자 체계에 의해 허용되는 글자의 조합에 대한 지식을 토대로 해서 놀이를 운용한다. 요컨대 입말 판의 게임으로는 놀이가 똑같이 잘 행해질 수 있지만, 입말 영어와 글말 영어 사이에 불일치가 있는 경우에는 다른 조합의 규칙을 사용하게 될 것이다. 실제로 크래쉬 같은 게임의 놀이꾼은 시행착오를 거쳐 **잉여성**이라 불리는 정보이론의 원리를 알아내게 된다. 말하자면 주어진 요소가 주어진 문맥에서 나타나는 것이 더 예측 가능할수록 그 요소가 제공하는 정보는 더 적어지고, 그것은 더 잉여적이 되는 것이다.

다른 무엇보다도 잉여성이 있기에 우리는 낱말을 축약할 수 있다. 글말에서 우리는 자음보다는 차라리 모음을 생략하며-처음의 모음은 제외하고-, 낱말의 처음보다는 낱말의 끝을 잘라서 생략한다. 그 예로 *adj., adv., all mod. cons., attn., aux., des.res., spag.bol., 2 receps., 2beds., ftd., cpts., recap., vb.*[1] 등을 들 수 있다. 입말에서는 물론 모음이 모든 발음의 기초를 이루고 있으므로 모음을 생략하는 것이 불가능하다. 모음 없는 음절은 있을 수가 없기 때문이다. 그러나 우리는 문맥상 추론될 수 있는 낱말의 끝부분은 쉽게 생략한다. 대부분의 긴 낱말들은 접미사로 끝나기 때문에 더욱더 그러하다. 예를 들면, 우리는 *demonstration*(시위)대신에 *demo*, *English literature*(영문학) 대신에 *Eng lit*, *fabulous*(기막히게 멋진) 대신에 *fab*, *facsimile*(복제) 대신에 *fax*, *liberation*(자유) 대신에 *lib*, *metropolitan*(대도시의) 대신에 *met*, *public house*(선술집) 대신에 *pub*, *veterinary*(수의사) 대신에 *vet*라고 말한다. 그러나 *bus*(버스), *phone*(전화), *plane*(비행기), *loo*(화장실) 등과 같이 낱말의 처음을 잘라내는 것도 가능하며, *flu*(인플루엔자)처럼 처음과 끝을 둘 다 잘라내는 것도 가능하다.[2]

　낱말들을 축약을 하는 방식은 우리에게 음절의 구조에 대해 많은 것을 말해준다. 음절이 폐쇄되는 경향이 있는, 말하자면 자음으로 끝나는 언어인 영어의 경우 낱말들은 보통 자음 뒤에서 끝부분이 생략된다. 프랑스어의 경우

---

1) 이들 축약어의 본말은 다음과 같다〈역주〉.
　　adj. =*adjective* (형용사)
　　adv. =*adverb* (부사)
　　all mod. cons. = *all modern convenience*(최신설비구비)
　　attn. =*attention* (주의)
　　aux. = *auxiliary* (조동사)
　　des. res. =*desirable residence* (멋진 주택)
　　spag. bol. = *spaghetti bolognese*(스파게티 볼로냐)
　　2 receps. =*2 reception rooms* (응접실 2개)
　　2 beds. =*2 bedrooms* (침실 2개)
　　ftd. =*fitted*(가구, 비품이 딸린)
　　recap. =*recapitulate* (개요를 말하다)
　　vb. =*verb* (동사)
2) 이들 준말의 본말들은 다음과 같다〈역주〉.
　　bus=omnibus
　　phone=telephone
　　plane=airplane
　　loo=gardyloo(물이다, 조심해: 원래 스코틀랜드에서 2층 창문으로 구정물을 버릴 때 주의를
　　　　　　　주기 위해 외치던 말)
　　flu=influenza

는 낱말이 대부분 개음절이기 때문에 그 반대가 참인 경향이 있다. 영어는 일반적으로 프랑스어보다는 덜 축약된다. 왜냐하면 영어의 낱말들은 대부분 로맨스어3)의 낱말들보다 더 짧으므로 잉여성을 덜 드러내기 때문이다. 축약이 있는 곳에서는 그 축약형들은 예를 들어 *bike, cab, flu, mike, plane, telly, vibes, zoo* 4)처럼 완전히 어휘화될 수도 있다. 이러한 축약어들은 그 자체로 낱말이 되었다. *mob*(군중)가 18세기 라틴어의 표현 *mobile vulgus* (흥분한 군중)의 축약이었다는 것을 지금 누가 기억하겠는가?

모든 언어들에는 매 층위마다 잉여적 요소들, 즉 거의 정보를 제공하지 않거나 전혀 정보를 제공하지 않는 요소들이 있다. 그것들은 가능한 소리 조합의 층위에서, 그것들을 전사하는데 사용되는 글자들에서, 낱말을 구성하기 위해서 사용되는 음절의 조합과 낱말군과 문장을 형성하기 위해서 사용되는 낱말의 조합에서 발견될 수 있다. 잉여적 요소들은 보통 언어에 따라 다르게 분포되나, 언어의 특징으로서 잉여성은 항상 일정한 비율로 존재한다. 전보, 머리기사 그리고 광고 문구는 특정 문법 항목의 잉여성에서 도출된다. 요컨대, 이들 유형의 메시지는 예측가능하고 쉽게 생략될 수 있는 것들을 희생시키면서 발화에서 가장 의미를 많이 지닌 요소들을 강조한다. 바로 그런 이유로 *be*동사는―사실 이 *be*동사는 많은 언어에서 존재조차 하지 않는다―상당히 잉여적이다. 마찬가지로 관사, 대명사, 전치사는 그것들이 문맥상 추론될 수 있는 한에서는 다소 잉여적이다. 많은 언어들이―예를 들면 로맨스어와 슬라브어―요구하는 성과 수의 체계적인 일치는 아주 분명하게 잉여적이다. 예컨대 프랑스어에서 우리가 *la petite chatte*(어린 암고양이)라고 말할 때 여성이 3번이나 나타난다. 5)

---

3) 로맨스어(Romance languages)란 라틴어에서 발달한 프랑스어, 이탈리아어, 스페인어 등의 라틴계 언어를 가리킨다. 로망어라고도 한다〈역주〉.

4) *bike, cab, flu, mike, plane, telly, vibes, zoo*는 각각 *motorbike*(오토바이), *taxicab*(택시), *influenza*(인플루엔자), *microphone*(마이크), *airplane*(비행기), *television*(텔레비전), *vibraphone*(비브라폰), *zoological garden*(동물원)으로부터 축약된 후 그것 자체로 어휘화된 예들이다〈역주〉.

5) 'la petite chatte(어린 암고양이)'에서 'chatte(암고양이)'는 'chat(수고양이)'이와 대립되는 여성 명사이고, 'petite(어린)'은 남성형 'petit(어린)'과 대립되는 여성 형용사이고, la는 남성형 le와

잉여성은 한 조를 이루는 표현들, 정형화된 문구, 상투적인 문구, 관용구 그리고 *mad as a ... hatter*[6](아주 미친; 몹시 화난), *good as... gold*(예의 바른, 얌전한)에서처럼 한 낱말이 자동적으로 다른 낱말을 연상시키는 연어[7] 등에서도 똑같이 나타난다. 이러한 종류의 잉여성은 '굉장히 멋진' 문학의 한 특징인 바, 시적 텍스트란 예기치 않은 방식으로 낱말들을 연계시킴으로써 잉여성을 좌절시키는 정확히 바로 그런 텍스트이다. 분홍 코끼리들은 회색빛 코끼리들보다 덜 잉여적이다. 만일 당신이 야회복 재킷을 입고 테니스화를 신는다든가, 실크해트[8]를 쓰고 수영복을 입고 있다면, 당신은 운동복과 동일한 신발을 신거나 혹은 모닝 드레스를 입고 동일한 쓸 것을 착용할 때보다 눈에 뜨일 기회가 더 많을 것이다.

우리는 다음 글에서처럼 습관의 힘에 대항해서 싸워야만 한다.

A tail behind, a trunk in front,
Complete the usual elephant.
The tail in front, the trunk behind,
Is what you very seldom find.
If you for specimens should hunt,
With trunks behind and tails in front,
That hunt would occupy you long;
the force of habits is so strong.[3]
(뒤에는 꼬리, 앞에는 코
평범한 코끼리를 완성시켜.
앞에는 꼬리, 뒤에는 코는
네가 아주 드물게 발견하는 것이지.

대립되는 여성형 정관사이다〈역주〉.
6) 루이스 캐럴의 『이상한 나라의 앨리스』에 나오는 인물인 모자 장수 매드 해터(Mad Hatter)에서 나온 표현이다. 모자 제작시 사용되는 화학 약품 때문에 이 일을 하는 사람들이 흔히 수은 중독에 걸렸는데, 이것이 기억력 상실이나 신경계 손상을 가져올 수 있기 때문에 이런 표현이 나온 것이다〈역주〉.
7) 연어(連語, collocations)란 두 개 이상의 단어가 결합하여 의미적으로 하나의 단위를 이루는 말을 말한다. 예를 들어 '즐거운 소풍'과 '기쁜 소식'은 연어를 구성하지만, '?기쁜 소풍'과 '?즐거운 소식'은 자연스러운 의미 단위를 이루지 못하므로 연어가 되지 못한다〈역주〉.
8) 실크해트(silk hat)란 남자가 쓰는 운두가 높은 정장용 모자를 말한다〈역주〉.

만약 네가 표본용으로 사냥을 해야 한다면
뒤에 코와 앞에 꼬리를 가진 것으로 하렴,
그 사냥은 너를 오랫동안 열중시킬 거야;
습관의 힘은 아주 강하니까.)

그러나 잉여성은 이유가 있어 그 자리에 존재하는 것이다. 잉여성은 명확한 기능을 가지고 있다. 전화상이나, 라디오를 통하여 그리고 시끄러운 상황에서, 즉 전달의 조건이 나쁠 때 잉여성은 의사소통을 더 쉽게 해주는 기능을 가지고 있다. 잉여성은 말을 하거나 들을 때 계속적으로 집중 상태를 유지하게 해주거나 어떤 형태의 모호함에 허우적거리지 않아도 되게 해주며, 또한 우리가 오해하는 것을 피해준다. 요컨대 모든 형태의 잡음으로 인한 방해, 곧 의사소통 이론이 '소음'이라 부르는 모든 것과 부닥치지 않게 해준다. '소음'이나 전파 방해의 수준이 너무 높으면 잉여성이 실패한다. 이것은 '말 전달놀이'[9]로 알려진 게임에 잘 기술되어 있다. 한 장군이 'Send reinforcements, we are going to advance(지원병을 보내라. 우리는 진격할 것이다)'라는 내용의 구원 요청을 본부에 보낸다. 이 메시지는 군인에서 군인으로 전달되면서 한참이 지나서 'Send three and fourpence, we are going to a dance[4](3실링 4펜스를 보내라. 우리는 댄스파티에 갈 것이다)'라는 왜곡된 내용으로 목적지에 도착한다. 바로 여기에서 잉여성은 마침내 호적수를 만난 것이다.

그렇지만 잉여성을 또 다른 기능을 가지고 있다. 한 문장에서 명사, 대명사 그리고 형용사에 있어서 성과 수의 반복과 같은 문법적인 일치나 또는 주어와 동사 사이의 일치는 어느 낱말들이 세트로 되어 있으며, 어떤 문법적 기능을 그들이 맡고 있는지를 알아보도록 해준다.

잉여성은 실수나 혹은 오해가 우리에게 일어나기 전에 막아 준다. 외국어를 완벽하게 습득한다는 것은 잉여성의 체계에 숙달한다는 것이다. 그런 이유로 서부극에서 'White man speak with forked tongue(백인들은 겉과 속이 다

---

9) 말 전달놀이(Chinese whispers)란 사람들을 거칠수록 전달되는 내용이 조금씩 달라질 수 있는 말놀이를 말한다〈역주〉.

른 말을 해/백인들은 일구이언을 해)'라고 엉터리 영어로 말하는 인디언의 캐리커처는 추측컨대 잉여적 자질을 습득할 능력이 없다는 것을 보여준다.[10]

---

10) 'White man speak with forked tongue.'은 영어 문법의 규범상 'A white man speaks with a forked tongue.'이라고 말하는 것이 정확하다는 점을 고려할 때, 단수를 나타내는 잉여적인 표지라 할 수 있는 관사 'a'와 동사의 3인칭 단수 표지 '−s'를 인디언들이 생략한다는 것은 이들이 이에 대한 언어습득능력이 부족하거나 없다는 것을 보여준다〈역주〉.

11) 잉여성이 제거된 이 만화의 원문은 부사어 'OVER THERE(저기)', 형용사 'IMPOSSIBLE!(불가능해!)', 명사 'BIG WATERFALL!(거대한 폭포야!)'로만 표현되고 있다〈역주〉.

1   바로 그런 이유로 예를 들어 히브리어 글말에는 모음이 필요 없다. 실제로 어떤 언어에서나 음운변화 과정에서 가장 안정적이지 못한 소리는 모음이다.

2   모음의 최소수는 3개이고, 자음의 최대 수는 약 80개 정도가 된다. 평균 정도가 되는 영어는 자음 음소의 수가 24개이고 모음 음소의 수는 20개이다.

3   하우스만(A.E. Housman, 1859-1936), 「코끼리, 또는 습관의 힘 *The elephant, or The Force of Habit*」.

4   오가르드(T. Augarde, 1984)에서 인용됨.

4 캐니 캐너[1]
발화 연쇄와 그 구성 요소

낱말의 경계

언어는 낱말들로 아주 자연스럽게 나누어지는데, 이들 낱말은 화자들이 생산하는 발화의 기본적인 '구성요소'나 '연결 고리'를 구성한다. 우리 화자들에게 있어서 낱말은 언어 현실을 나타내므로, 한 언어를 학습한다는 것은—그것이 모국어이건 외국어이건—모두 낱말의 경계(word boundaries)를 확인하는 것에 대한 것이다. 예를 들어, 낱말의 경계를 알아볼 때만이 우리는 다음 두 줄의 시를 구별할 수 있게 된다.

> Gall, doll-over, ghost to royalty at right hour
> Galled all over, goes to royal tea at Rye Tower
> (뻔뻔스러움, 인형에, 정확한 시간에 왕족에게 유령
> 곳곳에 쓸려서, 라이타워의 국왕의 티타임에 간다)

다시 말하면, 낱말의 경계를 알아볼 수 있기 때문에 우리는 아이들의 전통적인 낱말 놀이에서 나온 다음과 같은 교묘한 문장들에서 **올바른 나누기**(right division)를 할 수 있게 된다.

> How much wood would a woodchuck chuck
> If a woodchuck could chuck wood?
> As much wood as a woodchuck would chuck
> If a woodchuck could chuck wood
> (마멋이 나무를 던질 수 있다면
> 마멋이 얼마나 많은 나무를 던질까?

---

[1] 'The canny canner'란 '약삭빠른 통조림제조업자'를 뜻한다〈역주〉.

마멋이 나무를 던질 수 있다면
마멋이 던질 만큼 많은 나무지)

If you can do what a tucan can do
You two can do what two tucans can do
(땅다람쥐 한 마리가 할 수 있는 것을 네가 할 수 있다면
너희 둘은 땅다람쥐 두 마리가 할 수 있는 것을 할 수 있지)

A canner exceedingly canny
one morning remarked to his granny:
'A canny canner can can
Anything that he can
But a canner can't can a can, can he?'
(엄청 영리한 통조림 만드는 사람이
어느 날 아침 할머니에게 말했지
'영리한 통조림 만드는 사람은 그가 (통조림으로) 만들 수 있는 것은
무엇이든을 통조림으로 만들 수 있지만
통조림 만드는 사람이 통조림통을 통조림으로 만들 수는 없지요, 그렇지요?')

우리가 낱말의 경계를 알고 있을 때라야, 우리는 또한 *can a can, can he?*
와 같은 일련의 낱말들에서 세 개의 다른 의미단위가 동일한 낱말 형태인 *can*
(곧 *동음성*의 예)과 일치한다는 사실 또한 알게 된다. 사실 낱말의 경계를 안
다는 것은 동음성을 인지하는 것과 관련되어 있다. 낱말의 경계가 모호해지면,
동음성은 퍼즐이나 함정 또는 말장난으로 변하기 때문이다. 그래서 그것은 종
종 그런 목적에 의도적으로 사용된다.

언어의 글말 형태에서 낱말의 경계는 공백으로 나타나므로, 이 공백이 부재
할 경우는 텍스트를 완전히 읽을 수 없게 된다. 그렇지만 입말에서는 스위스의
언어학자 페르디낭 드 소쉬르[2]의 은유적 표현대로 '발화 연쇄'를 자르는 것은

---

2) 페르디낭 드 소쉬르(Ferdinand de Saussure, 1857~1913)는 프랑스어권인 스위스 주네브
(Genève)에서 태어난 언어학자로 구조주의의 선구자이다. 그는 주네브에서 중등교육을 마친
후 1876~1880년에 독일 라이프치히(Leipzig) 대학에 수학하면서 세기적 저서인 『인도유럽어
원시 모음 체계에 관한 논고 Mémoire sur le système primitif des voyelles dans les
langues indo-européennes』(1878)와 박사학위 논문 「산스크리트어 절대 속격의 용법 *De
l'emploi du génitif absolu en sanscrit*」(1880)을 발표한다. 다음으로 파리 시기인 1880~1891

결코 쉬운 일이 아니다.

　어떤 언어들에서는 낱말의 경계가 말소리의 특징들에 의해 쉽게 확인된다. 예를 들어 체코어에서는 강세가 항상 낱말의 첫 번째 음절에 온다.[1] 따라서 매 강세를 받는 음절은 새로운 낱말의 시작을 알려준다. 영어는 공교롭게도 낱말들 사이의 구분을 알려주는 효과적인 방법이 사실상 없다. 우선 한 가지 이유는 강세의 위치가 가변적이기 때문이다. 게다가 낱말의 강세는 각 연음군 혹은 성조단위에서의 강세에 붙매여 있다. 영어에서는 낱말의 경계라기보다는 차라리 발화의 통사적, 화용론적 구성의 반영이 있을 뿐이다(제14장을 볼 것). 사실 빨리 말해질 때, 다음 두 문장을 구별하는 것은 쉽지 않다.

We're happy to have General Drum ＃ right here
(우린 바로 여기에서 드럼 장군을 대접하게 되어서 기쁩니다)
We're happy to have General Drumright ＃ here
(우리는 여기서 드럼롸이트 장군을 대접하게 되어서 기쁩니다)

　장군의 이름은 무엇인가? *Drum*(드럼)인가 아니면 *Drumright*(드럼롸이트)인가? 들리는 것에 차이를 두기 위해서 화자는 다소 인위적인 휴지를 삽입해야만 한다. 예컨대, *a name*(이름)/*an aim*(목적), *a loan*(대출)/*alone*(홀로), *a nice bucket*(좋은 들통)/*an ice bucket*(얼음 통), *the grey tape*(회색 테이프)/*the great ape*(위대한 유인원), *why choose*(왜 선택인가)/*white shoes*(흰 신발), *that's tough*(괴롭습니다)/*that stuff*(저 물건), *night-rate*(밤 시간대)/*nitrate*(질산염) 등등과 같은 쌍의 말들을 구별하려면 (앞서와 똑같이) 인위적인 휴지를 넣어야 할 것이다. 이 같은 화자의 인위적인 휴지를 통한 구별은 다음과

년에 파리 고등연구원(École pratique des hautes études(EPHE))에서 게르만어 비교문법, 그리스어와 라틴어 비교문법을 강의한다. 주네브 시기는 1891년 11월 주네브 대학의 인도유럽어 비교역사언어학과 산스크리트어 교수로 임명되면서 시작된다. 만년에는 언어 일반의 성질에 관한 일반언어학 강의가 3차에 걸쳐 이루어졌는데(1907년 1월부터 1차 강의, 1908~1909년에 2차 강의, 1910~1911년에 3차 강의), 이 강의 내용이 그의 사후에 제자인 바이(Charles Bally)와 세슈에(Albert Séchehaye)에 의해서 출판되는데, 그 책이 공시적 차원에서의 현대 언어학의 출발을 알리는 『일반언어학강의 *Cours de linguistique générale*』(1916)이다〈역주〉.

같이 학생들의 수수께끼에도 활용된다.

> **Q:** Why is a thought like a sea?
> (생각이 왜 바다와 같지?)
>
> **A:** Because it's a notion(an ocean)
> (그건 개념(대양)이기 때문이지)

강세가 항상 낱말의 마지막 음절에 오는 프랑스어에서도, 사람들은 대체로 유사한 문제에 직면한다. 예를 들어, 강세의 유형에 관한 한 *Esther perd ses verres*(에스테르는 자기 잔들을 잃어버린다)는 *Esther persévère*(에스테르는 끈질기다)와 동등하므로, 이들 각각의 표현에 적절한 낱말의 경계를 두드러지게 하기 위해서는 다음과 같이 부자연스러운 억양을 택해야 하고 인위적인 휴지를 만들어야 한다.

Esther # perd # ses # verres(에스테르는 그녀의 잔들을 잃어버린다)
Esther # persévère(에스테르는 끈질기다)[3]

마찬가지로, 프랑스어에서 *J'sais pas*(난 몰라)같은 발화는 하나의 강세 그룹을 이루므로 아이들이나 외국인들에게 하나의 낱말로 해석될 수 있다. 게다가 프랑스어의 두드러진 특징인 **연음**과 **모음생략**은 낱말의 분리가 되는 대로 이루어진다는 것을 의미한다. 왜냐하면 이 경우 낱말이 말 그대로 서로 합쳐지기 때문이다. **모음충돌**(곧 두 모음의 병렬)의 제거와 음절 끝의 *e*의 탈락(물론 프랑스 남부의 발화에서는 예외다)은 둘 다 어떠한 프랑스어의 문장도 80%에 달하는 개음절이 사실상 끊어지지 않고 연속되게 한다. 왜냐하면 개음절은 모음으로 끝이 나고, 폐음절은 자음으로 끝이 나기 때문이다.

다시 한 번 다음과 같은 아이들의 말놀이를 보자.

---

3) 경계의 악센트를 달리함에 따라 'Esther[ɛstɛʀ] perd[pɛʀ] ses[se] verres[vɛːʀ]'가 'Esther [ɛstɛʀ] persévère[pɛʀseveːʀ]'로 발음될 수 있다는 것을 말한다〈역주〉.

Toutou, ton thé t–a–t–il ôté ta toux?

[tututõtetatilotetatu][2]

(뚜뚜야 너의 차가 너의 기침을 가라앉혔니?)

영어에서 유사한 연음 현상은 *this beer~ is good*에서와 같은 연결음[4]의 경우이다. 이에 더하여 소위 '침입음의' r이 *this idear~is good*, *I sawr~it* 등등에서와 같은 발화 연쇄에서 나타난다.[3]

아이들(그리고 유일한 언어접촉이 입말인 외국인들)은 낱말의 경계가 올바르게 인식되지 않기 때문에 종종 낱말 나누기에서 실수를 저지른다. 그래서 그러한 **그릇된 나누기**(false divisions)가 한 언어에서 다른 언어로 차용된 낱말에서나, 피진어 혹은 크리올어[5]에서 상당히 자주 발견되는 것은 전혀 놀랍지 않다. 한 가지 예를 들면, 영어 *an apron*(앞치마)은 프랑스어 *un napperon*(작은 식탁보)에서 이분석(異分析, metanalysis) 혹은 잘못된 나누기(misdivision), 곧 모호한 직감력(misty vision)을 통해 생겨났다. *nickname*(별명)은 원래 *eke–name*(늘린 이름)이었으며, *an orange*(오렌지)는 스페인어 *naranja*(오렌지)에서 비롯되었다. 잘못된 나누기에 의해 아랍어에서 영어로 온 단어들은 종종 *alcohol*(알코올), *alcove*(벽감), *algebra*(대수학)처럼 정관사 *al*을 포함하고 있다. 프랑스어에서 차용된 마다가스카르어 낱말들 또한 *ny latabatra*[*la table*(탁자)에서], *ny larmoara*[*l'armoire*(대형 옷장)에서], *ny lafimetatra*[*la fenêtre*(창문)에서]처럼 정관사를 포함하고 있다. 마찬가지로 프랑스어에 기반을 둔 크리올어는 *nomme*(인간)[*un homme*(인간)에서], *zarbre*(나무)[*les arbres*(나무들)에서], *zoizo*(새)[*les oiseaux*(새들)에서] 그리고 *zabri–*

---

4) 모음 뒤에서 보통 발음되지 않는 r이 다음에 모음으로 시작하는 단어가 오면 살아나서 발음되는 이 r을 연결r음이라 한다. 이런 현상은 다음 예들에서처럼 철자에 r을 포함하면서 [ɑː, ɔː, ə, əː, iə, ɛə, uə]로 끝나는 말 다음에 모음으로 시작하는 말이 올 때 일어난다. far off[fɑːr ɔːf], four aces[fɔːr eisiz], answer it[ɑːnsər it], fur inside[fəːr insaid], near it[niər it], wear out[wɛər aut], poor Ann[puər æn]. 조성식 외(1990), 『영어학사전』(신아사) 참조〈역주〉.

5) 피진어(pidgin)란 지리상의 발견 이래 영어 어휘가 토착 언어 어휘들과 결합되어 어휘가 극도로 단순화되고 문법이 간략화된 혼성어를 말한다. 피진어가 그 사회의 모국어가 되면 크리올어(creole)가 된다〈역주〉.

4_캐니 캐너:발화 연쇄와 그 구성 요소 • 69

co(살구)[*les abricots*(살구들)에서]와 같은 단어[6]를 포함하고 있다.[4] 솔로몬 섬의 피진 영어에서는 모든 동사가 *mifera i-go*(we go), *win i-kom*(the wind comes)처럼 무강세의, 곧 '약형'의 3인칭 대명사 *he*에서 파생된 접두사 *I-*를 앞세운다. 마찬가지로 *him*에서 비롯된 접두사 *im-*이 *lookoutim fish*(to look out for fish)에서처럼 타동적으로 사용되는 모든 동사에 조직적으로 첨가된다.

낱말 나누기의 어려움은 놀이를 통한 교육을 목적으로 하는 수수께끼와 각운에서 활용된다. 왜냐하면 낱말 나누기를 통한 창조적인 조각들은 아이들이 언어에서 중의성의 근원을 인식하도록 하기 위하여 알기 쉽게 고안될 수 있기 때문이다. 방금 함정에 빠졌던 아이는 서슴없이 새로운 속임수를 어떤 다른 이에게 시험해 보려는 데에 망설이지 않는다!

Q: Why did the owl 'owl?[7]
    (왜 부엉이가 울부짖었지?)

A: Because the woodpecker would peck 'er.[8]
    (딱따구리가 그녀를 쪼려고 했기 때문이지.)

Q: Why did the fly fly?[9]
    (파리가 왜 날았지?)

A: Because the spider spied 'er.[10]
    (거미가 그녀를 염탐했기 때문이지.)

---

6) 이곳 프랑스어 명사는 부정관사 남성 단수형 un과 정관사 복수형 les를 수반하고 있는 명사구들인데, 이들을 발음기호로 나타내면 다음과 같다: *un homme*[œ̃n ɔm](인간), *les arbres*[lez aʀbʀ](나무들), *les oiseaux*[lez wazo](새들), *les abricots*[lez abʀiko](살구들). 이렇게 볼 때 이들에 기반한 크리올어 *nomme*(인간), *zarbre*(나무), *zoizo*(새), *zabrico*(살구)는 연음으로 발음되는 프랑스어 부정관사 un의 n과 정관사 les의 s[z]를 포함하고 있는 것을 볼 수 있다〈역주〉.

7) 이 문장에서 명사 "owl[aul](부엉이)"과, 뜻과 소리(곧 각운)에서 양립할 수 있는 동사로 "howl[haul](울부짖다)"이 선택된 후, "owl"과 음이 일치되도록 'h'음이 생략된 채로 쓰이고 있다〈역주〉.

8) 주어 명사 "woodpecker(딱따구리)"와 뜻과 소리에서 양립되는 동사 "peck(쪼다, 쪼아 파다)"의 선택에서 더 나아가 각운까지 완전히 일치되도록 하기 위해 목적어 'her'가 선택된 후 'h'음이 생략되고 있다〈역주〉.

9) 여기서 'fly'는 어휘적 중의성에 의해 두 가지 역할, 곧 '파리'를 뜻하는 명사 주어와 '날다'를 뜻하는 동사 술어의 역할을 모두 하고 있다〈역주〉.

10) 주어 명사 "spider[spáidər](거미)"와, 소리와 은유적 쓰임으로 양립되는 동사 spy의 과거형 "spied[spaid](염탐했다)"의 선택에서 더 나아가 각운까지 완전히 일치되도록 하기 위해 목적어 'her'가 선택된 후 'h'음이 생략되고 있다〈역주〉.

결국, 낱말 나누기의 이런 중의성들을 가지고 놀이를 할 수 없다면 모든 이런 중의성의 목적은 무엇이라 하겠는가?[11]

발화 단위

현대 언어학의 창시자인 페르디낭 드 소쉬르가 '발화 연쇄'라는 용어를 처음 사용했을 때, 그는 사슬의 고리들에서 유추하여 말의 연결 과정을 제안한 것이었다.

모든 코드는 함께 결합될 때 메시지를 형성하는 단위인 기호나 상징으로 구성되어 있다. 이것은 음악 코드만이 아니라 아메리카 인디언의 연기신호 체계, 수학 그리고 인공두뇌학 등등이 어떻게 작동하는지를 보여준다. 그러나 인간의 언어는 본래 **이중분절**[12]이라는 특징을 가지고 있다. 요컨대 이중분절은 다른 코드들과 비교했을 때 인간 언어에 특별한 것이기도 하지만, '연쇄'의 이미지를 오해하게 하는 하나의 사실이기도 하다.

언어는 한 층위에서는 **소리 단위**로 구성되고, 더 높은 층위에서는 **의미 단위**로 구성된다(그러나 우리는 이러한 두 단위들이 반드시 낱말들과 일치하지는 않는다는 것을 보게 될 것이다). 따라서 두 종류의 연결이 있다. 즉 (의미 없는) 소리는 의미를 가진 더 높은 층위의 단위들을 형성한다면, 이들 더 높은 층위의 의미 단위들은 자신들의 차례에 서로 연결되어 문장을 형성하게 된다. 소리의 단위는 **음소**라 불리고, 의미의 단위는 **형태소**라 불린다. 우리는 다음 두 장에서 이들을 각각 다시 살펴볼 것이다.

---

11) 이곳 수수께끼의 질문(Q)과 대답(A)에 나타나는 쌍의 동음이의어들, 곧/즉 "owl↔owl", "pecker ↔ peck 'er", "fly↔fly", "spider↔spied 'er"은 모두 하나의 소리에 대해 두 가지의 다른 의미나 기능을 가지므로 어휘적 중의성을 띠고 있는 것이다〈역주〉.

12) 이중분절(double articulation)이란 프랑스의 언어학자 마르티네(André Martinet, 1908~1999)가 말한 것으로, 언어 기호는 음악 기호, 시각 기호 등의 여타 기호들에 비해 1차 분절에 이어 2차 분절로 두 번 나누어지는, 곧 두 번 분절되는 특징을 가지고 있다는 것이다. 여기서 1차 분절이란 문장, 구절, 낱말, 형태소 등과 같이 소리와 뜻을 가진 유의미 단위로 나뉘는 것을 말하고, 2차 분절이란 그런 1차 분절의 단위가 다시 음소와 같이 소리만 있고 뜻은 없는 매우 유한한 무의미 단위로 나뉘는 것을 말한다〈역주〉.

연쇄와 선택

언어의 메시지는 선적이기 때문에, 관례상 왼쪽에서 오른쪽으로 가는 수평적 선으로 표시되는 축을 따라서 나타날 수 있다(이는 분명 서양에서 글을 써 가는 방식의 반영이다). 이것은 다른 종류와 다른 계층의 단위들이 어느 정도 각 언어에 고유한 공기(共起, co-occurrence) 규칙에 따라 반드시 서로 이어져야 한다는 것을 의미한다. '발화 연쇄'를 상징하는 이 수평축은 **통합적 축** 또는 **결합적 축**으로 불린다.

그러나 이 발화 연쇄, 곧 통합적 축을 낱말들이나 형태소들로, 그 다음에는 음절과 소리(곧 음소)로 나누는 것은 필연적으로 이 연쇄의 나머지 부분과 분리되자마자 각각의 따로 떨어진 부분은 사람들이 지금까지 할 수 있었던 모든 선택들 중에서 화자에 의해 채택된 선택과 일치한다. 따라서 어떠한 메시지도 발화가 일어나는 모든 지점에서는 말해진 것과 말해질 수 있었을 것 사이에 일련의 혹은 연속적인 선택을 전제로 하고 있다.

이와 같이 연쇄의 각 고리에는 수평적 결합축과 교차하는 일련의 수직적 선택축이 있다. 이 수직적 선택축은 **계열축**이라 불리며, 발화의 각 분절체에서 동일한 문맥에서 동일한 기능을 수행할 수 있는 모든 단위들의 목록을 포함한다(표 4.1을 볼 것).

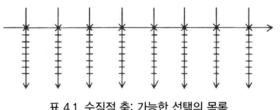

표 4.1. 수직적 축: 가능한 선택의 목록
수평적 축: 결합적 제약

그러한 목록을 예증하기 위하여 다시 우리의 시구 *but a canner can't can a can, can he?*로 돌아가 보자. 다수의 다른 대치들이 이 구절과 동일한 문맥 내의 선택적 축에서 이루어질 수 있다. 그러한 대치들은 단어군 혹은 구, 아니면 단 하나의 낱말에만 영향을 미칠 수 있다. 유일하게 필요한 사항은 항상 용인되는 발화가 되기 위해서는 각 세로열의 모든 단위가 인접한 세로열의 어떠한 단위와도 양립될 수 있어야 한다는 것이다. 따라서 다음 목록으로부터:

1	2	3	4
a canner	can[1]	(not)can[2]	a can[3]
this buzzer	could	(not) buy	his sandwich
the freak	should	(not) eat	the starfish
the dinosaur	will	(not) like	our meal
silly Billy	must	(not) wrap	this food

[통조림 만드는 사람은 통조림통을 통조림할 수는 있다(없다)
이 신호병은 자신의 샌드위치를 살 수 있다(없다)
괴짜는 불가사리를 먹어야만 한다(먹어서는 안 된다)
공룡은 우리의 음식을 좋아할 것이다(좋아하지 않을 것이다)
어리석은 빌리는 이 음식을 포장해야만 한다(포장해서는 안 된다)]

다른 가능한 것들 중에서 다음과 같은 문장들이 만들어질 수 있다.

Silly Billy will not eat his sandwich
The dinosaur should not like this food
The freak must not eat the starfish
[어리석은 빌리는 그의 샌드위치를 먹지 않을 것이다
공룡이 이 음식을 좋아해서는 안 된다
괴짜는 불가사리를 먹어서는 안 된다
등등.]

이들 만들어진 문장에서 **결합적 축**은 우리에게 다르지만 양립 가능한 성격과 기능을 가진 단위들 사이에 일련의 **대조**를 보여준다. 소쉬르는 이 관계를 '현재적(in praesentia)'이라 부른다. 말하자면 메시지를 구성하고 있는 단위들이 실제적으로 그들의 연속선상에 존재하고 있다. 반면에 **선택적 축**은 동일한 계층과 지위의 서로 배타적인 단위들 사이의 일련의 **대립**(이 대립은 앞의 **대조**와 구별된다)을 제공한다. 이 가상의 관계는 '부재적(in absentia)'이라 부른다.

우리의 통조림 제조(canning) 예와 관련해서 가장 주목할 만한 것은 모국어 화자가 동음성 문제로 전혀 곤란해 하지 않고 조동사를 *can*[1]으로, 어휘동사를 *can*[2]로, 명사를 *can*[3]로 대체하는 것을 직관적으로 안다는 것이다.

이것은 **계열관계**와 **통합관계**(즉 선택과 연쇄 관계)의 결속 혹은 상호의존 관계를 보여준다. 초현실주의자들에게 너무나 소중한 '우아한 시체 놀이'에서 무시되는 것이 바로 이 상호의존성이다(이것에 대해서는 11장에서 더 알아볼 것).

형태소와 음소

대치는 또한 낱말의 부분, 즉 어근, 접두사, 접미사 그리고 어미와 같은 데서 이루어질 수 있다. 그래서 여기서 게임은 상당히 더 복잡해진다. 그 이유는 비록 낱말이 분명 화자를 위한 의미의 기본단위를 구성하고 있지만 낱말보다 더 작은 의미단위들을 찾아내는 것이 가능하기 때문이다. 자율적인 의미를 유지하면서 문맥에서 분리될 수 있는 가장 작은 단위는 **형태소**라 불린다. 동사 *can*의 형태 목록(*can, cans, canning, canned*)에서 우리는 매번 어근과 어미를 구분할 수 있다. 이들은 두 개의 뚜렷이 구별되는 형태소를 구성한다. 왜냐하면 그것들은 결합은 될 수 있으나 독립적일 수 있는 다른 의미들을 갖기 때문이다. 낱말과 형태소가 각각 갖는 지위는 아직 명확하게 설명되지 않았다. 그것은 다음 장의 주제가 될 것이다.

형태소의 아래 층위에 우리는 **음절**을 고려할 수도 있다. 그러나 낱말을 음절로 나누는 것은 단지 각 음절이 형태소와 일치할 때만 의의가 있다. 사실 이것은 종종 많은 형태소가 단음절인 영어의 경우에 해당된다. 우리는 지나가는 말로 가장 짧은 음절은 하나의 모음으로 구성된다는 것을 언급할 수 있다. 이와 대조적으로 자음은 모음의 지지 없이는 분절될 수 없다[5].

여전히 더 낮은 층위에서 우리가 세 개의 소리 /k/, /æ/, /n/으로 구성되어 있는 낱말 *can*을 선택한다면, 우리는 다음에서처럼 각 소리에 대해 다수의 대치를 할 수 있다.[6]

can [kæn]	can[kæn]	can[kæn]
ban[bæn]	kin[kɪn]	cat[kæt]
pan[pæn]	keen[kiːn]	cap[kæp]
fan[fæn]	corn[kɔːrn]	cab[kæb]
tan[tæn]	cane[kein]	cash[kæʃ]
등등		

이 경우 각기 다른 낱말은 발음상 전후관계의 나머지는 동일하게 남아있는 반면 단지 하나의 소리가 바뀜으로써 매번 얻어진다. 각 언어는 언어학자들이 **음소**라고 부르는 **변별적 기능**의 자음과 모음의 고유한 목록을 가지고 있다. 나는 6장에서 음소를 다룰 것이다. 우리가 6장에서 볼 것이지만 비록 음소 자체가 대치 가능한 **변별적 자질들**로 분해될 수 있다할지라도 더 많은 나누기는 가능하지 않다.

그래서 우리는 지금 층위가 다른 단위들의 존재를 강조하면서 **분할**과 **대치**가 각각 다른 층위들에서 작용한다는 것을 알 수 있게 된다.[13] 음소에서 문장(곧 최상위 단위[7])에 이르기까지 이러한 각각 다른 층위들이 계층적 체계로 조직되어 있다. 이 계층적 체계는 다음에서처럼 우리가 문장을 그 구성성분들로 분해할 때 분명하게 드러난다(표 4.2를 볼 것).

---

13) '분할'은 결합적 축 차원에서의 나누기를 말하고, '대치'는 계열적 축 차원에서의 선택을 말한다 〈역주〉.

음소	ə/	k/æ/n/i/	k/æ/n/ə/	k/ə/n/	k/æ/n	
형태소	a	can-ny	can-ner	can	can	any-thing
낱말	a	canny	canner	can	can	anything

구	[a canny canner]	[can can anything]
	명사구	*동사구*

절	[A canny canner can can anything]	[that he can]
	주절	*종속절*

문장	A canny canner can can anything that he can

그림 4.2. 단위들의 계층

한 언어는 다수의 다른 방식으로 분석될 수 있다. 분할과 대치는 **분포적 분석**의 기본을 이루며, 이 분석은 비록 관련 언어구조에 어떤 **설명**은 제공하지 못한다 할지라도 분명 언어 구조의 **기술**을 향한 첫걸음이다.

분포적 분석은 바로 우리가 동음이의어를 다른 품사나 또는 다른 기능으로부터 구별하기 위하여 필요로 하는 것이다. 요컨대 우리는 평범한 문맥과 양립 가능한 단위들의 목록을 찾을 수도 있고, 정반대로 주어진 단위가 나타날 수 있을지도 모를 모든 가능한 문맥을 찾을 수도 있다. 우리가 바로 조금 전에 *the canner can't can a can*에서 보았듯이 세 번 반복된 동일한 음의 연속은 (분명 전체 문장의 맥락에서) *조동사, 동사, 명사*로 아무런 어려움 없이 해석될 수 있다. 왜냐하면 세 개의 형태가 각기 다른 품사적 맥락에 의해서 정의될 수 있기 때문이다. 바로 그러한 이유로 **동음어**는 (모호한 단어 경계의 경우를 제외하고) 그것들이 다른 품사에 속할 때에도 의사소통상 전혀 위협이 되지 않는다. 이것이 다행인 것은 바로 다음 예에서처럼 영어의 수많은 단음절이 동음의 영향을 받기 때문이다. *I can't bear to see a bare bear; that's not the way to weigh the whey*(나는 벌거벗은 곰을 보는 것을 참을 수가 없다; 저것은 유장(乳漿)의 무게를 다는 방법이 아니다). 이것은 'to *read*와 he *read*의 *read*처럼 동일한 방식으로 써진 낱말쌍이지만 다르게 발음될 수도 있는 **1자 1음주의 철자법**과도 다르고 **다의성**과도 다르다(13장을 볼 것).

그러므로 선택과 결합은 —우리가 그것들을 적용하는 층위가 무엇이든지간에—

언어의 두 기본 조직 원리를 나타낸다. 사실, 이들 두 메커니즘 중 하나의 결핍은 두 가지 주된 실어증 유형의 원인이 된다. 요컨대, 하나는 통합관계를 조직하지 못하는 무능력에 의해 나타나는 것이고, 다른 하나는 하나의 낱말을 다른 낱말이나 혹은 완곡어법, 정의, 동의어, 반의어, 총칭어 혹은 동일한 기능을 가지고 있는 단위로조차도 대치할 수 없는 무능력에 의해 나타나는 것이다.[8]

1 야콥슨(R. Jakobson)([1942] 1976), 『소리와 의미에 대한 여섯 강의 *Six leçons sur le son et le sens*』(Paris: Editions de Minuit) 참조.
2 제6장의 표 6.2.에 있는 모음 차트를 볼 것. ð에서처럼 모음 위의 부호 ˜는 비모음을 가리킨다.
3 제6장에서 모음 직후의 [r]에 대해서 더 알아보자.
4 프랑스어에서는 음절의 초성이 /z/로 나타나는 낱말이 매우 드문 데 반해, 크리올어에서는 그것이 가능한 낱말이 엄청나게 많다는 사실은 매우 흥미로운 결과라 하겠다.
5 체코 어와 세르보크로아티아 어에서처럼 자음으로 구성된 음절들을 가지고 있는 것같이 보이는 언어들에서는 소위 '중성' 모음들이 사실상 삽입된다.
6 익숙하지 않는 모음 기호들은 국제음성기호, 곧 IPA에서 가지고 온 것이다. 영어의 모음에 대한 완전한 토의를 위해서는 6장의 표 6.1과 6.3, 그리고 영어의 자음에 대해서는 표 6.5를 볼 것.
7 물론 문장들 그 자체는 더 큰 범위의 발화를 구성하는 성분이며 다양한 결합장치에 의해 연결되어 있다. 그러나 우리는 여기서 그와 같은 종류의 단위들을 다루지 않을 것이다. 그 이유는 문장들은 계열체로 구성될 수 없기 때문이다. 우리는 이미 만들어진 문장들을 선택해서 텍스트를 만들어내지는 않는다.
8 야콥슨(1941), '유아어, 실어증 및 일반 발음법(Kinder Sprache, Aphasie und allgemeine Lantgesetze)', 『선집 *Selected Writings*』, i (1962-84).

5 앤티–디스–이스타블리쉬–먼트–에어리언–이즘[1]
낱말과 형태소

'in a word(한 마디로)', 'in other words(다시 말해서)', 'to eat one's words(먼저 한 말을 취소하다)', 'don't mince your words(까놓고 말해라)', 'you took the words right out of my mouth(내가 하려던 말을 네가 해버렸구나)'와 같은 관용구들과 다른 많은 관용구는 화자와 관련한 형식적인 언어 단위가 분명 유동적이고 자율적인 단위인 **낱말**이라는 사실을 증거해 준다.

첫 번째의 유용한 구별은 **내용어**(곧 **어휘어**)와 **구조어**(곧 **기능어**) 사이에 도출될 수 있다. 첫 그룹에서의 낱말들, 곧 명사, 형용사, 동사, 부사는 독립적으로 완전한 발화를 구성할 수 있다. 'Tomorrow!(내일!)', 'Lovely!(사랑스러워!)', 'Jump!(뛰어!)', 'When?(언제?)' 등이 그렇다. 그러나 두 번째 그룹에서의 낱말들, 곧 관사, 접속사, 전치사, 소사 등은 결코 혼자 나타날 수 없다.

낱말의 구성

낱말들의 존재는 화자들에게 직관적으로 명백해 보인다. 그러면 우리는 **형태소**가 단지 언어학자만의 발명품이라는 것을 믿어야할까? 형태소는 때때로 한 낱말과 일치하지만 자주 낱말의 일부분과 일치한다. 따라서 형태소는 낱말을 특징짓는 또렷한 자율성이 부족하며, 또한 그렇게 쉽게 확인되지도 않는다. 어떤 면에서 그러한 정의는 부정적 정의이다. 왜냐하면 형태소는 더 이상의 분

---

1) 'anti-dis-establish-ment-arian-ism', 곧 'antidisestablishmentarianism'은 '국교(國敎) 폐지 조례 반대론'을 뜻하는 낱말로 국교에 대하여 국가가 지지와 시인(是認)을 철폐하는 데 대한 반대를 나타낸다. 여기서 '국교'란 특히 19세기 영국 국교를 말한다〈역주〉.

할이 이루어질 수는 없지만 여전히 어느 정도 자율적인 의미를 유지하고 있는 '의미의 최소단위'이기 때문이다.

그럼에도 불구하고, 만약 우리가 형태소들이 어떻게 분절되는지 알아내지 못한다면, 그래서 우리가 낱말들의 '구성'을 알지 못한다면, 우리는 동사가 어떻게 활용하는지도 배울 수 없고, 명사의 격변화가 일어나는 언어들에서는 명사가 어떻게 격변화를 하는지 배울 수도 없으며, 또한 기존 형태소들의 새로운 조합으로 만들어진 새로운 낱말들을 설명할 수도 없을 것이다(예를 들면 *phonology*(음운론)는 *phono*graph(축음기)와 biol*ogy*(생물학)의 의미를 아는 사람에 의해서만 '소리의 과학'으로 설명될 수 있다). 물론 우리는 기존의 요소들을 새롭게 구성하는 **신어**로 알려진 과정만으로는 새로운 낱말을 만들 수 없다.

그러나 형태소를 확인하는 것은 쉬운 일이 아니다. 앞 장의 한 예로 다시 돌아가 보자.

A canny canner can can

Anything that he can,

But a canner can't can a can, can he?

이 예의 마지막 행을 긍정적 진술로 바꾸면(이 문장의 명백한 불합리성 문제는 나중으로 제쳐 두자!), 우리는 그 행에서 다음과 같은 변형을 끌어낼 수 있다.

(1) the canner cans cans

    (그 통조림 만드는 사람은 통조림통으로 통조림을 만든다)

(2) the canner is canning a can

    (그 통조림 만드는 사람은 통조림통을 통조림으로 만들고 있다).

(3) the canner has canned a can

    (그 통조림 만드는 사람은 통조림통으로 통조림을 다 만들었다)

(4) the canner canned a can

(그 통조림 만드는 사람은 통조림통을 통조림으로 만들었다)

(5) the canner will can the can

(그 통조림 만드는 사람은 그 통조림 통으로 통조림을 만들 것이다)

(6) the canner can cans, boxes and crates

(그 통조림 만드는 사람은 통조림통과 상자와 대형나무상자를 통조림으로 만든다)

(7) the canner's canning of the can can be uncanny

(그 통조림 만드는 사람의 통조림통의 통조림제조는 이상할 수 있다)

우리는 (1)에서의 첫 번째 *cans*을 (2)에서의 *is canning*과 대립시킬 수 있다. 우리가 앞장에서 보았듯이 이들은 동일한 **계열축**에 속한다. 어근 형태소 *can*은 동일한 것이다. 그래서 우리는 그 변이형을 통해 습관적 행위의 발상과 진행 중 행위의 발상을 구별하게 된다. 그러나 우리는 한 경우에는 동사가 두 단어로 구성된다면 다른 경우에는 동사가 한 단어라는 사실을 어떻게 설명할까?

우리는 이 문제를 현재분사 표지인 *-ing*와 함께 조동사 *be*를 묶어 행위의 {미완료상}을 의미하는 **불연속적 형태소**라 부름으로써 해결할 수 있다. 바로 이런 점에서 형태론은 어떤 추상적 층위에서 작동하는 그 자체의 능력을 보여 준다. 그런 기묘한 재주 덕분에 *is…ing*는 어근 *can*에 대해 어미 *-s*와 동일한 지위를 얻는다. 이것은 또한 (3)에서는 {완료된 행위}를 의미하는 조합 *has…ed*에서 일어나는 것이며, (5)에서는 서법 조동사 *will*과 원형 부정사의 조합이 {미래시제}로 해석되는 것이다. 불연속적 형태소는 {시제}, {동작상} 그리고 {서법}을 포함하여 현대영어의 동사체계에서 뚜렷하다. 그것은 매우 **분석적 체계**이다.

그러나 영어에는 또한 **통합적 형태소**가 있다. (1)에서는 (2)와 (3)에서와 마찬가지로 동일한 형태소 *-s*가 세 가지 다른 의미 즉 {현재시제}, {삼인칭} 그리고 {단수}의 의미를 동시에 가지고 나타난다. 이렇게 작은 형태소가 그처럼 많은 작용을 하는 것이다. 이 형태소는 분해될 수 없기 때문에 우리는 그것을 '**다기능**' 형태소라고 부를 것이다.

다른 인도–유럽언어에서 일어나는 것과는 대조적으로 영어는 삼인칭 단수를 제외하고는 '인칭'을 표시하기 위한 특별한 형태소를 사용하지 않는다. 그러므로 {삼인칭단수}와 {현재시제}를 동시에 뜻하는 형태소 –s는 '유의미한 부재(meaningful absence)'를 내포하는 동사활용에서의 모든 다른 점과 계열적 대립 관계를 이룬다. 이렇듯 우리는 우리의 대립 체계에서 그런 '유의미한 부재'를 위한 여지를 두어야 하는데, 그것이 바로 여기서 우리가 **영형태소**의 존재를 확인하게 되는 것이다. 따라서 이 영형태소는 가장 완전한 의미의 의미 단위를 구성하므로, 우리는 어떠한 구체적 실현에 의해서도 전혀 지지를 받지 못하는 추상적 형태의 존재를 인정하게 된다. {3인칭 단수}와 {현재시제}를 뜻하는 –s와는 대조적으로 (4)의 –ed는 단지 {과거시제}의 의미만을 맡고 있다. 그 이유는 –ed가 be동사를 제외하고는 모든 인칭에서 기본으로 나타나기 때문이다.

우리가 논의하고 있는 많은 **문법형태소**는 동음이의를 나타낸다. 이와 같이 –ed는 (3)과 (4)에서 {과거분사} 혹은 {단순 과거형}이라는 두 개의 다른 형태소로 나타난다. 이것은 또한 (2)와 (7)의 –ing에도 똑같이 적용될 수 있다. 즉 첫 번째 –ing는 동사 어미로 읽혀지고 두 번째 –ing는 명사 접미사로 읽혀지기 때문이다. 마지막으로 (6)과 (7)에서의 –s는 세 개의 다른 형태소 즉 {명사의 복수형}, (삼인칭 단수/현재 시제} 그리고 {소유격}으로 나타난다.

우리는 이러한 값들 중에 첫 번째인 {명사의 복수형}을 추상적 개념에 대한 형태론적 능력의 또 다른 양상을 예증하기 위하여 사용할 수 있다. (6)에서 각 경우에 동일하게 쓰인 {복수} 형태소 –s는 발화에서는 다음과 같이 세 가지 다른 방식으로 실현된다.

/kænz/(cans), /kreits/(crates), /bɒksiz/(boxes)

발화에서 –s의 실현에 대한 규칙은 단순하다. 즉 –s는 무성자음 뒤에서는 /s/, 유성자음이나 모음 뒤에서는 /z/, 치찰음 뒤에서는 /ɪz/로 실현된다.[1] (6)과 (7)에서 그 값이 어느 것이든 관계가 있는, 곧 형태소 –s에 영향을 미치는 변이는 음성학적 문맥에 따라서 자동적으로 필요한 형태를 생성시키는 화자에 의해 지극히 무의식적으로 조정된다. 우리가 여기서 이야기하고 있는 것은 **(변)이형태**[2]라 불리는 결합적, 문맥적 변이형이다. 이 세 개의 동음이의어적 형태소 -s는 결과적으로 세 개의 이형태를 가지고 있다.

그리고 우리가 본 바와 같이 단위를 파악하기 쉬운 구체명사인 낱말과 비교할 때 형태소는 상대적으로 추상적인 것처럼 보인다. 사실 형태소는 분석의 산물이다.

마지막으로, **문법형태소** 가운데 일부는, 곧 위에서 예로 든 -s, -ed, -ing 와 같은 **굴절 형태소**는 **의존형태소**라는 것을 지적할 필요가 있다. 그 외 나머지들은 *a, the, of, that* 등과 같이 구속 받지 않는 **자립형태소**이므로 낱말과 일치한다.

동일한 구별이 **어휘형태소**와 관련이 있는 곳에서 이루어질 수 있다. 어휘 형태소들이 낱말과 일치할 때는 **자립형태소**라고 한다. 오늘날의 영어에서 게르만어족 어원의 토종 어휘의 축적량은 많은 수의 단일 형태소로 된 낱말들을 포함하고 있다. 그러나 어휘형태소들이 단지 소형 조합으로만 나타날 수 있을 때는 이들은 의존형태소이다. 이에는 **고(古)형태소**라고 하는 *phono*(음(音)) · 성 (聲)-, *morpho*(형태)- 등과 같은 고대 그리스어에서 파생된 모든 형태소들의 경우와 복합어의 구성에 기여하는 접두사, 접미사 등과 같은 모든 **파생 형태소**들의 경우가 해당된다. 영어에서 이것들은 종종 라틴어에 어원을 둔 낱말들을 의미한다. 이 두 대립, 곧 자립형태소 대 의존형태소 그리고 문법형태소 대 어휘형태소는 십자형의 패턴을 구성한다. 전자는 형식적 기준에 기초하고 있고, 후자는 의미적 기준에 기초하고 있다.

---

2) 다시 한 번 정의하면 **(변)이형태**란 한 개의 형태소가 음운론적 환경에 따라 다르게 실현 되는 두 가지 이상의 형태를 말한다. 예를 들어 *cats, dogs, horses*에서 {복수}를 나타내는 형태소 -s는 /s/, /z/, Iz/라는 세 개의 이형태로 실현된다〈역주〉.

언어 변화와 어휘 혁명

> 선생님: 계속합시다. 내가 '계속하자.'라고 말했죠.
> *front* 이라는 낱말을 꺼내 드세요, 자아, 꺼내들었나요?
>
> 학생: 네, 네. 꺼냈어요. 오, 내 이가, 내 이가
>
> 선생님: *front* 이라는 낱말은 *frontispiece*(권두(卷頭) 그림)에 어근을 두고 있
> 어요.
> *effrontery*(뻔뻔스러움)에서도 마찬가지예요. *-ispiece* 는 접미사이
> 고 *ef-* 는 접두사예요. 그것들은 변하지 않기 때문에 그렇게 불려요.
> 그것들은 변하기를 원하지 않아요.

불행하게도 상황은 「수업 *The Lesson*」의 이 발췌문에서 이오네스코3)가 그들에게 보이고자 하는 것만큼 항상 그렇게 간단하지가 않다. 말소리의 진화와 그 변칙들을 통해서는 낱말들을 주먹구구식으로 그 구성성분들로 분해할 수 있을 뿐이다. 아이는 *love*와 *loved* 사이에서와 같이 *be*와 *was* 사이에서 동일한 종류의 관계를 확인하기 위하여, 혹은 *reception*에서 *receive*에서와 동일한 어근을 확인하고 더 나아가 그들이 *working*과 *work*에서와 동일한 방식으로 연결되어 있다는 것을 알아내기 위해서는 상당한 추상화의 능력을 필요로한다. 게다가 *역사적*이거나 *어원론적* 관점에서는 타당성이 있는 분석일지라도 *공시적* 관점에서는 무가치할 수도 있다. 말하자면, 언어가 존재하는 그 역사 속에서 주어진 순간에 화자에 의해 지각되는 그대로의 언어체계 내에서는 *역사적* 혹은 *어원론적* 관점은 무가치할 수도 있다. 만약 우리가 모든 화자들이 동일한 방식으로 언어를 지각한다고 믿는다면 우리는 우리 스스로를 속이고 있는 것일 것이다. 언어의 역사가 철자로 읽혀질 수 있는 한에 있어서는 글을 쓸 줄 아는 사람과 모르는 사람들(아이들과 문맹자) 사이의 차이는 불가피하게

---

3) 에우제네 이오네스코(Eugene Ionesco, 1909~1994)는 루마니아 출생의 프랑스 극작가로 전위극의 대표적 작가이다. 「대머리 여가수」(1950), 「수업」(1951), 「의자들」(1952) 등의 대표작이 있고, 이후 「의무의 희생자」(1953), 「이사 온 하숙인」(1957), 「알마 즉흥극」(1956) 등을 차례로 발표하였으며 그 후로도 「코뿔소」(1960 초연), 「왕이 죽다」(1962) 등 문학성이 짙은 희곡을 발표하였다. 단편집으로는 『연대장의 사진』(1962)이 있으며 그는 훌륭한 비평가로 1963년 평론집 『노트반(反)노트』를 발간하였다. 1970년에는 아카데미 프랑세즈 회원이 되었다〈역주〉.

존재한다. 화자들의 교육수준 또한 하나의 요인이다. 유럽 언어들의 교육에는 그리스어나 라틴어 어근의 지식과 차용어들의 어원에 대한 지식이 포함되어 있다. *bishop*(주교)과 *episcopal*(주교의), *chief*(장(長), 우두머리)와 *capital*(수도, 중심지), *channel*(해협, 수로)과 *canal*(운하, 수로), 혹은 *heart*(심장, 가슴, 마음)와 *cardiac*(심장의, 강심제)과 같은 쌍의 낱말들이 어원과 현재의 의미에 의해 연결되어진다고 할지라도, 전문가가 아니라면 그들 사이의 관계를 설명하는 것은 결코 쉬운 일이 아니다.

때때로 라틴어의 완전한 형태가 우리에게 전해 내려오지만 그것들을 구성하는 형태소들은 그렇지 않다. 예를 들면 *amplitude*(넓이, 진폭)와 *turpitude*(간악, 비열)를 비교하면, 우리는 많은 추상명사들에서도 발견되고 여전히 생산적인 접미사 *-itude*는 쉽게 분리할 수 있다. 말하자면 이 접미사는 비록 원래의 어간과 함께 하는 것은 아니지만 아직도 새로운 낱말들을 창조하기 위해서 사용될 수도 있는 형태소이다. 그러나 첫 번째 경우에서 *ampl-*은 *ample*(광대한, 넓은), *amply*(널리, 충분히), *amplify*(확대하다, 확장하다) 등에서 발견되는 영어의 형태소로 확인되지만 *turp-*는 그렇지 않다. 이는 역사적 우연에 의해 한 경우에는 형용사와 그 형용사로부터 파생된 낱말들이 모두 영어가 된 반면, 다른 경우에는 그것들이 그렇게 되지 못했다는 것을 의미한다. 이와 같이 형태소 *turp-*의 자립성은 라틴어 *turpis*(비열한, 불결한)에 대한 지식에 의지할 수밖에 없다. 유사한 경우가 다수의 차용어들과 결합하여 나타나는 접미사 *-age*의 경우이다. 이 접미사는 **bever**-*age*, **carn**-*age*, **foli**-*age*에서는 영어에서 그 정체를 알 수 없는 형태소들(곧 *bever-*, *carn-*, *foli-*)[4]과 결합하고 있는 반면, **carri**-*age*, **marri**-*age*, **pilgrim**-*age*에서는 구분이 명확한 형태소들과 결합하고 있다.[5] 이것은 소위 **고(古)형태소**에 대한 문제로

---

4) '*beverage*(음료)'는 고대 프랑스어에서 동사 '*boivre*(마시다)'에서 파생된 명사 'bevrage'를 거쳐 13c 중엽의 앵글로 프랑스 말에서 현재의 형태로 변환 것이고, '*carnage*(살육, 대량학살)'는 고대 이탈리아어 'carnaggio(도살, 살인)'에 기원하는 16C 중세 프랑스어 'carnage'에서 온 것이고, '*foliage*(잎, 군엽)'는 라틴어 'folium(잎)'이나 혹은 이것의 영어 파생어가 17c에 지금의 형태로 변한 것이다「https://www.etymonline.com」 참조〈역주〉.

5) '*carriage*(차, 탈것)'는 고대 북부 프랑스어와 영국 노르만 왕조의 앵글로 프랑스어에서 공히

그 지위와 의미는 많은 화자들에게는 불가해하다. 그러한 형태소들은 영어에서 많다. 영어가 다량의 어휘를, 특히 고전 로망스 어에서 차용한 혼합 언어라는 점을 고려하면 더욱더 그렇다.

형태소의 이러한 불투명성으로 인해 민간어원 연구가 생기게 되어 거짓 형태소들을 구분하게 된다. 민간어원학자들은 외국어 형태소들을 모국어의 형태소들에다 비유한다. 따라서 프랑스어 *panetière*(빵바구니)에서 온 *pantry*는 영어화자들에 의해 '냄비를 보관하는 장소'로 재해석되고, *sandals*[6]는 '모래에서 걷을 때 신는 신발'로 재해석되고, *asparagus*(아스파라거스)는 *sparrow-grass*[7]로 변형되고, *varicose veins*(이상 확장 정맥, 정맥류)는 *very close veins*(아주 가까운 정맥)로 변형된다.[8] 잘못된 어원을 가진 동일한 현상이 프랑스어에서는 (태평양의 환상 산호도의 이름에서 환유에 의해 파생되었지만 형태소 *bi*를 포함하고 있는 것으로 인식되는) *bikini*(비키니)[9]에서 상반신을 드러낸 수영복을 가리키기 위한 *monokini*의 창조로 나타났다.

더 놀랍게도 외국어 파생 형태소는 차용어에서 생산적일 수 있다. 예컨대 소련인들이 1950년대에 인류 최초의 인공위성 *sputnik*(스푸트니크)를 우주에 보냈을 때, 접미사 *-nik*는 젊은 미국인들에게 포착되어 *beatnik*(비트족), *peacenik*(평화·반전 운동가), *lovenik*(연애족) 등을 생산하면서 반체제적인

쓰이던 'cariage(수레, 우마차, 탈것)'에서 14c 후반에 현재의 형태로 변한 것이고, 'marriage(결혼, 결혼 생활)'는 고대 프랑스어 'mariage(결혼, 신부의 혼인 지참금)'로부터 14c 초에 현재의 형태로 변한 것이고, 'pilgrimage(순례 여행)'는 프랑스어의 동사 'pèleriner(성지순례 가다)'에서 명사 'pèlerinage(성지 순례)'가 파생한 후, 여기로부터 '순례 여행'을 뜻하는 'pelrimage' 혹은 'pelerinage'로 발전한 후 14c 초에 현재의 형태로 변한 것이다〈역주〉.

6) 프랑스어 sandale(샌들)에서 왔음〈역주〉.

7) asparagus(아스파라거스)의 구어〈역주〉.

8) 이처럼 의미를 알 수 없는 외국어의 전부 또는 일부가 의미를 가진 청자의 모어처럼 들리는 일종의 착각 현상을 몬드그린(mondegreen)이라 한다. 주로 새로운 정보(외국어의 음)를 기본의 정보(모국어의 소리)로 해석하려는 뇌의 무의식적인 작용에 의하여 일어나는 것으로 생각되나, 화자 측의 의도에 따라 상당한 영향을 받는다〈역주〉.

9) 비키니(Bikini)의 유래는, 1946년 마셜 제도의 비키니 환초(Bikini Atoll)에서 제1차 세계 대전 후 미국의 최초 핵실험이 있은 후 같은 해 루이 레아르(Louis Réard)라는 프랑스의 자동차 엔지니어가 획기적인 수영복을 개발하여 비키니 환초의 이름을 따서 Bikini라고 이름 붙인 데서 출발한다. 이 당시 이 옷의 충격적인 인상은 원폭 실험의 충격만큼이나 보기에도 자극적이고 아찔했다〈역주〉.

(곧 반문화적인) 사람들의 표현에서 매우 생산적이 되었다.

마지막으로, 형태소의 의미는 환유에 의해서 재정의될 수 있고 새로운 행로를 시작할 수 있다. 워터게이트 사건[10]에 따라 *-gate*는 새로운 뜻, 즉 '정치인들이 연루된 범죄적 추문'이라는 의미를 갖게 되었다. 이로부터 *Contragate*와 *Irangate*[11]라는 말이 생겨났다. 1990년대에는 이 말의 새로운 열풍이 대서양을 건너 -그것도 영광스러운 시간에 맞추어- *Camillagate*[12]라는 말과 더 나아가 영국의 한 성공적인 드라마의 마니아를 지칭하는 *Sharongate*[13]라는 말까지 생겨나게 했다.

유추와 과잉 규칙화

Forth from his den to steal he stole,
His bags of chink he chunk,
And many of a wicked smile he smole,
And many a wink he wunk.
(그가 훔쳤던 것을 훔치기 위해 굴에서
그가 던진 돈가방,
그리고 그가 스몰하는 수많은 사악한 스마일
그리고 그가 찜긋거린 수많은 윙크.)

---

10) 워터게이트(Watergate) 사건이란 1972년 6월 현직 대통령 R. 닉슨((Richard Nixon)의 재선을 획책하는 비밀공작반이 Washington D.C.에 있는 민주당 전국 위원회 본부에 침입하여 도청장치를 설치하려다 발각·체포된 정치적 사건이다. 이 결과로 1974년 닉슨 대통령은 사임하게 된다〈역주〉.

11) '콘트라게이트(Contragate)'와 이란게이트(Irangate)라는 말은 '이란-콘트라사건(Iran-Contra Affair)'에서 연원한다. 1986년 R.레이건 행정부의 국가안전보장회의(National Security Council: NSC)가 레바논에 억류되어 있는 미국인 인질을 석방시킬 목적으로 비밀리에 적국인 이란에 무기를 불법으로 판매하고 그 대금의 일부를 니카라과의 친미적인 '콘트라' 반군에 지원한 사건이다〈역주〉.

12) '카밀라게이트(Camillagate)'란 영국의 찰스(Charles) 황태자와 콘월(Cornwall)주의 여공작인 카밀라(Camilla) 사이의 은밀한 전화 대화의 녹음테이프가 1993년 누출되면서 세상에 널리 알려지게 된 스캔들을 말한다〈역주〉.

13) '샤론게이트(Sharongate)'란 1990년대 중반 영국 BBC 방송의 유명한 드라마인 「이스트엔더스 *EastEnders*」에서 샤론 미첼(Sharon Mitchell)이 자신 남편의 동생 필(Phil)과 성관계를 가졌다는 것을 테이프 녹음으로 고백한 것이 형제간의 격렬한 대결로 이어지는 스캔들을 말한다〈역주〉.

라는 동요가 있다.

처음에는 규칙적인 형태소의 결합에 기반한 유추에 의한 형태소 개념의 습득을 시작한 아이들은 시행착오의 과정을 통해서 다양한 형태소의 개념을 점차적으로 습득한다. 아이들의 유추적 어형변화나 과잉 규칙화는 주위의 어른들에 의해 교정된다. 적절한 때에 아이들은 *I bote*가 아니라 *I bit*, *I bringed*나 *I brang*이 아니라 *I brought*, 그리고 *foots*가 아니라 *feet*로 말하는 것을 배울 것이다. 그렇지만 과잉 규칙화가 전 공동체의 관심사가 될 때는 그것이 언어 진화의 원동력이 된다. 이렇게 명사의 복수형을 위한 형태소 *-s*는 고대 영어에서 한 부류의 명사(즉 명사 'stone(돌)'의 부류)만의 특징이었지만 (다른 복수 표지들을 제거함으로써) 유추에 의해 모든 명사들에 확장되었다. 그 결과 *mouse*와 *man*(그렇지만 현대의 용법에서 컴퓨터 마우스*mouse*의 복수는 *mouses*이고, *Walkman*의 복수형은 *Walkmans*라는 것에 주목하자)과 같은 거의 소수의 낱말들을 제외하고는 다른 복수 표지들은 제거되었다. 또한 *I dove*(미국)와 *I dived*(영국)처럼 방언들 사이에서도 변이형이 있을 수 있다.

> *tooth* (이)의 복수는 *teeth*이다.
> 그러면 *booth* (노점, 칸 막은 좌석)의 복수는 *beeth*인가?
> *mouse* (생쥐)의 복수는 *mice*이다.
> 그러면 *spouse* (배우자)의 복수는 *spice*인가?
> *that* (저, 그, 저것, 그것)의 복수는 *those*이다.
> 그러면 *hat* (모자)의 복수는 *hose*인가?
> 그렇다면 *rat* (쥐, 시궁쥐)의 복수는 *rose*인가?
> 아무도 모른다(Who knows?).

추하게 하기: 형태론적 틈과 가상의 낱말들

한 언어의 어휘는 상당히 열린 목록이다. 사용 가능한 형태소들의 축척에 따라, 각 언어에 가능한 형태론적 결합 규칙들을 고려하여 우리는 우리가 좋아하는 모든 낱말들을 만들고 그것들에 의미를 부여할 수 있다. 따라서 나타나서 새로운 개념을 포함시키고 틈들을 메우고 다시 균형을 이루기를 단지 기다리기만 하는 무한한 *가상의* 낱말들이 있다. 영어의 형태소들의 조합을 끊임없이 만들어 내면서 이치에 맞는 정의를 새롭게 형성된 각각의 낱말에 부여하는 컴퓨터 프로그램이 존재하기까지 한다.

그럼에도 불구하고 불균형은 모든 언어에 아주 많다. 현재 사용되는 형태소 결합은 구멍투성이이다. 그것은 가능하고 유용한 낱말들이 생겨나는 것을 상당히 간과했다. 일련의 불완전한 낱말과, 상응하는 긍정적인 말을 가지고 있지 않는 부정적인 말들이 있다. 그와 같이 프랑스어에는 (더벅머리를 의미하는) 형용사 *chevelu*가 있고 영어에는 (꾀죄죄하고 더러운 머리와 부스스한 외모를 의미하는) *dishevelled*가 있는 반면, 프랑스어에는 **déchevelu*가 없으며 영어에는 **shevelled*가 없다. 영어의 다른 불균형 쌍에는 *uncouth*(거칠고 천한, 황량한)/*couth 14), *mischievous*(장난기 있는)/*chievous, *distraught*(산만해진)/*traught, *mishap*(불운한 일, 재난)/*hap, *distress*(비탄, 고통)/*tress, *disgusting*(구역질나는)/*gusting, *disgruntled*(불만스러워 하는)/*gruntled 가 있다. 동사는 명사를 만드는 것을 잊어버렸고, 아니면 그 반대이다. *professor*(교수), *supervisor*(감독관, 관리자) 등과 같은 다수의 남성 명사들은 *professoress, *supervisoress, *doctoress, **directoress*와 같은 여성 상응어를 가지고 있지 않으며, 많은 다른 명사들은 가상의 낱말들이다.[2]

물론 누구도 화자들이 다음과 같이 실현되지 않은 낱말들을 가지고 노는 것을 막을 수는 없다. 이를테면 런던의 어떤 선술집에서 한 고객이 막 떠난 다른 고객에 대해서 '*I do like George, don't you? So couth!* (나는 조지를 엄청 좋아해, 너는? 아주 예의바르지!)'라고 말하고, 혹은 전통적인 유권자의 지지를 호소하려는 정부의 시도에 대해서 영국의 일요신문에서는 '*the gruntling of middle England* (중부 잉글랜드의 새끼 돼지)'라고 말한다. 물론 루이스 캐럴의 창작물들은 말할 것도 없다. 프랑스어에는 *enlaidir* (추하게 하다)와 대립되는 동사 *embellir*(아름답게 하다)가 있는 반면, 영어에는 *beautify*(아름

---

14) '*couth*'는 이제 '예의 바른, 세련된, 고상한'을 의미하는 표제어로 사전에 등재되어 있음〈역주〉.

답게 하다)만 있다. 이 사실이 바로 루이스 캐럴의 『이상한 나라의 앨리스』에서 그리펀[15]이 앨리스를 만났을 때 완벽하게 수용 가능한 잠재적인 낱말인 *uglify*(추하게 하다)를 생각해 내도록 하는 구실이 된다. 험프티 덤프티[16]는 동일한 방식으로 *birthday present*(생일 선물)에 *unbirthday present*(안생일 선물)를 대립시킨다.

신어

신어, 곧 새로운 낱말의 창조는 한 낱말의 형태론적 구성을 현실화하고, 역사가 그 윤곽을 흐릿하게 만들 시간을 갖기 전에 그 형태를 분명히 하여 공시론적 차원에서 모두가 볼 수 있도록 한다. 야콥슨의 말로는 '신어는 우리가 어원론적으로 사고하도록 한다.'

신어는 공식적인 학술단체가 억누를 수 없는 곳에서, 말하자면 속어와 구어적 혹은 통속적인 말투에서 가장 성행한다. 그러나 그것은 또한 다소 역설적으로 과학과 기술 언어에서도 성행한다. 왜냐하면 그 사용역이—그 용어의 문자 그대로의 의미에서—모든 것들 중에서 가장 '학문적인' 것으로 분류될 수도 있기 때문이다. 대학 교원과 연구자들이 자신들의 전문 용어를 새롭게 만드는 것은 사실 그들만의 절대불가침의 권리이기 때문이다. 이런 식으로 컴퓨터 마법사들은 예를 들면 *hardware*(하드웨어)에서 유추해서 *software*(소프트웨어)를 만들어 내었고, 잇달아 *firmware*(펌웨어), *manware*(맨웨어), *share-ware*(셰어웨어), *freeware*(프리웨어)를 만들어 내었고[17], 또한 *debug*(디버

---

15) 그리펀(Gryphon)은 사자의 몸통에 독수리의 날개와 부리를 지닌 상상의 괴물로 지중해 연안에서 중앙아시아까지 여러 민족의 신화에 등장하면서 신이나 제왕의 권력을 상징한다. 캐럴의 『이상한 나라의 앨리스』에서 그리펀은 앨리스를 가짜 바다거북(Mock Turtle)에게 데려다 준다〈역주〉.

16) 험프티 덤프티(Humpty-Dumpty)는 캐럴의 소설 『거울나라의 앨리스』에서 담장에 위태롭게 앉아 있다 떨어져 깨지는 달걀 캐릭터의 이름이다〈역주〉.

17) '펌웨어(*firmware*)'는 '데이터나 정보를 변경할 필요가 없는 핵심적인 소프트웨어를 롬(ROM) 따위에 기입하여 하드웨어처럼 사용하는 것'을 말하고, '맨웨어(*manware*)'는 '전문 인력 양성이나 자원봉사 활동 인력의 확보 등과 같이 사람의 손을 사용하는 것'을 말하고, '셰어웨어 (*shareware*)'는 '일정기간 무료 혹은 명목적 요금으로 사용할 수 있으나 계속 사용 시는 유료로

그, 오류 수정), *download*(다운로드, 내려받기) 외에 훨씬 더 많은 것은 말할 것도 없고 정치적으로 더 올바른 *peopleware*(피플웨어)[18]까지 만들어 내었다. 그리고 물론 언어학자들은 새로운 개념을 찾아내는 것만큼 빨리 새로운 낱말을 만든다.

신어는 종종 의사소통의 특수한, 가끔은 일시적인 필요에 부응하는 경제적인 방식이다. 신문이나 잡지에서 발견되는 예들 가운데에는 '지구온난화의 결과에 대해 일반 대중들에게 경고하기 위한 매스컴의 교훈적인 사용'을 뜻하는 *mediarology*[19][3], '생명 위험 분야의 전문가'를 뜻하는 *hazardologist* [20][4], '식도락의 취향을 가지고 있는 우주인'을 뜻하는 *gastronaut* [21][5]가 있다. 우리는 이런 현상을 한탄하기보다는 기뻐해야만 한다. 그 이유는 그것이 (내 생각으로는) 다른 언어에서의 안일한 차용보다 훨씬 나은 어떤 언어의 역동성과 그 화자들의 유머 감각을 증명하기 때문이다.

*gastronaut*와 같은 **혼성어**[22]는 특별한 형태의 신어이다. 말실수, 말장난

하는 저작권이 있는 소프트웨어'를 말하고, '프리웨어(*freeware*)'는 '컴퓨터 통신망 등에서 배포되는 누구나 쓸 수 있는 소프트웨어'를 말한다〈역주〉.

18) 피플웨어란 컴퓨터 기술의 세 가지 핵심 요소, 즉 하드웨어와 소프트웨어에 이어 사람의 역할과 관련이 있는 세 번째 요소를 가리키는 용어이다. 이 말은 톰 디마르코(Tom Demarco)와 티모시 리스터(Timothy Lister)의 저서 『피플웨어 *Peopleware : Productive Projects and Teams*』 (2003) 이후 본격적으로 사용되기 시작한 것으로 '소프트웨어 개발에서 사람의 역할이 중요함을 인정하는 관리 방식'을 일컫는다. 이들은 이 책에서 효율적 인적자원관리를 위해서는 정말로 일하고 싶어지는 직장을 만드는 것이 중요하다고 주장한다. 즉 직원이 행복하면 회사도 행복해진 다는 논리다. 경영은 일을 시키는 것이 아니라 일을 할 수 있는 환경을 만드는 것이라고 지적한다. 좀 더 구체적으로 말하면 이 용어는 컴퓨터 소프트웨어 및 하드웨어 시스템의 개발 또는 사용에서 사람의 역할과 관련이 있는 모든 것(개발자 생산성, 팀웍, 그룹 역학, 프로그래밍 심리학, 프로젝트 관리, 조직적 요인, 휴먼 인터페이스 디자인, 인간과 기계의 상호 작용)을 가리킨다〈역주〉.

19) 'mediarology'는 'media(매스컴, 매스미디어)' + '-ology(학문, 과학)'로 구성된 복합어이다 〈역주〉.

20) 'hazardologist'는 'hazard(위험, 모험)' + '-ology(학문, 과학)' + '-ist(…하는 사람, …주의 자)'로 구성된 복합어이다〈역주〉.

21) 'gastronaut'는 'gastro-(위(胃))' + '-naut(항행자, 추진자)'로 구성된 복합어이다〈역주〉.

22) 혼성어(混成語, portmanteau words)란 한 단어의 앞부분과 다른 단어의 끝 부분을 결합하여 만든 단어를 말한다. 다음과 같은 예를 들 수 있다〈역주〉.
예) smog=smoke + fog
brunch=breakfast + lunch
slanguage=slang + language

그리고 순수한 어휘적 창조성과 관련된 이런 혼성어들은 공통된 부분을 가지고 있는 두 낱말의 혼합을 보여준다. 그렇다고 이 공통된 부분이 반드시 의미의 단위인 형태소인 것은 아니다. 흔한 예로는 전후의 런던을 특징짓는 *smog*(*smoke*+*fog*)(스모그), 미국에서 유래한 *motel*(*moter*+*hotel*)(모텔: 자동차 여행자 숙박소), 또는 *cavalcade*[23)](기마대, 마차대)에서 온 *motorcade*(자동차의 행렬), *helicopter*[24)](헬리콥터)에서 온 *ambucopter*[25)](구급용 헬리콥터)가 있다. *Butskellism*(버츠켈리즘)[26)](보수당의 재무장관이던 Butler[27)](버틀러)와 노동당의 재무장관이던 Gaitskell[28)](케이츠켈)에서 유래한다)은 전후 영국에서 정당간 경제정책에 대체로 동의하는 방법을 맵시 있게 압축하고 있으며, *stagflation*[29)](스태그플레이션)은 1970년대의 특이하

참다=차다 + 춥다
거렁뱅이=거지 + 비렁뱅이

23) 'cavalcade'는 이탈리아어 'cavalcata(말에 타다)'에서 출발하여 15C 중세프랑스어 'cavalcade'를 거쳐 17C 중엽에 영어에 들어온다. 여기서 'caval'은 라틴어 'caballus(말)'에 어원을 두고서 '말'을 뜻한다. 20C에 들어와서 '−cade'는 '−을 탄 행렬'을 뜻하는 접미어로 쓰이고 있다〈역주〉.

24) 'helicopter(헬리콥터)'는 19C 프랑스어 'hélicoptère'에서 시작된 후 20C초에 영어에 들어왔다. 그 어원은 그리스어에서 '나선형의'를 뜻하는 'helikos'['helix(나선형)'의 속격형]와 '날개'를 뜻하는 'pteron'이 결합된 것이다〈역주〉.

25) 'ambucopter(구급용 헬리콥터)'는 'ambulance(구급차)'의 'ambu−'와 'helicopter(헬리콥터)'의 '−copter'가 결합된 혼성어이다. 한편 'ambulance'는 프랑스어에서 17C에 처음으로 'hôpital ambulant(걸어 다니는 병원)'(라틴어 'ambulo(걷다)'에서 옴)으로 그 모습을 나타낸 후 18C 말에는 독립된 명사로서 '움직이는 병원, 야전병원'을 가리키다가 현재는 '구급차, 이동 야전병원'을 뜻한다. 이를 차용한 영어에서는 '구급차'의 의미로만 쓰인다〈역주〉.

26) '버츠켈리즘(Butskellism)'은 '대립 정당이 같은 정책을 내세우는 상황'을 일컫는 용어이다. 이는 1950년대 영국에서 노동당 정부의 복지정책을 보수당 정부가 그대로 받아들였다는 뜻에서 버틀러(R.A. Butler, 보수 정부 재무장관)와 게이츠켈(H. Gaitskell, 노동당 정부 재무장관)의 이름을 합성해서 만든 용어이다〈역주〉.

27) 버틀러(Richard Austen Butler, 1902~1982))는 교육계에 있다가 1929년에 보수당의 하원의원이 된 후 교육부장관(1941~45) 때는 현대적 개념의 혁신적인 교육법, 곧 「1944년 교육법(Education Act 1944)」을 입안했고, 제2차 대전 종전 후 재무장관(1951~55), 내무장관(1957~62), 부수상(1962~63), 외무부장관(1963~64) 등을 두루 역임한 영국 보수당의 저명한 정치인이다. 1965년 정치에서 물러난 버틀러는 트리니티 대학(케임브리지)(Trinity College, Cambridge)의 학장으로 지명되었고, 1971년에는 곧 70세를 넘길 나이에도 두 번째 6년 임기의 학장직을 동료 교수들로부터 권고 받는 영예를 안았다〈역주〉.

28) 게이츠켈(Hugh Todd Naylor Gaitskell, 1903~63)은 영국 노동당의 당수(1955~63)였다〈역주〉.

고 불안정한 경제현실을 압축해서 보여주고 있다. 이에 반해 *cocacoloniza-tion*(미국화, 미국 문화 침투시키기)[30)]은 미국의 경제 제국주의 이미지를 떠오르게 한다. *Morphonology*(형태음운론)와 *onomatopoetics*(의성어시학)는 언어학자들의 **혼성어**이다[31)]. *Workaholic*[32)](일중독자)이 지나칠 정도로 일을 하는 사람을 정의하기 위한 놀라운 축약이라면, *shopaholic*[33)](쇼핑광)은 쇼핑에 광적으로 사로잡혀 있는 사람을 축약하고 있고, *chocaholic*[34)](초콜릿 중독자)은 악마 같은 코코아의 손아귀에 있는 사람을 나타내는 축약이다. 마찬가지로 *Afristocracy*[35)]가 새로운 남아프리카의 엘리트들을 지칭한다면, *edutainment*[36)](에듀테인먼트)나 혹은 *infotainment*[37)](인포테인먼트)는 CD-ROM을 활용한 소프트웨어 산업을 지칭한다. 인터넷의 발전으로 *neti-qutte*[38)](네티켓)라 불리는 특별한 에티켓의 창조가 아주 빠르게 나타났고, *Channel*(해협, 수로) 아래의 *tunnel*(터널)은 *Chunnel*(영프 해협 터널)이

---

29) 'stagflation(스태그플레이션)'은 '경기정체하의 인플레이션'의 뜻으로 'stagnation(침체, 불경기)'의 'stag-'와 'inflation(인플레이션, 통화팽창)'의 '-flation'이 혼성된 것이다〈역주〉.

30) 'cocacolonization'은 'Coca-Cola(코카콜라)'의 'coca-'와 'colonization(식민지화)'의 혼성어로 글자 그대로의 의미는 '코카콜라식민지화'이다〈역주〉.

31) 'morphonologie(형태음운론)'는 'morphology(형태론)'와 'phonology(음운론)'의 혼성어이고, 'onomatopoetics(의성어시학)'는 'onomatopoeia(의성어)'와 'poetics(시학)'의 혼성어이다〈역주〉.

32) 'Workaholic(일중독자)'은 'work(일)'과 '-aholic(탐닉자, ...광(狂))'의 혼성어이다〈역주〉.

33) 'shopaholic(쇼핑광)'은 'shop(가게, 상점)'과 '-aholic(탐닉자, ...광(狂))'의 혼성어이다〈역주〉.

34) 'chocaholic(초콜릿 중독자)'은 'chocolate(초콜릿)'의 'choc-'와 '-aholic(탐닉자, ...광(狂))'의 혼성어이다. 발음의 편의상 'choco-'와 '-holic'을 결합한 'chocoholic'으로 더 잘 말해진다〈역주〉.

35) 'Afristocracy'는 'Africa(아프리카)'와 'aristocracy(귀족, 귀족 사회)'의 '-stocracy'가 결합한 혼성어이다〈역주〉.

36) 'edutainment(에듀테인먼트)'는 'education(교육)'의 'edu-'와 'entertainment(오락)'의 '-tainment'가 결합한 혼성어로 '특히 초등학교 학생을 위한 교육 효과와 오락성을 함께 한 TV 프로그램, 영화, 책 등을 가리킨다〈역주〉.

37) 'infotainment(인포테인먼트)'는 'information(정보, 지식)'의 'info-'와 'entertainment(오락)'의 '-tainment'가 결합한 혼성어로 '정보의 전달에 오락을 함께 제공하는 프로그램'을 가리킨다〈역주〉.

38) 'netiqutte(네티켓)'이란 '인터넷(internet)'이나 '네트워크(network)'의 약칭인 'net(통신망)'과 'etiquette(에티켓, 예절, 불문율)'이 결합한 합성어로 '인터넷을 비롯한 네트워크 사용자들이 기본적으로 지켜야 하는 일반적인 예절'을 뜻한다〈역주〉.

라 불리게 되었다.

비의도적인 혼성어는 말실수나 잘못된 발음과 관련이 있다(아래 제10장을 볼 것). 루이스 캐럴, 애드워드 리어, 아니면 더 최근에 존 레논[39]이 재미있는 혹은 시적인 창작물의 형태로 이를 실천해 보였다.『거울나라의 앨리스』에서 중요한 요소이며 나중에 우리가 숙고하게 될 유명한 시 **재버워키**는 그러한 말들로 가득 차 있다. 캐럴에 의해서 만들어진 혼성어들 중의 몇몇(예를 들면, *galumph*[40] (의기양양하게 걷다))은『옥스퍼드 영어사전 *Oxford English Dictionary*』의 소중한 페이지에 등재되기조차 하였다.

혼성어는 표현력이 풍부하거나 재치가 있거나 시적일 수 있다. 그러나 음절 끝이 잘린, 곧 불완전한 음절로 구성된 낱말들은 그렇지 않다. 예를 들어 *komsomol*(콤스몰: 소비에트 러시아의 공산청년동맹)이나 *kolkhoz*(콜호즈: 집단농장)[41] 혹은 전시의 사악한 *Gestapo*[42](게슈타포)처럼 소비에트 러시아나 나치스 독일을 특징짓는 낱말들은 불완전한 음절로 구성된 혼성어들이다. 이들 혼성어는 완전한 어휘화를 이룬 순전히 실용적인 창조물로서 전체주의 체제에서 특히 인기가 있는 것처럼 보인다. 이것이 조지 오웰[43]이 자신의 소설『1984』에서 만들어진 언어인 뉴스피크(Newspeak)[44]를 특징짓기 위해 바

---

39) 존 레논(John Lennon, 1940~1980)은 영국의 세계적인 4인조 록 밴드인 비틀스(1960년 결성~1970년 해체)의 멤버였다.『존 레논 자작집 *John Lennon in His Own Words*』(1964),『어떤 스페인 사람 *A Spaniard in the Works*』(1965) 등의 저서가 있고,「이매진 *Imagine*」(1971),「더블 판타지 *Double Fantasy*」(1980) 등의 앨범을 발표했다〈역주〉.

40) 'galumph(의기양양하게 걷다)'는 'gallop(갤럽으로 달리다, 질주하다)'와 'triumph(승리, 승리를 거두다)'의 혼성어이다〈역주〉.

41) *komsomol*(콤스몰)은 1918년에 조직된 소비에트 러시아의 '**kom**mounistitcheski **so**youz **mo**lodeji(공산주의청년동맹)'의 축약이고, *kolkhoz*(콜호즈)는 소비에트 러시아의 '**kol**lektivnoïé **khoz**iaïstvo(집단농장)'의 축약이다〈역주〉.

42) Gestapo(게슈타포)는 옛 나치스 독일의 '**Ge**heime **Sta**atspolizei(비밀국가경찰)'의 축약이다〈역주〉.

43) 조지 오웰(George Orwell, 1903~1950)은 인도에서 태어난 영국 소설가로 본명은 에릭 아서 블레어(Eric Arthur Blair)다. 그는 러시아 혁명과 스탈린의 배신에 바탕을 둔 정치우화『동물농장 *Animal Farm*』(1945)으로 명성을 얻게 되었으며, 지병인 결핵으로 입원 중 걸작『1984 *Nineteen Eighty-four*』(1949)를 완성했다〈역주〉.

44) 뉴스피크(Newspeak)는 여론 조작을 위해 일부러 애매하게 말하여 사람을 기만하는 선전 언어로 조지 오웰이 이 소설에서 만든 조어이다〈역주〉.

로 이러한 특성을 사용한 이유이다. 말하자면 '빅 브라더(Big Brother)[45]'의 나라에서 경찰력은 *thinkpol*(씽크폴)(사상경찰 thought police), *pornosec* (포르노섹)(포르노 섹션 pornography section), *ficdep*(픽딥)(창작국 fiction department) 등등을 포함한다.[46]

두문자어[47]는 낱말의 부분들이 아니라 그 머리글자들로 구성된 약어로, 쉬운 발음에 도움이 되는 방향으로 쉽게 어휘화되고 해당 언어의 어형론에 맞게 조정된다. 이를테면 'radio detection and ranging(무선 탐지 및 거리 측정)'을 뜻하는 *radar*(레이더))나 'acquired immune deficiency syndrome(후천성 면역 결핍증)'을 뜻하는 *aids*(에이즈)가 좋은 예들이다. 사용자들은 더 이상 그 구성요소들을 의식하지 않는다. 종종 유머러스하기도 한 이런 형태의 단어 형성은 'young urban professional(도시에 사는 젊고 세련된 고소득 전문직 종사자)'을 뜻하는 *yuppy*(여피족)나, 더 최근에는 'zen-inspired pronoia professional(뇌의 두 반구, 곧 창의적인 면과 실용주의적인 면 사이의 균형을 위해 노력하는 사람)'을 뜻하는 *zippy*(지피족), 'not in my back yard(내 뒤뜰에는 안 돼)'를 뜻하는 *nimby*(님비: 지역 이기주의)[48] 그리고 'dual income no kids(아이가 없는 맞벌이 부부)'를 뜻하는 *dinky*(딩키족)가 상당히 유행하고 있다.

신어들이 어휘 목록의 정식 **표제어**가 되기 위해서는 사전의 권위나 혹은 공식적인 사용으로 인정을 받아야만 한다. 그렇지만 모든 화자들이 일상적인 사

---

45) 전체주의 국가에서의 거대한 감시자이자 독재자를 말한다〈역주〉.

46) '씽크폴(thinkpol)'은 초국가 오세아니아(Oceania)의 비밀경찰로 반사회적인 생각, 곧 당에 의해 승인되지 않은 개인적이고 정치적인 생각을 하는 사람을 찾아내어 벌하는 일을 한다. 픽딥 (FicDEP)은 프롤레타리아(소설에서는 Proles라 칭함), 곧 무산자 계급 사이에서 필요로 하는 문학, 영화, 음악 등에 대한 불법 콘텐츠 및 포르노물에 대한 그들의 욕망을 충족시킬 소재를 생산하는 일을 한다. 포르노섹(pornosec)은 창작국(ficdep)의 하위 섹션으로 프롤레타리아 계급을 만족시킴과 함께 이들이 너무 많은 지식을 갖는 것을 방지하기 위해 아주 저급한 포르노물을 의도적으로 생산하는 일을 한다〈역주〉.

47) 두문자어(頭文字語, acronym)는 약성어(略成語)라고도 부르는 것으로 몇 개 단어의 머리글자로 만든 말을 말한다. 예를 들어 FAQ는 'fair average quality(중등품(中等品))'나 'frequently asked questions(자주 묻는 질문)'을 뜻하는 단어들의 머리글자로 만든 두문자어이다〈역주〉.

48) 'nimby'의 반대는 'put in my backyard(얼마든지 내 뒤뜰에)'를 뜻하는 *pimby*(핌비)이다〈역주〉.

용에서 진지하게 혹은 장난으로 새로운 말들을 만들어 낸다. 이에 우리는 집단적인 현상인 언어 내에서의 개인의 **창조성**이라는 매우 흥미로운 문제를 만난다. 왜 어떤 단어 창조물은 언어공동체 내에서 인기를 얻고 다른 것들은 그렇지 않은가? 유행이 분명 여기에 작용한다. 화자들은 자신들의 사회 집단 내에서 어떤 역동적인 혁신자의 선례를 따르면서 새로운 낱말들을 열정적으로 뽑아내지만 때로는 그것들을 지체 없이 버리기도 한다.

이리하여 오래된 낱말들이 그 사용에서 사라져 없어지는 동안 새로운 낱말들이 계속해서 돌연히 나타난다. **한 언어의 문법은 매우 천천히 변화하는 반면 그 어휘는 끊임없이 변하고 있다.**

문법화

어휘 형태소와 내용어들은 소위 **열린 목록**이라 불리는 것에 속한다. 이를테면 새로운 낱말들은 우리가 보아온 대로 항상 창조되고, 어떠한 언어의 어휘에도 제한은 없다. 반면에 문법 형태소와 기능어들은 **닫힌 목록**의 구성원들이다. 이들 닫힌 목록은 변화에 저항하며 상당히 안정적이다. 그렇지만 새로운 문법 형태소들은 **문법화**의 과정을 통해 시간이 지나면서 더 발전하는 반면 다른 것들은 사라진다. 그러나 문법화의 과정은 상당히 느려서 화자들은 일반적으로 그것을 의식하지 못한다.

새로운 기능어 혹은 문법 형태소들은 어떻게 만들어지는가? 여러 언어를 통해서 언어학자들은 새로운 기능어들이 어휘 형태소의 '고정적' 사용에서 비롯된다는 것에 주목했다. 예를 들어 전치사는 다음 월로프어(Wolof)[49]에서처럼 빈번히 신체 부위의 이름에 기반을 두고 있다.

---

49) '월로프어(Wolof)'는 월로프족의 모어로 이웃하는 풀라어(Fula)와 함께 니제르−콩고어족의 대서양어군에 속한다. 이 언어로 주로 세네갈과 감비아에서 쓰이며 특히 세네갈에서는 프랑스어와 더불어 사실상의 공통어로 되어 있다. 이 언어는 또한 다른 사하라 남부 아프리카의 언어와는 달리 성조가 없다〈역주〉.

kanam	'face'(얼굴)	ci kanamu X	'in front of X'(앞에)
biir	'belly'(배)	ci biiru X	'inside X'(안에)
wet	'flank','side'(옆구리)	ci wetu X	'beside X'(옆에)
ginnnaaw	'back'(등)	ci ginnaaw(u) X	'behind X'(뒤에)
ndigg	'waist'(허리)	ci diggante X ak Y	'between X and Y'(사이에)

등등

영어의 복합 전치사에서도 또한 신체 부위를 의미하는 어휘 형태소들을 다음과 같이 볼 수 있다.

> in *front* of(~의 앞에): 'front'(이마, 얼굴), be*hind*(~의 뒤에): 'hind'(후부의, 뒤의), a*head* of(~ 앞에): 'head'(머리), at the *foot* of(~ 아래에서): 'foot'(발), in the *back* of(~의 뒤에): 'back'(등), be*side*(~의 곁에): 'side'(측면, 옆구리), out*side*(~의 밖에): 'side'(측면, 옆구리), be*fore*(~의 앞에, ~의 면전에): 'fore'(전부(前部), 전면), 등.

영어의 조동사(*do, have, shall, will* 등)는 **어휘 동사**가 문법화된 것이다. 프랑스어는 '시작하다(begin/commencer)', '멈추다(stop/cesser)', '계속하다(continue/continuer)', '~의 과정에 있다(be in the process of/être en train de)', '실패하다(fail/échouer)'를 의미하는 동사들[50]로부터 일련의 **상적 조동사**를 발전시켰다. 관사는 세 개의 이형태 *a, an, one*을 가지고 있는 영어의 부정관사처럼 보통 수사에서 비롯된다.

흥미롭게도 이러한 변화들은 순환적일 수 있다. 영어는 종합적인 것에서 분석적인 것으로, 곧 **종합어**(綜合語, synthetic language)[51]에서 **분석어**(分析語, analytic language)[52]로 먼 길을 왔다.[53] 다음 순환은 무엇이 될 것

---

50) 괄호 속 빗금(/)의 왼쪽은 영어 원어이고 오른쪽은 프랑스어 원어이다〈역주〉.

51) 종합어(synthetic language)란 어근에 접사를 붙임으로서 문법적 관계를 나타내는 것을 특징으로 하는 언어, 곧 단어가 주로 굴절(굴절 형태소)에 의해서 문법관계를 나타내는 언어(곧 굴절어)를 말한다. 굴절이 풍부한 라틴어(Latin), 희랍어(Greek), 산스크리트(Sanskrit), 고대영어(Old English) 등이 여기에 속한다〈역주〉.

52) 분석어(analytic language)란 주로 어순과 전치사 등에 의존해서 문법적 관계를 나타내는 언어를 말한다. 현대의 유럽어(영어, 프랑스어 등)가 여기에 속한다〈역주〉.

인가?

영어는 굴절 어미에 의존하여 문법체계를 나타냈던 고대 영어에서 주로 어순과 문법적인 기능을 나타내는 단어, 즉 전치사, 조동사 등에 의존하여 문법적 관계를 나타내는 현대 영어로 변했다. 고대 영어는 종합어 내지 굴절어이며 현대 영어는 분석어이다. 이렇듯 영어의 역사는 대체로 종합어(곧 굴절어)에서 분석어로의 변천사라고 할 수 있다. 이에 대한 상세한 설명은 뒤의 14장 앞부분을 참고할 것〈역주〉.

1　이들 음성학적 용어의 정의에 대해서는 제6장을 볼 것. 치찰음은 마찰음의 부분 집합이다.

2　영어의 경우는 레이코프(R. Lakoff, 1975), 프랑스어의 경우는 야겔로(1978)와 야겔로(1989)를 참고할 것.

3　「Scientific American(과학적 미국인)」, 1989년 2월 2일.

4　「Telegraph Sunday Magazine(텔레그래프 선데이 매거진)」, 1988년 12월 2일.

5　「Newsweek(뉴스위크)」, 1988년 2월 1일. 이 모든 예들은 GRIL(1993)에서 온 것이다.

6 너 Pig라고 했니 Fig라고 했니?
언어의 소리체계

> 'rants(호언장담)만 빼면 그 가난한 남작은 아무것도 없어.
> 하나의 모음이 얼마나 큰 차이를 만드는지!
> —그의 *rents*[rents](집세)가 그의 '*rants*[rænts](호언장담)와
> 동등하기만 하다면!'
> (제인 오스틴, 『맨스필드 파크 *Mansfield Park*』)

체셔 고양이(Cheshire Cat)가 앨리스에게 '너 *pig*라고 했니 *fig*라고 했니?'라고 말한다. 이것은 전형적인 메타언어적 질문이다. 우리가 말을 잘못 알아듣을 때마다, 언어 사용자로서 우리는 하나의 소리만으로도 그렇지 않다면 같을 소리 연쇄의 의미를 바꾸기에 충분하다는 사실을 분명히 지적하거나, 아니 더 정확히 말하면 그런 사실에 귀를 기울인다.

오해의 정반대는 화자의 편에서 볼 때는 '말실수'이다. 화자는 실수로 한 구절 안에서(*our dear queen*(우리의 경애하는 여왕님) 대신에 *our queer dean*(우리의 기묘한 주임 사제님)라고 말하는 실수)나 아니면 온 문장 안에서 두 소리를 뒤바꿀 수도 있다. 전자의 경우는 옥스퍼드 대학의 교수였던 스푸너 경(the Reverend W. A. Spooner)의 이름을 따 명명한 고전적인 **스푸너리즘**의 한 예이다. 스푸너 교수는 노동자들의 모임에서 '*I have never addressed so many tons of soil*'라고 말한 것[1])으로 유명할 뿐만 아니라, 또한 한 학생을 야단치면서 '*You have hissed all my mystery lectures. You will leave by the next town drain.*'[2])이라고 말한 것으로 알려져 있는 인물이다. 이러한 말실

---

1) '*I have never addressed so many sons of toil*(나는 이렇게 많은 노동자들에게 연설해 본 적이 없었다)'이라고 말해야 할 것을 '*I have never addressed so many tons of soil* (나는 이렇게 많은 톤의 토양에 대해 고심해 본 적이 없었다)'이라고 말하고 있다〈역주〉.

2) '*missed all my history lectures*(나의 모든 역사 강의를 빼먹었다)'라고 말해야 할 것을 '*hissed*

수가 프로이트[3])의 정신분석이론에서 상당히 중요한 위치를 차지하고 있다는 것은 잘 알려져 있다. 그러한 말실수들이 또한 언어학자들의 특별한 관심을 끌 수 있을지는 아마도 불분명하다. 사실, 오해나 말실수는 물론 시나 아이들의 수수께끼 그리고 난센스 시구나 광고에서 운율을 만들어내기 위한 **동일어원성**(거의 동일한 낱말들)의 섬세한 활용을 포함한 이 모든 것은 음소의 **변별적 기능**을 강조한다(앞의 4장에서 맨 먼저 지적됨). 아니면 좀 더 정확히 말하자면 그러한 발화상의 사고는 음소의 변별적 기능의 중요성을 강조하는 것과 동시에 그것의 극단적인 약점이 존재하고 있음을 시사하고 있다. 왜냐하면, 소리 단위로서 음소가 그 자체로서는 의미가 없다고 할지라도, 그 역할은 더 높은 단계의 의미 단위, 즉 형태소나 낱말의 의미, 혹은 이러한 것들이 연음군(breath-group)을 구성할 때는 낱말들의 모든 연쇄가 만들어내는 의미를 확립하는 것이기 때문이다. 음소는 어떤 의미에서 언어 연쇄 내에서 약한 고리이거나, 아니면 우리가 비유(metaphors)를 섞어 써 갈 때 변화가 언어 속으로 쉽게 들어갈 수 있게 하는 문이다.

all my mystery lectures(나의 모든 신비스런 강의를 야유했다)'라고 말하고 있고, '*down train*(하행 열차, 런던발 열차)'라고 말해야 할 것을 '*town drain*(시내 배수구)'이라고 말하고 있다〈역주〉.

3) **프로이트**(Sigmund Freud, 1856~1939)는 체코의 유태계 가정에서 태어난 오스트리아의 생리학자, 정신병리학자 그리고 무엇보다도 정신분석학의 창시자이다. 그는 인간의 행동이 합리적으로만 이루어지는 것이 아니라 우리의 마음 깊숙한 곳에 숨어 있는 무의식이 그 행동과 정서를 규정한다고 주장하면서, 무의식이란 '의식에 영향을 미치기는 하나, 꿈이나 정신분석의 방법을 통하지 않고는 의식화하지 않는 의식'이라고 말한다. 프로이트는 이 무의식이 실수나 꿈 그리고 강박 행위 등과 같은 여러 가지 형태로 나타난다고 주장한다. 그가 1900년에 발표한 『꿈의 해석 *Die Traumdeutung*』(1900)은 그 무의식을 꿈에서 찾고자 하는 방대한 작업이자 정신분석학의 시작을 여는 선구자적 업적이 된다. 우리가 여기서 다루고 있는 두음전환과 같은 '말실수'도 분석을 필요로 하는 무의식의 발현으로도 볼 수 있다. 예컨대 어떤 사람이 과거에 좋지 않던 기억으로 남았던 일과 연관된 단어를 계속해서 잘못 읽는 것은 그 단어가 그가 몹시 싫어하는 기억을 가진 단어로 분석될 수 있는 것이다〈역주〉.

발화와 표기: 음소 대 글자

음소들이 아무리 분명해 보인다 할지라도 그것들은 **입말**의 단위이지 **글말**의 단위가 아니라는 것을 나는 여기서 꼭 강조해야만 한다. **표기**(writing)는 입말을 글자로 쓰려는 시도이다 보니, 다양한 이유로 종종 입말에는 미치지 못하므로 오해의 소지가 있는 시도이다. 더욱더 오해의 소지가 있는 것은 **자음**과 **모음**과 같은 용어가 글말 코드와 입말 코드 둘 다에 사용되기 때문이다. 그 결과 영어화자는 유치원에서부터 계속 언어가 단지 다섯 개의 모음 〈a〉〈e〉〈i〉〈o〉〈u〉만을 가지고 있다는 환상을 가지고 성장한다. 이때 이들 다섯 개의 모음은 사실상 글말 모음 상징이기도 하다. 영국식 표준영어가 20개의 변별적 모음이라는 상당히 많은 총 모음 수, 즉 12개의 모음과 8개의 이중모음을 포함하고 있다는 것을 알고 있는 화자는 많지 않다(아래 도표 6.1을 볼 것). 게다가 총 모음의 수는 방언에 따라서 약간씩 변한다. 사실, 동일한 **표기법 체계**를 공유하는 언어들 사이에서도 모음 음소의 수에는 큰 변이가 있을 수 있다. 그와 같이 표준 프랑스어는 13개의 모음을 가지고 있다면 이탈리아어는 7개의 모음을 가지고 있다.

어려움은 오랜 표기 전통을 가지고 있는 문화에서 우리가 알파벳의 측면에서 생각하고 낱말을 글자로 나누는 것에 너무 조건화된 나머지, 말하자면 듣는 것에 자주 귀머거리가 된다는 사실이다. 이는 대부분의 사람들이 주어진 낱말에 얼마나 많은 글자가 있는지 즉시 말할 수 있지만(특히 십자말놀이광들이 그렇다!), 동일한 낱말에서 음소의 수를 정하는 데는 어려움이 있는 이유를 설명해 준다. 입말이 우리 주위의 사람들과의 접촉을 통하여 자연스럽게 습득된다면, 글말은 그에 반해서 길고 어려운 학습 과정을 요구하기 때문에, 화자가 글말에 대해서는 분석력을 가지려는 경향이 있는 반면, 입말은 당연한 것으로 여기는 경향이 있는 것은 어쩌면 이해가능하다. 이 점은 단순하지만 흥미로운 사실을 보여주는 테스트를 통해서 실증된다. 〈u〉로 끝나는 낱말들 하면 무엇이 떠오르는지를 네 주위의 사람들에게 물어보라. 그들은 이렇게 대답할 것이다. '보자, *you*와 *flu*('influenza'의 약어인 것은 그렇고)를 제외하면 아무것도 떠오르지 않아.' 그리고 글자 〈u〉는 낱말의 끝에는 거의 나타나지 않으므로 이는 분명한 사실이다. 그렇지만 *few, dew, hue* 등과 같은 평범한 낱말들에서 볼 수 있듯이 어말음 〈ju:〉는 영어에서 실제로 매우 빈번하게 나타난다. 오로지 한 낱말 안에서 소리군 〈ju:〉가 글자 〈u〉로 **표기될** 수 있는 경우는 *pupil* /pju:pl/에서이다.

이제 글자 〈e〉를 가지고 동일한 테스터를 하자. 물론 이것은 훨씬 더 쉽다. 많은 영어 낱말들이 〈e〉로 끝난다... 그렇지만 그것들이 정말 그러한가? 〈e〉는 대개 **묵음**이다. 영어의 철자법 규약에 따르면 자음 뒤의 어말 묵음 〈e〉의 역할은 선행 모음이 **장음**이거나 **이중모음**이라는 것을 보여주는 것이다. *met*[met]/*mete*[mi:t], *mat*[mæt]/*mate*[meit], *mad*[mæd]/*made*[meid], *bad*[bæd]/*bade*[beid], *not*[nɑt/nɔt]/*note*[nout], *bit*[bit]/*bite*[bait] 등과 같은 낱말 쌍의 대립은 그런 식으로 만들어진 것이다.[4] 그러나 이러한 규약 자체는 영어가 모음기호 글자의 부족에 시달린다는 사실에서 비롯된다. 프랑스어의 경우 솔직히 말해서 상황은 거의 뒤틀린다. 이를테면 어말 묵음 〈e〉로 끝나는 낱말들은 어말음이 자음으로 발음되는 반면에 어말이 자음 글자로 끝나는 낱말들은 입말의 경우 실제로는 모음으로 끝난다. 그 이유는 대부분의 어말 자음이 묵음이기 때문이다![5]

그러므로 글을 읽고 쓸 줄 아는 화자들은 자신들의 언어 이미지를 완전히 왜곡시켜왔다. 그 이유는 글말의 형태(곧 문자)가 그들의 마음속에 새겨져 있어 음소적인 현실을 방해하기 때문이다. 이런 사실이 비록 우리에게 분명할지라도 우리는 그것을 보지 못한다. 아니면 아마 우리는 이렇게 말하는 편이 더 나으리라. 비록 그런 사실이 우리에게 고함을 치고 있지만 우리는 그것을 듣지 못한다.

---

4) [ ] 속의 음성기호 표시는 역자가 넣은 것이다〈역주〉.

5) 이에 대한 프랑스어의 예를 보면 다음과 같다. 'porte[pɔʀt]'(문)나 'servante[sɛʀvɑ̃:t]'(하녀)와 같은 명사는 어말 묵음 〈e〉로 끝나고 있지만 실제로는 어말음이 자음으로 발음되고 있고, 'pot[po]'(단지, 항아리)나 'servant[sɛʀvɑ̃]'(하인)와 같은 명사는 어말이 자음 글자로 끝나고 있지만 실제로는 모음으로 발음되고 있다〈역주〉.

철자법 체계

가장 오래된 표기 전통을 가지고 있는 언어들이란 또한 소리와 그 소리가 표기되는 방식 사이에 가장 놀랄만한 차이가 있는 언어들이다. 그렇지만 사회적 규범으로서의 철자법에 대한 언어공동체들의 태도는 다양하다. 말하자면 모든 나라가 이 영역에서 영국이나 프랑스만큼 보수적이지 않다. 스페인, 노르웨이, 러시아 그리고 이탈리아와 같은 몇 나라만을 예로 들자면, 이들 나라는 소리 변화의 현실을 고려하여 그들의 **표기법 체계**를 채택하려는 의지를 보여 왔다.

라틴어에서 물려받은 알파벳은, 비록 알파벳이 라틴어에는 더할 나위 없이 적합했을지라도, 그것을 채택했지만 실제로는 임시변통의 해결책일 뿐이었던 유럽 언어들에는 결코 적합한 적이 없었다. 그러한 부적합성은 역설적으로 언어들 사이의 상호 차용과 라틴 어근으로부터의 용어 창작에 의해서 더 심해졌다. 사실 그 정도가 너무 심하기 때문에 이제는 완전히 자의적인 원리가, 다음 익명의 시에 의해 예증되는 것처럼, 영어의 철자법 체계 내에서 최고의 자리에 군림하고 있는 것 같다.

> When the English tongue we speak
> Why is break not rhymed with freak?
> Will you tell me why it's true
> We say sew but likewise few?
> And the maker of this verse
> Cannot rhyme his horse with worse.
> Beard sounds not the same as heard;
> Cord is different from word;
> Shoe is never rhymed with foe.
> Think of hose and dose and lose,
> And of goose and choose:
> Think of comb and tomb and bomb,
> Doll and roll and home and some:
> And since pay is rhymed with say,
> Why not paid with said I pray?

We have blood and food and good,
Mould is not pronounced like could.
How come done, but gone and lone?
Is there any reason known?
So, in short, it seems to me,
Me and English don't agree!!!!!!
(우리가 영어로 말할 때

왜 *break*[breik]는 *freak*[friːk]와 운이 맞지 않는가?

우리가 *sew*[sou]라고 말하지만 또한 *few*[fjuː]라고 말하는 것이

왜 맞는지 나에게 말해주겠니?

그리고 이 시의 저자는 자신의 *horse*[hɔːrs]를 *worse*[wəːrs]와 운을 맞출 수
없어.

beard[biərd]는 *heard*[həːrd]와 같은 소리가 나지 않아;

cord[kɔːrd]는 *word*[wəːrd]와 달라;

shoe[ʃuː]는 *foe*[fou]와 결코 운을 맞출 수 없어.

hose[houz]와 *dose*[dous]와 *lose*[luːz]에 대해 생각해보고,

그리고 *goose*[guːs]와 *choose*[tʃuːz]에 대해 생각해봐:

comb[koum]과 *tomb*[tuːm]과 *bomb*[bɑm/bɔm], *doll*[dɑl, dɔ(ː)l]과

roll[roul], 그리고 *home*[houm]과 *some*[sʌm, 약 səm]에 대해 생각해 봐:

그리고 *pay*[pei]는 *say*[sei]와 운이 맞는데,

왜 *paid*[peid]는 내가 간절히 바라는 *said*[sed]와는 운이 맞지 않는가?

blood[blʌd]와 *food*[fuːd]와 *good*[gud]이 있지,

mould[mould]는 *could*[kud] 같이 발음되지 않아.

어째서 *done*[dʌn]이지만 *gone*[gɔːn]과 *lone*[loun]인가?

어떤 알려진 이유라도 있는가?

그래서 간단히 말하면, 내가 보기에는

나와 영어는 사이가 좋지 않은가봐!!!!!![6])

영어의 철자법 체계의 개혁을 위해서 활발한 운동을 벌였던 버나드 쇼[7]는

---

6) [ ] 속의 음성기호 표시는 역자가 넣은 것이다〈역주〉.

7) 버나드 쇼(G. Bernard Shaw, 1856~1950)는 아일랜드에서 태어난 영국의 극작가 겸 소설가
이자 비평가이다. 그가 자신의 이른바 '생명력'의 철학을 바탕으로 하여 종래의 '돈 후안'과는
반대로 '쫓기는 자는 남성'이라는 주장을 편 『인간과 초인 *Man and Superman*』(1903)은 그를
세계적인 극작가로 만든 대표적인 희곡 작품이다. 1925년 그에게 노벨 문학상을 안겨주는 데

fish[fiʃ]같은 낱말은 *ghoti*로 쓰여도 좋을 것이라고 비꼬기까지 했다. 그 이유는 GH가 *enough*[ɪnʌf]에서 /f/로 동일하고, O가 *women*[wímin]에서 /ɪ/로 읽히고, TI가 접미사 −*tion*[ʃən]의 일부분일 때는 경구개음 /ʃ/로 발음되기 때문이다. 쇼는 물론 희극적 효과를 위해 과장하고 있다. GH는 머리글자의 위치에서는 결코 /f/처럼 발음되지 않는다. *women*의 O도 일반화될 수 없는 예외이다. −TI−에 대해 말하자면 그 발음은 완전히 전후 맥락에 의존한다. 말하자면 그것은 *intersect/intersection*에서처럼 −*t*로 끝나는 어근에 더해지는 명사화 접미사 −*ion*의 맥락에서만 발음된다. 따라서 이 발음은 전적으로 예측 가능하며, 그러한 전후 맥락에 완전히 국한되어 실현 된다.

그러나 반대로 보이는 모든 외양에도 불구하고 영어의 표기법 체계가 완전히 일관성이 없는 것이 아니다. 이를테면 모국어 화자는 새로운 낱말들을 우연히 마주칠 때 그것들을 어떻게 발음해야하는지를 일반적으로 알고 있다. 바로 그런 점에 비춰볼 때 모국어 화자는 어떤 소리들이 어떤 글자 연쇄들에 해당하는지에 대한 어떤 종류의 규칙을 내재화하고 있음이 틀림없다. 촘스키의 생성 음운론에서의 가장 최근의 연구는 대부분의 경우 철자법이 언어의 소리구조를 정확하게 반영한다는 것을 보여주는 경향이 있다. 영어 철자법의 약 80%는 규칙 지배를 받은 것으로 나타난다. *women*[wímin]과 같은 불규칙적인 철자법들은 보통 예측될 수는 없을지라도 설명될 수는 있다. 차용어는 문제를 일으킬 수도 있지만 신어는 항상 규칙적이다.

철자법 개혁의 가장 급진적인 지지자가 우리에게 믿게 하려는 것이 무엇이든 간에, 그리고 비록 사람들이 때때로 그 결과에 따른 학교에서의 시간과 에너지의 낭비를 후회할 수는 있어도[2], 그 불일치들을 감안하면서도 철자를 쓰는 법을 배우는 것은 완전히 흥미가 없는 것은 아닌 지식을 습득하는 것을 의미한다. 왜냐하면 우리의 철자법 체계는 사실상 우리를 오래전 언어의 역사와 그리스어, 라틴어, 앵글로색슨어, 프랑스어 등과 같은 다양한 어근 속으로 내동댕이치는 일종의 언어 박물관이기 때문이다. 오늘날의 형태상으로 보면 철자법

결정적인 역할을 한 『성녀 조안 *Saint Joan*』은 그가 70세 무렵이던 1924년에 발표한 만년의 걸작이다〈역주〉.

체계는 우리가 쓰는 글말과 관련된 방식을 구조화하고, 경계선을 끼워 넣게 하고, 입말이 불분명하게 남겨둔 경계를 분명하게 하고, 낱말이 본질적으로 갖는 **불연속적 성격[8]**을 인지하게 하는 한에 있어서는 확실히 언어와 우리의 전체 관계를 구조화한다. 이것은 우리가 (언어학자나 유머리스트나 소설가에 의한) **발음 표기들(phonetic transcriptions)**을 읽을 때 절실하게 느끼는 것이다. 발음 표기들은 글말(곧 쓰여진 말)의 친숙한 패턴들을 억누르기 때문에 우리의 읽기를 망설이게 하거나 느리게 한다. 히긴스 부인[9]이 다음과 같이 자기 아들에게 말한 것처럼 말이다. '나는 너의 전매특허인 속기(곧 표음식 표기)로 써진 예쁜 엽서를 갖고 싶지만 나는 항상, 네가 아주 사려 깊게 내게 보내는 보통 필체의 사본을 읽어야만 해.'[3]

이 모든 것을 볼 때 표기법 체계를 갖춘 사람들은 필연적으로 언어와 언어의 성질 그리고 언어의 형태에 대해 비공식적인 입말로 말하는 사람들과는 다른 인식을 가진다는 결론이 나온다. 마찬가지로 읽을 수 있고 쓸 수 있는 사람들은 문맹자들과 동일한 방식으로 언어를 인식하지 않는다(앞의 제4장에 어린 아이들의 언어를 특징짓는 '잘못된 나누기'의 예들을 볼 것).

---

8) 낱말의 불연속적 성격(discrete nature)이란 낱말들 사이의 의미적 연속체에 대응되는 형태의 연속체가 성립하지 않는 것을 말한다. 예컨대 '천장이 갈라졌다.'라는 문장에서 '천장' 대신에 '벽'을 대치하면 '벽이 갈라졌다.'라는 다른 의미의 문장이 만들어지는 것은 이 두 낱말의 불연속성에 기반하고 있는 것이다. 한편 불연속적 낱말은 오로지 자의적이라는 점에서 자의성과 불연속성은 서로 뗄 수 없는 관계에 있다(언어기호의 자의성에 대해서는 8장을 볼 것). 결국 언어는 상상할 수 있는 거의 모든 것을 표현할 수 있는데 이 특별한 표현력은 자의성과 불연속성의 속성에서 비롯된 것이다〈역주〉.

9) 히긴스 부인(Mrs Higgins)은 버나드 쇼의 희곡 『피그말리온 *Pygmalion*』(1913)에서 조각가 피그말리온 대신 등장하는 언어학자 헨리 히긴스의 부인이다. 언어학자 H. 히긴스는 한 인간의 가치는 그 사람이 구사하는 언어의 아름다움으로 결정된다는 믿음에서, 비천한 속어를 사용하는 꽃 파는 처녀 엘리자가 고급 언어를 구사하도록 훈련시켜 사교계의 우아한 여성으로 만든다. 그러나 피그말리온 신화에서와는 달리 상류사회의 매력적인 여성이 된 엘리자는 자신을 새로이 태어나게는 했지만 인간에 대한 배려와 이해가 없는 히긴스에 실망하여 그의 곁을 떠난다. 쇼는 이 희곡을 통해 영국 상류사회의 사교계를 풍자적으로 비판하면서도 인간 존엄성의 진정한 가치에 대한 교훈을 주고 있다. 한편 '피그말리온(Pygmalion)'이란 그리스 신화에서 성적으로 문란한 키프로스의 여인들을 혐오해 독신으로 살면서 조각을 하는 데만 몰두하다가, 자신이 가장 이상적으로 생각한 여인의 조각상을 만든 후 바로 그 조각상을 사랑하게 된 조각가의 이름이다〈역주〉.

글말은 또한 한 개별 언어의 모든 방언들(곧 지역적, 사회적 변이형이라는 의미에서의 방언) 사이의 고리로서 사용된다. 예를 들면, 수백 개의 다른 영어 발음이 존재하는데, 그렇다고 그것들 간의 상호 이해가 반드시 기정사실인 것은 아니다. 그러나 철자법은 단하나 뿐이다(우리가 *lite*, *nite* 혹은 *color*와 같은 상대적으로 적은 수의 미국식 혁신[10]을 제외하고 말한다면 그렇다).

버나드 쇼가 『피그말리온』의 서막에서 엘리자의 런던내기 사투리를 다음과 같이 전사할 때 'Ow, eez yə-ooa san, is e? Wal, fewd dan y' də-ooty bawmz a mather should, eed now bettern to spawl a pore gel's flahrzn than ran awy athaht pyin, Will ye-oo py me f'them?'[11], 독자는 연극의 나머지에까지 그것을 계속하지 않는 것에 감사한다. 그 런던내기 말씨가 『피그말리온』 읽기를 엄청 짜증스럽게 만들기 때문이다.

철자법의 일관된 역할은 널리 쓰이는 모든 입말에 적용되는 것이다. 그러한 언어들의 경우 이 일의 중요한 결과는 **표음식 철자법**(phonetic spelling)의 방향으로 가고자하는 어떠한 개혁도 규범의 선택이라는 문제를 제기한다는 것이다. 그런데 이 규범의 선택은 불가피하게 문화적으로 지배적인 그룹의 이익에 따라 가는 것이다. 사실 이것은 광범위한 철자법 개혁에 대한 주요한 제동장치 중의 하나이다. 이는 조지 오웰이 다음과 같이 언급한 바와 같다.

> 당신이 각 글자에 고정 가치를 부여할 때만이 당신은 철자법을 합리화할 수 있습니다. 그러나 이것은 발음을 표준화한다는 것인데, 그것은 걷잡을 수 없는 소동 없이는 이 나라에서 행해질 수 없습니다. 예를 들어 런던과 뉴캐슬에서 다르게 발음되는 'butter'[12]나 'glass'와 같은 낱말에 대해 당신은 뭘 하겠습니

---

10) 미국식 영어에서 'lite'는 'light' 대신에 '저칼로리의'[예: **lite** ice cream'(저칼로리 아이스크림)]의 의미를 표기하고, 'nite'는 'night'(밤, 야간)를 대신하는 철자법이고[미국식 영어에서는 'tonight'을 'tonite'이라고 표기함], 'color'는 'colour'(색, 빛깔)를 대신하는 철자법이다〈역주〉.

11) 이 런던내기 사투리를 표준영어로 바꾸면 다음과 같다〈역주〉.
   'Oh, he's your son, is he? Well, if you'd done your duty by him as a mother should, he'd know better than to spoil a poor girl's flowers and then run away without paying. Will you pay me for them?'

12) 'butter[bʌtə(r)]'의 〈t〉음이 런던에서는 본래대로 치경음으로 발음되지만 뉴캐슬에서는 성문폐쇄음으로 발음되다 보니 〈t〉음이 제대로 들리지 않고 [bʌə]로 발음되는 것 같이 들린다〈역주〉.

까? 'were'[13] 같은 다른 낱말들은 개인적 성향 혹은 문맥에 따라서 두 개의 다른 방식으로 발음됩니다.[4]

그러나 철자법 체계는 또한 다른 이점을 가지고 있다. **동음성**(homophony)의 많은 예들은 때때로 그것들이 아무리 터무니없어 보일지라도 대부분의 경우 문제의 **동음어들**(homophones)이 뚜렷이 구별되는 어원을 가지고 있을 때는 최소한 다르다는 장점을 가지는 표기에 의해서 해결된다. 그리고 정말 우리는 일상생활을 하는 동안 모호성을 제거하기 위하여 "'well-HEALED'를 말하는 거니 아니면 "well-HEELED"를 말하는 거니?'에서처럼 낱말의 철자를 말할 것을 종종 요구받는다.

A부터 Z까지: 문학 게임의 전통

입말 코드에서 멀어진 **글말 코드**는 우리 사회에서는 거의 자율적이 되었고, 이 과정을 통해 중요한 **문학 게임**의 전통이 생기게 되었다. 이 문학 게임은 음소에 기반을 둔 게임과는 상당히 다르다. 많은 문학 게임에서는, 글자들이 말하자면 주역을 맡고, 관련된 소리들은 거의 고려하지 않은 채 세심하게 정렬된 구조로서 알파벳을 사용한다.

예를 들어, 「쓰기의 첫걸음 *Primer writing*」은 각 단락, 각 절, 각 행 혹은 각 낱말이 다음에서와 같이 알파벳의 순서대로 서로 다른 글자로 시작하는 텍스트를 쓰는 것으로 구성되어 있다.

A Born Coward, Darius Eventually Found Great Happiness In Judicially Kicking Loud-Mouthed Nepotists Openly Picking Quarrels, Rightly Saying That Unkindness Vitiated Warring Xerxes Youthful Zeal.
(타고난 겁쟁이 다리우스가 마침내 불친절이 전쟁 중인 크세르크세스의 젊

---

13) 'were'는 [wəːr]와 [약 wər]로 발음될 수 있다〈역주〉.

은이다운 열의를 떨어뜨렸다고 정확하게 말하면서 공개적으로 싸움을 거는 큰소리를 치는 족벌주의자들을 사법적으로 걷어차 버리는 데에서 큰 행복을 발견했다.)

그레이엄 롤리(Graham Rawle)14)의 「잃어버린 자음 7」
그랜은 초콜릿을 선출하려고 하면서 수명을 소비할 것이다(203 Gran would spend ages trying to **elect** a chocolate). **select**(선택하다).
Cf. 1991년–96 Every time the doorbell rang, the dog started **baking** (문의 벨이 울릴 때마다 개가 빵을 굽기 시작했다). **barking**(짖기).

(203) Gran would spend ages trying to elect a chocolate

---

14) 그레이엄 롤리(Graham Rawle, 1955~)는 삽화, 디자인, 사진 및 설치를 시각 작업으로 통합한 영국의 작가이자 콜라주 미술 작가이다. 그는 「가디언 *the Guardian*」지의 주말판에다 「잃어버린 자음 *Lost Consonants*」이라는 코믹 콜라주 시리즈를 15년 동안((1990~2005) 매주 연재했다. '텍스트와 이미지 단어 놀이'인 이 시리즈는 문장의 필수적인 글자 하나가 제거됨에 따라 그 의미가 변경된 문장을 보여준다. 예를 들면 'youths addicted to **drugs**'(**약물**에 중독 된 청소년)가 'youths addicted to **rugs**'(**까는 모피**에 중독 된 청소년)가 되고, 'going days without water and becoming **thirsty**'(물이 없는 **갈증**을 느끼는 날이 가고)가 'people become **thirty**'(사람들 은 30이 된다)가 되는 식이다. 15년 동안에 이 시리즈로부터 거의 8백 개의 '잃어버린 자음'이 「가디언」지에 소개되었고, 8권의 「잃어버린 자음」 책이 출판되었다〈역주〉.

리포그램[15]은 알파벳 글자들 중의 하나를 조직적으로 생략하는 것에 기반하고 있다. 문제의 글자가 ⟨e⟩일 경우, 그것에 대한 '불가능해 보여도 시도해 볼 수 있는 것(mission impossible)'이라는 어떤 태도가 있다. 사실, 영어의 경우 ⟨e⟩의 생략은 단순과거시제의 사용을 못하게 하는 것만큼이나 대부분의 대명사나 정관사의 사용을 배제하는 것만큼에 달한다. 미국 작가 어네스트 빈센트 라이트[16]는 이러한 것들 중 하나를 실현해 냈다. 요컨대 그는 5만개 이상의 단어 중 글자 E를 하나도 사용하지 않은 이야기인 『개즈비 *Gadsby*』를 썼다. 프랑스 소설가 조르주 페렉[17]의 『실종 *Disparition*』[5]도 그렇다. 리포그램의 반대는 유니보컬릭[18]이다. 이 두 경우 모두에서 문학적 가식(literary affectation)의 형태[19]들이 다루어지고 있다.

회귀문체의 어구(anacyclic)는 라틴어 ROMA-AMOR[20]처럼 왼쪽에서 오른쪽으로 읽든 오른쪽에서 왼쪽으로 읽든 동일하게 읽혀질 수 있지만 다른 의미를 가지고 있는 낱말들을 말한다. 그리고 또 우리는 다음에서처럼 루이스 캐

---

15) 리포그램(lipogram)은 그리스어 'lipagrammatos(빠진 글자)'라는 뜻에서 온 것으로 특정 문자나 문자 집단을 사용하지 않고 문단이나 시 등의 문학 작품을 만드는 것으로 제한된 조건의 글짓기 혹은 낱말 놀이의 일종이다. 한자어로 제자체(除字體)의 글이라고 한다⟨역주⟩. cf. syn-copation(어중음생략법(語中音省略法)

16) 어네스트 빈센트 라이트(Ernest Vincent Wright, 1872~1939)는 소설 『개즈비 *Gadsby*』(1939)를 165일 걸려서 썼는데, 5만이 넘는 단어 중 영어에서 가장 많이 쓰이는 알파벳인 e자가 하나도 없다. 이를 위해 그는 일부로 타자기의 e를 고장 낸 후 다른 대체 단어를 찾아서 집필했다고 한다. 예를 들어 'she'나 'he'는 고유명사를 그대로 쓰고, 'the'는 'this'나 'that'를 사용하는 식이다. 그는 이 작업에 혼신을 다한 나머지 소설 출판과 함께 세상을 떠났다⟨역주⟩.

17) 조르주 페렉(Georges Perec, 1936~1982)은 파리에서 태어나, 노동자 계급 거주지인 벨빌 구역의 빌랭 가에서 유년을 보낸 프랑스의 소설가이다. 그는 1967년에 60년대 전위 문학의 첨단에 섰던 실험 문학 그룹인 울리포(OuLiPo: Ouvroir de Litterature Potentielle(잠재 문학 공동 작업실))에 가입했다. 울리포의 실험 정신은 그의 작품에 큰 영향을 끼치는데, 그중에서도 글자 e를 빼고 쓴 소설 『실종』(1969)과 모음자 중 e만을 가지고 쓴, 곧 유니보컬릭의 소설 『돌아온 사람들 *Les revenentes*』(1972)이 대표적이다. 이 후자 소설의 제목이 정자로는 '*Les revenantes*'이어야 하나 e만을 가지고 쓰다 보니 a를 e로 대치했다⟨역주⟩.

18) '유니보컬릭(univocalic, 일모음문(一母音文))'이란 모음자(a, e, i, o, u, 가끔은 y) 중 하나만 사용하여 쓰는 시나 소설을 말한다⟨역주⟩.

19) '리포그램'과 '유니보컬릭'이 모두 '문학적인 체하는 형태들'이라는 것이다⟨역주⟩.

20) 라틴어에서 'ROMA'는 이탈리아의 수도인 'Rome(로마)'를 말하고 'AMOR'는 '사랑'을 뜻한다⟨역주⟩.

럴이 『실비와 브루노 완결편 *Sylvie and Bruno Concluded*』[21]에서 활용한 것과 같은 **'거울' 읽기**[22]를 들 수 있다.

> 실비는 칠판에 E-V-I-L이라는 몇 개의 글자를 배열하고 있었다.
> '자, 브루노, 저것은 철자가 무엇이지?' 하고 그녀가 말했다…
> '이런, 그건 LIVE군요, 뒤로' 하고 그가 소리쳤다…[23]

회문[24]이란 다음의 수수께끼에서처럼 어느 방향으로 읽거나 동일한 의미를 가지는 표현을 말한다.

> 먼저, 침묵을 찬양하고
> 앞으로나 뒤로나 항상 똑같은 낱말을 찾으라.

대답은 'MUM이 그 낱말이다!'가 된다.
아니면, 다시 다음과 같은 예를 들 수 있다.

> Madam I'm Adam. (마담, 나는 아담이오.)
> I moan, Naomi. (나는 신음하오, 나오미.)
> Live not on evil. (악을 먹고 살지 마시오.)
> Sex at noon taxes. (정오에 섹스는 많은 부담을 준다오.)

아나그램[25]은 필명이나 별명은 물론 수수께끼 같은 것이나 사람과 관련된

---

21) 『실비와 브루노 완결편 *Sylvie and Bruno Concluded*』(1893)은 루이스 캐럴이 1889년 앞서 발행한 『실비와 브루노 *Sylvie and Bruno*』의 후속 완결편이다. 요컨대 이 두 책은 심장질환을 앓는 중년 남자 '나'를 화자로 삼아 빅토리아 시대의 영국과 어딘지 알 수 없는 환상계에서 동시 진행되는 두 가지 이야기를 보여주는 판타지 동화의 전반부와 후반부를 각각 구성한다〈역주〉.

22) 거울 읽기(mirror reading)란 쉽게 말해 '뒤집어 읽기'로 이해할 수 있다〈역주〉.

23) 'E-V-I-L'을 왼쪽에서 오른쪽으로 읽으면 'evil(악, 사악한)'을 뜻하고 오른쪽에서 왼쪽으로 읽으면 'live(살다, 살아 있는)'을 뜻한다〈역주〉.

24) 회문(回文, palindrome)이란 'eye, madam'처럼 역순으로도 같은 말이 되는 표현을 말한다〈역주〉.

25) 아나그램(**anagrams**)은 단어 또는 어구의 글자를 여러 가지로 바꿔놓아 새 어구를 만드는 말놀이다. 다음과 같은 예를 들 수 있다〈역주〉.
예) live(살다) → evil(악)
Florence Nightingale(플로렌스 나이팅게일)

재미있는 방식들을 제공한다. *Salvador Dali*(살바도르 달리)는 *Avida dollars*(아비다 달러즈 / 달러 욕심쟁이)[26]라는 별명으로, *Margaret Thatcher*(마그리트 대처)는 *That great charmer*(저 엄청 매력을 발휘하는 사람) 혹은 *Meg, the arch Tartar*(메그, 교활해 보이는 감때사나운 여자)라는 별명[27]으로 불려졌다. *Clint Eastwood*(클린트 이스트우드)[28]는 *Old West action*(올드 웨스트 액션)을 만드는 것으로 재배열될 수 있다. *Victoria, England's Queen*(빅토리아, 영국의 여왕)[29]은 *Governs a nice quiet land*(좋은 조용한 땅을 지배하다)를 만들 수 있고, *William Shakespeare*(윌리엄 셰익스피어)[30]는 *A weakish speller, am I?*(내가 철자가 좀 약한 사람인가?)를 만들 수 있다. 낱말 *marriage*(결혼)는 *grim era*(암울한 시대)가 될 수 있고, *funeral*(장례식)은 *real fun*(진짜 재미)으로 변하고, *revolution*(혁명)은 love

---

→ Flit on, cheering angel!(환호하는 천사가 휙 지나간다!)
　The Mona Lisa!(모나리자!) → Oh, lame saint!(오, 불구의 성인이여)

26) Avida dollars(달러를 욕심내는)는 스페인 출신의 대표적인 초현실주의 화가인 살바도르 달리(Salvador Dali, 1844~1896)의 아나그램 표기이다. 이 아나그램은 브르통(A. Breton)이 초현실주의에서 전향하여 명사가 된 Salvador Dali를 싫어해서 돈만 안다는 뜻으로 붙인 경멸적인 별명이다〈역주〉.

27) 마그리트 대처(Margaret Thatcher, 1925~2013)는 1979년부터 1990년까지 11년 동안 '철의 여인'으로 불릴 정도로 강력한 통치력을 행사한 영국 최초의 여성 총리였다. 그녀는 That great charmer(저 엄청 매력을 발휘하는 사람) 혹은 Meg, the arch Tartar(메그, 교활해 뵈는 감때사나운 여자)(여기서 Meg는 여자 이름 Margaret의 애칭이다)라는 아나그램 표기의 별명을 가졌다〈역주〉.

28) 클린트 이스트우드(Clint Eastwood, 1930~)는 미국의 영화배우 겸 영화감독이다. 그는 이탈리아의 세르조 레오네(Sergio Leone, 1929~1989) 감독의 영화「황야의 무법자 *A Fistful of Dollars*」(1964), 「석양의 건맨 *For a Few Dollars More*」(1965) 그리고「석양의 무법자 *The Good, The Bad, The Ugly*」(1966) 등 무법자 3부작에 캐스팅된 후 서부극의 터프가이로서 세계적인 슈퍼스타가 되었다〈역주〉.

29) 빅토리아(Victoria, 1819~1901[재위: 1937~1901])는 대영제국, 아일랜드 연합왕국과 인도의 여왕이다. 그녀의 재위 기간은 '**빅토리아** 시대'로 통칭되며, '해가 지지 않는 나라'로 불렸던 19세기 대영제국의 최전성기와 일치한다〈역주〉.

30) 윌리엄 셰익스피어(William Shakespeare, 1564~1616)는 엘리자베스 1세가 통치하던 16세기 중반 영국 버밍엄 남쪽의 작은 마을 스트랫퍼드어폰에이번(Stratford-upon-Avon)에서 태어났다. 그는 역사상 가장 위대하고 영향력 있는 극작가로 꼽히지만 아이러니컬하게도 그의 생애는 잘 알려져 있지 않다. 그의 작품으로는 희·비극을 포함한 38편의 희곡과 여러 권의 시집 및 소네트집이 있다. 「햄릿 *Hamlet*」, 「오셀로 *Othello*」, 「리어왕 *King Lear*」, 「맥베스 *Macbeth*」는 그의 대표적인 4대 비극 작품이다〈역주〉.

ruin(파멸을 사랑하다)이 된다.[6]

십자말풀이, 4각 연어[31], 스크래블[32], 보글[33] 및 기타 그러한 아크로스틱[34]은 동일한 영역에 속한다. 루이스 캐럴은 '더블릿츠(doublets)'라 불리는

---

31) 사각 연어(四角連語, word square) 게임이란 다음 보기와 같이 세로로 읽으나 가로로 읽으나 똑같은 말이 되도록, 사각으로 낱말을 배열하는 단어 게임이다.

H E A R T
E M B E R
A B U S E
R E S I N
T R E N D

32) 스크래블(Scrabble)은 철자가 적힌 플라스틱 조각들로 글자 만들기를 하는 보드 게임의 하나이다 〈역주〉.

33) 보글(Boggle)은 알랜 트로프(Allan Turoff)가 개발한 단어 게임이다. 이 게임은 글자가 새겨진 주사위를 사용하여 정해진 시간 동안 얼마나 많은 단어 조합을 만들어 내는가를 시합하는 게임이다 〈역주〉.

34) 아크로스틱(acrostic, 이합체(離合體) 시)이란 보통 각 행의 처음(과 끝) 글자를 아래로 연결하면 특정한 어구가 되게 쓴 시나 글, 혹은 이에 의한 글자 퀴즈를 말한다. 인터넷에서 흔히 보이는 세로드립이나 삼행시도 아크로스틱에 속한다. 다음 예는 『거울나라의 앨리스』의 끝부분에서 *A boat beneath a sunny sky*로 시작하는 21행으로 된 시 한 편인데, 그것은 캐럴이 실제로 매료되었던 앨리스의 본명 'Alice Pleasance Liddell'(앨리스 플레전스 리들)(1852~1934)의 아크로스틱이다〈역주〉.

A boat beneath a sunny sky,
Lingering onward dreamily
In an evening of July--
(빛나는 하늘 아래 배 한 척,
꿈꾸듯이 앞으로 나아가네.
7월의 밤에.)

Children three that nestle near,
Eager eye and willing ear,
Pleased a simple tale to hear--
(아늑하게 안긴 세 아이는
반짝이는 눈으로 귀를 열고
작은 이야기를 듣고 싶어하네.)

Long has paled that sunny sky:
Echoes fade and memories die.
Autumn frosts have slain July.
(빛나는 하늘은 길고 흐릿해져 가네.
메아리는 희미해지고, 기억은 사라져가고
가을의 숲은 7월을 끝낸다.)

빅토리아 시대에 매우 유행했던 가벼운 놀이를 아주 좋아했다. 매번 하나의 글자만 달리하면서 동일한 길이의 낱말들이 이어지도록 하는 이 놀이는 기점 낱말에서 출발하여 가능한 한 적은 수의 단계를 거쳐서 지정된 목표 낱말에 도달하도록 하는 말놀이다. 다음과 같은 예를 들 수 있다.

> *love*에서 *hate*까지
> love〉 l*i*ve〉 *h*ive〉 h*a*ve〉 hate

우리가 볼 수 있었던 봐와 같이 (끊임없이 생각해 내는 새로운 게임들과 함께) 기본 단위가 '글자'인 셀 수 없이 많은 게임들이 있다. **글자**는 언어의 소리 단위인 **음소**와 (거의 신뢰성을 가지고) 상응하는 것이기 때문에 글자가 그렇게 많은 게임에 영감을 주는 반면에 음소는 극소수의 게임에 영향을 준다는 것은

Still she haunts me, phantomwise,
Alice moving under skies
Never seen by waking eyes.
(그녀는 아직도 유령처럼 내 앞에 나타나네,
앨리스는 하늘 아래서 움직이고
깨어있을 때는 보이지 않네.)

Children yet, the tale to hear,
Eager eye and willing ear,
Lovingly shall nestle near.
(아이들은 아직 이야기를 듣고 싶어하네.
반짝이는 눈으로 귀를 열고
사랑스럽게 옆에 앉아있네.)

In a Wonderland they lie,
Dreaming as the days go by,
Dreaming as the summers die:
(그들이 누워있는 이상한 나라에서는
세월이 가는 것처럼 꿈을 꾸네.
여름이 끝나가듯이 꿈을 꾸네.)

Ever drifting down the stream――
Lingering in the golden gleam――
Life, what is it but a dream?
(물결아래 떠다니고
희미한 금빛이 남아있네.
인생은 한낱 꿈이 아니면 뭐겠는가?)
[우리말 번역은 손인혜·장주희 역, 『거울나라의 앨리스』, 바른번역(2011: 178~79) 참조].

놀라운 것처럼 보일 수도 있다. 내가 이미 지적한 바와 같이, 이것은 문화적 전통과 상당한 연관이 있다. 소리에 기반을 둔 대다수의 게임은 **입말 전승 (oral tradition)** 사회와 초등학생들의 게임 둘 다에서 발견될 수 있다.

소리 가지고 놀기

다의어 · 동음이의어를 이용한 말장난, 수수께끼, 스푸너리즘 그리고 그림 · 글자 조합 수수께끼[35]는 오로지 입말로 하는 유희이다. 이 그룹 중에서 스푸너리즘만이 오로지 음소에 기반을 두고 있다.

사실, 대부분의 글자 기반 게임은 일관되고 논리적인 방식으로 음소를 인식할 수 있도록 훈련된 화자라면 아주 쉽게 음소적 대응관계에 있는 것을 알 수 있다. 그러나 우리는 **글말 전승(written tradition)** 사회가 직면하는 어려움을 보아왔다.

루이스 캐럴의 '더블릿츠' 게임은 입말로 행해질 때라야 음소들의 변별적 가치를 알아내기 위한 가장 좋은 연습이 된다. 다음의 예들을 보자.

매번 글자가 아니라 하나의 소리만 바꾸면서 가능한 한 가장 적은 수의 단계를 거쳐 *black*에서 *bright*로 가보자.

> black [blæk]
> slack [slæk]
> slick [slɪk]
> slit [slɪt]
> slight [slaɪt]
> blight [blaɪt]
> bright [braɪt]

*flat*에서 *slim*으로 가보자.

---

35) '그림 · 글자 조합 수수께끼(rebus)'란 그림 · 기호 · 문자 등을 맞추어 어구를 만드는 수수께끼이다〈역주〉.

    flat [flæt]

    float [floʊt]

    gloat [gloʊt]

    glut [glʌt]

    slut [slʌt] 혹은 glum [glʌm]

    slit [slɪt] 혹은 slum[slʌm]

    slim [slɪm]   slim [slɪm]

스푸너리즘이 항상 말실수의 산물인 것은 아니다. 초등학생들은 다음과 같은 'what's the difference?(차이점이 뭐야?)' 수수께끼에서 스푸너리즘을 교묘하게 사용한다.

문: What's the difference between a lion with a toothache and a rainstorm? (치통을 앓는 사자와 폭풍우의 차이가 뭐지?)

답: One *r*oars with *p*ain, the other *p*ours with *r*ain.

(하나는 **고통**으로 으르렁거리고 다른 하나는 **비**를 퍼붓는 것이지.)

문: What's the difference between a lazy schoolboy and a fisher-man?

(게으른 남학생과 어부의 차이가 무엇이지?)

One *h*ates his *b*ooks and the other *b*aits his *h*ooks.

(하나는 자기의 **책**을 싫어하고 다른 하나는 낚시 바늘에 **미끼**를 다는 것이지.)

이들 수수께끼에 나오는 말들의 각 쌍, 곧 roars[rɔːrz]/pours[pɔːrz], rain[rein]/pain[pein], hates[heits]/baits[beits], hooks[huks]/books[buks][36]는 바로 언어학자들이 **최소대립쌍**(minimal pair)이라고 부르는 것을 구성한다. 수수께끼를 만들어내는 것과 관련이 있는 이 과정은 앞의 제4장에서 이미 기술된 것과 같다. 동일한 맥락에서 일어나는 가능한 소리들의 목록에서 한 번에 두 개의 소리를 선택하는 것은 우리가 한 언어의 **음소들**, 다시 말하면 **변별적 소리들**의 목록을

---

36) [ ] 속의 음성기호 표시는 역자가 넣은 것이다〈역주〉.

만들어내는 바로 그 과정이다. 음소를 다루는 언어학적 부문은 **음소론**(phonemics) 또는 **음운론**(phonology)라 불린다. 다른 한편 **음성학**(phonetics)은 실제의 발음과 개인적, 지역적, 사회적 혹은 문맥적 변이를 막론하고 **음성적 변이**(phonetic variation), 곧 **비-변별적인 변이**(non-distinctive-variation)를 다룬다. 이것은 쉽지 않은 것이지만 중요한 차이이다. 『피그말리온』의 히긴스 교수는 음운학자라기보다는 오히려 분명 음성학자에 속한다.

여기에 한 가지 비유를 하자면, 음악 코드가 '음표'라고 생각되는 소리들을 선택하여 그 소리들을 음계로 조직하는 것과 마찬가지로—우리는 이 음계들이 보편적이 아니고 특정 문화에만 한정된다는 것을 안다—, 각 언어는 발음기관으로 생성하는 것이 물리적으로 가능한 모든 소리를 정렬한 다음 그 중 얼마간에만 해당 언어에 고유한 음운체계 내에서 어떤 지위를 부여한다.

A Flea and a Fly in a Flue(연통 속의 벼룩과 파리): 음소 구별하기

모든 인간은 똑같은 음-생성 능력(곧 조음능력)을 가지고 태어난다. 갓난아기의 '옹알이'가 분명히 보여주는 것처럼 누구나 매우 다양한 소리를 낼 수 있다. 아기는 주위의 사람들에게 믿을 수 없을 정도로 이상하고도 기이해 보이는 소리를 만들어 낼 수 있다. 야콥슨(1941)은 다음과 같이 쓰고 있다.

> 아기는 그 재잘거림 속에 한 언어에서는 물론 한 어족에서조차도 결코 이어져 나오지 않을 많은 음들, 곧 매우 다양한 조음점을 가지고 있는 자음들, 구개음과 원순음, 치찰음과 마찰음, 그리고 또 흡착음, 복합모음, 이중모음 등을 분절해낼 수 있는 능력이 있다.[37]

아이들에게 있어서 이러한 소리들은 무엇보다도 표현적이고 유희적이다. 의미 없는 소리의 세계로 뛰어든 아이들은 마치 글자가 장난감이나 악기인 것처럼 자신의 목소리를 가지고 논다. 소리는 또한 **친교적**이다.[38] 말하자면 옹알

---

37) 야콥슨(R. Jakobson)([1941] 1969: 24), 『어린이들의 언어와 실어증 *Langage enfantin et Aphasie*』〈역주〉.

이는 아이가 자기 자신의 존재를 알리는 통로이다. 이 단계에서 소리는 의사소통적 가치를 가지지 않는다. 아이는 아직 소리들을 메시지로 조직화할 수 없다. 그러나 그 다음에 아이가 모국어를 배우면서, 이를테면 아이가 주위 사람들에게 귀 기울이면서 아이는 이 소리의 혼돈 속에서 어떤 질서를, 즉 어떤 소리들에 실질적인 특권을 주는 소리 체계를 점진적으로 식별하게 된다. 이때 '특권을 받은 소리들'이란 바로 그 언어의 변별적 소리들로서 의미를 전달만 할 뿐 의미를 담고 있지는 않다. 또한 이때의 언어란 아이들이 배우고 있다는 것을 아직 인식조차 하지 못하는 말이다.

기이하게도, 아이들은 점차적으로 문화적 능력은 지지하고 타고난 능력은 상실하게 됨에 따라 이 소리 체계에 속하지 않는 음들을 조음하는 능력을 (점차적으로) 잃어버리게 된다. 더욱 더 놀라운 것은 언어습득의 초기단계에서 아이들은 자기가 습득하고 있는 언어에 이질적인 소리들뿐만 아니라 바로 그 체계에 속하는 상당수의 소리들조차 잃어버린다는 것이다. 아이들은 그 소리들을 알아듣기는 하지만 그것들을 조음하는 방법은 다시 배워야만 한다. 이와 같이 음소들의 변별적 가치를 배우는 것은 일시적인 퇴행을 수반한다. 그러한 까닭에 2세부터 4세까지의 아이에게는 수동적 언어능력(자신 언어의 변별적 소리들을 인식하는 능력)과 능동적 언어능력(그 변별적 소리들을 재생산하는 능력) 사이에 격차가 있다. 예를 들어, 당신의 아이가 'sheep(양)'을 'seep(새다)'이라 부른다고 해서 그것이 아이가 그 차이를 들을 수 없다는 것을 의미하는 것은 아니다. 사람들이 할 수 있는 최악의 경우는 아이가 말하는 것을 모방하고 '유아어'에 빠지기 시작하는 것이다. 소리의 세계가 **음성적**인 것에서 **음운론적**인 것으로 전환될 때 아이는 소리들 사이의 종종 섬세한 경계를 식별하는 법을 배워야만 한다. 왜냐하면 소리의 차이는 의미의 차이를 가져오기 때문이다. 두 개의 음소가 서로 유사하면 유사할수록 더욱더 아이는 두 개의 음소 사이를 떼어놓는 것이 어렵다는 것을 알게 될 것이다. 예를 들어 *truck*[trʌk]과 *chuck*[tʃʌk] 혹은 *sing*[siŋ]과 *thing*[θiŋ] 사이를 구별하기가 어렵다. 이는

---

38) 언어의 '친교적 기능(phatic function)'에 대해서는 제1장 볼 것〈역주〉.

왜 우리가 부분적으로는 유희의 정신으로, 부분적으로는 교육적 목적으로, 다음에서처럼 아이들이 발음하기 어려운 고전적인 어구들에 의존하는지를 설명해주는 사실이기도 하고:

> She was a thistle sifter and sifted thistles through a thistle sieve.
> (그녀는 엉겅퀴 체를 치는 사람이었고 엉겅퀴 체로 엉겅퀴를 체로 쳤지.)
> The sixth sheikh's sixth sheep's sick.
> (여섯 번째 아랍왕자의 여섯 번째 양이 아파.)
> I can think of six thin things and of six thick things too.
> (나는 여섯 개의 얇은 것에 대해 생각할 수도 있고 여섯 개의 두꺼운 것들도 생각할 수 있어.)
> Peter Piper picked a peck of pickled peppers.
> (피터 파이퍼는 수많은 식초에 절인 피망을 골랐어.)
> Around the rugged rocks the ragged rascal ran.[39]
> (울퉁불퉁한 바위 주위에 다부지게 생긴 악당이 달렸다.)

혹은 다음의 짤막한 노래에 의존하는지를 설명해주는 사실이기도 하다.

She sells sea-shells on the sea-shore.
(그녀는 바닷가에서 바다조개를 팔아.)
The shells she sells are sea-shells I am sure.
(그녀가 파는 조개들은 바다조개야, 확실해)
For if she sells sea-shells on the sea-shore
(왜냐하면 그녀가 바닷가에서 바다조개를 판다면)
Then I am sure she sells sea-shore shells.[40]
(그러면 난 그녀가 바닷가 조개를 판다는 것을 확신하지.)

---

39) 이들 고전적 어구는 발음 '/θ/와 /s/', '/s/와 /ʃ/'를 구별하고, 과거형 형태소 '-ed'의 세 가지 이형태, 곧 '[-t], [-d], [-ɪd]'를 구별해서 발음 연습하는 낱말쌍(곧 최소대립쌍)을 예시하고 있다〈역주〉.

40) 이 예시에서는 조음 위치상 인접해 발음상 유사한 두 음인 치경 마찰음 [s]와 치경구개 마찰음 [ʃ]가 노래 전체에 걸쳐 반복적으로 나타나고 있다. 그중 'sell[sel]/shell[ʃel]'은 이 두 음의 변별적 대립을 보여주는 낱말쌍이다〈역주〉.

이들 예를 통해서 *shell*에서의 /ʃ/와 *sell*에서의 /s/ 사이, 또는 *thin*에서의 /θ/와 *sin*에서의 /s/ 사이와 같은 이웃하는 음소의 대립은 습득에 어려움이 있고 손상되기도 쉽다는 사실을 뒷받침하고 있다. 영어의 음소 /r/ 또한 어린 아이들이 조음하기에는 특히 어렵고(아이들은 보통 *truck*을 *tchuck*나 *twuck*로 발음한다), 자신의 언어에 프랑스어의 /r/과 같은 다른 종류의 /r/이 있거나 /r/ 음이 전혀 없는 외국인들에게도 어렵기는 매한가지이다.

혀가 잘 돌아가지 않는 말은 모든 언어에 있다. 어디에서나 아이들이 동일한 학습의 어려움에 직면한다는 것이 그 증거이다. 다음은 여러 언어에서의 예이다.

프랑스어에서:
Les chaussettes de l'archiduchesse sont-elles sèches, archisèches?
(대공비의 양말들은 말랐는가, 지나치게 말랐는가?)
Un chasseur sachant chasser doit savoir chasser sans son chien.[41]
(사냥할 줄 아는 사냥꾼은 사냥개 없이도 사냥할 줄 알아야 한다.)

독일어에서:
der Mondschein scheint schon schön[42]
(달빛이 벌써 아름답게 빛난다)

스페인어에서:
Tres tristes tigres tragaron trigo en un trigal[43]
(슬픔에 잠긴 세 마리의 호랑이가 밀밭에서 밀알을 먹는다)

---

41) 이 두 프랑스어 문장은 [ ]속에 음성기호가 표시된 다음 주요 낱말들 'chaussettes[ʃosɛt], archiduchesse[aʀʃidyʃɛs], sèches[sɛʃ], archisèches[aʀʃisɛʃ], chasseur[ʃasœːʀ], sachant[saʃɑ̃]'에서 보듯이 조음 위치상 이웃해 있어 변별적 습득이 어려운 /ʃ/와 /s/의 발음을 연습하기 위한 예이다〈역주〉.

42) 이 독일어 문장은 'Mondschein[moːntʃain], scheint[ʃaint], schon[ʃoːn], schön [ʃøːn]'에서 표시된 음성기호에서 알 수 있듯이 /ʃ/의 발음을 연습하기 위한 예이고, 또한 'schon[ʃoːn]'과 'schön [ʃøːn]'의 낱말쌍을 통해 /o/와 /ø/가 변별적 기능을 갖는 음소라는 것을 보여주는 예이다〈역주〉.

43) 이 동요는 스페인 유아들이 어려워하는 'b, c, t, g' 등의 파열음 뒤에 오는 /r/ 발음을 단순 진동으로 발음 연습하기 위한 예이다. 이 문장은 쿠바 태생의 기예르모 카브레라 인판테(Guillermo Cabrera Infante, 1929~2005)의 처녀작 『세 마리의 슬픈 호랑이 *Tres tristes tigres*』(1964)에서 가져온 것이다〈역주〉.

러시아어에서:

Mishi b'egayout po krisham[44]

(쥐들이 지붕 위로 뛰어다닌다)

어린 아이들은 **최소대립쌍**에 극단적으로 예민하며, 매우 유사한 단어군을 합하고, 병치시키는 일련의 **동음이철어들**(paronyms)을 가지고 노는 것을 좋아한다. 이는 다음과 같은 짤막한 노래들이 유치원에서 널리 불리는 이유를 설명해준다.

A flea and a fly in the flue
Were imprisoned, so what could they do?
Said the flea, 'let us fly'
Said the fly, 'let us flee',
So, they flew through a flaw in the flue.[45]
(벼룩 한 마리와 파리 한 마리가 연통에
갇혔네, 그래서 그들이 뭘 할 수 있었지?
벼룩이 말했네 우리 날아가자
파리가 말했네 우리 도망치자
그래서 그들은 홈을 통해서 날아갔지.)

혹은 다음과 같은 짤막한 노래들이 널리 불리는 이유도 말해준다.

Did you eever iver ever in your leaf life loaf
See the deevil divil devil kiss his weef wife woaf?
No, I neever niver never in my leaf life loaf
Saw the deevil divil devil kiss his weef wife woaf.[46]
(넌 네 인생에서 악마가 자기의 아내에게

---

44) 이 러시아어 문장은 아이들이 발음하기 어려운 sh[ʃ]의 발음을 연습하기 위한 예이다〈역주〉.

45) 이 노래에서 'flea[fliː]', 'fly[flai]', 'flue[fluː]', 'flee[fliː]', 'flew[fluː]', 'flaw[flɔː]' 등은 모두 [fl] 음에 이어나는 장모음이나 이중모음만 다른 최소대립쌍이고, 'flea[fliː]/flee[fliː]', flue[fluː]/flew[fluː]' 는 동음이철어이다〈역주〉.

46) 이 노래에서는 '*eever *iver ever', 'leaf life loaf', '*deevil *divil devil', '*weef wife *woaf', '*neever *niver never'에서 보듯이, 각각 3개의 단어군(*가 붙은 단어는 존재하지 않는 가공의 단어임)으로 구성된 최소대립쌍을 연습하고 있다〈역주〉.

키스하는 것을 본적이 있니?
아니, 난 내 인생에서 악마가 자기 아내에게
키스하는 것을 전혀 본 적이 없어.[47])

아이가 아직 어릴 동안은 모국어뿐만 아니라 여러 개의 외국어를 습득할 수 있고, 몇 가지 서로 다른 공존하는 **음운체계**를 운영 할 수 있다. 그렇지만 시간이 지남에 따라 아이는 자신의 언어에서 변별적 가치를 가지지 않는 소리는 점차적으로 듣기가 어려우므로 조음하기도 어렵다는 것을 알게 된다.

영어의 음소

이제 한 개별언어로서 영어의 음소들을 좀 더 상세하게 들여다볼 시간이다. 이는 앞으로의 논의를 위해 요구되는 몇몇 용어와 개념을 도입하고 책 전체에 걸쳐 있는 몇몇 덜 친숙한 기호들을 설명하기 위해서이다. 그 기호들이란 세계의 언어들에서 나타날 수 있는 모든 주요 소리에 대한 유일한 음성 상징 알파벳인 IPA, 곧 **국제음성기호(International Phonetic Alphabet)**를 말한다. 표 6.1은 'RP', 곧 표준 발음(Received Pronunciation)[48])으로 알려진 영국 표준 영어와 GA, 곧 '일반 미국영어(General American)'[49])의 모음 음소들에 대한 한 가지 가능한 분석을 보여준다.[7] 나는 이 장 후반부의 '영어의 말씨(악센트)' 부분에서 이 두 발음 사이의 차이에 대해서 논의할 것이다.

---

47) 이 해석은 존재하는 낱말들의 어휘적 의미를 중심으로 한 것이다〈역주〉.
48) 'RP'로 알려진 '표준 발음'은 런던대학 음성학 교수와 국제음성학협회장을 역임한 영국의 음성학자 대니얼 존스(Daniel Jones, 1881~1967)의 용어이다. 그의 음운 관련 저서로는 『영어의 발음 *The Pronunciation of English*』(1909), 『영어 발음사전 *An English Pronouncing Dictionary*』(1917), 『음소 *The Phoneme: Its Nature and Use*』(1950) 등이 있다〈역주〉.
49) '일반 미국영어(General American: GA)'란 미국의 북동부(New England) 및 남부를 제외한 대부분의 지방에서 늘 쓰이는 영어의 발음을 말한다〈역주〉.

표 6.1. 영국 표준영어(RP)와 일반 미국영어(GA)의 모음 음소

	영국 표준영어(RP)	둘 다	일반 미국영어(GA)
(a) 단모음			
ɪ		kid, bid	
ɛ		dress, bed	
æ		trap, bad	
ɒ	lot, odd		
ʌ		bud, love	
ʊ		foot, good	
(b) 장모음*			
iː		fleece, sea	
uː		goose, two	
ɑː		start, father	lot, odd
ɒː			thought, law
ɔː	thought, law	north, war	
ɜː	nurse, stir		
ɝː			nurse, stir
(c) 이중모음**			
eɪ		face, day	
aɪ		price, high	
ɔɪ		choice, boy	
əʊ	goat, show		
oʊ			goat, show
aʊ		mouth, now	
ɪə	near, hear		
ɛə	square, fair		
ʊə	poor		
(d) '약' 모음(슈와)***			
ə		*about, comma*	

 * 콜론(ː)은 음의 길이를 나타낸다.
 ** 끝까지 같은 소리의 질을 유지하는 '순수한' 모음. 곧 단모음과는 대조적으로 이중모음은 하나의 모음으로 시작하여 다른 모음으로 끝난다.
 *** /ə/(슈와, 중성모음)[50]는 영어에서 강세를 받지 않는 음절에서 광범위하게 나타나는 약모음의 변이형이다. 이 중성모음의 나타남은 낱말 강세로부터 예상이 가능하기 때문에 그 자체로는 음소로 간주되지 않는다.

---

50) 슈와(schwa)란 중성모음(neutral vowel)(혹은 애매모음)인 /ə/의 통칭으로 히브리어(Hebrew)에 나타나는 이 모음의 독일어 명칭에서 유래한 술어이다. 영어의 경우 철자와 관계없이 강세가 없는 음절에서 널리 나타난다(예: woman[wúmən], telegraph[téləgræ̀f, -grà:f], telegraphy[təlégrəfi], possible[pásəbəl/pɔ́s-], oblige[əbláidʒ], suppose[səpóuz], mountain[máuntən])〈역주〉.

모음의 특징은, 그것이 '후설모음'이든 아니면 '고모음'(혹은 '전설모음'이든 아니면 '저모음')이든 간에, 입천장과 관련된 혀의 위치에 의해 정해진다. IPA 체계는 표 6.2에서와 같이 입속의 공간이 그림으로 표현되는 **기본모음**을 기준으로 사용한다. 전설고모음 /i/는 혀의 가장 높은 지점이 입천장의 앞쪽 가까이에 있을 때 형성되는 반면, 후설저모음 /ɑ/는 혀가 가능한 한 낮고 뒤에 있을 때 생성된다. 다른 모음들은 이 두 극한 사이의 중간 위치에서 조음된다. 모음은 또한 발음되는 동안 입술이 취하는 모양에 따라 '원순' 혹은 '비원순'이 될 수도 있다. 따라서 /i/는 비원순모음인 반면 /u/는 원순모음이다.

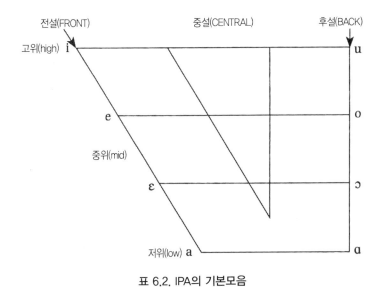

표 6.2. IPA의 기본모음

다음 표 6.3은 영국 표준영어(RP)의 장모음, 단모음, 약모음의 모음도를 보여준다.

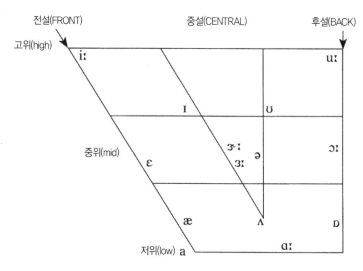

표 6.3. 영어의 몇몇 모음 음소의 국제음성기호(IPA)도

말소리가 만들어지는 방식을 체계적으로 기술하기 위하여 두 가지 종류의 **조음부(articulator)**를 가진 입에 대해서 생각할 필요가 있다. 즉 윗조음부는 윗입술, 이 그리고 입천장으로 이루어져 있고, 아랫조음부는 아랫입술, 이 그리고 가장 중요한 혀로 이루어져 있다. 모음들은 위아래 조음부가 그들 사이에 공기가 제한 없이 통과할 수 있도록 서로 충분히 멀리 떨어져 있다는 점에서 다른 말소리들과는 구별된다. 반면에 자음들은 /s/와 /z/와 같은 마찰음과 같이 **좁은 통로를 통과하는 공기가 마찰(turbulence)**을 일으키는 거의 닫힘에서부터 /p/와 /t/와 같은 폐쇄음처럼 완전 닫힘까지 다양한 정도의 협착에 의해 특징된다. 자음은 다음 세 가지 주요 기준에 근거하여 서로 서로 구별된다.

(1) 조음위치(윗조음부와 아랫조음부가 만나는 곳)
(2) 조음방식(협착의 정도와 성격)
(3) 유성성(무성자음은 성대의 울림 없이 생성되는 반면 유성자음은 조음이 이루어지는 동안 부분적으로 혹은 전체적으로 성대의 진동이 동반된다)

표 6.4는 윗조음부와 아랫조음부를 나타내는 전체 그림과 함께, 그들이 나누

어지는 주요 영역 및 그들과 관련된 성대의 위치를 보여주고 있다. **조음점** (points of articulation)의 명칭은 영어 이름보다 라틴어 이름에 기원을 두고 있다는 것을 주목하자.[51] 즉 관례에 따라 말소리들은 '아랫조음부-윗조음부'의 순서로 영어 등가어(만약 존재한다면)가 아닌 라틴어 용어를 사용해서 기술되어 있다. 따라서 우리는 '순치음(labio-dental)'(/f/에서처럼 협착이 아랫입술과 윗니 사이에 일어난다)과 '설단치경음(apico-alveolar)'(협착이 혀끝과 윗니 뒤에 경구개 앞쪽의 치조돌기 사이에 일어난다)과 같은 용어를 가지고 있다.

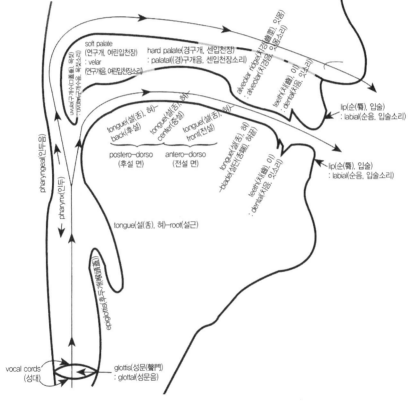

표 6.4. 조음기관의 명칭과 해당 소리 명칭

---

51) 예를 들어 라틴어에서 *labia*는 입술이고 *palatum*은 경구개이고 *velum*은 연구개이고 *uvula*는 목젖이고 *dorsum*은 혓등이고 *apex*는 설단이다〈역주〉.

선생님: 요약하면 다음과 같다. 올바로 말하는 법을 배우려면 수년이 걸린다. 그
러나 과학덕분에 우리는 단지 몇 분 안에 그걸 할 수가 있지. 낱말, 소리
그리고 그 나머지 모든 것을 만들어내기 위해서 넌 인정사정 베풀지 말고
너의 폐에서 모든 공기를 몰아내서 그것이 하프같이, 혹은 산들바람에
나뭇잎같이 떨리고, 흔들리고, 진동하고, 진동하고, 진동하거나 혹은 삐
걱거리고, 쉿 소리를 내고 사라지고, 휘파람소리를 내고, 휘파람 소리를
내기 시작하는 너의 성대를 부드럽게 스치듯이 지나가게 하면 모든 것이
움직이기 시작하지. 연구개, 혀, 입천장, 이…

학생: 이가 아파요.

선생님: … 입술… 그런 다음 마침내 낱말들이 코, 입, 귀, 모공에서 나오기 시작
한다. 이때 우리가 이야기하고 있는 모든 조음기관들이 연동되어 우리가
-그릇되게-목소리라 부르는 것이 힘차고 장엄하게 비상한다. 그 다음에
그것은 노래로 바뀌기도 하고, 온통 갖가지 꽃들로 이루어진 꽃다발과,
때로는 다정하고, 때로는 신랄하고 폭력적인 순음, 치음, 폐쇄음, 구개음
등과 같은 소리의 기교로 이루어진 행렬을 동반한 무시무시한 교향악의
폭풍우로 변하기도 한다.

(에우제네 이오네스코, 「수업」)

이런 용어로 무장한 우리는 이제 표 6.5에서 명시된 영어의 자음 음소를 살
펴볼 차례이다. 자음 분류는 위에 약술된 조음 도식과 각각 다른 **조음방식
(manners of articulation)**에 대한 일련의 용어들에 기반을 두고 있다. 영어
자음음소의 조음위치들은 다음과 같다.

- 양순음(bilabial): 두 입술이 맞닿아서 난다.
- 순치음(labio-dental): 아랫입술이 윗니에 닿아서 난다.
- 치음(dental): 혀끝이 윗앞니에 닿아서 난다.
- 치경음(alveolar): 혀끝 혹은 혓날이 치조돌기(잇몸의 솟은 부분)에 닿아
  서 난다.
- 경구개치경음(palato-alveolar)[52]: 혀끝 혹은 혓날이 치조돌기와 경구개
  에 닿는다.

- 경구개음(palatal): 혀의 앞부분이 경구개에 접근하거나 닿아서 난다.
- 연구개음(velar): 혀의 뒷부분이 연구개에 닿아서 난다.
- 성문음(glottal): 성대가 성문폐쇄음(glottal stop)일 경우에는 완전히 닫히고[53] /h/의 경우에는 부분적으로 닫히는 성문마찰음이다.

조음방식은 왼쪽에 수직으로 정렬되어 있는 용어로 표 6.5에 표시되어 있다. 유성음소와 무성음소 사이에 대조가 있는 것은 무성음이 먼저 나온다. 우리가 영어 자음 음소의 기술과 분류를 위해서 필요로 하는 용어들은 다음과 같다.

- 폐쇄음(stop)/파열음(plosive): 공기 압력이 폐쇄 뒤에 점점 커지는 동안 완전한 폐쇄가 갑작스러운 파열로 이어진다.
- 마찰음(fricative): 공기가 좁은 통로를 억지로 통과하는 부분적인 폐쇄로 공기의 이동이 교란을 일으키고 마찰하는 소리가 생긴다.
- 파찰음(affricative): 완전 폐쇄시켜 공기를 압축하였다가 공기를 천천히 내보내면서 마찰을 일으키는 복합적인 소리.
- 비음(nasal): 입에서는 완전 폐쇄가 이루어지지만 여린입천장(연구개)은 공기가 코를 통하여 빠져나가도록 낮아진다.
- 접근음(approximants)[유음(liquids)과 반모음(semivowels)]: 조음부들이 모아져 가깝게 되기는 하지만(모음보다 더 가깝다) 들릴 정도의 마찰이 일어나는 것은 아니다. /l/은 공기가 혀의 양 옆을 통과하면서 만들어지는 '설측음'의 하나이다.

각 자음은 조음이나 유성성의 자질들 중 적어도 하나를 기준으로 해서 다른 모든 자음과 차별화된다. 영어의 모든 음소를 서로 차별화하는 데 필요한 자질들의 전체 세트는 바로 영어 음소 체계의 **변별적 자질들**의 세트이다. 이러한

---

52) 이 음을 후치경음(post-alveolar)이라고도 한다〈역주〉.
53) 음성기호가 /ʔ/인 성문파열음(glottal explosive)은 놀랄 때 내는 '악'하는 소리와 같다. 덴마크말에서는 다음 예에서처럼 이 음이 의미를 구분 짓는 변별적 기능을 갖는다〈역주〉.
    (i) [hunʔ](개)/ [hun](그녀), [manʔ](사람)/ [man](하나).

자질들은 조음적 사실에 기반을 두고 있지만 그로부터 추상화된 것으로 간주되어야 한다. 즉 이들 자질들은 음소 표시의 추상적 체계에서의 용어들이다. 위의 논의와 표 6.5에서 아랫조음부의 용어가 항상 명시되고 있는 것은 아니라는 사실에 유의하자. 이는 윗조음부와 조음방식에 의해서 제공되는 정보가 자음들을 서로 구분하는 데 충분하기 때문이다. 즉 아랫조음부에 대한 정보는 잉여적이어서 변별적 자질 체제의 일부가 되지 못한다. 마찬가지로, 비록 /l/이 설측음이지만 변별적 자질들의 세트에서 이것을 언급할 필요는 없다. 왜냐하면 /l/은 그 조음위치에 의해서 다른 유음(인) /r/과 차별화되기 때문이다.

표 6.5. 영어의 자음표

		양순음	순치음	치음	치경음	경구개 치경음	경구개음	연구개음	성문음
폐쇄음	무성음	p			t			k	
	유성음	b			d			g	
마찰음	무성음		f	θ	s	ʃ			h
	유성음		v	ð	z	ʒ			
파찰음	무성음					ʧ			
	유성음					ʤ			
비음	유성음	m			n			ŋ	
유음	유성음				l	r			
반모음	유성음	w					j		

자음의 소리는 아래에 예시된 봐와 같다.

폐쇄음

p *p*an t *t*ill k *k*ilt
b *b*an d *d*ill g *g*ilt

마찰음

f *f*at θ *thin* s *s*eal ʃ fa*sh*ion h *h*at
v *v*at ð *this* z *z*eal ʒ revi*s*ion

파찰음

tʃ *ch*in

dʒ *g*in

비음

m *m*ail   n *n*ail   ŋ si*ng*

유음

l *l*ap   r *r*ap

반모음

w *w*et   j *j*et

영어의 자음체계는 방언에 따라 매우 가변적인 모음체계와는 뚜렷하게 대조적으로 비교적 안정적이다. 예를 들어, RP와 GP 사이에 유의미한 차이는 거의 없다.

음소는 어떻게 변화하는가?

지금까지 우리는 한 언어의 음소 목록이 그들의 변별적 가치에 근거하여 설정되고, 언어학자들은 이것을 검정하기 위하여 소위 최소대립쌍이라 불리는 것을 사용한다는 것을 보았다.

음악 한 곡이 음악가마다 다르게 연주되는 것처럼 한 언어의 소리도 사람에 따라, 발화에 따라 변할 수 있다. 그러나 이러한 개별적인 변이들도 그들이 동일한 변별적 가치를 유지하는 한 '동일한 소리'로 인식된다. 이 '자유 변이'는 다음 절에서 상세하게 논의될 것이다. 당분간은 음소들이 우리에게 일정량의 자유재량을 준다고 말하는 것에서 만족하자. 당신이 당신의 r의 발음을 잉글랜드 억양, 스코틀랜드 억양, 혹은 다른 외국인 억양을 가지고 어떻게 발음하든지 간에 그것이 다른 음소들(예를 들어 /l/)과 뚜렷이 구별되는 한 /r/의 변별적 가치는 변하지 않는다. 이는 일부 외국인 화자들의 경우 말은 쉽지만 실제 행하기는 훨씬 더 어려울 수도 있다. 일본인 화자는 이 두 개의 소리를 구별하는 데 큰 어려움을 가지고 있다. 이런 이유로 'I am velly, velly[54] pleased to meet you(만나서 너무 너무 반갑습니다)'라는 캐리커처가 있다.

그러나 음소는 고립되어서뿐만 아니라 문맥에 따라서도 변하지 않는다. 영어에서 /l/은 모음 앞에서는 '청음(clear)'으로 발음되지만 낱말의 끝에서는 '탁음(dark)'으로 발음된다. 예를 들어 *little*에서 두 개의 다른 소리를 비교해 보자. 그렇지만 이들은 동일한 문맥에 결코 나타나지 않기 때문에 변이형일 뿐이지 다른 음소가 아니다. 말하자면 그들이 나타나는 것은 전적으로 예측가능하며, 또한 그들은 낱말들을 구별하기 위한 최소대립쌍을 설정하는 데 전혀 도움이 되지 않는다. 그렇지만 러시아어에서는 청음 /l/과 탁음 /ł/이 변별적 음소를 구성한다. 즉 이 두 소리는 동일한 문맥에서 별개의 단어로 나타날 수 있다. 예측 가능한 변이의 또 다른 예는 영어의 /p/에서 발견되는데, 이 음은 보통 약간의 공기를 내뿜는 것(곧 기식)을 동반한다. 그렇지만 이 기식은 /s/ 뒤에서는 발생하지 않는다. 화자들은 변이형들이 적절한 문맥에서 자동적으로 생성되기 때문에 *pit*와 *split*의 /p/가 다르게 발음된다는 것을 인지하지 못한다. 이에 반해서 뱅골어, 중국어, 스와힐리어에서는 기식이 있는 /pʰ/와 기식이 없는 /p/가 대립된다. 즉 이 두 음은 낱말을 구분 짓는 데 쓰이므로 다른 별개의 음소이다.

문맥적 및 개인적 변이는 음성학적이지 음운론적이 아니다. 따라서 하나의 음소는 *한 주어진 언어에서 동일한 변별적 가치를 가지고 있는 핵 주변의 소리군(음성군)*으로 정의될 수 있다. 현대 수학의 개념을 빌려서 말하면 음소란 '모호 집합(fuzzy set)'[55]이라고 말할 수도 있다. **형태소**가 **이형태**[56]를 가지는 것과 마찬가지로 음소는 **이음**[57]을 가진다. 중요한 것은 생성된 소리의 물리적인

---

54) 일본인들은 /r/의 발음을 정확히 할 수 없으므로 /r/대신에 /l/로 발음하는 경향이 있다〈역주〉.
55) 모호 집합(fuzzy set)이란 명확하게 정의된 경계를 갖지 않는 집합을 말한다〈역주〉.
56) 이형태(異形態, allomorph)란 한 개의 형태소가 주로 음운론적 환경에 따라 갖게 되는 두 가지 이상의 형태들의 집합을 말한다. 예를 들어 *cats, dogs, horses*에서의 /s/, /z/, Iz/는 복수형을 나타내는 s의 이형태들이다〈역주〉.

질이 아니라 음운체계 내에서 음소들 서로 간의 거리이다. **음성학**은 언어의 실제적이고 구체적인 소리의 과학이다. 음성기호는 음소들뿐만 아니라 '탁음'과 '청음'의 l과 같은 그것들의 이음들 또한 나타내는 경향이 있다. 이것은 때때로 **'정밀' 표기법**이라 불린다. 관례상 정밀 표기법의 **발음 표기**는 **대괄호([ ])**를 사용한다. 따라서 청음 l은 [l]로 표시하고, 탁음 l은 [ɬ]로 표기한다. 반면에 음소적 혹은 **'약식' 표기법**은 이음적 변이는 무시하고 더 적은 기호들을 사용한다. 음소 기호는 /l/처럼 사선(/) 혹은 분할선(/) 사이에 둘러싸인다. 음소는 추상적인 구성체라는 것을 인식하는 것이 중요하다. /l/은 [l] 대 [ɬ]의 음성학적 '현실'을 넘어선 추상적 개념이다.

음소와 이음의 문제는 음계와 비유될 수 있다. 음계에서도 변이들이 발생하는데 '곡조가 맞는'이라는 개념이 상대적인 것이기 때문이다. 예를 들어, 전통적으로 조율된 하프시코드는 현재의 음계와 약간 다른 폭을 가지고 있다. 실제로 과거에 음계는 악기에 따라 변했으며 나라에 따라 변했다. 그러나 음들 사이의 간격은 동일하게 남아있다. 그러므로 그들의 개별적인 변별적 가치 또한 마찬가지이다.

외국어 억양58)와 변별적 자질

외국어 '억양'을 갖는 것은 정확하게 그 외국어의 음소를 모국어에서 그것에 가장 가까운 음소로 대체하려는 시도에서 생겨난다. 예를 들어, 영어에서 음소 /t/는 **유성음화**라는 단 하나의 자질에 의해 /d/와 구별된다. 즉 /d/는 성대의 진동이 일어나면서 발음되고, /t/는 성대의 진동이 일어나지 않으므로 '무성음'이라 불린다. 그러나 독일어에서 /d/는 특정한 위치에서 무성음화되므로 /t/

---

57) 이음(異音, allophone)이란 한 음소를 이루는 몇 가지 음성들(phones)의 집합, 곧 한 음소가 음운론적 환경에 따라 다르게 실현될 때 보이는 예측 가능한 말소리의 묶음을 말한다. 예를 들어 *pit*와 *split*에서 각각 나는 p의 두 소리가 음성학적으로는 기식의 유무에서 차이를 보이는 다른 소리이지만 음운론적으로는 음소 /p/의 두 이음들이다〈역주〉.

58) 여기서 '억양(accent)'이란 사람의 출신 국가나 지역 그리고 계층을 보여 주는 악센트, 곧 말씨를 말한다〈역주〉.

와 구별이 되지 않는다. 이러한 환경에서의 대립은 '중화'된다고 말한다. 따라서 *Rad*(자전거)와 *Rat*(조언, 상의)는 무성자음으로 정확하게 동일한 발음을 가지고 있는 반면에 영어에서는 *ride*(타다)와 *rite*(의식)가 대립된다. 그런 이유로, 예를 들어 나치를 그리는 모든 영화들에서는 모든 /d/소리가 /t/로 대체되거나, 그 반대도 역시 같은 독일어 억양의 캐리커처가 있다. 영어에서는 이와 정반대의 현상이 일어난다. 즉 미국식 발음에서 *city* [síti]가 *city*[sidi]로 나고 *latter*[lǽtər]가 *ladder*[lǽdər]와 같이 *latter*[lǽdər]로 발음되는 것처럼 /t/가 모음들 사이에서 유성음화된다.[59)]

프랑스 사람들은 *this*에서처럼 유성음 /ə/이든 아니면 *thin*에서처럼 무성음 /θ/이든 영어 TH를 발음하지 못하는 것으로 악명 높다. 이 두 TH 소리는 혀끝으로보다는 오히려 치아 사이에 혀끝을 넣어서 발음함으로써, 한편으로는 혀로 치조돌기를 누르며 발음되는 /s/와 /z/와 닮았고 다른 한편으로는 아랫입술과 윗니로 발음되는 /f/와 /v/와 닮았다(표 6.3과 6.4를 볼 것). 이들 세 쌍의 자음은 모두 마찰음이다. 말하자면 그들은 공기의 흐름을 부분적으로 막음으로써 마찰을 야기하는 동일한 조음방식을 공유한다. 그러므로 프랑스어 억양으로는 *this*를 [zis] 혹은 [vis]로 발음하게 되는데, 이것은 조음방식은 동일하게 유지하나 조음위치는 이동시키고 있음을 말한다. 게르만어 화자들은 종종 동일한 유성음 혹은 무성음의 TH를 조음 위치는 동일하지만 조음 방식은 다른 /t/ 혹은 /d/로 대체한다. 요컨대 이 두 음은 발음이 될 때 공기의 흐름이 완전히 막혔다가 갑자기 방출되는 폐쇄음이다(표 6.3과 6.4를 볼 것). 동일한 현상이 영어에 기반을 둔 피진어와 크리올어뿐만 아니라 런던내기 말씨와 흑인 영어에서도 관찰된다. 그것은 초기 게르만어에서 일어났던 소리의 변화 중의 몇몇을 연상시킨다. 우리는 독일어와 네덜란드어의 폐쇄음과 영어의 마찰음 사이에는 체계적인 관련성이 있음을 알게 된다. 따라서 *the mother*는 독일어와 네덜란드어에서 각각 *die Mutter*와 *De moeder*가 되고 *the father*는 *der Vatter*와 *de vaeder*가 된다.[8]

---

59) 이처럼 두 음소 /t/와 /d/ 간 대립의 변별적 특징이 없어지는 것은 (음의) 중화(中和, neutraliza-tion) 현상이다〈역주〉.

같은 맥락에서, 스페인어 억양의 캐리커처는 [b]와 [v]를 뒤바꾸는 것으로 나타난다. 왜냐하면 스페인어에서 /b/와 /v/의 대립은 유의미하지 않기 때문이다. 이에 반해 이 두 음소의 대립은 같은 로맨스어인 프랑스어는 물론 영어에서도 분명 유의미하다. 라틴어에서 마찰음 /v/는 존재하지 않았다. 그것은 후에 동일한 조음점을 사용하는 폐쇄음 /b/에서 발전되었다. '책'을 뜻하는 프랑스어 낱말인 *livre*는 라틴어 *liber*에서 왔다.

영어 화자들은 종종 프랑스어의 원순모음을 발음하기가 매우 어렵다보니 *sûr*와 *sourd*[60]를 구별하기도 매우 어렵다는 것을 알게 된다. 왜냐하면 모음 /y/와 /u/는 영어가 15세기 **대모음 추이**[61]시기 동안 잃어버린 자질인 원순성을 제외하고는 똑같은 음성적 특징들을 가지고 있기 때문이다(IPA 체계에서 /y/는 폐음성, 전설성, 원순성의 자질을 갖는다).

프랑스어나 포르투칼어의 비모음도 문제를 야기할 수 있다. 왜냐하면 그야말로 많은 언어들이 비모음을 가지고 있지 않기 때문이다. 비(강)모음은 공기가 코를 통과한다는 사실만으로도 상응하는 구강모음과 구별되는 반면, 구강모음의 경우에는 연구개가 올라감에 따라 공기가 코를 통과하지 못한다.

비강이 막힐 때, 예를 들어 우리가 감기로 고통을 당할 때는 *mummy*나 *not*와 같은 낱말에서의 비자음은 정확하게 발음될 수 없다. 대신에 우리는 가장 가까운 구강자음을 생성하여 결국 *bubby*와 *dot*로 말하게 된다. 다음 시의 익명의 작가는 분명하게 이러한 증상을 보여준다.

> Chilly Dovebber with his boadigg blast
> Dow cubs add strips the bedow add the lawd
> Eved October's suddy days are past
> Add Subber's gawd![9]
> (Chilly November with his moaning blast

---

60) 이 두 낱말의 음성기호와 뜻은 다음과 같다: *sûr*[syːʀ](확신하는), *sourd*[suːʀ](귀먹은).

61) 대모음 추이(Great Vowel Shift)란 중세 영어 후기(15세기 초)에 시작되어 근대 영어 시기(17세기)에 종결된, 영어의 모음 체계에서 나타난 일련의 변화를 말한다. 이를테면 중세영어 시기에 강세가 있는 7개 장모음의 위치가 1단 이상 높아지거나 단모음의 상당수가 이중모음화하는 아주 큰 변화를 말한다〈역주〉.

Now cubs add strips the meaow add the lawn
Even October's sunny days are past
Add Summer's gown!)[62]

한 언어에서 다른 언어로 옮길 때, 동일한 음운론적 대조가 없을 경우 우리는 두 가지 유형의 변이, 즉 **조음방법**(폐쇄음, 마찰음, 파찰음)이나 혹은 **조음위치**(입술에서 연구개까지: 표 6.4를 볼 것) 중의 하나를 이용하는 것에서 더 나아가 무성자음과 유성자음 사이의 이항 대립도 활용하면서 우리 자신의 언어에서 가장 가까운 발음으로 대치할 수 있다.

전 세계의 어린이가 자신의 음운체계를 배울 때 먼저 세계의 모든 언어에 공통적인 모음과 자음을 배우고 그들 자신의 언어에 가장 고유한 음운들은 가장 나중에 습득한다. 습득한 첫 번째 모음은 개모음 /a/이고, 그 다음에 전설 폐모음 /i/이고 마지막으로 후설 폐모음 /u/가 습득된다(표 6.6을 볼 것). 이 세 개의 모음은 모든 언어가 다 그런 것은 아니지만 대부분의 언어에서 최소 음운체계를 구성한다. 다른 모음들은 이들 세 모음과의 관계에 의해서 언어에 따라 사실상 무한히 다양한 위치를 점한다.

전설모음	후설모음	
/i/	/u/	폐모음
/a/		개모음

표 6.6. 최소모음체계

방금 기술된 세 모음과 아주 유사한 과정으로 습득된 첫 번째 자음은 폐쇄음과 순음, 즉 입술을 사용하여 발음하는 자음들이며(아마도 아기들의 선천적인 빨기 운동과 연관된 것일까?), 습득된 첫 번째의 의미 있는 구별은 일반적으로 비강자음(/m/)과 구강자음(/p/, /b/)을 나누는 것이고, 두 번째의 구별은 순

---

62) 이곳 ( ) 속의 글은 문제의 구강자음들을 해당 비자음으로 옳게 복구한 것이다〈역주〉.

음(/p/, /b/, /m/)과 치음(/t/, /d/, /n/)을 나누는 것이다. 우리는 전 세계의 아이들에 의해서 생성되는 첫 낱말들의 초성 자음이 엄마 아빠의 명칭이라는 것을 즉시 알아본다. 요컨대 영어의 *mummy*와 *daddy*, 프랑스어의 *mama*과 *papa*, 러시아어의 *matuska*와 *bat'uska* 그리고 세르비아크로아티아어의 *mama*와 *tata* 등을 들 수 있다.[10]

이러한 습득 순서는 실어증 환자에게 발생하는 언어의 점진적인 상실에서는 정확히 역순으로 나타난다. 맨 먼저 습득된 소리들은 가장 오랫동안 실어증에 저항한다.[11]

소리 변화와 그 결과

음소의 지위는 한 번 만에 완전히 정립되지 않는다. 언어들은 끊임없이 진화하고 그 체계는 끊임없이 재정의된다.

두 가지 종류의 변화가 일어날 수 있는데, 한편으로는 **연쇄 이동**(chain shifts)이고 다른 한편으로는 **분열**(splits)[63]과 **융합**(mergers)[64]이다.

연쇄 이동은 매드 해터[65]의 티파티 테이블에서 의자빼앗기 놀이(musical chairs)나 손님들이 움직이는 것처럼 작동한다. 이 중에 가장 잘 알려진 예는

---

63) 분열(split)이란 하나의 음소가 갈라져서 둘 또는 그 이상의 음소로 되는 것을 말한다. 가령 중세영어의 *thing*[θiŋg]에서 [g] 앞의 [ŋ]은 /n/의 이음이었으나 현대영어에서 [g]의 탈락과 더불어 [ŋ]은 *thing*[θiŋ]과 *thin*[θin]의 구별을 초래하는 별개의 음소 /ŋ/으로 발달했고, 중세영어의 /u/는 현대영어의 *put*, *bull* 등에서는 그대로 남았으나 *run*, *sun* 등에서는 이음 [ʌ]로 발음되어 그것이 오늘날 독립적인 음소 [ʌ]로 발달하였다(조성식 외(1990), 『영어학사전』 참조)〈역주〉.

64) 융합(merger)은 음운변화의 일종으로 둘 또는 그 이상의 음소 사이에서 음소 자신의 모든 이음, 또는 일부의 이음이 다른 음소의 이음과 같아지는 것을 말하고, 모든 이음이 변화해 버리는 경우를 무조건 융합(unconditioned merger), 일부의 이음이 융합되는 경우를 조건부 융합 (conditioned merger)이라 한다. 융합은 분열과 함께 일어나는 수가 많은데 보통 분열이 일어나면 일부의 이음은 원래의 음소에 그대로 속하지만 다른 일부의 이음은 다른 음소에 융합되어버릴 수 있다(조성식 외(1990), 『영어학사전』 참조)〈역주〉.

65) 매드 해터(Mad Hatter)는 캐럴의 소설 『이상한 나라의 앨리스』의 등장인물이다. '미친 모자장수'라는 의미로 보통 '모자장수'로 불린다. 앨리스가 이상한 나라를 돌아다니다가 '정신 나간 티파티 (Mad Tea Party)'에서 만난 캐릭터다〈역주〉.

15세기 말 초서[66]와 셰익스피어 시대에 걸쳐 광범위하게 사용되던 영어의 모음체계에 영향을 미친 **대모음 추이**(Great Vowel Shift)이다. 모든 장모음은 두드러질 정도로 많이 폐쇄되었는데, 이것은 원래 체계에서 가장 폐모음이던 두 모음 /iː/(전설모음)와 /uː/(후설모음)를 사라지게 하는 결과를 낳았다. 이 것은 결과적으로 두 개의 이중모음 /ai/와 /aʊ/가 나타나게 했는데, 이는 또한 다음과 같은 종류의 발음에 변화를 일으켰다.

중세영어 /staːn/ 〉 근대영어 /stəun/ *stone* (돌)

중세영어 /goːs/ 〉 근대영어 /guːs/ *goose* (거위)

중세영어 /huːs/ 〉 근대영어 /haʊs/ *house* (집)

중세영어 /geːs / 〉 근대영어 /giːs/ *geese* (거위들)

중세영어 /miːn/ 〉 근대영어 /maɪn/ *mine* (나의 것)

이 변경된 모델에서는 동일한 음소의 구분이 다른 형태로 유지되며, 전체 체계는 의사소통의 가능성을 잃지 않고 재정의된다.

분열이나 **융합**의 경우, 음운체계는 단지 부분적으로 영향을 받는다.

분열은 결국 새로운 대립을 만들게 된다. 즉 이전의 이음이 별개의 음소가 된다. 그것을 통해 동음어들이 억제되어 최소대립쌍으로 바뀌게 된다. 그런 분열은 17세기 영어의 단모음 /u/에 영향을 미쳤고, 그 결과 이전에 동음어였던 것이 *look*/*luck*, *could*/*cud*와 같은 최소대립쌍이 되었다(그러나 현대 영어의 많은 북쪽 방언들에서는 아직도 동음어로 남아있다). 다른 예는 마찰음의 경우이다. 고대 영어에서 세 쌍의 유성과 무성 마찰음 [v, f], [ð, θ] 그리고 [z, s]는 세 음소의 이음들이었다. 이때 유성의 이음들은 모음 사이에 나타났다. 이들 이음은 현대 영어에서는 *relieve*/*relief*, *wreathe*/*wreath* 그리고 *devise*/*device*와 같은 최소대립쌍이 보여주듯이 변별적 기능을 갖는 여섯 개의 음소이다.

---

66) 초서(Geoffrey Chaucer, 1343-1400)는 '영국 시의 아버지'라 불리는 영국의 시인이다. 그가 만년(1378-1400)에 창작한 『캔터베리 이야기 *The Canterbury Tales*』는 운문 소설로 중세에서 르네상스로 이어지는 과도기적 작품이다. 그는 이 작품을 죽을 때까지 단속적으로 집필하면서 방언투성이던 중세 후기 영어에 일정한 문학적 표준어를 제시하여 다음에 올 통일된 영어의 기초를 세웠다〈역주〉.

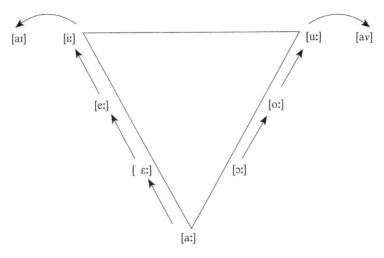

표 6.7. 대모음 추이의 도식

반대로 융합에서 생겨난 새로운 동음어는 최소대립쌍이 융합된 결과이다. 전혀 별개였던 어떤 **어휘 세트**는 더 이상 존재하지 않는다. 이것은 15세기와 17세기 사이에 일어난 것이다. 즉 중세 영어의 /i/, /ə/ 그리고 /u/가 /r/ 앞에서 모두 융합됨에 따라 *berth/birth, earn/urn, purl/pearl, surf/serf*와 같은 동음어의 쌍이 생겨났다. 그 결과 'What's a Greek urn?'[67] 'Oh, about a hundred quid a week.'('그리스의 항아리가 뭐지?' '오, 일주일에 약 백 파운드.')와 같은 엉뚱한 동문서답식의 대화가 있을 수 있는 것이다.

그러므로 분명히 융합은 언어가 이미 포화상태에 있는 중의성을 만들어낼 위험이 있다. 그러나 우리가 이미 앞에서 보았듯이 다행스럽게도 중의성은 제한적이다. 왜냐하면 동음어들은 서로 다른 층위의 통사적 부류에 걸쳐 분포되기 때문이다.

---

67) 'What's a Greek urn?'에서 'urn'을 동음어인 'earn'으로 대치하면 'What's a Greek earn?'('그리스인은 얼마나 벌지?')에서처럼 뒤따르는 대답과 어울리는 담화가 된다〈역주〉.

영어의 억양

영어의 서로 다른 방언들은 그들의 체계 안에서 분열, 융합 그리고 이동의 다른 역사를 가지고 있다. 그 결과가 우리가 '억양'이라고 부르는 것이다.

순전히 기술(記述)적인 관점에서 억양은 세 가지 다른 방식으로 변한다. 첫째, 한 방언이 오직 하나의 음소만을 가지는 곳에 다른 방언이 두 개의 음소를 가질 때는 음소의 차이가 있게 된다. 예를 들면 스코틀랜드 영어에서 *pool*과 *pull* 혹은 *fool*과 *full*이 동음어인 반면에 이들은 대부분의 다른 억양들에서는 최소대립쌍이다. 어떤 미국인 화자들은 *cot*와 *caught*를 동일하게 발음한다. 둘째, 음소들 사이에서 동일한 구별은 유지하나 그들을 다르게 발음하는 방언들 사이에는 음성학적 차이가 있다. 스코틀랜드 영어의 화자들은 영국 영어나 미국 영어와는 확연히 다르게 음소 /r/ 대신에 '탄설음' [ɾ] [68]을 사용한다. 그러나 그것은 음운체계에서는 분명 음소 /r/과 동일한 기능을 갖는다(즉 그것은 동일한 낱말 내에서 발음된다). 또한 *home*에서처럼 영국 영어의 이중모음 /əʊ/는 미국 영어에서는 /oʊ/ 혹은 /o/로 발음된다.

마지막으로, 어휘목록에서 음소들의 분포는 달라질 수도 있다. 예를 들어 미국인들은 cat의 모음으로 *ask*나 *dance*를 발음하지만 *father*나 *palm*은 그렇지 않다. *pull*과 *pool*을 구별하는 잉글랜드 북부의 화자들은 RP상으로는 단모음으로 발음하는 cook을 장모음으로 발음하기도 한다. 또한 다음에서처럼 일정량의 **자유 변이**[69]가 있다.

> 너는 /təmeɪtəʊ/라고 말하고 나는 /təmaːtəʊ/라고 말한다(tomato).
> 너는 /íːðər/ 라고 말하고 나는 /áiðər/라고 말한다(either).

여기에 몇몇 **억양 변이**의 예들이 더 있다.

---

68) 탄설음(두들김소리, flap) [ɾ]은 혀끝을 윗니 뒷부분에 살짝 대면서 한 번만 두들기고 마는 소리이다. 미국 영어에서는 later의 /t/, 영국 영어에서는 very의 /r/ 같은 발음, 그리고 우리말에서 모음 사이에 나는 /ㄹ/('보리, 흐르다')의 소리가 여기에 속한다〈역주〉.

69) 자유 변이(free variation)란 동일한 음성적 환경에서 두 가지 이상의 음성(phone)이 대체되어도 대립이 되지 않아 언어적 의미의 차이가 일어나지 않는 음성적 변이를 말한다〈역주〉.

Merry Mary, will you marry me?(즐거운 메리, 나랑 결혼해 주겠니?)

영어의 각기 다른 방언들에 걸쳐 우리는 세 낱말 *merry*, *Mary*, *marry*가 보이는 발음상의 모든 가능한 조합을 만날 수 있다. 즉 세 개 모두가 운이 맞는 경우, 세 개 중 2개가 운이 맞는 경우 혹은 세 개가 전혀 운이 맞지 않는 경우의 조합이 있다(예들은 다음 표 6.8[12]을 볼 것).

영국 표준영어 RP   [mɛri]≠[mɛ əri]≠[mæri]
스코틀랜드 영어   [mɛ ri]≠[meri]≠[mari]
일반 미국영어   [mɛ ri]=[mɛ ri]=[mɛ ri] 혹은 ≠[mæri]
남부 미국영어   [mɛ ri]≠[meiri]≠[mæri]
필라델피아 영어   [mʌri]≠[mɛ ri]=[mɛ ri]

세 가지 유형의 변이가 여기에 일어난다. 영국 표준영어 RP는 *Mary*에서 여분의 음소를 가진다. 나머지 차이들은 음성학적이거나 분포적이다.

표 6.8. Merry, Mary, marry

그건 horse(말)처럼 들려, 앨리스는 혼자 생각했다. 그리고 들릴락 말락 한 아주 작은 목소리가 그녀의 귀에 가까이 대고 말했다. '네가 우스갯소리를 할 수도 있지. "horse"와 "hoarse(목이 쉰)"에 대한 무언가를. 알겠지.'(131)

이 말장난(pun)[70]은 『거울나라의 앨리스』에 나오는 것으로 영국 표준영어에서는 *horse*와 *hoarse*가 똑같이 소리 난다는 사실을 이용한 것이다. 그러나 이 말장난은 이 두 낱말을 구별하는 스코틀랜드 사람들에게는 전혀 통하지 않는다.

Q: Why a chef like a journalist? (왜 요리사가 기자와 비슷하지?)
A: Because both refuse to reveal their [sɔːsiz] (sources = sauces). (둘 다 자신들의 [sɔːsiz: 소ː시즈]를 들어내기를 거부하기 때문이지) [sources(정보의 출처) = sauces(요리의 소스)].

이 짧은 수수께끼에 활용된 동음성이 모든 영어화자들에게 타당한 것은 아

---

70) 말장난(pun)은 다의어 · 동음이의어를 이용한 말장난을 말한다〈역주〉.

니다. 그것은 18세기 이래 영국 표준영어가 그런 것처럼 모음 뒤에 /r/을 발음하지 않는 사람들에게만 작용하기 때문이다. 그런즉 대부분의 미국인들에게 *sauce*와 *source*는 최소대립쌍을 구성한다. 목 터틀(Mock Turtle)이 앨리스에게 'We called him Tortoise because he taught us'(75)[71]라고 말할 때도 그는 유사한 말장난을 한다.

동일한 이유로, 에드거 앨런 포(Edgar Allan Poe)의 시 「갈가마귀 *The Raven*」[72]의 후렴구 *nevermore*는 미국인들에게처럼 영국인들에게도 똑같은 영향을 미치지는 않을 것이다. 사실, 포 자신도 '가장 생산력 있는 자음'인 어말음 r이 이 후렴구의 울림과 그리움을 불러일으키는 힘에 얼마나 많은 기여를 하는지를 강조했다.

사실은, 모음 직후에 오는 /r/의 존재 여부에 따라 영어의 방언은 아주 분명하게 두 그룹으로 나뉜다. 이 분할은 지리와 관련된 것이 아니라 역사를 통해서 영어가 전파된 방식과 관련되어 있다. 이 분할은 **r음화음**[73] 방언(일반 미국영어, 스코틀랜드 영어, 아일랜드어 영어 등)과 **비-r음화음**[74] 방언('BBC 영어' 혹은 '옥스퍼드 영어'라고 불리기도 하는 영국 표준영어, 오스트레일리아 영어, 흑인 영어, 뉴욕 영어, 보스턴 영어 등)으로 나뉘는 것을 말한다. 모음 직후에 오는 /r/의 손실은 비-r음화음 방언에서 모음 음소의 수를 증가시키는 데 영향

---

71) Tortoise[tɔ́ːrtəs]와 taught[tɔːt] us[əs강형ʌs]의 발음이 유사한 것을 활용한 말놀이이다 〈역주〉.

72) 에드거 앨런 포(Edgar Allan Poe, 1809~1849)는 미국 보스턴 태어나 마흔 살의 나이에 초라한 죽음을 맞지만 19세기 최대의 독창적인 시인이자 소설가이다. 1845년 그는 한 청년(아니 포 자신)의 이제는 가고 없는 연인에 대한 떨칠 수 없는 사랑과 추억을 노래한 시 「갈가마귀 *The Raven*」를 발표하면서 일약 유명 작가가 된다. 이 시는 어느 폭풍우 치는 밤에 주인공 청년이 자신의 사랑과 추억에 대해 계속 묻지만 창문을 통해 쉴 곳을 찾아 날아오는 갈가마귀 한 마리는 어떤 질문에도 'nevermore(더 이상은 없어)'라는 후렴구로만 대답을 반복하는 형식을 취하고 있다. 이외에 포의 주요 작품으로는 「어셔가의 몰락 *The Fall of the House of Usher*」(1839), 「황금 풍뎅이 *The Gold Bug*」(1943), 「검은 고양이 *The Black Cat*」(1845) 등의 단편과 추리소설 「도둑맞은 편지 *The Purloined Letter*」(1845)가 있다〈역주〉.

73) r음화음(rhotic)이란 일반 미국영어나 스코틀랜드 영어 등에서 *car*, *early*와 같은 단어에서 모음 뒤의 r을 발음하는 것을 말한다〈역주〉.

74) 비-r음화음(non-rhotic)은 r음화음(rhotic)과는 반대로 단어에서 모음 뒤의 r을 발음하지 않는 것을 말한다〈역주〉.

을 미쳤다(표준 영국영어와 미국영어의 모음체계를 비교하려면 표 6.2와 표 6.3을 볼 것).

억양과 편견

영어권 공동체 내에서 **억양**은 인종적, 시리적 그리고 사회적 출신에 대한 강력한 차별의 잣대이다. 억양은 문법과 어휘의 차원에서 정의되는 **방언**과 혼돈되어서는 안 된다. **표준영어**는 모든 종류의 지역적 혹은 사회적 억양으로 말해진다. 그렇지만 지역적 사투리들은 일반적으로 특별한 억양과 연관되어 있다. 비록 어떤 억양으로 어떤 사투리를 말하는 것이 이론적으로 가능할지라도 영국 표준영어(RP)는 표준영어 사용자만 사용할 수 있다. 이런 이유로『피그말리온』에서 엘리자가 런던토박이의 문법을 여전히 사용하면서도 흠잡을 데 없이 완벽한 영국 표준영어(RP)를 흉내 낼 때는 우스꽝스러운 효과가 생기는 것이다.[13]

억양 변이는 정말 모든 종류의 편견을 불러일으킨다. 일부는 호감을 주지만 일부는 호감을 주지 못한다. 기묘하게도, 모음 직후에 오는 /r/을 붙여서 말하는 일반 미국영어(미국의 동부해안과 남부를 제외하고 미국전역에서 사용되는 영어)의 규범은 뉴욕에서는 권위가 있는 것으로 간주되어 상류계층 말투의 특징이 되기도 한다. 이에 반해 RP, 곧 가장 권위 있는 영국 표준영어의 억양은 모음 직후에 오는 /r/을 가지고 있지 않다.

H(aitches)음을 빠뜨리고 발음하는 것[75]은 상당한 오명을 쓰고 있는 습관으로 런던 영어의 가장 두드러진 특징들 중의 하나이다. 이는 사실상 영국의 대부분의 노동자 계층의 억양에서 발견된다. 그래서 다음과 같은 말장난이 가능하다.

---

75) *hair*[heə(r)]를 [eə(r)]로 발음하는 것처럼 h로 시작하는 단어의 h음을 빠뜨리고 발음하는 것으로 런던 사투리의 특징으로 하층민에게 흔하다〈역주〉.

"실례합니다. 부인, 뭘 떨어뜨리셨네요."

'What are [boots and shoes] made of?' Alice asked in atone of great curiosity.

'Soles and eels, of course,' Gryphon replied. (81)

('장화와 구두는 무엇으로 만들어지지?' 앨리스가 호기심이 가득한 말투로 물었다.

'당연히 혀가자미(soles)와 장어(eels)⁷⁶⁾지.'하고 그리펀이 대답했다.)

언어의 한 가지 특징으로서 이 현상은 종종 분절에서의 게으름 탓으로 돌려지기도 했지만, 영어 방언의 가장 유명한 전문가인 웰스(J.C. Wells)⁷⁷⁾는 다음

---

76) 'sole'은 '혀가자미'라는 뜻 외에 '(구두의) 밑창'이라는 뜻도 가지고 있고, 'eel(장어)'은 '(신발의) 굽'을 나타내는 'heel'에서 h음을 빠뜨려도 발음이 비슷함을 이용한 것이다〈역주〉.

77) 웰스(John Christopher Wells, 1939~)는 영국의 음성학자이자 에스페란토어 학자이다. 그는 2006년에 런던대학 음성학과 교수직을 은퇴한 후 현재 이 대학의 명예교수로 있다〈역주〉.

과 같이 이의를 제기한다.

노섬브리아인들(Northumbrians), 스코틀랜드인들, 아일랜드인들, 미국인들 그리고 바베이도스인들(Barbadians)은 H음을 빠뜨리고 발음하는 경향이 없다는 사실은 H음을 빠뜨리고 발음하는 것이 게으름과 원죄의 산물이라는 대중영어의 관점은 옳지 않다는 충분한 증거이다. 혹 게으른 미국인은 없는가?[14]

이 영역에서는 어떠한 것도 가능하지만, 모든 것은 상대적이다.

몇몇 언어들은-예를 들어 세르보크로와티아어- '중성' 모음을 음성 기호로 표기하지 않기 때문에 철자법 체계에 아주 소수의 모음을 사용한다. 이것은 모음이 없는 언어라는 (잘못된) 인상을 준다. 다른 언어들은, 반대로, 지나치게 많은 모음을 가지고 있는 것 같다. 다음의 네모 안에 풍자 기사는 보스니아 전쟁이 끝난 바로 직후에 「언어사용 *Language Use*」이라고 하는 '메일 소식지(mailing list)'에 Mark. R. Gover가 올린 글이다.

클린튼이 보스니아에 모음을 배치하다
최초의 수령자가 될 도시: Sjlbvdnzv와 Grzny

어제 의회의 비상양원합동회의에 앞서 클린턴 대통령은 보스니아의 전쟁으로 피폐해진 지역에 75,000개 이상의 모음을 배치할 미국의 계획을 발표했다. 미국 역사상 그 종류로는 가장 큰 규모인 이 배치는 셀 수 없는 보스니아의 이름들을 더 많이 발음할 수 있게 하려는 희망을 품고 이 지역에 결정적으로 요구되는 글자 A, E, I, O 그리고 U를 제공할 것입니다.

'6년 동안 우리는 Ygrjvslhv, Tzlynhr, Glrm과 같은 이름들이 세계의 수백만의 사람들에 의해서 끔찍하게 학살당하는 것을 그냥 보고만 있었습니다.'라고 클린턴은 말했다. '오늘 미국연방공화국은 마침내 일어서서 이야기합니다. "이젠 됐어." 보스니아 사람들이 마침내 그들의 낱말에 약간의 모음을 가질 시간입니다. 미합중국은 이 고귀한 노력으로 이번 운동을 이끌게 되어서 자랑스럽습니다.'

미국 국무부에 의해서 '모음의 폭풍 작전'으로 별명 붙여진 이 배치는 다음 주 초에 준비되어 있으며 심하게 공격을 당한 아드리아해의 항구도시인 Sjlbvdnzv와 Grzny가 최초의 수령자가 될 것입니다. 각각 50,024개들이 E 박스를 수송하

는 두 대의 C-30 수송기가 앤드류 공군기지에서 대서양을 건너 날아갈 것이고 이들 도시 위로 해당 글자들을 낙하산으로 공중 투하할 것입니다.

Sjlbvdnzv와 Grzny의 시민들은 모음의 도착을 열렬히 기다리고 있습니다. '내가 또 하루를 기다릴 수 있다고 전혀 생각하지 않아요.' 44세의 Trszg Grzdnjkln이 말했다. '나는 아이가 여섯 명이 있는데 그 애들 중 아무도 나에게나 다른 누구에게도 이해 가능한 이름을 갖고 있지 않아요. 클린튼씨, 제발 나의 가난하고 비참한 가족에게 딱 "E." 하나만 보내주세요. 제발.'

Sjlbvdnzv 거주자인 67세의 Grg Hmphrs는 말했다. '단지 몇 개의 가장 중요한 글자만으로도 나는 George Humphries가 될 수 있습니다. 이것이 나의 꿈입니다.'

이번 공중투하는 1984년 이래 외국어에 가장 큰 규모의 글자 배포에 해당합니다. 그 해 여름 동안 미합중국은 Ouaouoaua, Eaoiiuae 그리고 Aao와 같은 도시들에 생명유지에 필수적인 L과 S와 T로 이루어진 보급품들을 제공하면서 에티오피아에 92,000개의 자음을 수송했습니다.

(Mark R. Gover가 「언어 사용 *Language Use*」의 '메일 소식지'에 올린 글)

1 '*many sons of toil*(많은 노동자들)'이라고 말해야 할 것을 '*many tons of soil*(많은 톤의 흙)'이라고 말하고 있다.

2 더욱 과학적인 접근에 기반을 두고 근대 시기에 표기법 체계를 갖추게 된 언어들이, 비록 어떤 경우에는 이념에 양보하는 과학의 한 사례이긴 하지만, 상당한 이점을 누리고 있는 것은 분명하다(흑아프리카의 모든 언어, 아메리카 인디언의 언어, 대부분의 구소련 언어 등이 이 경우에 해당한다). 예컨대, 1920년대의 구소련에서 라틴어를 기본형으로 한 IPA(곧 국제음성기호)로 전사된 언어들이 1930년 이후에는 러시아인의 교육과 차용 러시아어들의 통합을 용이하게 하기 위해서 시릴 자모[슬라브인의 사도라고 불리는 Saint Cyrille(827-869)이 고안했다는 문자(역자의 부연 설명)]로 재전사되었다. 프랑스령 서인도제도에서 크레올어의 전사는 아직 '역사적' 프랑스어에 너무 많은 영향을 받고 있다.

3 버나드 쇼의 『피그말리온 *Pygmalion*』, 3막.

4 「트리뷴 *Tribune*」 14 Mar. 1947. Lilly and Viel(1993)에 의해 인용됨.

5 길버트 아데어(Gilbert Adair, 1944~2011)에 의해 『공백 *A Void*』(1994)라는 제목으로 영역

6 더 많은 예는 오가르드(T. Augarde, 1984)의 『옥스퍼드 단어-게임북 *The Oxford Book Word-Games*』에서 찾아볼 수 있다.

7 영어 모음 체계의 음운론은 복잡하며, 다수의 대안적인 분석이 가능하다. 여기에 소개된 음운론은 다소 단순화되어 있지만 우리의 목적에 충분하다.

8 19세기에 이루어진 인도 유럽언어들 간의 관계의 재정립은 이러한 종류의 사실에 근거했다.

9 코헨(J. M. Cohen)(ed.) 『메랑꼴리한 날들: 우스꽝스럽고 기이한 운문의 선택, *Belagcholly Days: A choice of Comic and Curious Verse*』(런던, Penguin, 1975), 237.

10 야콥슨(1960b).

11 야콥슨(1941).

12 웰스(J.C. Wells, 1982)에 따른 것임.

13 『피그말리온』 3막.

14 웰스(1982: i., 256).

7 기호로서의 말

> 나는 언어를 통해 세계를 발견했으므로
> 오랫동안 언어를 세계로 착각하였다.
> [장-폴 사르트르, 『말』(1964)]

발니바르비(Balnibarbi)[1]: 말과 사물

프랑스의 철학자 미셸 푸코[2]는 『사물의 질서』[3]라는 자신의 책에서 현실 세계는 오로지 그것이 명명되는 만큼만 존재한다고 주장한다. 정말, 우리 모두는 사물들이 이름을 가지고 있다고 생각하는 것에 습관화되어있다. 그래서 우리는 '사물을 이름으로 부른다', '스페이드를 스페이드라 부른다'와 같은 표현을 사용한다. 사물들의 이름이 없는 숲을 걷는 동안 앨리스는 기억상실증으로 고통 받고 있는 자신을 발견하고, 결과적으로 더 이상 그녀 주위의 현실 세계를 이해할 수도 추상적인 생각에 실컷 몰입할 수도 없게 된다. 또 다른 에피소드에서 등에가 앨리스에게 곤충들이 자신의 이름에 대답하는지 그녀에게 물었을 때, '나는 그렇게 하는지 전혀 몰라.'라고 대답한다. 등에는 '곤충들이 자신들

---

1) '발니바르비(Balnibarbi)'는 조나단 스위프트(Jonathan Swift)의 『걸리버 여행기 *Gulliver's Travels*』(1726) 중 제3부 「떠다니는 섬」에서 라퓨타(Laputa)가 지배하는 나라 이름이다〈역주〉.

2) 미셸 푸코(Michel Foucault, 1926~1984)는 언어, 지식, 권력 그리고 성과 사회 등의 상호 연관성을 연구한 프랑스의 철학자, 역사가, 사회 이론가 및 문화 비평가이다. 주요 저서로는 『광기의 역사』(1961), 『말과 사물』(1966), 『지식의 고고학』(1969), 『감시와 처벌』(1975), 『성의 역사-앎의 의지』(1976), 『성의 역사 2-쾌락의 활용』(1984), 『성의 역사 3-자기 배려』(1984) 등이 있다〈역주〉.

3) 『사물의 질서: 인간학의 고고학 *The Order of things: An archaeology of the human sciences*』(Vintage Books, 1973)은 프랑스어판 『말과 사물 *Les mots et les choses*』(1966)의 영어판이다〈역주〉.

의 이름에 대답하지 않는다면 그것들이 이름을 가지는 것이 무슨 소용이 있어?'라고 묻는다. 앨리스는 '곤충들에게는 아무 소용도 없지... 그렇지만 그들에게 이름을 부르는 사람들에게는 유용하겠지. 그렇지 않다면 곤충들이 도대체 왜 이름을 가지겠니?'(132)하고 말을 잇는다.

그러나, 스위프트의 『걸리버 여행기』에서 발니바르비의 아카데미 회원들이 생각하는 것처럼 어떤 것에 이름을 부여하는 것은 물건들에 상표를 붙이는 것과는 다르다. 그들은 한 언어가 다른 언어와 다르다는 불편함이 있는 낱말들을 자신의 등에 지고 이동시킬 수도 있고 의사소통을 하기 위해 사용할 수도 있을 물건들로 대체하자고 제안한다. 이러한 체계의 너무 뻔한 실제적인 불편함과는 별도로 물건은—단순히 그 자체의 물리적인 실체를 통해서—의사소통의 맥락에서 그것이 셀 수 있건 혹은 셀 수 없건 간에, 존재하건 혹은 존재하지 않건 간에 그것이 가지고 있는 특성들이나 혹은 그것이 속한 부류의 구성원임을 전혀 가리킬 수는 없을 것이다. 사실 언어는 사물들을 가리키기 위하여 그것들이 제시되거나 존재하는 것조차도 필요로 하지 않는다. 왜냐하면 언어활동은 **상징적 행위**이기 때문이다. 언어는 개념을 연결하는 사고의 수단으로 사용된다. 언어는 단순히 사물에 붙이는 상표로 구성되어 있지 않다. 다시 말해서 이름을 명명하는 것은 세계를 범주화, 곧 분류하는 동시에 조직하는 것이다. 낱말들은 개념을 형성하는 힘을 가지고 있다. 낱말은 개념이 낱말을 필요로 하는 만큼 실제로 개념을 만들어낸다. 어떠한 새로운 활동, 새로운 생각 혹은 새로운 현실세계는 명명되기를 요구하지만 화자의 개념적 세계에 존재를 부여하는 것은 바로 이 명명 과정, 곧 이름을 지어주는 과정이다.

> 말로 표현하는 것을 제외하면 우리의 사고는 불분명한 무정형의 덩어리에 불과하다. 철학자와 언어학자들은 기호의 도움 없이는 다른 생각을 분명하고 일정한 방법으로 구분할 수 없다고 인식하는데 항상 의견을 같이 해 왔다... 미리 설정된 생각이란 존재하지 않으며 언어의 출현이전에는 아무것도 분명하지 않다.[1]

한 언어의 말들은 자율적인 체계를 구성하며 그들이 이름 붙인 사물과는 상당히 의존적이다. 나는 다음 장에서 이 중요한 부분에 대한 자세한 논의를 다시 할 것이다.

기호-말은 기호이기 때문에-는 서로 서로의 관계를 통해서 정의된다. 하나의 기호는 항상 다른 기호들을 사용해서 더 분명하게 다시 말해질 수 있다. 이를테면 기호는 동일한 코드 내에서는 동의어, 부연 설명 또는 사전의 정의를 사용해서 더 분명하게 말할 수 있고, **번역**의 경우에는 그것을 다른 코드로 전환시킴으로써 더 분명하게 말할 수 있다. 그러나 후자의 경우 바로 그 어려움만으로도 말과 사물 사이에는 단순하고 자명한 일대일의 관계가 존재하지 않는다는 것이 입증된다.

한 유명한 울리포[2]의 연습은 언어에서 말들 사이의 관계를 이용하는 것을 보여준다. 그 연습은 어떤 한 문장을 가지고 그 문장을 구성하는 말들의 각각을 사전의 정의 혹은 부연설명으로 대체하는 것으로 되어 있다. 그러한 조작은 반복적이다. 말하자면 그 조작은 우리가 원하는 만큼 여러 번 되풀이될 수 있다. 다음은 조작을 통해 나타날 수 있는 예이다.

클레오파트라의 코: 클레오파트라의 코가 조금만 더 짧았더라면, 지구의 전체 얼굴이 바뀌었을 것이다.[4]

첫 번째 단계:
그녀의 아름다움으로 유명한 이집트 여왕 얼굴의 뾰족한 부분: 만약 그것이 조금만 덜 길었더라면, 인간이 살고 있는 행성의 전체 표면이 한 나라에서 다른 나라로 넘어갔을 텐데.

---

4) 여기서 클레오파트라(Cleopatra)는 이집트 프롤레마이오스 왕조 최후의 여왕인 '클레오파트라 7세(Cleopatra VII, BC 69~BC 30)'를 말한다. 그녀는 로마의 위대한 두 영웅, 카이사르(Gaius Julius Caesar, BC 100~BC 44)와 안토니우스(Marcus Antonius, BC 83~BC 30)를 차례로 사랑하였고, 그녀와 사랑에 빠졌던 바로 그 시기에 두 명의 영웅은 모두 비극적 종말을 맞았다. 그래서 프랑스의 수학자이자 철학자인 파스칼(Blaise Pascal, 1623~1662)은 '클레오파트라의 코가 1㎝만 낮았어도 세계 역사는 달라졌을 것이다'라는 말을 했는데, 이 말이 널리 통용되고 있는 것이다〈역주〉.

두 번째 단계:

육체적, 도덕적, 예술적 조화로 유명한 북동 아프리카의 한 공화국 왕비의 얼굴에 튀어나온 부분: 만약 그것이 한 극단에서 다른 극단으로 덜 뻗었더라면, 인간이 자신의 집으로 삼은 빛나지 않는 천체의 모든 표면이 한 존재 방식에서 다른 존재 방식으로 바뀌었을 텐데.

세 번째 단계:

풍습과 관련이 있거나 혹은 예술과 관계가 있는 현(絃)의 재료과학으로 유명하며, 오 대륙 중 한 대륙의 북쪽과 동쪽 사이에 위치한 국가이자 국민이 자신들이 뽑은 대표를 통해서 주권을 행사하는 국가의 영부인 얼굴에서 앞으로 발달한 부분: 만약 그것이 한 극단에서 다른 극단까지 더 작은 크기를 가졌다면, 인간 속(屬)이 자신의 집을 만든 곳에 빛을 발하지 않는 별의 모든 표면이 한 극단에서 다른 극단으로 움직였을 텐데.

우리가 동의어나 부연 설명으로 한 낱말을 정의하거나 대체할 때 우리는 새로운 용어와 원래의 용어 사이의 내적 의존성은 강조하지만 동시에 매 단계마다 약간의 구성상의 차별화를 도입하기 때문에 원래 메시지의 의미는 점점 더 멀어진다.

앵무새: 기표, 기의 그리고 지시대상

스위스의 언어학자 페르디낭 드 소쉬르는 1915년 사후에 출판된 그의 유명한 『일반언어학 강의』에서 언어 기호를 양면을 가진 실체로 정의한 최초의 사람이었다. 즉 언어 기호는 한쪽에는 **기표**(signifiant), 곧 물리적인 실체를 구성하는 소리의 연속이 있고, 다른 쪽에는 **기의**(signifié), 곧 기표가 연상시키는 생각 혹은 개념이 있다. 예를 들면, 기표 *dog*, 곧 음성학적으로 [dɔg]으로 표현된 소리의 연속은 모든 개별적인 특성을 지닌 한 마리의 특별한 개를 연상시킨다기보다는 오히려 '개'의 개념, 곧 개 품종의 차이도, 크기도, 특성도 그리고 색깔 등등도 고려하지 않는 분류상의 가치를 지닌 일반적이고도 추상적인 개념을 연상시킨다. 영어에서 낱말 *dog*는 'dog-ness(개의 성질)'을 가진 범주를 설정한다.

더 중요한 것은 기표와 기의는 기호의 분리할 수 없는 구성성분이라는 것이다. 따라서 기표는 낱말이고 기의는 낱말이 가리키는 실물이라고 믿는 흔한 오류는 범하지 말아야 한다. 우리가 문장에서 기호를 사용할 때, 실제 세계일 수도 있고 아니면 가상 세계일 수도 있는, 추상적일 수도 있고 아니면 구체적일 수도 있는, 가까운 것일 수도 있고 아니면 먼 것일 수도 있는 그리고 알려진 것일 수도 있고 아니면 알려지지 않은 것일 수도 있는 언어외적 세계를 우리가 화자로서 지시할 수 있는 것은 기호가 자율적인 언어체계의 한 요소로서 이 두 면을 모두 가지고 있기 때문이다. 달리 말하면 기호는 그것이 가리키는 것, 즉 **지시대상**과는 독립적이다. 사실, 기호는 특별한 발화 밖에서는 지시대상을 가지지 않고 체계 내의 다른 기호들의 가치와 관계하여 정의되는 의미 혹은 가치만을 가진다. 메타언어적으로 기호는 자동-지시적이다. 즉 기호는 자기 스스로를 지시한다(제1장에 '낱말 "개"는 짖지 않는다'를 볼 것). 게다가 많은 기의가 똑같은 기표에 상응할 수 있기 때문에 문맥적인 의미는 항상 주어진 발화 내에서 기호와 지시대상 간의 연합의 결과이다. 문장은 한 번 발화되면 의미와 지시대상을 가진다. 진리의 기준은 개개의 낱말이 아닌 발화에만 적용될 수 있다.

학교 문법의 예들은 흥미로운 현상을 분명히 보여준다. 왜냐하면 이 예들에서는 의미와 지시관계가 나뉠 수도 있기 때문이다. 다음에서처럼 라틴 문법에서 잘 알려진 예는 그 점을 분명히 보여준다.

> hortus   est   Petro(정원은 피터의 것이다)
> *garden*(정원) *is*(이다) *Peter* + *dative*(피터+소유격)
> a garden is to Peter='Peter has a garden'(정원은 피터의 것이다=피터는 정원을 가지고 있다)

분명, *hortus est Petro*는 *Peter*(피터)라 불리는 소유주도 그의 정원도 지시하지 않으며, 단지 영어권 초등학생들을 대상으로 한 소유 표현을 위한 규칙을 지시할 뿐이다.

의미는 모의재판의 끝에 흰토끼(White Rabbit)에 의해 증거 대신에 낭송된 다음 시구들에서처럼 지시관계로부터 의도적으로 분리될 수 있다.

> They told me you had been to her,
> And mentioned me to him:
> She gave me a good character,
> But said I could not swim.
>
> He sent them words I had not gone
> (We know it to be true):
> If she should push the matter on,
> What would become of you?
>
> I gave her one, they gave him two,
> You gave us three or more;
> They all returned from him to you,
> Though they were mine before.
>
> …
> (그들이 나에게 네가 그녀를 찾아갔고
> 그에게 내 이야기를 했다고 말하더군.
> 그녀는 나를 좋게 평했지만
> 내가 수영은 하지 못한다고 말했다지.
>
> 그는 그들에게 내가 사라지지 않았다고 말했지.
> (우리는 그게 진실이라는 것을 알아)
> 그녀가 그 문제를 계속 밀고 나간다면
> 너는 어떻게 될까?
>
> 나는 그녀에게 하나를 주었고, 그들은 그에게 둘을 주었고,
> 너는 우리에게 세 개도 더 주었지.
> 그들은 모두 그에게서 너에게 되돌아왔죠.
> 비록 그들이 전에는 나의 것이었지만.
> …)

앨리스가 '난 이 시에 털끝만큼의 의미도 없다고 생각해'라고 소리칠 때, 그녀는 상당히 잘못 판단하고 있다. 왜냐하면 대명사는 분명히 의미를 가지고 있기 때문이다. 그들에게 없는 것은 지시관계인데, 이것이 이들 시구를 해석할 수 없게 하는 것이다.

장 폴랑[5]이 『언어의 선물 *The Gift of Languages*』에서 이야기한 앵무새에 대한 매력적인 우화는 기의/기표//지시대상 사이의 삼자 관계를 보여준다. 세 사람이 앵무새에 관한 연구를 한다. 첫 번째 사람은 오직 낱말 'parrot(앵무새)'의 형성과 역사상 이 낱말의 음성적 변화를 다루고, 또한 다른 언어들에 있는 이 낱말의 동일 어원어, 동의어 그리고 등가어를 평가한다. 두 번째 사람은 이 말의 기의만을 다룬다. 그 내용은 낱말 앵무새는 무엇을 연상시키는가, 이 낱말의 의미장은 무엇인가, 어떤 은유와 어떤 상징적 혹은 비유적 용법이 이 낱말로 만들어지는가, 그리고 어떤 연상이나 함축적 의미가 이 낱말과 관련되어 있는가 등이다. 세 번째 사람은 대상으로서의 앵무새, 즉 전 세계에 걸쳐 있는 다양한 종의 앵무새에 대한 연구에 전념한다. 세 사람 중 누구도 문제에 대한 자신의 시각이 단지 부분적일 뿐이라는 생각에 미치지 못했다.

찰스와 루신다, 샤론과 대런: 고유명사의 문제

고유명사 또한 기호일까? 이것은 앨리스가 험프티 덤프티를 만나는 『거울나라의 앨리스』의 한 장(章)에서 루이스 캐럴이 제기한 질문이다. 다음은 그가 그녀에게 이름과 직업을 물었을 때 앨리스가 대답한 것이다.

'제 이름은 앨리스예요. 하지만...'
'정말 바보 같은 이름이로군!...그게 무슨 뜻이지?'
'이름에 꼭 무슨 의미가 있어야만하나요?' 앨리스가 의아스럽게 물었다.

---

5) 장 폴랑(Jean Paulhan, 1884~1968)은 초현실주의의 다다이즘 운동에 관계하고 '언어' 문제에 주목한 프랑스의 문학 비평가이다. 그의 주요 저서로는 사고와 언어 사이의 조화로운 길을 모색한 『타르브의 꽃 *The Flowers of Tarbes*』(1941)이 있다〈역주〉.

'당연하지. 그래야하고 말고.' 험프티 덤프티가 짧게 웃음을 터뜨리며 말했다. '내 이름은 내가 생긴 모양과 그 모양이 아주 잘 생겼다는 것을 의미하거든. 너 같은 이름이면 어떤 모양이든 될 수 있겠는걸.'(160)

고유명사는 기의를 통하지 않고 기표와 지시대상 사이에(곧 소리 연쇄와 그 소리가 지시하는 사람 사이에) 직접적인 관계를 설정하는 것처럼 보인다. 기표 '앨리스'에 상응하는 '앨리스-스러움(Alice-ness)'의 개념은 존재하지 않는다. 고유명사는 기호가 아니다. 그렇지 않다면 그것이 기호처럼 보인다고 할 것이다. 왜냐하면 기호는 기표/기의의 관계를 떠나서는 존재할 수 없기 때문이다. 그렇지만 고유명사는 '성별, 이국적 정취, 출신지, 일정한 사회 계급에로의 소속, 희소성 등의 요소들을 포함한다.'[3]

이러한 점에서 우리는 정확히 **내포** 혹은 **연상적 의미**의 영역에 위치하게 된다. 이에 따라 **루신다**(Lucinda)나 **찰스**(Charles)는 사회적으로 특권층인 것으로 인식 되는 반면 **샤론**(Sharon)과 **대런**(Darren)은 훨씬 더 대중적으로 여겨진다. 아이들에게 주어지는 이름의 선택이나 어떤 성(姓)의 특성에 대한 판단을 지배하는 것은 이러한 사회적 내포들이다.

고유명사가 어원적으로 정확한 의미를 가질 때조차도(실제로 항상 그러하다. 왜냐하면 많은 고유명사는 원래 별명이기 때문이다), 그것은 그것 자체의 기능상 의미적 특성이 전부 없어지는 '표백'을 당한다. 왜냐하면 고유명사는 더 이상 의미를 나타낼 필요가 없기 때문이다. *Blubberguts* 혹은 *Four-eyes*[6]와 같은 일부의 고유명사들은 예를 들어 *Fletcher* 혹은 *Cooper*보다 훨씬 잘 의미의 표백에 저항한다는 것을 주목하자. 고유명사는 *balaclava, boycott, mackintosh, sandwich, wellington*[7] 등등에서와 같이 **환유**의 과정을 통해

---

6) 'Blubberguts'는 'blubber'[(해양 동물의) 지방]와 'guts'[(동물의) 내장, (뚱뚱한) 배]가 합성되어 '뚱뚱한 배에 낀 지방'의 뜻을 갖는다면, 'Four-eyes'는 '네눈박이 물고기'나 '안경쟁이'의 뜻을 갖는다〈역주〉.

7) 'balaclava'는 '(눈만 내놓고 귀까지 덮는) 발라클라바 모자'를 뜻하는데. 이것은 흑해에 면한 크림 전쟁의 옛 싸움터였던 **Balaklava**'라는 지명에서 온 말이고, '*boycott*'은 1880년 찰스 스튜어트 파넬(Charles Stewart Parnell)의 지도 아래 소작인들이 영국의 토지 관리인 찰스 커닝햄 **보이콧**(Charles Cunningham **Boycott**)을 내쫓는 데 성공한 뒤 생겨난 말이고, '고무 입힌 방수포, 방수외투'를 뜻하는 'mackintosh'는 1823년 이것들을 개발한 찰스 매킨토시

서 보통명사가 될 때만 실제로 기호가 된다(환유에 대한 보다 더 상세한 논의는 제12장에서 볼 것).

아스테릭스 영국에 가다 : 언어와 현실

한 언어를 다른 언어로 번역하는 어려움은-이야기되는 현실이 동일하다할지라도-각양각색의 언어들이 현실을 각기 다른 방식으로 자른다는 사실에 기인한다. 언어의 자율성을 나타내는 이 사실은 받아들이기가 다소 어렵다. 왜냐하면, '발화주체에게 있어서 자신의 언어는 현실 세계와 완벽한 합치를 이루기 때문이다. 즉 기호는 현실을 묘사하고, 그것을 통제한다. 사실, 기호는 현실 세계이다.'[4] 이것은 모든 언어의 화자들에게 적용된다. 문제는 다음과 같다.

(Charles Mackintosh)에서 온 것이고, 'sandwich(샌드위치)'는 18세기 영국의 **Sandwich** 백작의 이름에서 왔다. 그는 카드놀이를 매우 좋아하여 식사 시간이 되어도 카드놀이 하는 테이블을 떠나지 않았다. 그래서 하인들이 그에게 음식으로 약간의 고기와 빵을 가져다주면, 그는 두 조각의 빵 사이에 고기를 넣어 먹으면서 카드놀이를 계속했는데, 여기서 '샌드위치'라는 말이 생긴 것이다. 'wellington'은 '(무릎까지 오는) 장화의 일종'을 뜻하는데, 이것은 포르투갈원정군 사령관이 되어 나폴레옹 군을 이베리아반도에서 몰아내었고 워털루 전투(1815년)에서는 나폴레옹을 격파한 아서 웰슬리 웰링턴(Arthur Wellesley **Wellington**) 장군이 즐겨 신은 긴 장화에서 온 밀이다〈역주〉.

언어는 세계와 사회를 배열하는 도구이며, 언어는 '실제'로 여겨지는 세계에 적용되며, 또한 이 '실제' 세계를 반영한다. 그러나 이러한 의미에서 각 언어는 특수하며, 자기만의 고유한 방식으로 세계를 확인한다.[5]

20세기 초에 프랑스의 인류학자 레비-브륄[8]은 소위 원시적 민족들의 언어는 추상적이거나 총칭적인 낱말이 없기 때문에 구체적인 사고에만 적합하다는 것을 증명하려하였다. 그 논의는, 예를 들어, 영어나 프랑스어가 단 하나의 낱말만을 사용하는 곳에 특정한 아프리카나 아메리카의 언어들은 여러 개의 낱말을 사용함에 따라(에스키모인에게 있어서 눈(雪), 아랍인에게 있어서 말(馬), 아메리카 원주민의 언어나 태평양의 언어들에서의 대명사들이 그렇다) 소위 말하는 일반화에는 부적격하다는 사실에 기반을 두었다. 그러나 레비-브륄은 인도-유럽언어들을 면밀하게 분석하는 것을 그야말로 잊고 하지 않았다. 만약 그가 그렇게 했더라면 많은 점에서 그 반대가 진실이라는 것을 관찰할 수 있었을 것이다.

몇 가지의 예를 고려해보자. 마다가스카르어에는 we나 혹은, 상대적인 거리나 가시성으로 사물들을 고려하는 지시사 this와 that에 해당하는 여러 개의 낱말이 있는 반면에, 쌀과 함께 먹을 수 있는 그런 모든 요리에 해당하는 낱말은 단 하나만 있으며, 크기나 용도를 고려하지 않고, 또한 생물의 혹은 무생물의 내용물이나, 인간적 혹은 비인간적 내용물을 구별하는 것 없이 모든 형태의 오두막, 우묵한 용기, 집 그리고 그릇에 해당하는 낱말도 단 하나만 있다. 요컨대, '사물이나 사람을 담을 수 있는 장소나 대상'을 위한 단 하나의 낱말만이 존재한다. 이것은 영어나 프랑스어에서는 긴 설명 후에나 가능할 수 있는 추상적인 생각이다.[6] 그렇지만 마다가스카르어는 필요로 할 때는 beehive(벌집, 사람이 붐비는 장소), box(상자, 박스), case(갑, 용기), coffin(관, 널), dwell-

---

8) 레비-브륄(Lucien Lévy-Bruhl, 1857~1939)은 프랑스의 인류학자이자 철학자이다. 그는 원시인의 심성에 관한 연구를 많이 했다. 그러한 연구는 현대 심리학에도 상당한 영향을 끼쳤다. 주요 저서로는 『미개사회의 사유 Les fonctions mentales dans les sociétés inférieures』(1910), 『원시적 심성 La mentalité primitive』(1922), 『원시적 영혼 L'âme primitive』(1927), 『원시적 심성의 초자연성과 본질 Le surnaturel et la nature dans la mentalité primitive』(1931) 등이 있다〈역주〉.

ing(집, 거주), *hut*(오두막), *lair*(우리) 등등을 구별하는 수단 또한 제공할 수 있다. 이러한 대상들을 모두 하나의 공통된 명칭 아래 함께 모으면서, 언어는 개념적으로 관련이 없는 차이들은 한 쪽에 남겨둔 채 그들이 공유하는 것만을 단순하게 범주화한다. 분명 언어들이란 이렇게 다르기 때문에, 그것들은 현실에서 그대로 '복사되거나' 실제로 서로 복사될 수 없다. 바로 이런 이유로 번역의 어려움이 있는 것이다.

많은 언어들은 명사에 대한 분류사(classifier)를 가지고 있다. 예를 들어, 월로프어(세네갈의 주요 언어)는, 인간(*ki*), 동물(*wi*), 나무(*gi*), 인공물(*bi*) 등에 대해 다른 한정사를 사용하여 명사가 어떤 범주에 속하는지를 보여주는 분류사를 각 명사에 할당한다. 이러한 유형의 개념적 명칭화가 모든 언어에서 발견되지는 않는다. 사실 '분류사' 언어들에서조차도, 분류는 종종 개념적 구분 이외에 어떤 형식적 제약에 따라 이루어진다. 이를테면 월로프어의 분류사의 경우 의미적 기준이 형식적 기준과 교차한다. 말하자면 꽤 자주 명사의 첫 자음은 예를 들어, *garab gi*('the tree/나무'), *guy gi*('the baobab/바오밥 나무'), *jigeen ji*('the woman/여자'), *jabaar ji*('the wife/부인') 등에서처럼 분류사의 첫 자음과 겹친다. 마찬가지로 프랑스인들은 모든 명사들을 여성과 남성으로 라벨을 붙여야 한다고 생각한다. 그러나 이러한 분류는 많은 언어들에서 존재하지 않을뿐더러, 프랑스어에서조차 무생물에 적용될 때는 상징적 가치 이상을 지니지 않는다.[7] 인간을 지시하는 영역 밖에서의 성 구분은 의미적 기준보다는 형태적 기준에 기반을 두고 있다. 따라서 기호들의 체계 내에서의 부류는 지시대상들의 세계에서 보이는 '자연발생적인' 구분과는 거의 혹은 전혀 관련이 없는 형식적인 특징들의 관점에서 도출될 수 있다.

인도-유럽 언어들은 단지 하나의 일인칭 복수 대명사 *we/us*만을 가지고 있다. 이 대명사는 성 표시가 되지 않는다. 그렇기는 하지만 우리는 언어외적 현실의 관점에서 다음과 같은 다양한 관계를 지시할 수 있다. 즉 *나와 너, 나와 너희들 모두, 나와 당신 둘, 나와 그, 나와 그들 둘, 나와 그들 모두, 우리 둘과 너, 우리 둘과 너희 둘, 우리 둘과 너희 모두, 우리 둘과 그, 우리 둘과 그*

들, *우리 둘과 그들 둘* 등이다. 그리고 그 다음에 우리가 이 목록에 *나 한 여자와 너 한 여자, 나 한 남자와 너 한 남자, 나 한 여자와 너 한 남자* 등을 추가한다면 독자는 내가 말하고자 하는 것을 이해할 것이다. 우리가 조금도 의식하지 못한다하더라도 우리가 *us*(우리)라고 말할 때, 이 *us*는 무한히 가능한 발화 상황을 지시할 수 있다. 몇몇 언어들이 영어 혹은 프랑스어보다 이 영역에서 훨씬 더 독특할지라도, '화자+수신자+제3자'의 가능한 각 조합에 다른 대명사들을 사용하는 것(성 구분은 말할 것도 없다)은 지나치게 번잡하고 비실용적일 것이다. 많은 언어들—예를 들어, 마다가스카르어, 오스트레일리아 원주민어, 아메리카인디언어 혹은 필리핀 언어들—은 영어에서는 오직 하나밖에 없는 대명사를 두 개 가지고 있다. 이 대명사들은 내가 막 거론했던 차이들 중 몇몇을 설명해준다. 이들 언어는 수신자를 포함하는 '포괄적인' *us*와 수신자를 배제하지만 제삼자를 포함하는 '배타적인' *us*를 구별한다. 이러한 구별은 영어에 기반을 둔 피진어에서 시작되었다. 예를 들면, 신—멜라네시아 말에는 *miyu* [=*me*(나) + *you*(너)]와 *mipela*[=*me*(나) + *my fellow*(나의 동료)]의 대립이 있다. 다른 언어들은 남성 화자와 여성 화자의 구별이 가능하다.[8] 물론 이것은 영어화자들이 그러한 구별들을 상상할 능력이 없다는 것을 의미하는 것이 아니라, 단지 그들의 언어, 곧 영어는 단 하나의 개념과 연결된 공통된 기표 하에 그 구별들을 포함한다는 것을 의미한다. 예컨대 *us*(우리)는 '화자를 포함한 특정한 성과 수를 가지지 않은 일군의 사람들'이라는 단 하나의 개념을 가진다.

언어의 자율적인 작동에 대한 무지, 그리고 언어적인 것과 언어외적인 것 사이의 차이에 대한 몰이해가 소위 '원시적' 민족과 언어의 열등성에 대한 인종차별주의자들의 생각을 정당화하는데 사용되어 왔다. 이와 같이 비록 일반적인 것과 특별한 것, 혹은 추상적인 것과 구체적인 것이—우리에게 상당히 불분명한 이유들로— 언어들을 통하여 다르게 분포되지만, 그것이 언어들에 대한 가치판단의 근거가 될 수는 없다.[9]

사피어-워프 가설

언어의 자르기가 현실에서의 자르기와 일치하지 않는다는 생각은 **사피어-워프 가설**[9](이 가설을 발전시킨 미국의 두 언어학자의 이름을 딴 가설)을 낳게 했다. 오늘날 대부분의 언어학자들에 의해 도전을 받고 있는 이 가설의 가장 극단적인 논리는 화자의 세계관은 그 자신이 사용하는 언어구조에 의해 전적으로 결정된다는 공리이다. 이 가설은 주로 친족어휘의 분류, 색 스펙트럼의 연속체가 나뉘는 방식, 혹은 시제나 상과 같은 특정 문법범주에 근거를 두고 있다.

워프(1956)[10]는 다음과 같이 말하고 있다.

> 각 언어의 문법은 단순히 생각을 말로 나타내는 재생산 도구가 아니라 오히려 그 자체가 생각의 형성자, 곧 개인의 정신 활동을 위한 프로그램이자 안내자이다... 생각의 공식화는 이전의 의미에서 엄격하게 합리적인 독립적 과정이 아니라, 특정 문법의 일부분이므로 약간에서부터 크게까지 서로 다른 문법들 간에는 차이가 있다. *우리는 모국어에 의해 정해진 선에 따라 자연을 해부한다.* 현상 세계로부터 유리된 범주와 유형은 여기서 발견되지 않는다. 왜냐하면 이것들은 모든 관찰자를 응시하기 때문이다. 반대로, *세계는 우리의 마음에 의해 조직되어야만 하는 인상의 변화무쌍한 흐름으로 나타난다. 그리고 이것은 우리의 마음속에 있는 언어 체계에 의해 광범위하게 중요성을 갖는다.* (이탤릭체로의 강조는 저자인 야겔로가 한 것임)

이와 동일한 입장에서 벤브니스트(1966)[11]도 다음과 같이 말하고 있다.

> 정신적 범주와 사고를 지배하는 규칙은 언어 범주의 조직과 분포를 매우 광범위하게 반영할 뿐 이라는 것을 알 수 있다... 철학적, 정신적 경험의 다양성은

---

9) 사피어-워프 가설(Sapir-Whorf hypothesis)이란 아메리칸 인디언 언어를 주로 연구한 사피어(Edward Sapir, 1884~1939)와 워프(Benjamin Lee Whorf, 1897~1941)가 내린 주장으로 '인간이 사용하는 언어가 인간의 사고 체계에 영향을 줄 수도 있다'고 보는 **언어상대성이론(linguistic relativity)**을 말한다〈역주〉.

10) 워프(B. L. Whorf), 『언어, 사고, 그리고 실재 *Language, Thought, and Reality*』(1956)〈역주〉.

11) 벤브니스트(É. Benveniste), 『일반언어학의 제 문제 1, *Problèmes de linguistique générale*, i』(1966)〈역주〉.

언어에 의해 이루어진 분류에 무의식적으로 의존한다. 이는 순전히 언어가 언어이기 때문이고, 언어가 상징이기 때문이다. 우리는 언어로 이미 형상화된(곧 상징화된) 우주를 상상한다.

　언어가 사고와 문화를 형성한다는 생각을 극단으로 몰고 가는 소위 사피어-워프 가설은 다음 두 가지 사실을 상정한다.

(1) 어떤 어휘적 구별을 하는 언어 화자는 그와 같은 구별을 하지 않은 언어 화자보다 해당 현실세계에 대해서 더 잘 표현할 수 있다. 언어학에서 신화의 지위를 얻은 어휘 다양성의 예 중, 특히 눈에 관한 에스키모어의 예를 생각해 보자.[10] 에스키모어가 눈에 대한 네 가지의 뚜렷이 다른 단어 뿌리(곧 어근)를 가지고 있다고 언급한 것은 원래 인류학자 프란츠 보아스[12]였다. 이들 네 가지의 다른 어근들은 특정 상황 관련 낱말들을 많이 생기게 하는데, 이는 에스키모어가 교착어이기 때문이다. 그 이후 에스키모어에 관한 정보는 워프에 의해 강조되었고, 후속 인용들에서는 엄청나게 과장되었다. 에스키모어가 보여주는 그러한 다양성은 어쨌든 놀랍지도 특별히 흥미롭지도 않다. 왜냐하면, 분명히 북극권에 살고 있는 사람들에게는 눈과 같은 환경의 기본적 특징을 최대한 정확하게 기술할 수 있는 것이 필수적이기 때문이다. 한편 영어에는 여러 가지 종류의 비를 지칭하는 단어가 많이 있다. 보다 더 강한 주장은 어휘의 구별이 현실의 인식, 예를 들면, 색깔이나 친족 관계에 대한 인식에 영향을 준다는 것이다. 이러한 생각에 따라 조지 오웰은 자신의 소설 『1984』에서 뉴스피크(Newspeak)[13]의 원칙 중 하나를 그대로 실행에 옮긴다. 즉 뉴스피크에서는 자유나 사랑 또는 평화라는 낱말이 존재하지 않기 때문에 이러한

---

12) 프란츠 보아스(Franz Boas, 1858~1942)는 에스키모 조사를 계기로 하여 북아메리카 인디언에 관한 많은 업적을 남긴 미국의 문화인류학자이다. 주요 저서로는 『원시인의 마음 *The Mind of Primitive Man*』(1911), 『인종 · 언어 · 문화 *Race, Language and Culture*』(1940) 등이 있다〈역주〉.

13) '뉴스피크(Newspeak)'에 대해서는 제5장의 역주 44)를 볼 것〈역주〉.

말들을 머리에 떠올리는 것은 불가능하다. 그러나 언어와 인지 사이의 이러한 관계는 닭과 달걀의 관계처럼 보일 수 있다. 사실, 언어가 어떤 인지 범주나 사회-문화적 사실을 유지하거나 부과하는 만큼 언어에 이것들을 반영한다고 주장할 수 있다. 언어는 또한 사회적 혹은 문화적 요인의 압력에 의해 변화하지, 사회로부터 완전히 고립된 상태에서 오로지 내부 논리에 의해서는 움직이지 않는다.

(2) 언어들의 문법적 구조는 화자들에게 어떤 사고의 도식을 갖도록 한다. 이를테면 영어를 사용하는 사람은 더 귀납적이고, 프랑스어를 사용하는 사람은 더 연역적이라는 말이 있다. 왜냐하면, 형용사가 영어에서는 명사 앞에 오고 프랑스어에서는 명사 뒤에 따라오기 때문이다. 호피족 (Hopi) 인디언들은, 전해진 바에 의하면, 다른 시간관념을 갖는데 그 이유는 그들의 동사 체계가 시간보다는 상(相, aspect: 술어의 사행이 전개 되는 방식)을 강조하기 때문이다. 이것은 아주 논쟁의 여지가 많다. 많은 언어들은 시제의 형식 범주 없이도 잘 작동한다. 그런 언어들의 화자는 상과 부사를 통해서 시간 기준을 완벽하게 잘 전달한다. 내가 잘 알고 있는 언어인 월로프어의 경우, 화자들이 행위를 나타내는 동사와 함께 미완료상을 사용할 때 그들은 보통 행위가, 문맥에 의해 달리 제시되지 않는 한, 말을 하는 시간에 일어나고 있음을 은연중에 나타낸다.

사피어-워프 가설은 '보편주의적' 경향으로부터 공격을 받아오고 있다.[11] 왜냐하면 '보편주의자'들은, 사피어-워프 가설과는 반대로, 동일한 지각적 및 인지적 작용이 본질적으로 표면적인 차이들의 기저를 이룬다는 것을 상정하고 있기 때문이다. 그러나 이러한 표면적인 차이들이 어느 정도 문화적 조절의 수단이라는 것은 부인할 수 없다. 즉 언어 범주는 우리가 **고정 관념**과 **원형**을 통해 세상을 인식하는 마음과 방식을 형상화한다. 따라서 이것이 모든 가능한 종류의 편견을 낳을 수 있는 것이다. 언어 범주는 또한 이데올로기를 담론으로 끌어들이는 수단이기도하다. 페미니즘 운동이나 다양한 소수 민족의 '성차별주의자' 또는 '인종차별주의자'의 언어에 대한 투쟁은 다른 이유가 없다. 비록 사피어–워프 가설의 강력한 견해를 더 이상 받아들일 수 없지만 우리는 언어와 인지와 세계 사이의 관계에 대해 균형 잡힌 시각을 가져야 한다.

1 소쉬르[1915](1959).

2 울리포(OULIPO)는 프랑스어로 'Ouvroir de Littérature Potentielle('Workshop of Potential Literature': 잠재문학 작업실)'의 약자로 1960년대 레몽 크노(Raymond Queneau), 수학자 프랑수와 브 리오네(François Le Lionnais), 이탈로 칼비노(Italo Calvino), 조르주 페렉(George Perec) 그리고 해리 매튜스(Harry Matthews) 등의 작가에 의해 결성된 프랑스의 실험적 문학운동단체이다. 울리포 회원들은 새롭고, 미개척된 문학 형식을 찾고, 기발하고 예상 밖의 언제나 독창적이고 흥미로운 표현 방식을 창출하는 데 전념했다.

3 고드지히(W. Godzich)(1974).

4 벤브니스트(1966: 52쪽).

5 위와 같은 책, 82쪽.

6 장 폴랑의 『원시적 심성과 탐험가들의 환상 *La mentalité primitive et l'Illusion des explorateurs*』(1956)을 볼 것.

7 이에 대한 예들과 논의에 대해서는 야겔로(1978)과 야겔로(1989)를 볼 것.

8 R. 레이코프(1975)와 야겔로(1978)를 볼 것.

9 일찍이 1925년에 장 폴랑은 『원시적 심성과 탐험가들의 환상 *La mentalité primitive et l'Illusion des explorateurs*』에서 일반화와 추상화에 대한 명백한 적합성에 주로 근거를 둔 인도-유럽 언어와 문화의 우수성에 대한 환상을 맹렬히 비난하였다. 나는 그로부터 마다가스카르어의 예들을 차용하였다.

10 풀룸(G.K. Pullum)(1991: 159~174)을 볼 것.

11 사피어(Sapir)는 모든 이러한 반박에도 불구하고 가장 존경받는 언어학자로서 역사에 기록될 것이다. 자신의 평판이 손상된 이는 확인되지 않은 자료로 성급하고 (그리고 불분명한) 결론을 내리고자 했던 아마추어 워프(Whorf)였다.

8 어떤 다른 이름으로도 장미
기호는 자의적인가 아니면 동기화되어 있는가?

'난 그걸 가르랑거린다고 하지 으르렁거린다고 하지 않아.'
라고 앨리스가 말했다.
'네가 원하는 대로 부르렴.'
이라고 고양이가 말했다.
(루이스 캐럴)

이름이 대체 무슨 문제인가?
장미를 어떤 다른 이름으로 불러도 여전히 향기로운 것을.
(셰익스피어, 『로미오와 줄리엣』)

기호의 자의적 성질

우리가 바로 앞 장에서 보았듯이 소리와 의미, 곧 기표와 기의 사이의 관계는 순전히 **관습적인** 관계이다. 왜냐하면 그 관계는 문화적이기 때문이다. 그렇다 하더라도 어떤 주어진 언어의 화자들에게 있어서 낱말은 현실 세계와 연결되어 있기 때문에 언어 기호의 두 면 사이의 관계가 당연한 것도 아니며 당연한 것으로 여겨질 수도 없다는 생각은 받아들이기가 다소 어렵다. 이 사실은 다음의 유대인 일화에서 잘 나타난다.

아빠, 우리가 지금 먹고 있는 것을 왜 스파게티라고 불러요? 라고 랍비의 아들이 랍비에게 묻는다. ─자, 얘야, 생각해보렴. 이건 스파게티처럼 희지 않니? 이건 스파게티처럼 길지 않니? 이건 스파게티처럼 부드럽지 않니? 그러니 이걸 어떻게 스파게티라고 부르지 않을 수 있겠니?

소쉬르는 기표와 기의의 관계를 자의적인 것, 혹은 동기화되지 않은 것, 즉 어떠한 자연적 필연성으로도 정당화될 수 없는 것으로 정의했다. 그리고 이것은 실제로 언어의 다양성 자체가 증명하는 것이다. 일부 사람들이 바벨탑 이전 언어에서 분명히 동기화된 기원을 가지는 것으로 해석해 온 **의성어**는 다음 예에서 보듯이 어휘 목록상 주변적인 위치밖에 차지하지 못 한다.

> 멍멍, 개가 말하지
> 야옹야옹, 고양이가 말하지
> 꿀꿀, 돼지가 소리를 내지
> 그리고 찍, 쥐가 소리를 내지
> 부엉, 부엉이가 말하지
> 깍깍, 까마귀가 말하지
> 꽥꽥, 오리가 말하지
> 그리고 뻐꾸기가 뭐래는지 너는 알지.

게다가 의성어 그 자체는 각 언어에 특유한 음운론적 제약을 받는다. 영국의 닭은 *cock-a-doodle-doo*(카크두들두)라고 울고, 프랑스의 닭은 *cocorico*(꼬꼬리꼬)라고 울고, 독일의 닭은 *kikiriki*(키키리키)라고 운다.

기호의 자의적 성격에는 사회적인 필연적 귀결이 있다. 그것은 동일한 언어의 화자들 사이에는 합의가 있다는 전제이다.

> *'자의적'*이라는 말은 기표가 발화주체의 자유로운 선택에 의존한다는 의미로 이해되어서는 안 된다. 일단 기호가 한 언어 집단에 확립되면 개인에게는 그 기호의 어떤 것도 바꿀 수 있는 힘이 없다[라고 소쉬르는 말한다][1].

자신만의 고유한 규약을 확립하고, 또한 동일한 언어의 화자들을 하나의 언어공동체로 묶는 합의에 따르기를 거절하면서 루이스 캐럴의 험프티 덤프티는 다음에서처럼 의사소통의 기반마저 뒤흔들어버리고 있다.

> '"영광"이라니, 전 무슨 뜻인지 모르겠어요.'라고 앨리스가 말했다.
> 험프티 덤프티는 경멸하듯이 미소를 지으며 말했다. '당연히 알 수가 없지. 내가 알려줄 때까지는 말이야. 그건 "당신을 위한 결정적인 한방이 있다!"라는 뜻이야.'

'하지만 "영광"은 "결정적인 한방"이라는 뜻이 아니잖아요.'라고 앨리스가 항의했다.

'내가 낱말을 쓰면, 그 낱말은 내가 의미해야 한다고 결정한 것을 정확하게 의미하지.

그 이상도 그 이하도 아니야.'라고 꽤 경멸적인 말투로 험프티 덤프티가 말했다.

'문제는 당신이 그렇게 많은 다른 것들을 의미할 수 있는 낱말을 만들 수 있느냐예요.'라고 앨리스가 말했다.

'문제는, 누가 권력을 가지고 있느냐지. 더 이상은 말이 필요 없어.'라고 험프티 덤프티가 말했다. (163)

따라서 자의성은 '집단의 합의에 근거를 두기 때문에' **'협약적'**이라는 의미를 가진다. 그렇지만 모든 코드가 오로지 자의성이라는 말로만 정의될 수는 없다는 것을 주목해야 한다. 단 하나의 예를 들자면 사용자의 합의에 근거를 두고 있는 도로교통법은 부분적으로 비자의적이다. 왜냐하면 그 기호들 중의 일부는, 예를 들어 홍예다리를 나타내는 기호가 그렇듯이, 실제로 표의적(表意的)이기 때문이다. 공항 표지판과 같은 것들 또한 넓은 의미에서 **도상적**이다.

기호와 상징

벤브니스트(1966)는 후에 소쉬르의 개념을 비판하면서 기호의 양면 사이의 관계가 비록 비동기화된 것이지만, 사실상 필연적인 관계임을 보여준다. 그 이유는 바로 기호가 그 양면 사이의 관계 밖에서는 존재할 수 없기 때문이다. 엄격하게 자의적인, 곧 비-필연적인 것은 언어와 세계, 낱말과 지시된 현실, 그리고 기호와 그 지시대상 사이의 관계이다. 이것은 화자들이 아주 순진하게 흠잡을 데 없는 논리로 정당화하고 합리화하려고 시도하는 바로 그 관계이다. 왜냐하면 언어는 이들 화자의 관점에서 현실을 구조화하기 때문이다. 주목할 만한 예는 많은 언어에서의 남성명사와 여성명사의 구분이다. 이 구분은 자주 자연스러운 것으로 해석되고, 또 유정명사에 관계된 남성/여성의 구별에서 은유적으로 파생되는 것으로도 해석된다.[2] 따라서 상당히 자의적인 문법적 성의 영향을 받은 어떤 대상이나 개념은 남성 혹은 여성의 본질을 가진 것으로 해석된다. 그러나 성에서 파생된 상징적인 가치는 문화에 따라서 정반대일 수 있다. 그런즉 프랑스어에서 *la lune*(달)는 *le soleil*(태양)와 대립되는 여성 명사이지만, 독일어에서는 그 반대로 *der Mond*(달)가 남성이고 *die Sonne*(태양)는 여성이다. 죽음은 게르만 언어에서 그것의 성 때문에 북유럽에서는 남성적 존재로 나타나지만 로망스어를 말하는 나라들의 신화에서는 여성으로 나타난다.

이 마지막 사실을 통해서 우리는 두 개의 상당히 다른 종류의 의미, 즉 **기호**와 **상징**을 분명하게 구별하는 것이 필수적이라는 것을 깨닫게 된다. 상징은 기호와는 반대로 동기화되어 있다. 말하자면, 상징을 창조하기 위해서는 상징하는 것과 상징화되는 것 사이에 필연적이고도 정당한 관계가 구축될 수 있어야만 한다. 모든 기호 또는 실제로 모든 단어는 다른 기호를 상징화할 수 있다. 은유 그 자체는 언어에 의해 구성된 기호 체계 내에서 형성된 상징의 한 유형이다. 토도로프[1](1977)는 '상징화는 무한하다. 왜냐하면 상징화된 것이 무엇이든 자신의 차례에 상징하는 것이 될 수 있기 때문이다. 이는 끝없는 의미의 연쇄 내에서 계속된다.'라고 말한다.

한 낱말의 **핵심적 의미**에 부여될 수 있는 **의미적 확장**은 언제나 변함없이 동기화된다. 예를 들어 책상의 '다리', 의자의 '팔걸이'는 문자적 의미인 사람의 팔과 다리를 연상시키고, 비행기의 날개는 새의 날개를 연상시키는 등등이 그러하다. 그러나 이러한 관계는 항상 언어 내에서 확립되므로, 이와는 대조적으로 동기화되지 않는 예비적 범주화는 있는 그대로 받아들인다. 이 주제는 제12장에서 다시 다룰 것이다.

새로운 낱말, 곧 **신어**의 창조 또한 분명하게 동기화되어 있다. 왜냐하면, 비록 자연언어들의 기반이 본질적으로 자의적이라 할지라도 그것들 내에서 기호

---

1) 토도로프(Tzvetan Todorov, 1939~2017)는 불가리아 소피아에서 태어나 소피아대학 철학과를 졸업한 후, 1963년 공산당 독재를 피해 프랑스로 망명했다. 이후 파리의 「사회과학고등연구원」에서 프랑스 문학평론가인 롤랑 바르트(R. Barthe) 밑에서 수학했다. 1977년에 발표한 『상징 이론 *Théories du symbole*』에 앞서 1970년에 대표 저서인 『환상문학 서설 *Introduction à la littérature fantastique*』을 발표하는 등 프랑스에서 구조주의 문학이론가로서 문학·철학·역사·미학 등 다양한 분야에 걸쳐 방대한 연구를 수행한 문예평론가이다〈역주〉.

들은 유추적이고 연상적인 관계에 의해 연결되어 있기 때문이다. 그러한즉 예를 들어 직업 혹은 '행위주'의 이름은 모두 동일한 모델을 따라서 형성된다 [baker(제빵업자), draper(포목상), spinner(방적공), writer(저자)]. 그리고 이것은 어떤 새로운 동사 어근에도 적용된다. 동시에 낱말들은 동일한 어근 형태소를 공유하는 일련의 연상 용어나 낱말 '어족'으로 조직화된다.

이른바 '민간' 어원, 말하자면 알려지지 않거나 허구의 말들(제5장 참고)에다 화자들이 부여하는 의미들은 바로 언어 체계의 내적인 동기화에서 비롯된다. *syntax*(통사론)가 'a tax on sin(죄에 대한 세금)'이 아니라면 무엇이 될 수 있겠는가? 그리고 *briefcase*(서류가방)은 분명히 '당신의 짧은 팬츠를 보관하기 위한 상자'이다. 사람들은 어떤 낱말을 취한 다음 그것에 대한 합리화나 혹은 의미적 동기화를 찾는다. 이에 대한 중요한 점은 무의미함이 불쌍한 기표를 미치게 하는 무엇이라는 것이다! 모든 낱말은 분명 자신에게 할당된 의미를 갖기를 갈망한다. 잘 알려진 사전 게임인 'Call my bluff(나의 허풍을 깨워)'[3]나 'Daffy definitions(멍청한 정의)'는 게임 참가자들 중 아무에게도 알려지지 않은 낱말들에 대한 그럴듯한 정의를 제안하는 놀이다. 이 게임이 돌아가게 하는 것은 유추에 기반하여 의미를 상상할 수 있는 바로 이 능력이다.

앨리스는 문법적 구조는 분명히 영어이지만 어휘는 대부분 허구인 시 **재버워키**를 듣고서 다음과 같이 평한다. '이상하네. 그건 내 머리에 생각들이 가득히 차게 하는데, 나는 그것들이 무엇인지를 정확하게 말할 수가 없단 말이야!'(118). 이 시에 대한 험프티 덤프티의 뒤이은 설명 (추가적인 유머의 근원인 이 설명은 캐럴 자신이 다른 곳에서 제시한 것과 일치하지 않는다)은 정확하게 *Call my bluff*의 사전 게임 규칙을 따르고 있다.

두 개의 상당히 다른 유형의 현상이 알려지지 않았거나 혹은 지어낸 낱말의 해석에 사용되어질 수 있다. 먼저 험프티의 경우를 보면, 한편으로는 알려지지 않았거나 혹은 지어낸 말과 다른 한편으로는 언어에 실제적으로 존재하는 낱말―따라서 하나의 의미―사이에 연결이 설정된다. 알려지지 않은 낱말의 소리와 알려진 낱말의 소리의 연합은 의미의 연합―따라서 언어 내에서 전적으로 작동하는 연합—을 시작하고, 그것에 대해 험프티는 신중하고 합리적인 설명을 제공한다.

> 이 말은 매우 희망적이었으므로 앨리스는 「재버워키」의 첫 구절을 다음과 같이 반복했다.
>
> Twas brillig, and the slithy toves
> Did gyre and gimble in the wabe:
> All mimsy were the borogroves,
> And the mome raths outgrabe.
> *(지글녘, 유끈한 토브들이*
> *사이넘길 한쪽을 발로 빙돌고 윙뚫고 있었네.*
> *보로고브들은 너무나 밈지했네.*
> *몸 레스들은 꽥꽥 울불었네.[2])*
>
> '일단 그걸로 충분해.' 험프티 덤프티가 끼어들면서 말했다.
> '어려운 단어들이 꽤 많이 나오는 걸. "지글녘"이란 오후 네 시를 뜻하는 거야. 저녁에 먹을 고기를 지글지글 굽기 시작하는 시간 말이야.'
> '그게 바로 그런 뜻이었군요.' '그럼 "유끈한"은요?' 앨리스는 다시 물었다.
> '흠, "유끈한"이란 "유연하고 끈적끈적하다"라는 뜻이야. "유연하다"는 "활동적이다"라는 뜻도 지니고 있지. 마치 양쪽으로 벌릴 수 있는 여행 가방처럼 말이야. 그러니까 한 단어 속에 두 가지 뜻이 들어 있다는 거야.'
> '이제 알겠어요.' 앨리스는 신중하게 대꾸하고 계속해서 물었다.
> '그리고 "토브"는 뭘까요?'
> '흠 "토브"는 오소리 같기도 하고, 도마뱀 같기도 하고, 나선 모양의 마개뽑이 같기도 한 생물을 뜻하지.'
> '매우 괴상하게 생긴 생물이겠네요.'
> '그렇지. 게다가 그것들은 해시계 아래에 둥지를 틀고 치즈를 먹고 산단다.'라고 험프티 덤프티가 말했다.
> '"빙돌다"와 "윙뚫다"는 무슨 뜻이죠?'
> '"빙돌다"는 자이로스코프[3]처럼 회전하는 거야. "윙뚫다"는 나사송곳처럼 구

---

2) 이 번역은 루이스 캐럴 원작 · 마틴 가드너 주석 존 테니얼 그림/최인자 옮김, 『마틴 가드너의 앨리스 깊이 읽기. **Alice** 이상한 나라의 앨리스 · 거울 나라의 앨리스』(북폴리오, 2005: 306)에서 가져옴〈역주〉.
3) 자이로스코프(gyroscope)란 회전하는 팽이를 세 개의 회전축으로 자유롭게 방향을 바꿀 수

멍을 뚫는다는 뜻이고.'

'그러면 "사이넘길"은 해시계 주변의 잔디라는 뜻인가요?'라고 앨리스가 말했다. 그리고 앨리스는 자신의 영리함에 스스로 놀랐다.

'물론 그렇지. 그걸 "사이넘길"이라고 부르는 까닭은 그 앞도 갈 길이 멀고 그 뒤로도 갈 길이 멀기 때문이야.'

'그리고 그 너머도 갈 길이 멀죠.' 앨리스가 덧붙였다.

'맞아. 그리고 "밈지"는 "부서지기 쉽고 불쌍하다"라는 뜻이야. (이것 역시 양쪽으로 벌릴 수 있는 여행 가방이라고 생각하면 돼.) 그리고 "보로고브"는 깃털이 사방으로 뻗쳐 있어서 마치 살아 있는 빗자루처럼 보이는 바짝 마른 꾀죄죄한 새를 말하지.'

'"몸 레스"는요?' 앨리스는 덧붙여 발했다. '너무 귀찮게 해드려서 죄송해요.'

'글쎄, "레스"는 초록색 돼지의 일종이야. 그런데 "몸"은 잘 모르겠군. 집을 떠나왔다는 말을 줄인 것 같은데, 그러니까 길을 잃었다는 의미인 것 같아.'

'"울불다"는요?'

'흠, "울불다" 큰소리로 우는 것하고 휘파람을 부는 것의 중간상태야. 재채기도 하면서 말이야. 저 너머 숲에 가면 그런 소리를 들을 수 있을지도 몰라. 직접 들으면 확실하게 이해할 텐데.'(164-6)

소리 상징체계

이러한 험프티의 교묘한 설명에 이제 소리 자체에 내재해 있고 아마도 보편적이기도 한 또 다른 유형의 상징체계가 보태져야만 한다. 누구보다도 예스페르센[4], 사피어 그리고 야콥슨이 이 상징체계의 정확한 성격을 정의하려고 애썼다.

있도록 받친 장치를 말한다〈역주〉.

[4] 오토 예스페르센(Jens Otto Jespersen, 1860~1943)은 덴마크의 언어학자로 코펜하겐 대학 영어학 교수를 역임했다. 그는 음성학·언어이론·영어사·국제어운동 분야의 학문 발전에 크게 기여했다. 주요 저서로는 『언어의 발달 *Progress in Language*』(1894), 『음성학 교본 *Lehrbuch der Phonetic*』(1904), 『언어, 그 본질, 발달과 기원 *Language, its Nature, Development and Origin*』(1922), 『문법의 원리 *Philosophy of Grammar*』(1924) 등이 있다〈역주〉.

낱말이 갖는 소리와 의미 사이의 밀접한 관계를 이용하여 화자는 이러한 외적인 관계(곧 기표와 기의 사이의 무동기적 결합 관계)를 내적인 관계를 통해 완성하기를 원하고, 또한 일부 기본 이미지를 통해 마치 그러한 외적인 관계가 유사성이 있는 것처럼 단순히 인접한 것을 다루고 싶어 한다. (...) 예를 들어, 고음 음소와 저음 음소의 대립을 통해 밝은 것과 어두운 것, 예리한 것과 둥근 것, 가는 것과 굵은 것, 가벼운 것과 묵직한 것 등등의 이미지가 머리에 떠오를 수 있다.[4]

즉, 두 개의 알려지지 않은 낱말 *mil*과 *mal*이 제시되었을 때, 하나는 '큰 탁자'를 의미하고, 다른 하나는 '작은 탁자'를 의미한다고 말하면, *mal*은 큰 것에 대한 생각과 연결되고 *mil*은 작은 것에 대한 생각과 연결될 가능성이 참으로 크다. 실제로 사피어는 실험에서 이것을 증명했다. 이것은 물론 무의식적이지만 모음의 개구도와 관련되어 있다(/i/는 폐음이고, /a/는 개음이다). 마찬가지로 쾰러[5]에 의해 수행된 다른 실험에서 표 8.1의 두 가지 모양에 *maluma*와 *takete*라는 이름을 부여하도록 요구받을 때 예외 없이 *maluma*는 구름 모양과, *takete*는 별 모양과 연상 관계를 이룬다. 사실 후설모음(/u/, /o/, /a/)은 어둡고, 둥글고, 음역이 낮은 것으로 인식되는 반면, 전설모음(/i/, /e/)은 밝고, 날카롭고, 음역이 높은 것으로 인식된다. 이에 대한 예로 낮은 음역의 남자 웃음(*하 하 하*)과 높은 음역의 여성 혹은 아이들 웃음(*티 티 티, 히 히 히*)을 비교해 보라. 다른 연상 관계 또한 여기에 적용된다. 예를 들어 '닫힌' 소리(폐음)는 종종 기품 있는 것으로 이해되는 반면, '열린' 음(개음)은 저속한 것으로 여겨진다.

표 8.1. *maluma* 및 *takete*와 연관된 모양

---

5) 쾰러(Wolfgang Köhler, 1887~1967)는 종래 유일한 학습이론이던 시행착오설 대신 '통찰' 이론을 제창한 독일의 심리학자이다. 그는 계시대비(繼時對比)·기억 등의 실험적 연구를 통하여 지혜—사고—기억현상의 통일적 설명을 통해 게슈탈트 심리학의 이론적 발전에 크게 기여했다 〈역주〉.

그러한 연상 관계는 보편적인 것처럼 보인다. 서로 다른 언어들이 서로 다른 종류의 소음을 구별하기 위하여 사용하는 낱말들 중에서—이들은 종종 의성어이다—거칠고 갑작스런 소음을 나타내는 낱말들은 자주 폐쇄음, 말하자면 파열음(p/b, t/d, k/g)으로 시작한다. 공기가 입에서 갑자기 단번에 빠져나간다. *ding*, *dong*; *bing*, *bang*; *crash*, *crunch*; *plop* 등이 그렇다. 연재만화에는 그러한 낱말들의 예가 풍부하다. 반면에 점진적이거나 계속적인 소리를 내는 낱말들은 마찰음, 즉 지속음으로 시작하는 경향이 있다. *hiss*, *buzz*, *sizzle*, *swish*, *zip*, *zap*, *hush*, *shush* 등등에서의 마찰음 /s/와 /z/, /ʃ/와 /ʒ/, /f/와 /v/처럼 공기가 점진적으로 빠져나간다.

마지막으로 모든 언어는 이른바 **음상어(音像語)**[6]라 불리는 소리의 그룹과 생각의 그룹 간의 안정적인 결합관계를 포함하고 있다. 영어에서 예를 들면 *gl-*은 *glare, gleam, glint, glisten, glow*처럼 빛과 관련이 있는 것을 나타내는 광범위한 낱말군의 첫 음절에 나타난다. 그러나 이 결합은 정당화하는 것이 불가능할 뿐만 아니라 보편적이지도 않다.[7]

소리와 의미의 연관성은 비록 시에서는 그것이 어떤 역할을 하긴 하지만 엄밀한 의미의 언어체계에서는 지엽적일 뿐이다. 야콥슨[5]은 말라르메[8]가 자신의 모국어인 프랑스어의 'jour[juːʀ](낮)'(/u/, 어두운 모음)와 'nuit[nɥi](밤)'(/i/, 밝은 모음)라는 두 낱말에서 보이는 소리와 의미 사이의 불일치를 매우 유감스럽게 생각했다는 것을 상기시킨다. 이와 대조적으로, 러시아어에서는 *높은 음역의 소리를 포함하는* '낮'이라는 낱말인 *d'en'*은 *낮은 음역의 소리를 포함하는* '밤'이라는 낱말인 *noč*와 대립된다.

물론, 소리의 상징체계는 시에서 모방적인 조화의 가치에 대한 모든 문제를 제기하고, 무수한 시인들(곧 미문가들)의 부단한 속삭임 속에서의 **모음 압운**[9](모음의 반복)이나 **두운**[10]과 같은 표준 기법들을 함축한다.

---

6) 음상어(音像語, ideophone)는 소리로 생각을 불러일으키는 단어로, 소리, 움직임, 색, 모양 또는 동작과 같은 특정 감각이나 감각 인식의 생생한 느낌을 표현한다. 우리말에서 발달한 의성의태어가 음상어이다〈역주〉.

7) 영어에서 gl-로 시작하는 모든 낱말이 '빛'과 관련되어 있는 것이 아니기 때문이다. 예를 들어 'glass(유리), glide(미끄러지다), glove(장갑), gloomy(어둑한), glum(음울한)' 등의 낱말은 '빛'과는 관계없는 의미를 가지기 때문이다〈역주〉.

8) 말라르메(Stéphane Mallarmé, 1842~1898)는 베를렌(P. Verlaine, 1844~1896), 랭보(A. Rimbaud, 1854~1891)와 더불어 프랑스 상징주의 시를 대표하는 시인이다. 그의 대표작은 1876년 자비로 출판한 『목신(牧神)의 오후 *L'aprés-midi d'un faune*』이다. 드뷔시의 「목신의 오후의 전주」는 이것에 의하여 작곡된 것이다〈역주〉.

9) 모음 압운(assonance)이란 강세(stress)가 있는 음절의 모음이 되풀이되는 것을 말한다. 예컨대 'Cold eyelids that hide like a jewel/Hard eyes that grow soft for an hour'와 같은 시행에서의 모음 [ai]의 반복을 말한다[조성식 외(1990), 『영어학사전』 참조]〈역주〉.

10) 두운(頭韻, alliteration)은 같은 시행 중에 몇 개의 단어를 강조하기 위해, 그 단어들의 최초의 자음을 같게 하거나, 또는 각 행의 첫머리에 같은 말(또는 발음이 유사한 말)을 배치하는 것을 말한다. 두운을 사용한 시를 두운 시(alliterative verse)라고 한다. 한 시행 안에 한 자의 두운이 쓰인 경우(예: Pale, beyond porch and portal, Crowned with calm leaves, she stands), 한 시행 안에 두 자의 두운이 나오는 경우(예: And green and golden I was huntsman and herdsman, the calves), 한 시행 안에 두 자의 두운이 교차되는 경우(예:

Large lively ladies leap in lyrical elation,
Lick their lips and laugh aloud and that's alliteration![11]
(많은 생기 있는 숙녀들이 아름답고 열정적으로 기고만장해서 날뛴다.
자신들의 입술을 핥고, 큰 소리로 웃고, 그건 두운이다!)

포프[12]는 '소리는 의미의 메아리처럼 보여야한다'라는 교훈을 시인들에게 주었다. 그러나 미국의 시인 거트루드 스타인[13]에 따르면 '언어는, 실제의 언어는 소리의 모방도 색깔의 모방도 감정의 모방도 아니며, 그것은 지적인 재창조이다.' 이것은 스타인의 동시대인들에 의해 받아들여진 요점이다. 폴 발레리[14]는 그의 「롱브 *Rhumbs*」에서 다음과 같이 쓰고 있다.

운문의 힘은 운문이 말하는 것과 운문이 존재하는 것 사이의 불가분의 조화에 있다. '정의할 수 없는 것'은 정의의 일부이다. 이 조화는 정의할 수 없어야 한다. 이 조화가 정의되면 그것은 모방적인 조화이므로 그것은 바람직하지 않다. 운문의 본질은 그 존재를 부인할 수 없는 것과 결합된 관계를 정의할 수 없다는 것이다. *시란 소리와 의미 사이의 오래 계속되는 망설임이다.*

Moved from the brink, like some full-breasted swan) 등이 있다[조성식 외(1990), 『영어학사전』참조]〈역주〉.

11) 이 두 시행은 두운의 예이다(두운에다 '밑줄'을 표시한 것은 역자이다)〈역주〉.

12) 포프(Alexander Pope, 1688~1744)는 영국의 신고전주의 시대를 대표하는 시인이다. 그의 대표작은 풍자시 『우인열전 *The Dunciad*』(1728, 개정판 1742)이고, 철학시 『인간론 *An Essay on Man*』(1733~1734)은 표현의 묘사가 뛰어난 작품이다〈역주〉.

13) 거트루드 스타인(Gertrude Stein, 1874~1946)은 미국의 시인이자 소설가이다. 1903년 파리로 이주해 생의 대부분을 그곳에서 보내며 소설이나 시에서 대담한 언어상의 실험을 시도했을 뿐만 아니라 새로운 예술운동의 후견인 역할도 마다하지 않았다. 피카소·세잔·마티스 등 당시로서는 파격적인 그림으로 세상을 놀라게 한 전위적 화가들을 적극적으로 후원했다. 작품으로는 『3인의 여성 *Three Lives*』(1908), 『미국인의 형성 *The Making of Americans*』(1925) 등 소설과, 자서전 『앨리스 B. 토클라스의 자서전 *Alice B. Toklas and its precursors*』(1933), 시집 등이 있다〈역주〉.

14) 폴 발레리(Paul Valély, 1871~1945)는 프랑스 남부 지중해 연안의 세트(Sète)에서 태어나 몽펠리에 대학을 졸업한 20세기 전반 프랑스를 대표하는 시인이자 비평가이다. 1890년 몽펠리에 대학 개교 기념 축제에 우연히 만난 피에르 루이스(Pierre Louÿs, 1870~1925)를 통해 지드(A. Gide, 1869~1951)를 알게 되고, 그가 가장 흠모한 시인인 말라르메(S. Mallarmé)와도 교류하게 된다. 그의 작품으로는 프랑스 시에서 최고의 걸작 가운데 하나로 평가받는 장시 『젊은 파르크 *La Jeune parque*』(1917)가 있고, 대표작 『해변의 묘지 *Le Cimetière marin*』(1920)와 「나르시스 단장 *Fragments du Narcisse*」(1920) 등을 담은 시집 『매혹 *Charmes*』(1922)이 있다〈역주〉.

우리는 시란 음악과 같이 마음을 움직이게 하는 것이어야 하지 모방이어서는 안 된다는 결론에 이르게 된다.

1 　모든 소쉬르의 인용은 1915년에 제네바에서 출판된 그의 사후 저서 『일반언어학 강의 *Cours de inguistique générale*』에서 온 것이다.

2 　야겔로(1978).

3 　'Call my bluff(나의 허풍을 깨워)'는 영국 BBC TV에서 1965년~1988년에 걸쳐 인기리에 방영한 TV 퀴즈쇼로 유명 인사 세 명으로 구성된 두 팀 간에 벌리는 퀴즈 게임이다(이 퀴즈쇼는 1996년~2005년에 걸쳐 제2차로 부활되었다). 이 게임은 두 팀이 교대로 모호한 단어에 대한 세 가지 정의(그 중 하나만 사실이다)를 제공하고, 다른 팀은 '허풍'인 두 가지를 제거하고 올바른 정의가 무엇인지를 추측하는 것이다. 무엇보다도 이 게임은 해당 단어들이 종종 기괴하고, 그들의 의미를 추측하기가 쉽지 않기 때문에 최고의 유머와 창조성이 요구됨과 동시에 발휘되는 말놀이 퀴즈쇼로서 대단한 인기를 끌었다.

4 　야콥슨[1942](1976: 118).

5 　야콥슨[1942](1976: 119)와 야콥슨[1960](1987: 88).

9 믿을 수 없는 의미의 가벼움
의미와 무의미

> 의미에 신경을 쓰라.
> 그러면 소리는 저절로 해결될 것이다.
> (루이스 캐럴)

> 언어학자들은 모든 것을 다해 의미를 회피하고, 무시하고,
> 아니면 없애버리는 시도를 해 왔다.
> 아무리 그렇게 하더라도,
> 의미는 보는 사람들을 겁에 질리게 만드는
> 메두사(Medusa)의 머리처럼 여전히 여기, 언어의 중심에 있다.
> (에밀 벤브니스트)[1]

의미는, 이상하게 보일지 모르지만, 오랫동안 언어학에서, 특히 소쉬르의 계승자들(곧 기능주의자들, 분포주의자들, 그리고 구조주의자들)에 의해서 배제되어 왔다. 로만 야콥슨은, 고대 필사본을 해독한지 몇 년이 지난 후에도 이 필사본의 내용을 알아보지 못한 결과 그 내용을 전혀 건드리지도 못했던 비교 문헌 학자에 대해서 거의 희화적으로 이야기한다.

소쉬르에게 있어서 언어학의 관심 대상은 분할이나 대치로 드러나는 언어 단위의 분석이다(앞의 제4장을 볼 것). 언어 단위가 체계나 구조로 조직되어 있다는 것을 보여준 것은 그의 큰 공헌이다. 그러나 사회적, 심리적 요인들이 작용하는 문맥과 담화 상황을 고려해야 하는 발화의 종합적인 의미에 대한 문제는 그에게 제기되지 않는다.

문맥 밖의 낱말이란 기표와 기의를 하나로 묶고 있는 **기호**일 뿐이지, **지시관계**를 가지지 않는다. 그것은 단지 사전에서의 **어휘 항목**(곧 표제어)일 뿐이다. 그에 반해서 발화는 의미와 지시관계 둘 다를 갖는다. 말하자면, 의미가 문법적

구조가 기호들 간에 설정하는 관계에 의하여 생성된다면, 지시관계는 실제적이든 상상적이든 간에 주어진 상황에서 발화된 문장의 관계로부터 생긴다. 화자의 경우, 발화 상황에서 의미와 지시관계가 합쳐져서 해석이 이루어진다. 나는 제11장에서 이 점을 다시 다룰 것이다. 그러나 당분간 우리는−무엇보다도 시에서 발견되는−지시관계와는 독립적인 의미의 다른 층위를 인정할 필요가 있다.

이 장의 독자는 언어학에 대한 전통적인 입문에서 따르는 많은 논의를 발견하지 못할 것이다. 그 이유는 이곳에서는 일상 언어에서의 의미에 집중하는 경향이 있기 때문이다. 시적 사용을 고려할 때, 우리는 시에서는 생생하게 강조되나 일반 산문에서는 단지 희미하게 나타나는 언어와 의사소통의 숨겨진 양상들을 탐구할 수 있다. 로만 야콥슨의 말로는, '시학은 언어 구조의 문제를 다룬다... 언어학은 언어 구조의 전반적인 과학이기 때문에 시학은 언어학의 필수적인 부분으로 간주될 수도 있다.'[2]

소리에서 발화까지: 의미의 구성

소리에서 낱말까지, 그리고 낱말에서 발화까지, 각 층위는 시적 의미의 구성에 일익을 담당한다. 순수한 소리는, 우리가 보았듯이, 암시적이거나 혹은 상징적 의미를 갖는다. 보다 높은 수준에서 볼 때 일상적인 언어와 시적 언어 모두에서 문법적 조직 자체는 의미가 있다. 난센스 시 **재버워키**를 들으면서 앨리스는 '이상하네. 그건 내 머리에 생각들이 가득 차게 하는 것 같은데, 단지 그것들이 무엇인지를 정확하게 말할 수가 없단 말이야.'라고 말하며, 문법 구조에서 해석을 이끌어내면서는 '어쨌든 확실한 것은 **누군가**가 **무엇**을 죽였다는 것이군.'(118)이라고 덧붙인다. 속담, 슬로건 그리고 금언의 분야에서는 '곡조'(말하자면 음성적, 운율적 그리고 통사적인 구조)가 '가사'(곧 낱말들)와 똑같이 중요하다. 캐럴의 난센스 시의 대다수는 빅토리아 시대의 독자들에게 잘 알려진−대부분 매우 진지한−시들의 변형이다. 따라서 이삭 왓츠[1]의 시 (1)은 시

---

1) 이삭 왓츠(Isaac Watts, 1674~1748)는 영국의 기독교 목사, 찬송가 작가, 신학자 그리고 논리학

(2)로 변형된다.

(1)

How doth the little busy bee
Improve each shining hour
And gather honey all the day
From every opening flower
(작고 부지런한 꿀벌은 얼마나
반짝이는 순간순간을 갈고 닦으며
활짝 열린 꽃 하나하나에서
온 종일 꿀을 모으는지.)

(2)

How doth the little crocodile
Improve his shining tail
And pour the waters of the Nile
On every golden scale
(작은 악어는 얼마나
반짝이는 꼬리를 갈고 닦으며
황금빛 비늘 하나하나에
나일강의 강물을 끼얹는지!)

또한, 매드 해터에 의해 재인용된 시 (3)은 제인 테일러[2]의 유명한 시 (4)
(곧 「별 *The Star*」)의 패러디이다.

(3)

Twinkle twinkle little bat
How I wonder what you're at

자이다. 그는 다작의 인기 있는 찬송가 작가이다. 그가 지은 찬송가가 기록상 약 750곡에 이를
정도로 그는 '영어 찬송가의 대부'로 인정받고 있다. 그의 찬송가 중 많은 부분이 오늘날에도
계속 사용되고, 또한 많은 언어로 번역되어 있다〈역주〉.

2) 제인 테일러(Jane Taylor, 1783~1824)는 영국의 시인이자 소설가로 우리에게 잘 알려진 동요
「반짝 반짝 작은 별」의 작가이다. 이 동요는 제인 테일러 지은 「별 *The Star*」란 시에 당시에
널리 알려진 멜로디를 붙인 자장가이다〈역주〉.

Up above the world you fly
Like a tea-tray in the sky
(반짝 반짝 작은 박쥐
난 네가 무얼 하고 있는지 얼마나 궁금한지
하늘에서 찻쟁반처럼
네가 날아다니는 세계 위에서)

(4)
Twinkle twinkle little star,
How I wonder what you are!
Up above the world so high,
Like a diamond in the sky.
(반짝 반짝 작은 별,
나는 네가 무엇일까 얼마나 궁금한지!
하늘에 박힌 다이아몬드처럼
그렇게 높은 세상 위에서)

(이 시는 또한 비틀즈의 노래 「다이아몬드를 하고 하늘에 떠 있는 루시 *Lucy in the sky with diamonds*」[3]에 영감을 주었다.)

따라서 이러한 경우에 난센스 뒤에 의미가 있다. 말하자면 희극적 효과가 패러디에서 파생된다. 속담들은 그 자체의 문법적, 의미적 그리고 운율적 병행구조를 가지고 있기 때문에 '의미에 신경을 쓰라, 그러면 소리는 저절로 해결될 것이다(Take care of sense and the sounds will take care of themselves).'에서처럼 패러디에 특히 잘 어울린다. 화자들이 이러한 변형을 해석하고 즐기기 위해서는 그들은 동일한 지시관계의 틀을 공유해야 할 필요, 곧 동일한 문화의 구성원일 필요가 있다.

프랑스의 수학자 프랑수아 르 리오네[4]가 동물원을 방문하는 동안 떠오른 시

---

3) 이 곡은 영국의 록 밴드 비틀즈의 노래로, 1967년 음반 『Sgt. Pepper's Lonely Hearts Club Band』의 수록곡이다〈역주〉.

4) 프랑수아 르 리오네(François Le Lionnais, 1901~1984)는 문학을 사랑한 프랑스 수학자로서 1960년 작가 레몽 크노의 주도하에 결성한 실험문학단체인 울리포(OuLiPo)의 창단 멤버로 활동했다. 그는 소설과 수학 사이의 창조적 상호작용을 추구했다〈역주〉.

구 '아름다운 원숭이는 겨울용 장난감이다(un singe de beauté est un jouet pour l'hiver).'의 경우 더 세밀한 분석이 요구된다. 'a beautiful monkey is a toy for winter'와 같은 글자 그대로의 번역은 이곳 우리에게 별 소용이 없다?! 르 리오네가 번역한 것은 그 원본인 존 키츠[5]의 'a thing of beauty is a joy forever(아름다운 것은 영원한 기쁨이다)'[6]의 음성학적, 운율적 특징을 살린 것이기 때문이다. 그의 새로운 문장의 의미는 **엔디미온**[7]의 시구와 같은 뿌리의, 거의 초현실주의적인 관계를 가지고 있다.

이제 다음 텍스트를 검토해 보자.

> In the comment, Slander created the candle and the compost. Now, the compost was formless and empty, the content was over the surfer of the deep-sea diver and the skiff of Slander was hovering over the astonishment. And Slander said, 'Let there be a candle end'; and there was a candle end. And Slander saw that the candle end was good. And Slander separated the candle end from the content. Slander called the candle end Newspaper and the content Overnight stay.
>
> (소문에 슬랜드는 양초와 퇴비를 창조하였다. 그때 퇴비는 형태가 없고 비어있었다. 그 내용물은 심해 잠수부의 서퍼 위에 있었고, 슬랜드의 소형 보트는 깜짝 놀람 위를 배회하고 있었다.
>
> 그리고 슬랜드가 말하기를, '양초동강이 있어라'하니 양철동강이 있었다. 그리고 슬랜드는 양철동강이 좋아보였더라. 그리고 슬랜드는 내용물에서 양철동강을 분리했다. 슬랜드는 양철동강을 신문(Newspaper)이라 부르고 내용물을 일박 체류(Overnight stay)라 불렀다.)

---

5) 존 키츠(John Keats, 1795~1821)는 영국 낭만주의를 대표하는 시인들(워즈워스, 코울리지, 바이런, 셸리) 중 가장 마지막에 출생하여 25세의 나이로 짧은 생을 살다간 천재 시인이다. 주요 작품으로는 「그리스 항아리에 부치는 노래 *Ode on a Grecian Urn*」(1917), 「나이팅게일에게 부치는 노래 *Ode to a Nightingale*」(1819), 「가을에 부치는 노래 *Ode to Autumn*」(1820) 등의 송가가 있다〈역주〉.

6) 이 구절은 키츠의 시 「아름다운 것(엔디미온) *A thing of beauty(Endymion)*」의 첫 시구이다 〈역주〉.

7) 엔디미온(Endymion)은 달의 여신 셀레네(Selene)에게 사랑을 받은 목동(곧 미소년)을 말한다 〈역주〉.

성경에 익숙한 사람이라면 창세기 제1장 1~5절의 왜곡으로서 이 완전히 엉뚱한 텍스트를 알아보지 못한다는 것은 이해하기 힘들 것이다. 이것은 다음과 같은 단계를 거침으로서 생성된다. 즉 영어–프랑스어 사전에서 각 명사의 번역을 검색한 다음, 동일한 사전에서 다음 명사를 가져와서 그것을 영어로 다시 번역한다. 결과는 전혀 의미가 통하지 않는 것처럼 보인다. 그렇다 하더라도 그것은 여전히 성경의 문법, 구절 그리고 리듬의 특징을 가지고 있다. 요컨대, 우리는 비록 가사를 알지 못하더라도 곡조는 인식한다. 이 모든 것에도 불구하고, 우리가 '합리적인', 즉 지시적인 의미와는 분명히 구별해야만 하는 의미의 유사성은, 아무리 미약할지라도, 조금 생겨난다.

'N + 7 프로세스'로 알려진 위 연습의 변형은 텍스트의 각 명사를 단일 언어 사전에서 그 명사 다음에 7번째 나오는 명사로 대체하는 것으로 구성된다. 사전의 선택은 중요할 수 있다. 사전이 내용이 없으면 없을수록, 그리고 기본적이면 기본적일수록 생산된 텍스트는 더 평범하고 더 구체적인 것으로 들리는 경향이 있다. 사전이 더 포괄적이면 포괄적일수록 텍스트는 더 많은 희귀하고 고풍스러운 낱말을 포함할 것이다. 그 효과는 결과적으로 더 시적이 될 것이다. 왜냐하면 희귀하거나 잘 알려지지 않은 낱말들은 더 큰 연상 작용을 가지기 때문이다. 낱말이 의미가 불명확할수록, 잠재적인 의미가 풍부해질수록, 덜 잉여적이거나 덜 예측할 수 있는 것이라고 우리는 말할 수 있다. 이것은 의미의 역설이다. 말하자면, 평범하고 잘 알려져 있고 닳고 닳은 의미는 다음의 언급에서처럼 우리의 상상력에 자유를 주는 잘 알려지지 않은 것보다 우리에게 말해주는 것이 적다.

> 특이한 낱말들(신어, 변형 어법, 고풍스런 표현 등)은 자신들의 음성 효과에 의해서 의사소통의 언어에서 일반적인 낱말들, 곧 상용어들과 구별된다는 점에서 시적인 가치를 가진다. 왜냐하면, 상용어들은 잦은 사용의 결과로 더 이상 음성 구성의 모든 세부 사항에서 더 이상 지각되지 않고 오히려 예측될 뿐이기 때문이다.[3]

바로 이런 이유로 앨리스는, 다음 인용에서 보듯이, 토끼 굴에서 떨어졌을 때 자신이 전혀 이해하지는 못하지만 신비스러움과 시적인 청취가 깃들어 있는 '경도'와 '위도'라는 말을 아주 즐겁게 반복한다.

> '그런데 위도랑 경도는 어떻게 계산하지?'(앨리스는 위도가 뭔지, 경도가 뭔지 전혀 몰랐다.
> 그렇지만 그것들에 대해서 말하는 것이 꽤 근사하게 생각되었다.) (8)

우리는 다음과 같이 다시 야콥슨을 인용함으로써 그 점을 강조할 수 있다.

> 소리와 의미 사이의 연합(association)이 평범하면 평범한 것일수록 그것은 더 쉽게 기계적인 연합이 된다. 여기서 일상 언어는 보수적인 특징을 갖는다... 시에서는 기계적인, 자동적인 연합의 역할은 최소한으로 줄어든다.[4]

시에서 운율은 의미의 확산 현상을 두드러지게 한다.[5] 유사한 기표들 사이의 관계를 수립함으로써, 시는 **기의들** 사이의 유사성을 암시하고, 이는 시의 전반적인 의미를 구성하는 데 엄청난 기여를 한다.

야콥슨은 또한 시적 발화를 특징짓는 문법적 **대구법**[8])이 의미에 영향을 미치는 정도를 보여줌으로써 '문체적 장치'와 대립되거나 중첩되는 '문법 장치'의 존재를 강조한다.[6] 실제로, 문법적 대구법은 다음 예에서처럼 특히 성경의 시편에서 발견되는 기법인 의미의 '결합쌍'을 확립한다.

> May those who curse you be cursed
> And those who bless you be blessed.
> (너를 저주하는 자는 저주를 받고
> 너를 축복하는 자는 복을 받기를 원하노라.)

(창세기 27장 29절)

---

8) 대구법(對句法, parallelism)이란 '통사상의 기능이나 의미가 유사하거나 대조적인 두 개 이상의 음 또는 단어, 구, 절 등을 병렬해서 정연한 어조를 자아내기도 하고 의미를 강하게 하기도 하는 수사법'을 말한다(조성식 외(1990), 『영어학사전』 참조)〈역주〉.

Out of the eater, something to eat;
out of the strong, something sweet
(먹는 자에게서 먹을 것이 나오고
강한 자에게서 달콤한 것이 나오느니라.)

(사사기 14장 14절)

In my distress I called to the Lord;
I called out to my God.
From his temple he heard my voice;
my cry came unto his ears.
(이 곤경 중에 내가 주님을 부르고
내 하느님을 불렀더니
당신 궁전에서 내 목소리 들으셨네.
내 부르짖음 그분 귀에 다다랐네.)

(사무엘서 하권 22장 7절)

For he wounds, but he also binds up;
he injures, but his hands also heal
(그분께서는 아프게 하시지만 상처를 싸매 주시고;
때리시지만 손수 치유해 주신다네.)

(욥기 5장 18절)

What is twisted cannot be straightened;
what is lacking cannot be counted...
For with much wisdom comes much sorrow;
the more knowledge, the more grief
(구부러진 것도 곧게 할 수 없고
모자란 것도 셀 수 없도다...
지혜가 많으면 번뇌도 많으니;
지식을 더하는 자는 근심을 더하느니라.)

(전도서 1장 15~18)

이와 동일한 과정이 수많은 민족에게 구전으로 전해지는 의식용 시에서 또한 발견된다.

> 의식용 언어는 관례적인 문구나 시구를 생산하기 위해 고정된 요소들의 결합쌍을 필요로 하는 의미의 이원적 체계에 기반한 구전시이다. 이것은 규범적인 대구법 현상의 특별한 사례이다. 전 세계의 구전 전통에서 이 규범적인 대구법을 광범위하게 사용하는 것에 대한 연구가 막 시작되고 있다.[7]

시적 대구법은 인간에게 생명력을 불어넣는 본질적으로 이원적인 리듬과 연결될 수 있다. 그런 이유로 실행의 보편성을 띤다. 인간은 양면적인 바, 몸짓과 말 사이의 상호작용이 뒤 따른다. 즉 '입의 움직임의 영향을 받은 양면성을 띤 인간의 포괄적인 몸짓이 있는 것이다'.[8] 우리가 동요나 속담에서 발견하는 것도 바로 이와 동일한 이원적인 진동(곧 움직임)이다. 예를 들면, 'like father, like son(그 아버지에 그 아들)', 'all's well that ends well(끝이 좋으면 모두 좋다)', 'first come, first served(먼저 오면 먼저 대접 받는다= 선착순)', 'more haste, less speed(급할수록 돌아가라)', 'what goes up, must come down(올라가는 것은 반드시 내려와야 한다)', 'Once a thief, always a thief(제 버릇 개 못 준다)' 등등이 그렇다. 대립과 비교라는 두 가지 주된 유형으로 축약될 수 있는 이러한 종류의 관례적인 문구는 분명히 의미에 기여한다.

그러나 의미는 발화에서 고르게 분포되어있지 않다. 울리포의 틀 내에서 레몽 크노[9]와 자크 방[10]은 발화의 축소에 있어서 두 가지 실험을 수행하여 어느 부분이 의미를 가장 많이 담당하고 있는지, 아니면 가장 덜 중복되는지를 결정할 수 있게 했으며, 그런 다음 생성된 의미의 종류에 따라 문법 부류의 계층 구조를 확립했다. 모든 화자는 명사, 동사, 형용사 그리고 부사가 똑

---

9) 레몽 크노(Raymond Queneau, 1903~1976)는 프랑스의 시인이자 소설가로 울리포(Oulipo)의 공동 창설자이다. 그는 언어유희가 담긴 실험적 작품을 주로 썼다. 주요 작품으로는 「개밀 le Chiendent」(1933), 「나의 벗 피에로 Pierre mon ami」(1942), 「문체 연습 Exercices de style」(1947), 「지하철 안의 자지 Zazie dans le métro」(1959), 「백조 편의 시 Cent mille milliards de poèmes」(1961), 「푸른 꽃 Les Fleurs bleues」(1965) 등이 있다〈역주〉.

10) 자크 방(Jacques Bens, 1931~2001)은 프랑스의 작가이자 시인이자 울리포(Oulipo)의 공동 창설자이다〈역주〉.

같이 중요한 것은 아니라는 것을 어떻게든 느낄 수 있다. 울리포의 실험을 통해 우리는 산문이나 운문으로 된 텍스트를 사용하여 목록을 작성함으로써 이 느낌을 명확하게 할 수 있다. 우리가 차례로 명사, 형용사, 동사 그리고 부사를 문맥에서 삭제하면, 첫 번째 목록만이 의미의 겉모습을 유지하고 나머지 목록은 상당히 모순된 목록을 생성한다는 것을 확인하게 된다. 이 점은 존 키츠의 「나이팅게일에게 부치는 노래」의 첫 번째 연의 명사와 관련하여 아래에 설명되어 있다.

My *heart* aches, and a drowsy *numbness* pains
　My *sense*, as though of *hemlock* I had drunk,
Or emptied some dull *opiate* to the *drains*
　One *minute* past, and Lethe-wards had sunk:
'Tis not through *envy* of thy happy *lot*,
　But being too happy in thine *happiness*,—
That thou, light-winged Dryad of the *trees*,
　In some melodious *plot*
Of *beechen* green, and *shadows* numberless,
　Singest of *summer* in full-throated *ease*.
(나의 가슴은 아리고, 나른히 파고드는 마비에
　나의 감각이 저린다. 마치 방금 독미나리 즙을 마신 듯,
또는 약간 산뜻하지 않게 느껴지는 아편을
　마신 나머지까지 비우고
일 분 후, 망각의 강쪽으로 가라앉은 듯이,
이는 당신의 행복한 운명에 대한 부러움에 샘이 나서가 아니라,
　당신의 행복 속에서 너무 행복하기 때문, —
날개 가벼운 나무의 정령인 너는
　너도밤나무의 푸르름과 수많은
그림자들의 감미로운 이야기로
　목청껏 편하게 여름을 노래하네.)

이렇게 하면 다음의 목록이 만들어진다. 이 목록은 느낌으로 읽으면 원본의 연상 작용을 유지하게 된다.

heart, numbness, sense, hemlock, opiate, drains, minute, envy, lot, happiness, trees, plot, beechen, shadows, summer, ease.

우리가 우리의 문법 부류의 계층 구조에 구조어(structure words)(전치사, 접속사, 관사 그리고 소사 등과 같이 홀로 쓰일 수 없는 도구어들)를 포함시킨다면, 이들은 정확히 의미 계층구조의 맨 아래에 위치할 것이다. 위대한 미국의 시인이자 소설가인 거트루드 스타인은 언어를 재형상화하고, 부수고, 재구조화하는데 평생을 보내면서 어휘 의미의 계층구조를 아주 잘 이해했다. 그런 그녀는 언어를 뒤집어서 우리가 기대하는 것과는 정반대의 시적 효과를 그려낼 수 있었다. 무엇보다도 스타인은 명사와 형용사를 혐오했고, 동사와 부사에는 조금 더 관대했고, 관사와 접속사에 대해서는 엄청나게 호의적이었고, 전치사에 대해서는 열정적이었다. 스타인은 실제로 너무 직접적으로 지시하는 모든 것을 싫어했다. 그러다 보니 그녀는 불행하게도 아주 지독히 불행하게도 사물의 이름인 명사에서 혹은 그러한 사물들의 자질들 나타내는데 사용되는 형용사에서 시적 효과를 이끌어낼 수 없었다. 반면에 구조어는 작동하는 낱말들이며, 무언가를 하고 어리석은 이름을 제공하는데 만족하지 않는 낱말들이다. 그런 것이 바로 자신의 정열에 사로잡힌 거트루드 스타인의 모습이었다! 언어의 중복된 부분을 줄임으로써 그녀는 -역설적으로- 시적 및 의미론적 잠재력을 새롭게 바꾸려고 했다. 그녀가 전보를 거의 사용하지 않았다는 것은 의심할여지가 없다.

말의 힘: 의식(儀式)에서 언어의 의미

의미는 또한 발화 내에서 사용된 기능과 밀접하게 연계되어 있다. 모든 종류의 의식, 곧 마법적, 종교적 혹은 유희적인 의식에서 사용된 관례적인 문구들은 지시적 가치는 가지고 있지 않을지는 모르지만 의미작용에서는 풍부하다. 그러나 의미작용은 발화의 구성요소의 분석에는 전혀 상관이 없다.[9] 이것은 특히 동요, 다른 간단한 운문시, 그리고 엉킨 대화나 난센스의 길고 장황한 이야기에도 해당된다. 아이들은 이것들을 변하지 않는 시나리오 내에서 몸짓과 낱말이 어우러진 의식화된 게임에서 놀이로 사용한다. 다음 예에서와 같다.

> Round and round the garden, like a teddy bear
> This little piggy went to market, this little piggy stayed at home
> Ha ha ha hi hi hi, can't catch me for a toffee tree
> (돌아라 돌아라 정원을 곰인형처럼
> 이 어린 아기돼지는 시장에 갔고 이 어린 아기돼지는 집에 있다네
> 하하하 히히히 토피사탕 나무 대신에 날 잡을 순 없어)

아이들이 놀이에서 술래를 정할 때 부르는 셈노래(comptines)나 '술래 뽑기 노래'는 다음 예에서처럼 정말 글자 그대로 게임 참가자들의 수를 세고 다른 역할을 할당하기 위해서 사용된다.

> 'one potato, two potato, three potato, four',
> (감자 하나, 감자 둘, 감자 셋, 넷)
> 'ip dip sky blue'
> (려 내려 푸른 하늘)
> 혹은
> 'eeny meeny miney mo'.
> (이니 미니 마이니 모)

실제로 우리가 '술래 뽑기 노래'를 가지고 '난센스'의 영역을 시작했지만, 루이스 캐럴과 에드워드 리어[11]가 이 영역에 특히 뛰어났다. 그러나 우리가 재버워키와 관련하여 보았듯이, 난센스는 의미의 부재와는 거리가 멀다.

의미, 난센스, 그리고 지시관계

시에서도 의식(儀式)에서와 마찬가지로 의미와 지시관계는 구별된다. 앙드

---

11) 에드워드 리어(Edward Lear, 1812~1888)는 영국의 시인이자, 화가 겸 아동 문학가이다. 그는 대표작으로 『난센스 시집』(1846)과 『난센스의 노래와 이야기집』(1871)이 있고, 캐럴과 함께 난센스의 아버지로 불린다〈역주〉.

레 브르통12)에게 있어서 지시적인 것과 비지시적인 것을 구별하는 것은 시에서는 의미가 사전에 정해져 있지 않다는 것이다. 초현실주의적인 은유와 이미지에서 의미는 시인이 마음속에 지시적인 의도가 없기 때문에 목적이 없는, 지루하게 억지로 꾸민 듯하지 않는 연상으로부터 사건 후에 갑자기 나타난다.

우리가 귀납적으로 인식하고, 종종 난센스나 상식의 위반에서 시작되는 의미는 환각 체험 동안에도 똑같이 나타난다. 예를 들어 (어떤 사람들의 이야기로는) 비틀즈의 「다이아몬드를 하고 하늘에 떠 있는 루시 *Lucy in the Sky with Diamonds*」에서 떠오르는 것처럼 말이다.

> Follow her down to a bridge by a fountain
> Where rocking horse people eat marshmallow pies
> Everyone smiles as you drift past the flowers
> That grow so incredibly high
> (샘 옆의 다리로 그녀를 따라 내려가세요
> 흔들 목마를 타는 사람들이 마쉬멜로 파이를 먹는 곳
> 모든 사람들이 웃어요
> 네가 정말 믿을 수 없을 정도로 높이 자라는 꽃들을 지나 떠내려갈 때)

실제로 브르통은 이미 초현실주의의 효과와 하시시13)의 효과를 비교했다. 이는 모든 마리화나 흡연자들이 인정하는 비교이다. 그 효과는 무엇보다도, 대체로 계획적 의도가 없고 의사소통을 하려는 의지가 거의 없는 흡연자의 담화에서 현저하다. 환각을 느끼는 사람의 담화는 비록 몇몇 특징들은 공유한다 할지라고 병적인 담화와는 동일하지 않다. 환각 상태에 있는 동안 담화를 특징짓는 것은 비록 다른 사람이 그 의미에 접근할 수 없을지라도 화자가 가지는 의미의 강도이다. 이것은 의미의 부재가 결코 아니다. 아마도 프랑스계 벨기에인인 시

---

12) 앙드레 브르통(André Breton, 1896~1966)은 20세기 초현실주의를 대표하는 프랑스의 시인이자 비평가이다. 정신 병리학을 공부했던 그는 상징주의 시의 영향을 받아 다다이즘과 손을 잡고 루이 아라공 및 필리프 수포와 함께 1919년 「문학 *Littérature*」이라는 평론 잡지를 창간했다. 1922년 다다이즘으로부터 초현실주의로 전환한 후 이 운동의 강력한 이론적 지도자로 활동했다〈역주〉.

13) 하시시(hashish)란 대마의 암그루 꽃이삭과 줄기 윗부분의 잎에서 분리한 호박색의 수지(樹脂)를 가루로 만든 마약이다〈역주〉.

인 앙리 미쇼[14])보다 이 문제를 더 잘 말할 사람은 거의 없을 것이다. 그는 이 문제의 모든 양상을 『심연에 의한 앎 *Connaissance par les gouffres*』(1961)에서 탐구했다. 그는 '전에는 그것을 전혀 내보인 적이 없는 사람에게 있어서의 신어 창조의 경향...교착(agglutination), 곧 첨가에 의해 그들이 필요로 하는 새로운 낱말을 만드는 경향'을 강조한다. 앨리스 자신의 버섯 실험이—어떨 때는 그녀를 더 크게 만들고, 또 어떨 때는 그녀를 더 작게 만드는 것—환각적인 성질[10]을 가지고 있기 때문이 아닐까 하고 우리는 생각할 수도 있다. 이것은 그녀의 정체성 상실을 설명해 주고, 또한 그녀가 카터필러(Caterpillar)에게 말을 걸면서 시를 암송하려는 헛된 시도를 할 때 자신의 기억이 자신을 이용하는 비열한 속임수를 설명해 줄 것이다.

따라서 상식에 대한 역설로 의미는 화자의 의도와는 독립적으로, 곧, 화자의 의도로 추정된 지시관계와 의사소통의 목적과는 독립적으로 존재할 수 있는 것으로 보이고, 또한 거꾸로 난센스도 화자의 의도의 결과일 수 있는 것처럼 보인다. 우리가 보았듯이 난센스는 단순히 의미의 또 다른 형태일 뿐이다. 단지 그것은 비뚤어진 다형성인 것이다. 그 한계는 어디에 있을까? 의미는 어느 시점에서 바닥이 날까?

낱말에서 소리로: 의미의 파괴

> 말이 끝나는 곳에서 음악이 시작된다.
> (하이든)

의미는 훼손되기 쉽다. 우리는 발레리가 시를 '소리와 의미 사이의 오래 계속되는 망설임'으로 정의하는 것을 보았다. 이 섬세한 균형을 깨뜨리기 위해서는 팔꿈치로 살짝 미는 것으로 충분하다. 순수한 소리에 우선순위를 부여함으로써 우리는 난센스와는 별개의 것으로 무의미함, 곧 의미 부재에 길을 연다.

---

14) 앙리 미쇼(Henri Michaux, 1899~1984)는 벨기에서 성장한 후 1923년부터는 파리에서 활동한 시인이자 미술가이다. 그는 꿈과 환상을 다루면서, 환각제의 힘을 빌려 인간 내면세계를 탐구하기도 했다〈역주〉.

기표와 기의 사이의 관계는 부서지기 쉬운 관계이다. 그것은 생성될 수 있는 것과 같이 없어질 수도 있다.

로만 야콥슨은 미래파 예술가 빅토르 흘레브니코프[15)]에 대해서 다음과 같이 말한다.

> '의미는 약해지고, 음운의 구조는 자율적이다. 우리는 자의적인 언어에서 겨우 한 발짝 떨어져 있다... 시적 언어는 궁극적으로 순전히 음성적 낱말을... 초정신적 담화를 지향한다.'[11]

또한 야콥슨은 그 한 발짝을 디뎠더라도 다음의 경우일 때는 한계에 직면한다고 말한다.

> '말은... 더 이상 현실에 어떠한 계획도 가지지 못하고, 이어서 그 내적인 형태를 잃고, 결국은 그 외적인 형태까지 잃는다.'[12]

레몽 크노가 스테판 말라르메를 참고로 하여 말했듯이, 우리가 여기서 가지는 것은 '진공상태를 창출하기 위한 말라르머신[16)]'이다. 러시아의 언어학자 폴리바노프[17)]는 시를 산문과 구별하는 데에 있어서 의미적 조직보다 절대적 우위에 있는 음성적 조직을 기준으로 사용한다. 시는 무엇보다도 그 소재로 음을 가지고 하는 놀이임에 틀림이 없다고 하면서 '중요하지 않은 것은 단지 의미적 내용의 성격만이 아니라, 바로 그 존재이다.'[13]라고 말한다.

자율적인 소리의 조직은 러시아 형식주의자들의 특징이다. 그들은 이 소리의 조직을 글자 그대로의 의미로는 '초정신적인 것'을 뜻하는 '자움(zaoum)'이라 부른다. '자움'에서(적어도 의미 있는 낱말이 없는 이상적인 '자움') 폴리바

---

15) 흘레브니코프(Viktor Vladimirovich Khlebnikov, 1885~1922)는 러시아의 대표적인 미래주의 시인이었다. 그는 과거 시대의 시적 인습으로부터 벗어나 시어의 운율형식을 혁신하는 러시아의 미래주의 운동을 이끄는 데 중추적인 역할을 했다〈역주〉.

16) 말라르머신(Mallarmachine)은 'Mallarmé(말라르메)'와 'machine(기계)'가 합쳐져 '말라르메 기계'를 뜻하는 혼성어이다〈역주〉.

17) 폴리바노프(Evgenii Dimitrievich Polivanov, 1891~1938)는 소련의 언어학자이자 음성학자로 상트페테르부르크대학 언어학 교수였다. 그는 특히 동양어(한국어, 일본어, 중국어, 투르크어 등)의 음운 연구에 힘썼다. 저서에 『동양학 대학용 언어학 입문』(1928), 『일반언어학논문집』 등이 있다(『두산백과』 참조)〈역주〉.

노프는 다음과 같이 쓰고 있다.

> 작가의 모든 창조적인 에너지와 수신자(독자 혹은 청자)의 모든 주의력은 담화
> 의 형식적인(곧 소리의) 양상에 집중되어 있다. 다시 말하면 그것들은 의미적
> 표상들에 의해서 주의력이 산만해지는 것 없이 그렇고 그런 반복의 놀이에 관
> 심이 쏠려있다.[14]

비의미화(desemanticization)에 대한 동일한 경향이 프랑스의 다다이즘[18]
과 문자주의[19]와 같은 운동에서 발견될 수 있다. 독일의 화가이자 음악가인 쿠
르트 슈비터즈[20]는 의도적으로 언어적 의미를 제거한 음소의 반복과 노래로
구성된 「원소나타 *Ursonate*」[21]에서 이러한 경향을 설명했다.

쿠르트 슈비터스 　　　　**소리 시를 읽는 열쇠**

　영어는 정확한 소리를 내기가 매우 어렵기 때문에 나는 독일어의 더 단순한 소
리를 선택해. o와 u가 영어에서 단순음인 것처럼 a e i o u는 단순음이지만 ou와
ju는 아니야.
　그리고 단순 자음으로 돌아가 볼게. 자음들이 두 개의 다른 자음들로 표현될 수
있다면, 난 그것들을 사용하지 않아. 예를 들어 독일어 발음에 z 대신에 나는 ts라
고 하지. 만약 두 개의 모음이 쓰인다면 그건 하나의 모음보다는 더 긴 소리라는
의미이지. 만약 두 개의 모음이 두 개로 발음되어야한다면 난 그것들을 분리해.

---

18) 다다이즘(Dadaism)(혹은 다다(Dada)라고도 함)은 20세기 초 유럽에서 기존의 사회적, 예술적
　　전통을 부정하고 반이성, 반예술, 반도덕을 표방한 예술운동이다. 이 운동은 제1차 세계대전
　　후의 사회적인 불안을 반영한 것으로 브르통, 아라공, 엘뤼아르, 뒤샹 등의 예술가가 참여했고,
　　후에 초현실주의 모체가 된다〈역주〉.
19) 문자주의(Lettrism)는 말뜻보다는 문자의 배열이나 의성어 등에 의한 음악적 효과를 중시한,
　　제2차 세계대전 후 프랑스에 일어난 문학과 예술 운동이다〈역주〉.
20) 쿠르트 슈비터스(Kurt Schwitters, 1887~1948)는 1919년 하노버에서 일으킨 다다이즘 운동에
　　서 출발하여 추상주의 운동에도 참가한 후, 신문과 광고지 조각 등으로 콜라주를 구사한 독일의
　　화가이다. 1940년 나치의 탄압을 피하여 영국으로 망명했다. 대표작으로 「성좌(星座) *The Star
　　Picture*」(1920), 「버찌 *Cherry Picture*」(1921) 등이 있다〈역주〉.
21) 「원소나타 *Ursonate*」는 슈비터즈가 작곡하고 연주한(1922년에 작곡하고 1932년까지 연주) 소리
　　시(sound poetry)이다〈역주〉.

Aa는 장모음 a이고 a a는 두 개의 a이지.

자음은 소리가 없지. 만약 그것들이 발음되어야 한다면 그 소리의 모음이 쓰여야해. 예를 들어 b는 be, bö, bee로 쓰여야 해.

만약 b p d t g h와 같은 자음이 서로 서로 이어진다면 그것들은 3개의 단순음 b로서 bbb로 말해져야해.

만약 h l j m n r s w ch sch (sh) 중에 어떤 것이 서로 서로 이어진다면 그것들은 따로따로 말해져서는 안 되며 하나의 긴 자음으로 발음해야해. e q v x y z는 사용되지 않아. W는 영어에서처럼 이중의 u가 아니고 영어의 v와 같아.

대문자들은 소문자들과 같고 단지 분리를 더 잘 표시할 뿐이야. 영어의 모음 a와 i는 ä와 ei로 인쇄돼. 프랑스어 u는 ü로, 노르웨이어의 ø 는 ö로 인쇄돼.

출처: 라울 하우스만과 쿠르트 슈비터스
개인 식별번호(런던: 개버 보쿠스 프레스, 1962). 52.

1922–1932	「Ursonate」에서 발췌	
도입부:		
Fümms bö wö tää zää Uu, 　　　　　pögriff, 　　　　　　　kwii Ee.		I
Oooooooooooooooooooooooooooooooooo,		6
dll rrrrr beeeee bö　　(A) dll rrrrr beeeee bö fümms bö, 　rrrrr beeeee bö fümms bö wö, 　　beeeee bö fümms bö wö tää, 　　　bö fümms bö wö tää zää 　　　　fümms bö wö tää zää Uu:		
제1부:		
주제1: fümms bö wö tää zää Uu, 　　　　　pögriff, 　　　　　　　kwii Ee		I
주제2: Dedesnn nn rrrrr, 　　　li Ee, 　　　　mpiff tillff too,		2

	tilll.	
	jüü Kaa?(노래로 불려진다)	
주제3:		
Rinnzekete bee bee nnz krr müü?		3
	ziiuun ennze, ziiuu rinnzkrrmüü.	
rakete bee bee.		3a
주제4:		
Rrummpff tillff toooo?		4

(쿠르트 슈비터스, 「원소나타 *Ursonate*」)

이 단계에서 언어는 더 이상 의사소통의 가치를 조금도 보여주지 않는다. 말을 가지고 노는 것은, 말하자면, **빈 형태**를 가지고 노는 것에 지나지 않는다. 실제로 이것은 모든 목적이 배제된 가장 순수한 형태의 놀이이다. 이 점에서 우리는 의사 전달의 한계를 넘어섰다. 우리가 너무 멀리 몰아붙이면, 이 과정은 시를 넘어선다고 주장할 수 있다. 왜냐하면 시라도, 그것이 아무리 적더라도, 어떤 의사소통의 가능성을 유지해야하기 때문이다. 시는, 결국, 무엇보다도 존재들 사이의 친교의 한 형태가 되어 그 존재를 정당화한다. '소리 시는 그것이 (언어의) 시적인 경험의 가장 모서리가 될 경우에만 흥미롭다. 그런즉, 우리는 그 한계에 도달할 수 있어야 하지만, 결코 별개로(곧 고립적으로) 그렇게 해서는 안 된다.'[15]

하이든은 '말이 끝나는 곳에서 음악이 시작된다.'고 말했다. 우리 모두가 때때로 알아차렸듯이 고립된 말의 반복은 그 말의 뜻을 잃게 한다. 말의 의미가 우리에게서 사라질 때—다행히도 단지 아주 잠깐 동안— 우리는 다가오는 불안감 같은 것을 느낀다. 그것은 순수한 소리의 실체로 축소되어 우리의 기억 속에 머물러 있다. 마찬가지로 내가 마지막으로 썼던 말을 응시하거나 혹은 내가 똑같은 말로 온통 한 페이지를 채우기 시작한다면, 그 말은 점점 나에게 이상하고, 기묘하고, 이해할 수 없고, 거의 괴물같이 기괴하게 된다. 그것은 한 장의 종위 위에 그려진 그림에 불과하다.

현대 음악은 특징적인 반복을 통해 이것을 기술로 바꿔 놓았다. 관련이 없는 말의 반복은 순수한 소리 재료로, 곧 악기가 사람의 목소리인 음악으로 변환된다. 음성 합성 또는 전자 음향 음악은 미리 녹음된 진부한 메시지를 자르고, 맞추고, 겹치게 함(때때로 캐논[22]의 형태로)으로써 이루어진다. 그 결과 모든 언어적 가치가 비워지는 언어 음악이 만들어진다. 우리는 여기서 기 라이벨 (Guy Reibel)[23]의 「에드가 포를 위한 조곡 *Suite pour Edgar Poe*」(1983), 또는 이보 말렉(Ivo Malec)[24]의 「소리 *Vox Vocis*」(1979), 또는 더 나아가 도루 다케미쓰(Toru Takemitsu)[25]의 일본어로 '사랑'이라는 의미의 말 *아이(ai)*에 대한 변조를 언급할 수 있다. 또한 클래식 음악도 유사한 효과를 낸다는 것을 주목할 가치가 있다. 예를 들어 슈베르트의 「슬픔의 성모 *Stabat Mater*」에서 '아베 마리아(Ave Maria)'를 들어보라. 문자 언어는 그래픽 시(곧 그림 시)나 칼리그람[26]에 의해 보여 지는 것과 동일하게 취급될 수 있다. 이는 결국 의미를 해쳐 말의 외형이나 형태를 특권으로 삼거나, 혹은 반대로 그 형태로부터 새로운 의미를 생성하는 것이다.

Easter wings

Lord, who createdst man in wealth and store,
Though foolishly he lost the same,
Decaying more and more,
Till he became
Most poore:
With thee
O let me rise

---

22) 여기서 캐논(canon)은 가수나 악기들이 번갈아 가며 한 멜로디를 반복하는 음악 형식을 말한다 〈역주〉.

23) 기 라이벨(Guy Reibel, 1936~)은 프랑스 스트라스부르그 태생으로 파리에서 가장 오래된 고등 음악 교육기관인 「파리 음악원 *Conservatoire de Paris*」에서 공부한 현대 클래식음악 작곡가이다〈역주〉.

24) 이보 말렉(Ivo Malec, 1925~)은 크로아티아 태생의 프랑스 작곡가이자, 음악 교육가 그리고 지휘자이다〈역주〉.

25) 도루 다케미쓰(Toru Takemitsu, 1930~1996)는 일본의 작곡가이다. 서구 고전음악의 전통에 동양 악기를 결합시킨 음악을 보였으며 독특한 타악기나 관현악 음악의 전자적 수정 등 다양한 시도를 선보였다. 작품으로는 「현을 위한 레퀴엠」이 유명하다(『두산백과』 참조)〈역주〉.

26) 칼리그람(calligramme)이란 시구의 배열이 도형을 이루어 시의 대상을 시각적으로 보여주는 형태로 아폴리네르(G. Apollinaire)가 처음 사용한 조어이다〈역주〉.

As larks, harmoniously,
And sing this day thy victories:
Then shall the fall further the flight in me.

My tender age in sorrow did beginne:
And still with sicknesses and shame
Thou didst so punish sinne,
That I became
Most thinne.
With thee
Let me combine
And feel this day thy victorie:
For, if I imp my wing on thine,
Affliction shall advance the flight in me.

(George Herbert[27], ‘Easter wings’)

부활의 날개/조지 허버트

주여 당신은 인간을 부하고 풍성하게 창조하셨습니다.
그러나 어리석게도 인간은 그것을 잃어버리고,
점점 더 많이 타락하여,
마침내 그는 비할 바 없이
가난하게 되었습니다.
아, 당신과 함께
종달새처럼 나를
일으켜 조화롭게 날아오르게 하소서
그리고 오늘 당신의 승리를 노래하게 하소서.
그러면 추락이 나에게는 더욱 높은 비상이 될 것입니다.

나의 어린 시절은 슬픔 속에서 시작되었습니다.
그리고 언제나 질병과 수치심으로
당신은 죄를 벌하셨습니다.

---

27) 조지 허버트(George Herbert, 1593~1633)는 영국 귀족 출신의 목사이자 종교 시인이다. 그의 사후 종교 시집 『성당 The Temple』(1633)은 영혼의 갈등과 신의 사랑을 정묘하게 분석하고 묘사한 약 160편의 단시(短詩)로 구성되어 있다. 본문의 시 「부활의 날개 Easter wings」도 이 시집에 수록된 작품이다〈역주〉.

그래서 저는 극도로 야위어 졌습니다.

당신과 더불어

나를 하나가 되게 하시어,

오늘 당신의 승리를 느끼게 하소서.

왜냐하면 저의 날개를 당신의 깃에 접붙이면

고뇌가 나의 비상을 더욱 가속시키는 것이 되기 때문입니다.[28]

철학자 장 보드리야르[29]는 정신이 혼미해질 때까지 단조로운 어조로 읽혀지는 의식적인 관례적 문구도 동일한 목적을 가지고 있다고 다음과 같이 지적한다.

> 낱말들과 몸짓은 끝없는 반복과 찬양을 통해 의미를 비운다. 이를테면, 무(無)의 기표나 빈 어사의 순수한 매력을 드러내도록 하기 위해서 의미를 메마르게 하고, 손상시키고, 약화시키는 것, 바로 그러한 것이 전례적인 마술과 주문의 힘이다.[16]

종교적 황홀에는 항상 신비주의, 환각주의, 그리고 병리학 사이의 경계를 모호하게 하는 이러한 음성 발현들이 동반된다.

노래에서, 특히 오페라에서 낱말의 의미가 바래지도록 기다리는 것은 무척 흥미로운 작업이다. 음악가들은 그들이 듣는 음악에 유혹을 느끼기 때문에 성악으로 기운다. 말은 이성적인 반면에 음악은 그렇지 않다. 인간의 목소리는 음악과 말이 만나는 곳이다. 오페라에서는 말과 음악이 겹쳐지지만 말한 메시지는 음악으로 녹아들어(우리는 외국어로 오페라를 듣는 데 거의 불편함이 없다), 실제로 그 자체가 음악이 된다. 레치타티보[30]의 역할은 단순히 이야기가

---

28) 우리말 옮김은 조신권(2005), 『청교도 신앙과 문학의 탐구』(총신대학교 출판부)(p. 98)에서 가져온 것임〈역주〉.

29) 장 보드리야르(Jean Baudrillard, 1929~2007)는 20세기 프랑스를 대표하는 철학자이자 사회 이론가로 파리 10대학에서 사회학과 교수를 역임했다. 그의 시뮬라시옹(Simulation) 이론은 대중생산과 대중매체, 인터넷과 사이버 문화의 시대를 해석하는 탁월한 이론 틀로 받아들여져 1970년대 이후 포스트모던 문화이론과 철학, 미디어, 예술이론 등에 폭넓은 영향을 끼쳤다. 주요 저서로는 『소비의 사회 *The Consumer Society: Myths and Structures*』(1970), 『시뮬라크르와 시뮬라시옹 *Simulacra and Simulation*』(1981), 『완전범죄 *The Perfect Crime*』(1995), 『테러리즘의 정신 *The Spirit of Terrorism: And Requiem for the Twin Towers*』(2002) 등이 있다〈역주〉.

이해되도록 하기 위한 것이다. 즉, 그것은 연기에 걸림돌이 되는 노래와 연기를 전진시키는 이야기 사이에 전이가 이루어지도록 보장해 준다. 그러므로 가수들이 발성할 때, 그들은 어떤 의미에서 소리의 생산 그 자체 외에 다른 목적이 없이 재미로 하는 활동, 곧 어린아이의 종알거리는 소리의 단계로 되돌아온다. '우리가 언어에서 벗어날 때, 우리는 역사에서 벗어나 신화를 향해서, 어린 시절을 향해서, 그러니까 인류의 어린 시절을 향해서 가므로 음악과 신화 사이에는 유사성이 존재한다.'[17]

---

30) 레치타티보(recitativo)란 오페라에서 낭독하듯이 노래하는 '서창(敍唱)'을 말한다〈역주〉.

1   벤브니스트(1966: 126).

2   야콥슨([1960]1987: 63).

3   '프라그 언어학회 *Prague Linguistics Circle*', in Faye and Robel(eds.)(1969: 38).

4   야콥슨([1921]1973: 20).

5   야콥슨([1961]1973: 225).

6   야콥슨([1961]1973: 227).

7   폭스(J. Fox, 1974) 참조.

8   주스(1978: 95).

9   보드리야르(J. Baudrillard, 1980: 118) 참조.

10 토마스 펜슈(Thomas Fensch)의 박사 학위 논문(「루이스 캐럴, 첫 번째 LDS중독자 *Lewis Carroll, The First Acid Head*」)은 『이상한 나라의 앨리스』를 환각적인 영감의 작품으로 다룬다. 여주인공은 몇몇 물질−액체, 케이크, 버섯−의 섭취를 매우 중대시한다. 매번 이러한 것들은 정신적・육체적 변화를 야기한다.

11 야콥슨([1921]1973: 24).

12 야콥슨([1921]1973: 24).

13 폴리바노프([1929] 1970).

14 폴리바노프([1929] 1970).

15 토도로프(1972).

16 보드리야르(1980).

17 오리아노(M. Oriano, 1980).

낱말은 단순히 우리가 말하는 것의 반영일 뿐이다.
언어학자의 임무는 중간에 있는 거울,
곧 언어-거울을 찾는 것이다.
나의 말이 너의 언어 속에 반영된다면,
그것은 우리가 같은 언어를 말하고 있다는 것이다.
어떤 언어로의 반영이 제대로 이루어지지 않을 때
우리는 말을 더듬거리거나 벙어리가 될 수 있다.

(anon. *M. O. et Camées*) [2]

귀환성: 언어의 무한성

'네 자신이 다른 사람의 눈에 보일 수 있는 그 이상의 무엇이라고 절대로 상상하지 마라. 달리 말하면 네가 다른 무엇이었거나 혹은 다른 무엇일 수 있었다면 다른 사람에게도 다른 무엇으로 보였을 테니까'라고 [공작부인이 말했다].
'그걸 글로 옮길 수 있었더라면 제가 더 잘 이해할 수 있었을 거예요. 하지만 당신이 말한 그대로 전 당신을 완벽하게 이해할 수가 없어요.'라고 앨리스가 아주 정중하게 말했다.

---

1) '잭이 지은 집(The House That Jack Built)'은 널리 알려진 영국 동요인 「이건 잭이 지은 집이야(This Is the House That Jack Built)」에서 가져온 것이다. 가사는 집을 짓는 이야기는 아니지만 이야기가 진행됨에 따라 집은 모든 다른 사건, 인물 및 대상과 매우 놀랍게 연결되어 있다. 말하자면 그 구성이 '잭이 집을 지었고 집에는 보리싹이 저장돼 있고 보리싹은 쥐가 먹었고 쥐는 고양이가 죽였고…'와 같이 계속 반복되는 이야기이다 보니 아이들이 매우 재미있어 하고 즐거워하는 노래이다. 이 동요는 영국의 시골에서 발견되어 그 시작은 알 수 없지만, 거기에 그려진 일상의 인물과 생활양식을 통해 그 기원은 16세기로 추정된다. 이 동요는 1755년 「보모 트루러브의 새해 선물 *Nurse Truelove's New-Year's-Gift*」에 처음 출판되었다〈역주〉.

2) 고티에(T. Gautier)의 『나전칠보집 *Émaux et Carmées*』(1852)에 수록된 작자 미상의 글 〈역주〉.

'내가 선택한다면 말할 수 없는 것은 아무것도 없어'라고 공작부인은 만족스럽게 대답했다.

'오, 제발, 문장을 길게 늘여 쓰는 수고는 하지 말아 주세요'라고 앨리스가 말했다. (72)

공작부인이 그토록 자랑스러워하는 것은 어떤 재능일까? 우리 중 많은 사람들은 어떤 시점에서 두 거울 사이에 서 있게 되고, 생산된 이미지의 무한한 회귀에 불안해 왔다. 또는 다시 한 번 우리가 TV에서... 옆에 화면에 모니터와 함께 나타나는 나는, 옆에 모니터와 함께 나타나는 모니터 옆에 나타나는 모니터의 옆에 있는 발표자를 보았을 수도 있다(Or again, we may have seen on television, a presenter flanked by a monitor on whose screen he appears with, at his side, a monitor in which he appears with a monitor at his side, in which he appears with a monitor at his side, in which...).

내가 그 지점에서 문장을 끝내야 하는 특별한 이유는 없다. 즉 독자를 죽도록 지루하게 하거나 종이가 바닥이 나게 되는 이유 이외에 말이다! 사실, 문장은 이론적으로 무한하다. 나의 문장이 묘사하는 일련의 이미지에서 우리가 셀 수도 있을 텔레비전 화면의 수의 유일한 한계는 무한함을 표현하기 위한 첫 텔레비전 화면의 기술적인 능력(혹은 무능력)이거나, 그것을 상상하는 우리 자신의 무능력이다.

같은 방식으로, 문장의 길이에 대한 제한은 심리적이거나 인지적, 말하자면 비언어적 요인들, 즉 단기 기억, 복잡한 메시지를 처리하거나 문체를 선택할 수 있는 능력에 의해 결정된다. 이 모두는 화자에 따라 엄청나게 다르다.

그러므로 언어의 잠재성과 화자의 실제적인 언어사용 사이에는 차이가 있다. 그래서 백작부인에 대한 앨리스의 반응이 특별한 의미를 가지는 것이다. 앨리스는 아마도 공작부인이 반복하는 복잡한 문장을 받아쓰고, 그것을 처음부터 끝까지 다 계속할 약간의 시간만 가질 수 있었다면, 그 문장을 분석하고 그럭저럭 이해했을 수도 있었을 것이다.

라잉[3]이 다음과 같이 말했을 때, 대다수의 독자들은 아마 세 번째 줄 주변에서 자비를 구걸할 것이다.

> **Jill:** I'm upset you are upset
> **Jack:** I'm not upset
> **Jill:** I'm upset that you're not upset that I'm upset you are upset
> **Jack:** I'm upset that you're upset that I'm not upset that you are upset I'm upset, when I'm not.[1]
> (**질:** 네가 화나는 것이 난 화가 나.
> **잭:** 난 화 안 났어.
> **질:** 네가 화난 것이 나는 화가 난다는 것이 너는 화가 나지 않는다니 나는 화가 나.
> **잭:** 내가 화 안날 때 내가 화가 나는 것이 너는 화가 난다는 것이 나는 화가 나지 않는다는 것이 네가 화가 나는 것이 나는 화가 나)

같은 방법으로, '너는 내가 말했다고 네가 생각하는 것을 네가 이해한다고 믿는 것을 알지만 나는 네가 들은 것은 내가 네게 이해하게하려 한 것이 아니라는 것을 네가 깨닫고 있는지 확실하지 않다(I know you believe you understand what you think I said, but I'm not sure you realize that what you hear is not what I meant you to understand)'는 이내 아무리 최선의 의지를 가지더라도 따라가기가 다소 힘들어진다. 혹은 극장에서 어떤 관객이 에우제네 이오네스코의 「대머리 여가수 *The Bald Prima Donna*」에서 다음 이야기를 따라잡을 수 있을까?

> **소방관. '감기':** 제 처남에게 아버지 쪽으로 친사촌이 하나 있었는데, 그 사촌의 외삼촌은 장인이 있었고, 그 장인의 친조부가 원주민 처녀와 두 번째 결혼을 했는데 그 원주민 처녀의 오빠가 여행 중에 한 눈에 반한 처녀를 만나 아들을 낳고 그 아들이 대담한 여약사와 결혼을 했는데 그 약사는 다름 아닌 영국 해군 무명 장교의 질녀였으며, 그 해군 무명 장교의 양아버지는 스페인어를

---

3) 라잉(Ronald David Laing, 1927~1989)은 스코틀랜드의 정신과 의사이자 사회 이론가이며 시인이다. 주요 저서로는 『분열된 자아: 온전한 정신과 광기에서의 존재론적 연구 *The Divided Self: An Existential Study in Sanity and Madness*』(1960), 『매듭 *Knots*』(1971), 『지혜, 광기 및 어리석음: 한 정신과 의사 만들기 1927-1957 *Wisdom, Madness and Folly: The Making of a Psychiatrist 1927-1957*』(1985) 등이 있다〈역주〉.

유창하게 하는 숙모가 있었는데 그 숙모는 싸구려 포도주를 생산하는 포도원의 주인의 손자인 젊어서 죽은 어떤 기술자의 손녀들 중의 하나였고, 그 기술자의 조부의 사촌 손자는 집 안에만 틀어박혀 있기를 좋아하는 특무상사인 사촌의 아들이 있었고, 그 사촌의 아들이 이혼한 아주 예쁜 여자와 결혼을 했으며, 그 첫 번째 남편은 성실한 애국자로서 큰 돈을 벌 욕심으로 딸 중 하나를 잘 길렀고, 그 딸은 로칠드를 잘 아는 어떤 사냥꾼과 결혼할 수 있었는데, 그 사냥꾼의 형이 여러 번 직업을 바꾼 후에 결혼하여 딸을 낳았는데, 그 딸의 허약한 증조부는 그럭저럭 살만한 어떤 제분업자의 사생아인 한 포르투칼인의 매부인 사촌이 준 안경을 쓰고 있었고, 그 제분업자의 젖동생은 한 전직 시골 의사의 딸을 부인으로 삼았는데, 그 의사 역시 어떤 우유 장수 아들의 젖동생이었고, 그 우유 장사 자신도 다른 시골의사의 사생아로서 연달아 세 번을 결혼했는데, 세 번째 부인은…

마르탱씨. 착각인지는 모르겠지만 저 그 셋째 부인 알아요. 덫에 걸린 닭 잡아 먹은 여자잖아요.

소방수. 그 사람 아니에요.

우리는 더 많은 예들을 대중가요, 운문 그리고 민요에서 발견할 수 있다. 여러 세대에 걸쳐 영어권 아이들은 언어 장벽을 넘어서, 비록 그들이 노래하고 있는 것을 항상 이해하지는 못하더라도 'je te plumerai la tête… et la tête, et les pieds etc.((종달새야,) 머리에서 네 깃털을 뽑겠어… 그리고 머리에서, 그리고 발에서, 등등)'[4]라는 선율을 읊조리며 성장했다! 'The House that Jack Build(잭이 지은 집)'[5]와 'I Know an Old Lady Who Swallowed a Fly(난 파리를 삼킨 할머니를 알아)'[6]도 같은 맥락의 다른 두 예이다.

---

4) 이 선율은 프랑스, 벨기에, 스위스 그리고 캐나다의 동부의 퀘벡 주와 뉴브런즈윅 주에서 일반대중에게 매우 인기 있는 캐나다-프랑스 동요인 「종달새 *Alouette*」의 일부이다. 이 노래는 19세기 프랑스계 캐나다인의 모피 무역에서 유래된 것으로 알려져 있고, 같은 선율과 신체부위를 가리키는 명사들이 반복되어 불리는 것이 특징적이다〈역주〉.

5) 이 동요의 노랫말은 계속 반복되는 이야기로 구성되어 있다. 동요 전체의 노랫말은 이 장의 맨 마지막 부분의 [역자 부록]에 있다〈역주〉.

6) 이 동요는 영미권에서 옛날부터 전해 내려오는 아이들의 노래로 「파리를 삼킨 할머니(There was an Old Lady Who Swallowed a Fly)」라는 제목으로 더 잘 알려져 있다. 이 노래는 파리를 삼키는 것으로 시작하는 노파가 이전에 삼킨 동물을 잡으려고 점점 더 큰 동물을 삼키다가 결국 말(馬)을 삼킨 후에 죽는다는 난센스 이야기를 반복적으로 노래하는 동요이다. 이 동요의 전체 노랫말은 이 장의 맨 마지막 부분의 [역자 부록]에 있다〈역주〉.

이해하기 어려울지라도, 이 모든 발화와 그러한 종류의 다른 발화들은 완벽하게 잘 구성되어 있다. 그것들 모두는 영어의 문법 규칙을 따르고 있다. 그리고 그것들 중 어느 것도 어떤 의미 규칙을 위반하지 않는다. 여기서 우리의 모든 예들이 분명히 보여주는 것은 언어의 본질적인 특성 중 하나는 잠재적으로 무한한 수의 내포절이나 등위절을 사용하여 발화를 생산할 수 있다는 것이다. 이 특성을 **귀환성**[2]이라고 한다. 동사, 명사, 형용사, 부사 그리고 절 안의 낱말 군의 단순한 병치나 등위는 이 눈덩이 효과에 더 기여한다. 그 예로, '그는 잘 생겼고, 부자이고, 지성적이고, 다정다감하고…'나 혹은 '앤드류, 데이비드, 죠지, 패트릭… 그리고 다른 사람들, 이들은 모두 거기에 있었다.'를 들 수 있다. 따라서 문장은 **하나의 절**(길이나 수에서 제한이 없는 구(句)들로 구성될 수 있음)이나 혹은 **주절**에다 하나에서 무한대까지 수적 제한이 없는 등위절이나 종속절을 포함할 수 있는 담화의 단위로서 정의될 수 있다.

유한한 수의 소리와 낱말을 가지고서 유한한 수의 규칙에 따라 선택되고 결합되는 언어는 체스와 같이[3] 유한 조합 구조라는 인상을 줄 수 있다. 그러나 주어진 언어의 어휘나 문법 규칙이 아무리 방대하다할지라도, (적어도 컴퓨터 프로그램의 경우) 체스 경기에서 가능한 모든 움직임을 예측하는 것이 이론적으로 가능한 것처럼, 언어에서도 컴퓨터의 도움을 받아 문장의 완전한 목록을 작성할 수 있어야 한다고 생각할 수도 있다.

그러나 아직은 그렇지 않다.

우리가 보았듯이 문장의 **길이**(따라서 문장의 복잡성)에 제한이 없다면, 즉 내포되거나 혹은 연결된 요소들의 수에 제한이 없다면, 한 언어가 생성할 수 있는 문장의 **수**에는 제한이 없다는 결론이 나온다. 세상에서 가장 강력한 컴퓨터라도 결코 이들 무제한의 문장 모두를 셀 수는 없을 것이다. 우리가 방금 보았듯이 어떠한 문장도 '눈덩이처럼' 무한정 커질 수 있다.

노암 촘스키는, 이오네스코의 멈출 수 없는 소방관은 말할 것도 없고 루이스 캐럴의 작품에 대한 우리의 독서에서 밝혀진 것처럼, 이 외관상 흠 없는 원리를 알아차린 최초의 사람이 아니다. 반면에, 촘스키는 1957년에 출판된 그의 유명한 저작 『통사적 구조 Syntactic Structure』에서 **귀환성**의 이론적 결과를 이끌어낸 최초의 사람이었다. 이 책에서 그는 남은 20 세기 동안 지속될 지배적인 언어 이론의 토대를 마련했다.[4]

언어능력과 언어수행

촘스키에게 있어서 **언어능력**은 한 주어진 언어의 모든 모국어 화자가 유한한 일련의 규칙을 사용하여 유한한 수의 단위로 무한한 수의 문장을 생성할 수 있는 능력이다. 화자는 자신이 전에 말해본 적도 들어본 적도 없는 무한 수의 문장을 자연스럽게 생산하고 이해할 수 있다. 다시 말하면 귀환성은 언어에 **창조적인 특성**을 부여한다. 우리는 후속 장에서 낱말의 창조적인 사용이, 곧 낱말 선택을 지배하는 규칙을 깨는 말놀이(특히 비유적 표현에서), 낱말의 창조, 신어(대중적 또는 학문적 신어), 요컨대, 언어가 살아가고, 발전하고, (특히 시에서) 자신의 한계를 탐구하게 하는 모든 것이 어떻게 화자가 한층 더 의식적으로 인식하는 **창조성**의 또 다른 형태를 구성하는지를 볼 것이다.

그러나 우리는 두 가지 유형의 상당히 다른 **창조성**에 대해서 분명하게 이야기하고 있다. **귀환규칙**의 결과인 첫 번째 유형은 언어 내재적이며 모든 언어의 화자들이 가지고 있는 **언어능력**의 일부이다. 그러나 두 번째 유형의 창조성은 **언어수행**, 곧 개인에 의한 언어능력의 **현동화**에 속한다. 그와 같이 그것은 화자에게 달려있다. 우리는 언어능력은 **잠재적**이라고 말할 수도 있다. 언어수행은, 본질적으로 화자에 따라 변하기 쉬운 이 잠재적인 능력을 현동화한다.

우리가 언어와 게임 간의 비교로 잠시 되돌아가면, 게임은 이 경우에 끊임없는 재창조로 구성된다. 소쉬르의 파롤의 수준에서 언어 게임은 예상치 못한, 결코 이전에 들은 적이 없는 언어의 끊임없는 흐름을 제공한다. 그러나 우리의 비교는 여기서 멈춘다. 그 이유는 언어 '게임'의 규칙이 내재화되어 있고 무의식적이라면, 실제 게임의 규칙은 의식적으로 습득한 것, 곧 후천적인 것이기 때문이다.

촘스키와 소쉬르

촘스키가 나눈 **언어능력**과 **언어수행** 간의 대립은 반세기 더 일찍 소쉬르에 의해 제기된 랑그와 파롤 사이의 구별을 연상시키기는 하지만, 이 후자의 구별과 정확하게 일치하지는 않는다. 소쉬르는 다음과 같이 말하기 때문이다.

> 랑그는 각 개인의 뇌 속에 새겨져 있는 인상의 총체적인 형태로 공동체 안에 존재한다. 그것은 마치 동일한 모든 사본들이 개인 화자들 사이에 분배되어 있는 사전과 흡사하다. 따라서 그것은 모든 사람들에게 공통되고 그들 모두 각각에게 존재하는, *그러나 그 소유자의 통제 너머* 있는 어떤 것이다(이것을 강조한 이는 저자 야겔로이다). 파롤은 사람들이 말하는 것의 총체이며 다음과 같은 것들을 포함한다. (a) 말하는 사람들의 의지에 달린 개인적인 조합들, (b) 그러한 조합들의 실행을 위해서 필요한 역시 자발적인 발성 행위들.[5]

그러므로 **랑그**는 **사회적**이며, 이 장을 시작하는 명구(名句)에서 암시되었듯이('나의 말이 너의 언어 속에 반영된다면, 그것은 우리가 같은 언어를 말하고 있다는 것이다'), 동질적이라고 여겨지는 언어공동체를 정의하는데 사용된다. 다른 한편, **파롤**은 **개인적**이며, 소쉬르는 파롤에 관여하지 않는 것을 선택한다.[6] 물론 그 어느 것도 **파롤**에서의 개인적 일탈을 막지 않는다. 그런 개인적 일탈들이 집단적인 지위를 가지자마자 그것들은 **랑그**에 대한 소급적 효력을 가지게 되고, 결과적으로 이 후자(곧 랑그)가 성장하게 한다. 예를 들어 관용화되거나 어휘화된 은유는 언어체계의 일부가 된다. 사회적 성격을 띤 **내포**는 결국 랑그 체계의 일부를 이루는 **외연**의 성격을 변화시키게 된다.

지금까지는 두 체계의 개념적인 차이가 단지 표면적일 뿐이다. 그러나 촘스키에게 있어서 **창조성**은 언어능력(귀환규칙의 특징 때문에)과 언어수행(개인적인 생산물) 둘 다에 영향을 미치는 반면에 소쉬르는 단지 **파롤**에서만 창조성을 말한다. 그 이유는 소쉬르에게 있어서 때때로의 일탈적인 발화는 개인적인 조작의 결과일 뿐이고 **랑그**에는 영향을 미치지 않기 때문이다. 그는 모국어 화자의 내재화된 문법을 생성 장치로 보지 않는다. 소쉬르파의 언어학자들에게 있어서 문장은 **담화**의 영역에 속한다. 이는 다음에서처럼 벤브니스트에 의해 강조된 생각이기도 하다.

> 문장은 정의되지 않은 창의성이자 무한한 다양성이다. 그것은 바로 활동 중인
> 언어의 생명선이다. 이로부터 우리는 문장과 함께 기호체계로서의 랑그의 영
> 역을 떠나, 또 다른 언어의 세계, 곧 담화로 표현되는 의사소통을 위한 도구로
> 서의 세계로 들어간다는 결론을 내린다.[7]

더 중요한 차이점은 촘스키는 각 언어에 고유한 통사적 변형의 작용으로 다
양화된 표층문법으로 실현되는, 모든 인간에게 공통된 심층의 보편문법을 상
정한다는 점이다. 그러니까 촘스키가 말하는 언어능력은 소쉬르의 개념과 광
범위하게 동일시될 수 있는 언어능력 이상으로 특정 인간의 유전적 기반이 바
탕이 된 언어에 대한 능력이다. 그리고 여기서 우리는 데카르트[7)]와의, 그리고
파리의 포르루아얄 수도원에서 두 명의 학자[8)]에 의해서 17세기에 창출된 '보
편문법', 곧 『일반이성문법 *Grammaire générale et raisonnée*』[8]과의 고리
를 발견하게 된다.

앞에서 언급했듯이 소쉬르가 언어학의 연구대상으로 삼은 것은 **랑그**였으
며, 그가 언어학의 다른 영역에 속한다고 생각한 **파롤**은 그의 관심 밖이었다.
이 후자는 발화의 언어학이어야 하는데, 소쉬르는 발화 맥락, 특히 의미 맥락
과 밀접하게 연결되어 있는 모든 것을 멀리했다. 소쉬르는 '"랑그"와 "파롤"를
분리함으로써 우리는 또한 (1) 사회적인 것과 개인적인 것을 분리하고, (2)
본질적인 것과 다소 부수적인 것은 물론 또한 우연적인 것까지를 구분한다.'[9]
고 했다.

---

7) 데카르트(René Descartes, 1596~1650)(라틴어: Renatus Cartesius(레나투스 카르테시우스)
는 '나는 생각한다. 그러므로 나는 존재한다'(Je pense, donc je suis : cogito ergo sum)라는
말로 널리 알려진 프랑스의 철학자이다. 데카르트는 근대 인식론 논쟁에서 대륙의 합리론을
이끈 선두자로 근대 철학의 아버지라 불린다. 그는 절대적 진리가 교회의 권위가 무너진 17세기의
회의주의적 혼란을 종식시켜줄 것이라는 믿음에서 모든 것을 의심하는 방법을 통해 그 누구도
의심할 수 없는 절대적 진리를 추구했다. 주요 저서로는 『방법서설 *Discours de la méthode*』
(1637), 『철학의 원리 *Principia philosophiae*』(1644), 『정념론 *Les passions de l'âme*』(1649)
등이 있다〈역주〉.

8) 17세기 프랑스 포르루아얄 학파의 철학자인 앙투안 아르노(Antoine Arnauld, 1612~1694)와
문법 학자인 클로드 랑슬로(Claude Lancelot, 1615~1695)를 말한다〈역주〉.

오랫동안 절대적인 진리로 받아들여졌던 소쉬르의 이분법은 비판을 받고 있다. 그의 입장은 엄격하지만 역설에 의해 약화된다. 사회적 현상인 **랑그**는 단지 **파롤** 혹은 개인적인 표현을 통해서만 관찰될 수 있다. 그렇지만 **파롤** 그 자체는 모든 언어 공동체에서 확립되는 사회적 관계에 의해 영향을 받으므로 이 사회적 관계를 고려하지 않고는 설명될 수 없다. 1920년대 초부터 러시아의 철학자 미하일 바흐친[9](일명 볼로치노프 Volochinov)은 언어기호를 발화의 맥락을 고려하지 않고 경직된 '신호'로 보는 소쉬르의 관점을 비판했다. 왜냐하면 발화의 맥락이야말로 결국 기호에 의미를 부여할 수 있는 것이기 때문이다. 바흐친(1929)[10]의 경우, 말은 말하고 있는 사람과 상황이 어떠한가에 따라 달라지는 의미의 변화들 사이의 끊임없는 투쟁의 장소이다. 예를 들어, '*민주주의(democracy)*'와 같은 말이 그렇다. 바흐친에게 있어서 말이란 계층 간의 대립이 이루어지는 무대이다.

언어와 놀이 간의 유사점을 다시 한 번 생각해 보자. 게임의 규칙은 언어능력과 비교될 수 있다. 그러나 우리는 이제 언어능력은 사회적으로 수정될 수 있다는 것을 안다. 이를테면 **랑그**에 대한 소쉬르의 비전(곧 생각)을 '맥락으로부터 자유로운 것'으로 방어하는 것은 더 이상 가능하지 않다. '사회적'이란 낱말이 소쉬르에게는 오늘날 우리가 가지는 것과는 동일한 의미를 갖지 않는다는 것이 꽤 분명해 보인다. 그에게 있어서 사회는 동일한 언어체계에 의하여 함께 묶인 동질의, 조화로운 전체였다. 그러나 우리가 알다시피 사회는 분열되어 있고, 대립적이고, 불안정하다. 소쉬르는 자신의 학문적 연구 분야에서 **파롤**을 제거함으로써 사회적 존재로서의 화자를 효과적으로 제외시켰고, 언어사용에 있어서의 **변이**를 지극히 무의미한 단순한 개인적인 차이로 축소시켰다.

---

9) 미하일 바흐친(Mikhail M. Bakhtin, 1895~1975)은 러시아를 대표하는 인문 학자이자 철학자이다. 1920년대 후반에 나온 네 권의 저작, 즉 『프로이트주의』(1927), 『문예학의 형식적 방법』(1928), 『도스토옙스키 창작의 문제들』(1929), 『마르크스주의와 언어철학』(1929)은 언어학, 심리학, 윤리학, 철학 등 기존의 모든 방법론을 넘나들며 그것들에 대한 구체적 대안을 제시한 그의 대표작들이다〈역주〉.
10) 바흐친의 저서 『마르크스주의와 언어철학』(1929)을 말한다〈역주〉.

그러나 촘스키가 문장을 통해서 화자의 개념을 재도입하였지만 이 모순을 실제적으로 해결했다고는 말할 수 없다. 왜냐하면 촘스키의 화자 또한 발화 맥락과 사회적 배경과는 단절된 이상화된 추상적인 존재이기 때문이다. 많이 인용되는 구절에서 그는 다음과 같이 말하고 있다.

> 언어 이론은 주로 **완전히 동질의 언어공동체**에 있는 **이상적인 화자—청자**와 관련이 있다. 이상적인 화자와 청자는 자신의 언어를 완벽하게 알고 있으므로, 기억의 한계, 주위의 산만, 주의력과 관심의 이동, 그리고 자신의 언어지식을 실제적인 언어수행에 적용함에 있어서의 (무작위적이거나 아니면 특징적일 수 있는) 오류와 같은 문법적으로 무관한 조건들에 의해 영향은 받지 않는다.[10] (강조는 저자 야겔로가 한 것임)

언어 게임의 규칙들은, 그 규칙들 위에 또 다른 일련의 규칙들이나 제약들을 덧붙이는 사회적인 맥락 속에서 변함없이 펼쳐진다. 이것이 어떻게 단순한 개인적 파롤 혹은 언어수행의 일부로 간단히 처리될 수 있는지를 알기는 어렵다. 촘스키의 이분법을 비판하면서, 델 하임즈[11](1972)는 내가 보기에 이해를 돕기도 하면서 재미있는 직유를 사용한다. 언어능력은 에덴의 정원과 같다. 이상적인 화자—청자는 발화의 죄를 범하자마자 그곳으로부터 언어수행의 몰락한 세계로 밀려나게 된다. 구원은 오직 언어능력의 재정의에 의해서만 이루어질 수 있다. 언어를 성공적으로 그리고 창조적으로 사용하기 위해서는 다른 종류의 언어능력, 곧 **의사소통 능력**이 필요하며, 의사소통 능력의 역할이 고려되지 않는 한 언어 및 언어사용에 대해 어떠한 설명도 완전하지 않다. 나는 이 점을 이 장의 마지막 부분에서 다시 다룰 것이다.

---

11) 델 하임즈(Dell Hymes, 1927~2009)는 '의사소통 능력(communicative competence)'이라는 개념을 중심으로 인류학 기반의 의사소통의 민족지학(ethnography of communication)을 창안한 미국의 언어인류학자이다. 그는 언어에 대한 '지식'의 측면을 중시하면서 '언어능력'과 '언어수행'을 구분한 촘스키의 제한적 관점을 비판하면서 언어를 인간의 관점에서, 곧 의사소통상의 '사용'의 측면에서 접근할 것을 주장한다〈역주〉.

언어수행의 사고(事故)

그러나 언어사용의 사회언어학적 차원에 더하여, 심리적 매개변수를 위한 여지도 만들어져야 한다. 화자는 의식적 동기와 무의식적 동기에 의해 움직이는 개인이다. 사실 추상적 구성인 언어능력과는 반대로, 언어수행 즉 담화에서 언어의 구체적인 사용은 무의식적인 것에 지배된다. 언어수행은 언어능력에서는 약점으로 여겨질 수 없는 실패나 사고를 보여준다. 언어는, 말하자면, 여러 가지 방법으로 무너질 수 있기 때문이다.

감정적으로 산만해진 화자는 *순간적*으로 발화 능력을 상실하거나 혹은 앞뒤가 맞지 않는 비문법적인 발화를 할 수도 있다('언어로의 반영이 제대로 이루어지지 않을 때 우리는 말을 더듬거리거나 벙어리가 될 수 있다'). 이것이 지나치게 커져버린 후에 강렬한 감정에 시달리며 몸과 마음이 허물어져 더 이상 비교급을 정확하게 구사할 수 없는('curiouser and curiouser' 12)) 불쌍한 앨리스에게 일어난 것이다. 우리가 여기서 가지고 있는 문제는 언어능력의 결핍이 아니라 언어수행상의 결핍이다.

---

12) 영어에서 −*ous*로 끝나는 단어의 비교급은 'more+원급'이므로 *curiouser*가 아니라 *more curi-ous*이고, '비교급 and 비교급'의 경우는 *more and more curious*이어야 하기 때문에 이곳 앨리스의 비교급 표현은 잘못된 것이다〈역주〉.

게리 라슨[13]의 「저편 *The Far Side*」

---

13) 게리 라슨(Gary Larson, 1950~)은 미국의 만화가이다. 그의 대표 작품인 「저편 *The Far Side*」(1980)은 15년 동안 1,900개가 넘는 신문에 국제적으로 배포된 단일 패널 만화 시리즈이다. 〈역주〉

언어능력이 손상된 실어증의 병리학적 증상은 '정상적인' 주체들에게서 볼 수 있는 언어수행상의 **사고**, 곧 말실수, 특이한 말버릇과 함께 잊혀지고, 거꾸로 되고, 혼동되고, 변형된 말들을 잘 보여준다. 유사하게, 언어의 의도적인 **변형**(낱말 놀이, 만들어낸 낱말, 스푸너리즘, 혼성어)은 어떤 주체가 종종 무슨 신령스러운 황홀감에 홀린 나머지 자신이 통제할 수 없는 어떤 허구의 언어로 말을 할 때 실어증의 말투(혼란실어증)와 방언(종교적 황홀경에서 하는 말)에서 그 등가어를 찾아볼 수 있다.

따라서 언어 장애를 앓고 있는 사람이 영향을 받는 것은 언어능력이다. 언어수행상의 사고(말실수 등)는 바로잡을 수 있다. 시적 광란과 병적인 광란은 그 경계선이 항상 분명하지는 않지만(A. 아르토, S. 베케트, W. 블레이크 그리고 J. 조이스를 생각해 보자) 의도적으로 구분되어 있다. 그러나 병자의 경우, 그러한 증상은 일반적으로 되돌릴 수 없다. 나는 이 주제를 제11장에서 다시 다룰 것이다.

아이의 '실수'는 역설적이게도 언어능력의 존재를 드러낸다. 예를 들어 *comed, goed*[14]와 같은 불규칙 과거시제 형태의 과잉 일반화는 창조성과 관련이 있으며 아이가 언어의 주된 메커니즘을 습득했다는 것을 증명하는 것이다. 우리가 이전에 언급했듯이 어린이들에게 있어서 언어수행은 종종 언어능력보다 뒤떨어진다. 아이는 올바른 표현들을 말할 수 있기 전에 그것들을 먼저 '인지한다'.

다수의 저자들이 학교 공책이나 보험회사에 보낸 편지들에서 수집한 '어이없는 언어적 실수들'은 종종 주의가 부족하거나 때로는 'my grandad's just had all his teeth taken out and a new electric fire put in(나의 할아버지는 방금 자신의 모든 이를 뽑고, 새로운 전기난로를 설치하게 했다)[15]'(제14장 참소)에서처럼 보호한 통사 구조에 기인한 아수 실제적인 함정에서 비롯되거나, 아니면 또한 글말을 생산하는데 내재된 어려움(원인은 본질적으로 사회

---

14) *come*과 *go*는 불규칙동사이므로 과거시제형 어미가 *−ed*의 형태가 아니다. *come*의 과거는 *came*이고, *go*의 과거는 *went*이다〈역주〉.

15) 'artificial teeth(틀니)'를 'electric fire(전가난로)'라고 잘못 쓰고 있다〈역주〉.

적임)에서 비롯되는 언어수행상의 사고들이다. 그래서 '잘 알고 있는' 사람들은 어이없는 실수를 비웃는 것이다. 어떤 화자들은 '긴 낱말들', 특히 라틴어나 그리스어에서 온 긴 낱말들에 대처하는 것이 어렵다고 생각한다. 그래서 '영어로 해! 난 그 긴 말의 의미를 절반도 몰라. 무엇보다, 나는 네가 그 뜻을 안다고도 믿지 않아!'(45)'라고 이글렛[16]이 말하는 것이다.

그러한 낱말들을 혼동하는 것은『조지프 앤드루스』[17]에서, 예를 들어, 다음과 같이 항의하는 '슬립스랍 부인(Mrs Slipslop[18])'이라 불리는 이름과 어울리는 작중인물(하녀)의 특징이다. '야만스러운 괴물 같으니라고! 나의 정열이 다림질하는 것으로 결론지어지고 취급되는 것을 내가 어떻게 당연한 것으로 받아들여?(Barbarous monster! how have I deserved that my passion should be resulted and treated with ironing[19]?)'[20]. 이와 유사한 작중인물로는 셰리던[21]의『경쟁자들』[22]에 나오는 멜러프롭 부인[23]을 다음과 같이 들수 있다.

---

16) 이글렛(Eaglet: 작은 독소리)은 『이상한 나라의 앨리스』에 나오는 등장인물의 이름이다〈역주〉.

17) 『조지프 앤드루스 Joseph Andrews』(1742)는 영국의 소설가 헨리 필딩(Henry Fielding, 1707~1754)의 첫 번째 소설이다. 이 소설의 정식 명칭은『조지프 앤드루스와 친구 에이브러햄 애덤스의 모험기 The History of the Adventures of Joseph Andrews, and of his Friend Mr. Abraham Adams』(1742)이다. 이 소설은 주인공 조지프 앤드루스의 여정과 로맨스를 담아 당시 사회 모습을 풍자한 풍자 소설이다〈역주〉.

18) 'Slipslop'은 보통명사로 '말의 우스꽝스러운 오용(malapropism)'이라는 뜻을 가지고 있다〈역주〉.

19) 'irony(비꼼, 반어법)'는 동사로서의 용법이 없는데 이것에다 '-ing'를 억지로 붙이니 결과적으로 'ironing(다림질하기/다림질 하는 것)'이 된다. 바로 여기에 낱말의 혼용 혹은 오용이 생기게 되는 것이다〈역주〉.

20) 벤튼(Michael Benton),『관객의 역할 연구: 문학, 미술 그리고 교육 Studies in the Spectator Role: Literature, Painting and Pedagogy』(Routledge, 2013) 참조〈역주〉.

21) 셰리던(Richard Brinsley Butler Sheridan, 1751~1816)은 아일랜드 태생의 풍자 극작가이자 시인이다. 그는『경쟁자들 The Rivals』,『스캔들 스쿨 School for Scandal』,『듀에나 Duenna』,『스카버러 여행 A Trip for Scarborough』과 같은 연극으로 유명하다〈역주〉.

22) 『경쟁자들 The Rivals』은 셰리던의 풍속 희극(comedy of manners)으로 1775년 코번트 가든 극장(Covent Garden Theatre)에서 처음으로 공연되었다. 이 이야기는 런던의 1935년 뮤지컬과 1958년 텔레비전 시리즈 Maverick 등으로 많이 각색되어 업데이트되었다〈역주〉.

23) 멜러프롭 부인(Mrs Malaprop)은 이 작품에서 말의 오용(誤用) 및 혼용으로 유명하다〈역주〉.

멜러프롭 부인: 나를 잘 보게, 앤서니 경. 나는 결코 내 딸이 학식 있는 자손이기를 원하는 것이 아니네. 학식이 젊은 여자에게 어울린다고 그다지 생각하지 않네. 나는 그녀가 그리스어나 히브리어나 대수학이나 성직매매나 미적분법이나 패러독스나 선동덕인(inflammarory)[24) 학문분야에 손을 대도록 놔두지 않을 거야. 또한 수학적, 천문학적, 악마적인 도구들을 다룰 필요도 없을 걸세. 그러나 안소니 경, 나는 아홉 살에 그녀를 기숙학교에 보낼 걸세. 약간의 기발한 재주와 계략을 배우도록 말일세. 그러고는, 경, 그녀는 회계에 오만한 지식을 가질 걸세. 그리고 그녀가 성장하면 그녀가 전염병에 걸린 나라들에 대해 좀 알 수 있도록 기하학(geometry)[25)을 교육받도록 할 걸세. 그러나 무엇보다도, 안소니 경, 그녀는 통설(orthodoxy)[26)의 교사가 될 걸세. 보통 여자애들이 하는 것처럼 수치스럽게 낱말을 잘못 쓰거나 잘못 발음해서는 안 되지. 그리고 또한 그녀가 말하는 것의 진실한 의미를 비난할(reprehend)[27) 수 있어야 해. (1장 2막)

그러나 여기에는 아마도 언어수행의 문제만큼이나 언어능력의 문제도 있다.

언어와 무의식

말실수, 스푸너리즘 그리고 혼성어들은 이것들이 무의식을 드러내는 만큼이나 광범위하게 연구되었다. 특히 프로이트는 이들 문제를 『농담과 무의식과의 관계 *Jokes and their relation to the Unconscious*』(1905)와 『일상생활의 정신병리학 *The Psychopathology of Everyday Life*』(1901)에서 심도 있게 연구했다. 나는 독자들에게 이들 책을 참조할 것을 권하고, 혼성어는 압축이며, 일반적으로 말해서 말실수는 화자가 표현하고자하는 것과는 완전히 정반대의 의도를 자주 드러낸다는 것을 그냥 강조하고자 할 뿐이다. 이런 이유로 은연중에 속마음을 드러내는 실수를 '프로이트적 실언(Freudian slip)'이라 한다. 한 기자가 어느

---

24) '선동적인'을 뜻하는 'inflammatory'를 사용해야 하나 없는 말인 'inflammarory(선동덕인)'가 쓰임〈역주〉.
25) 문맥상 'geometry(기하학)'은 'geography(지리)'의 오용임〈역주〉.
26) 문맥상 'orthodoxy(통설)'은 'orthography(철자법)'의 오용임〈역주〉.
27) 문맥상 'reprehend(비난하다)'는 'comprehend(이해하다)'의 오용임〈역주〉.

날 라디오 방송에서 '미국의 안전보장이사회(Security Council of the United States)'에 관해 말했지만, 물론 그는 '국제연합(United Nations)의' 안전보장이사회에 대해서 말하고자 했다. 이는 이 조직에서 미국이 행하는 지배적인 역할을 생각할 때 일어날 수 있는 정말 전형적인 프로이트적 실언이다. 프랑스의 자크 시라크[28] 대통령도 전 유고슬라비아 갈등에서 유엔이 할 수 있는 역할에 대해 연설을 할 때 똑같은 실언을 했다. 또는 아포스트로프(Apostrophes)라는 유명한 문학 및 문화 프로그램에 참여하도록 초대받은 한 프랑스 소설가가 흥분된 상태에 빠진 나머지 친구 중 한 명에게 '누가 나와 함께 카타스트로프(Catastrophe, *큰 재앙, 대이변)*[29]에 있게 될지 알아맞혀 보게'라고 말한 예를 보라. 또는 자신의 학생들에게 '신경질적인 스카치위스키(hysterical[30] scotch)'를 줄 예정이라고 발표한 역사과 강사의 경우를 보라.

실수는 아주 단순하게 실수를 할 수도 있다는 공포 때문에 일어날 수 있다. 슬립스랩 부인이나 멜러프롭 부인과는 반대로 많은 사람들은 말하자면 'perpetrate(행하다, 범하다)'와 'perpetuate(영속시키다)' 혹은 'condone(너그럽게 봐주다)'와 'condole(위로하다)' 혹은 'affect(…에게 영향을 주다)'와 'effect(결과)' 사이의 차이점을 알고 있음에도 불구하고 이 둘을 혼동스럽게 생각하는데, 이는 바로 그들이 그것들을 혼동할 것이라는 두려움 때문이다.

다의성과 **동음이의성**은 비록 **랑그**의 일부이지만 그것들이 정신분석 치료중인 환자의 발화에 나타날 때는 똑같이 무의식을 드러내는 역할을 할 수 있다. 그것들은 이중적 의미, 모호성, 단언되지 않는 것 그리고 말로 표현할 수 없는 것을 담화에 도입시킨다는 점에서 정신분석학에 있어서 극히 중요한 것이다. 우리는 자크 라캉[31]과 라캉주의자들이 의도치 않은 말장난에 얼마나 많은 중요성을 부

---

28) 자크 시라크(Jacques Chirac, 1932~)는 1976년 자신이 주도해서 만든 우파 공화국연합당(RPR) 소속의 프랑스 정치가로 1995년 5월 7년 임기의 대통령에 당선되었고, 2002년에는 다시 5년 임기의 대통령에 재선되어 2007년까지 총 12년간 대통령을 지냈다〈역주〉.

29) 이 소설가는 '아포스트로프(Apostrophes)'라고 말해야 할 자리에 '카타스트로프(Catastrophe, 큰 재앙, 대이변)'라고 잘못 말한 것이다〈역주〉.

30) 이 역사과 강사는 'historical(역사적인)' 대신에 'hysterical(신경질적인)'을 오용하고 있다〈역주〉.

31) 자크 라캉(Jacaues Lacan, 1901~1981)은 1932년 정신 병리학 분야의 의사자격 취득 후 초현실 주의자들과 광범위하게 교류하기도 하면서 평생을 정신분석가로 활동한 프랑스의 정신분석학자

여하는지 안다. 이를테면, 프랑스어 쌍 '*mer*[mɛːʀ](바다)/*mère*[mɛːʀ](어머니)'에서처럼 하나의 기표에 두 개의 서로 다른 기의를 보여주는 식으로 겉으로는 되는 대로이지만 속으로는 감춰진 부분을 밝히는 집합점이 있는 것이다. 고의적인 말장난과 고의가 아닌 말장난 사이의 차이점을 말하기는 때때로 어려울 수 있으며, 정신분석학에서 그들의 역할은 때로는 비난을 면치 못할 수도 있다. 그럼에도 불구하고 한편으로는 프로이트적 실언의 언어활동 분야와 다른 한편으로 의도적인 말놀이 안에서의 집합점을 통해 우리는 소쉬르의 **랑그** 개념과 촘스키의 **언어능력** 개념에 대해 질문하고 그 쟁점을 명확하게 할 수 있다.

1910년에 출판된 프로이트의 논문 「원시어에 나타나는 상반되는 의미에 관하여」를 비판하면서, 벤브니스트는 무의식이 언어처럼 구조화된다면 무의식의 상징체계가 비교되어야 하는 것은 소쉬르가 말하는 **파롤**이지 **랑그**는 아니라는 것을 지적한다. 무의식의 보편적 상징체계는 아마 **랑그**의 중립적인 문화 체계를 초월하여 사실 모든 사람들의 **파롤**에서 드러나는 언어의 보편적 특징과 연관될 수 있다.

> 프로이트가 꿈의 '언어'를 식별케 하는 특성들과의 비교항을 보게 되는 곳은 랑그에서라기보다는 차라리 문체(말하자면 발화)에서이다. 상당히 놀라운 유사점들이 드러난다. 무의식은 문체처럼 자신의 '비유법'을 가진 진정한 수사학을 구사하고 있으며, 전의(轉義)의 유서 깊은 목록은 이 두 층위 표현 모두에 적절한 명세목록을 제공할 것이다. 우리는 양쪽 층위 모두에서 완곡어법, 암시법, 반용법[32), 역언법[33) 그리고 곡언법[34)과 같은 금기 어법들에 의해 발생된 모든 대치 수법들을 찾을 수 있다. 내용의 성격에 따라 모든 종류의 은유가 사용될 것이다. 왜냐하면, 무의식의 상징들은 은유적 전환으로부터 그들의 의미와 난점을 동시에 얻어낼 수 있기 때문이다. 무의식의 상징들은 또한 전통적 수사학

이다〈역주〉.

32) '반용법(反用法, antiphrasis)'이란 'a giant of three feet(3피트의 거인)'처럼 어구를 반대의 뜻으로 사용하는 표현법이다〈역주〉.

33) '역언법(逆言法, paralipsis)'이란 화제를 짐짓 생략함으로써 오히려 중요한 뜻이 숨겨 있음을 암시하는 표현법을 말한다〈역주〉.

34) '곡언법(曲言法, litotes)'이란 'very good' 대신에 'not bad'이라고 하는 것과 같이 표현하려는 것을 빙 둘러서 말하여 뜻을 강조하는 수사법을 말한다〈역주〉.

이 환유법(내용물을 위한 용기)과 제유법(전체를 나타내는 부분)이라고 불렸던 것을 사용할 것이다. 그리고 상징들의 연쇄의 '통사론'이 그 중에서 특히 한 가지 문체적 수법을 생각한다면 그것은 생략법이다.[11]

그리고 또 벤브니스트는 다음과 같이 여전히 시적 창조성과의 일치를 강조한다.

시의 어떤 형태들은 꿈을 닮을 수도 있고, 꿈과 똑같은 구조를 암시할 수도 있으며, 꿈이 우리의 각성 활동에다 맡기는 의미의 미결 상태를 일상적인 언어의 형태로 소개할 수도 있다. 브르통에 따르면, 프로이트가 조직화된 언어에서 잘못 찾고 있었던 무엇인가를 발견했었을 수도 있었을 곳은 역설적이게도 그가 이해하지 못했던 초현실주의 시에서이다.

우리가 벤브니스트의 주장을 받아들인다면 우리는 무의식이 **랑그**에 의해 여과되는 것 없이 **파롤**에 반영된다는 결론에 이르게 된다. 창조적인 발화는 의식적이든 혹은 무의식적이든 **랑그**에 빚진 것은 아무것도 없다. 이는 우리가 소쉬르의 관점에서 **파롤**이 **랑그**의 현실화에 지나지 않는다는 것을 기억할 때 더욱 역설적인 상황이 된다.

반면에 야콥슨은 여러 번에 걸쳐서 비유적 표현(특히 은유와 환유)의 메커니즘은 (계열축에서의) 선택과 (통합축에서의) 결합이라는 언어의 두 가지 중요한 조직 원리와 일치한다는 것을 강조한 후, 실어증 환자들의 언어 파괴는 이러한 구조화 능력의 상실에 기인한다고 했다.

비록 언어가 이중분절, 잉여성, 귀환성, 중의성, 비대칭 등과 같은 보편적인 특징들을 부여받은 분절된 코드 혹은 기호 체계를 통하여 문화적으로 발전된 표현능력이지만, 언어를 모든 인간이 공통적으로 가지고 있는 것으로, 곧 유전적으로 결정된 것이라고 생각해 보자. 그러니까 상징(곧 주어진 언어 내에서 상징적인 관계를 설정하는 것)과 문체적 장치를 사용하는 소질, 유희적으로나 시적으로 언어규칙을 깨뜨리는 소질, 모호성을 창조적으로 활용하는 소질, 요컨대 의식적이든 무의식적이든 '창조적 언어수행'이라는 이름하에 통합될 수 있는 모든 소질이 언어능력에서 비롯된다는 것은 분명하다. 어떤 면에서 화자는 이를 위해 프로그래밍이 되어 있다. 자신이 속한 언어 공동체에서 화자는 일련의 '사용 지침'이 있는 '언어체계'를 받아들이지만, 그 사용이 사람들의 사용법 숙달을 보여주는 다른 방법일 뿐인 일련의 '반–사용 지침' 또한 받아들인다. 예를 들어 모호성에 바탕을 둔 놀이는 모호성에 대해 모르는 척 하면서 그 구별의 특성을 재확인한다. 왜냐하면 우리가 모호성을 의식하지 못한다면 희극적 효과를 거둘 수 없기 때문이다. '언어에 대한 농담에는 항상 (부정적으로 말하면 알고 있는 사실이 왜곡되었을 때) "특정 언어 지식을 상기시켜 주는" 것이 포함된다.'[12]

사회적 문맥 속에서의 언어: 의사소통 능력

> '저 실례지만 저에게 말씀해 주실 수 있으시겠어요,' 앨리스가 약간 수줍게 … 말했다.
> '너에게 말을 걸 때만 말을 하렴,' 하트여왕이 갑자기 앨리스의 말을 가로막았다. (63)

여왕은 앨리스의 가정교사를 맡아 앨리스에게 빅토리아시대의 예절 규범을 가르치는 일을 책임지고 있다. 여왕은 꾸지람을 통해서 그녀에게 아이는 어른이나 더 높은 지위의 손님과 대화를 이끌어나가는 사람이 아니라는 사실을 애써 깨닫게 한다. 앨리스는 19세기 7살짜리 중산층 소녀에게 적절한 것으로 여겨지는 정중한 언어와 경칭을 사용한다. 새로운 인물에게 말을 걸 때마다 그녀는 항상 자신의 규범에서 볼 때 적절한 경칭이라고 생각하는 것을 선택하고 싶어 한다.

앨리스는 분명 유능한 의사 전달자이지만 그녀가 『이상한 나라의 앨리스』와 『거울 나라의 앨리스』에서 만나는 다양한 존재들은 그녀의 능력이 기반을 두고 있는 기본 전제들, 무엇보다도 정중한 대화의 규칙에 도전한다.

> **앨리스:** 매듭?… 오, 내가 풀도록 도와줄게.
> **쥐:** 난 그런 일은 다시는 하지 않을 거야…
> 넌 그런 말도 안돼는 소리를 하며 나를 모욕하는군.

모자 장사: 너의 머리카락은 잘라주어야 해...

앨리스: 개인적인 발언은 하지 않도록 배워야 해... 그건 매우 무례한 일이야.

또 다른 관습 위반은 다음에서처럼 질문에 문자 그대로 대답하거나,

앨리스: I beg your pardon(뭐라고요/다시 한 번 말씀해 주세요).

험프티 덤프티: I'm not offended(나는 상처받지 않았어). [35]

다음에서처럼 다른 질문을 하는 것으로 대답하는 것이다.

앨리스: 들어가려면 어떻게 해야 하죠?

하인: 도대체 들어가야 하나요?

우리 모두가 알다시피 이런 식의 대답은 결코 적절한 행동이 아니다. 이런 식으로 앨리스와 그녀 자신이 헤쳐나가는 이상한 세계—그것이 『이상한 나라의 앨리스』이건 아니면 『거울나라의 앨리스』이건 간에— 사이의 갈등은 어떻게 언어적 상호작용이 수행되는지에 관한 미묘한 정보를 담고 있다.

실제로 **랑그**의 언어학은 다른 사회 집단의 화자들간 또는 동일한 집단의 구성원들간의 호칭을 좌우하는 규칙의 다양성이나 복잡성을 설명할 수 없다. 이름으로 호칭을 쓰는 사람은 누구인가? 누가 기독교식 이름을 호칭으로 쓰는가? 아니면 직함을? 또 아니면 경칭을 쓰는가? 어떤 공손한 경어표현(혹은 불손한 비어표현!)이 누구와 어떤 상황에서 사용되어야 하는가? 그러한 용법—열등, 평등 그리고 우월 관계나 혹은 친밀함이나 거리감—을 통해, 즉 모든 사회(카스트제도의 사회, 계급이 있는 사회 또는 계급이 없는 사회)에서 다양한 방식으로 코드화된 채로 발견될 수 있는 관용 어법을 통하여 어떠한 힘의 관계가 표현되는가? 성공적인 의사소통을 위해 화자는 언어 사건에서 각 참가자의 사회적 역할과 지위를 가늠해야만 한다. 지위와 더불어 성과 나이는 분명 중요한 실마리이다. 지위와 역할에 대한 의견 차이로 인해 갈등이 발생하거나 의사소통이 실패할 수도 있다. 이러한 화자 관련 특징 외에도 발화의 특수한 상황을

---

35) '나는 상처받지 않았어.'라는 험프티 덤프티의 대답을 봤을 때, 그는 'I beg your pardon.'을 '뭐라고요/다시 한 번 말씀해 주세요.'라는 일반적인 의미가 아닌 '나는 너의 용서를 애원한다.'라는 글자 그대로의 의미에 따라 '엉뚱하게' 대답하고 있다〈역주〉.

고려해야 한다. 분명히 우리는 친구 및 가족과 이야기할 때는 우리가 강의나 연설을 할 때와 동일한 언어사용역을 선택하지 않는다. 단일 언어공동체 내의 코드 전환[36]은 발화 상황의 형식 규모와 관련이 있다. 다중 언어공동체에서 코드 전환의 개념은 상황에 적합한 특정 언어 또는 다양한 언어 선택으로 확장된다.

그러므로 모든 화자는 여기에 특별한 능력, 즉 규칙을 따르는 **의사소통 능력**을 가지고 있다. 그 개념은 다음과 같이 말하기의 민족지학(ethnography of speaking)의 창시자인 델 하임즈에 의해 소개되었다.

> 정상적인 아이는 문법뿐만 아니라 적절하게 문장 지식을 습득한다. 아이는 언제 말을 하고 언제 말을 하지 않아야 하는지와 무엇을, 언제, 어디서, 누구와 함께, 무엇에 대해서, 어떤 방식으로 말해야 하는지에 대한 능력을 습득한다. 간단히 말해서, 아이는 발화 행위의 목록을 완성하고, 담화 상황에 참여하고, 다른 사람들에 의해 자신들의 성취를 평가받게 된다. 이러한 능력은 또한 언어와 언어의 특징 및 사용과 관련이 있는 태도, 가치 및 동기 부여에 필수적이며, 의사소통 행위의 다른 코드와 더불어 언어의 상호관계를 위한 능력 및 태도에도 필수적이다. [13]

촘스키의 **언어능력**과 소쉬르의 **랑그**는 확실히 유용한 추상적 개념이다. 이들 개념은 어느 정도 보편적이고 언어적으로 특정한 현상을 정의하고 명확하게 해준다. 그러나 그들은 인간 언어에 대한 완전한 그림을 제시하지는 못하고 있다. [14] 델 하임즈[15]의 표현대로 '언어사용규칙 없이는 문법규칙은 쓸모없는 규칙일 뿐이다.'

---

36) 코드 전환(code-switching)이란 말하는 도중에 언어나 말투를 바꾸는 것을 말한다〈역주〉.

[역자 부록]

[1] 「This Is the House That Jack Built」

This is the house that Jack built.
(이것은 잭이 지은 집이야)

This is the malt,
That lay in the house that Jack built.
(이것은 보리싹이야,
그 보리싹은 잭이 지은 집에 있었지.)

This is the rat,
That ate the malt,
That lay in the house that Jack built.
(이것은 쥐야,
그 쥐는 보리싹을 먹었어,
그 보리싹은 잭이 지은 집에 있었지.)

This is the cat,
That kill'd the rat,
That ate the malt,
That lay in the house that Jack built.
(이것은 고양이야,
그 고양이는 그 쥐를 죽였지,
그 쥐는 보리싹을 먹었어,
그 보리싹은 잭이 지은 집에 있었지.)

This is the dog,
That worried the cat,
That kill'd the rat,
That ate the malt,
That lay in the house that Jack built.
(이것은 개야,
그 개는 고양이를 물고 흔들었어,
그 고양이는 그 쥐를 죽였지,
그 쥐는 보리싹을 먹었어,

그 보리싹은 잭이 지은 집에 있었지.)

This is the cow with the crumpled horn,

That toss'd the dog,

That worried the cat,

That kill'd the rat,

That ate the malt,

That lay in the house that Jack built.

(이것은 쇠뿔이 뒤틀린 소야,

그 소는 개를 뿔로 받아 올려 버렸지,

그 개는 고양이를 물고 흔들었어,

그 고양이는 그 쥐를 죽였지,

그 쥐는 보리싹을 먹었어,

그 보리싹은 잭이 지은 집에 있었지.)

This is the maiden all forlorn,

That milk'd the cow with the crumpled horn,

That tossed the dog,

That worried the cat,

That kill'd the rat,

That ate the malt,

That lay in the house that Jack built.

(이 사람은 고독한 소녀야,

그 소녀는 쇠뿔이 뒤틀린 소의 젖을 짰어,

그 소는 개를 뿔로 받아 올려 버렸지,

그 개는 고양이를 물고 흔들었어,

그 고양이는 그 쥐를 죽였지,

그 쥐는 보리싹을 먹었어,

그 보리싹은 잭이 지은 집에 있었지.)

This is the man all tatter'd and torn,

That kissed the maiden all forlorn,

That milk'd the cow with the crumpled horn,

That tossed the dog,

That worried the cat,

That kill'd the rat,

That ate the malt,

That lay in the house that Jack built.

(이 사람은 아주 찢어지고 헤진 누더기를 입은 남자야,

그 남자는 고독한 소녀에게 키스했어,

그 소녀는 쇠뿔이 뒤틀린 소의 젖을 짰어,

그 소는 개를 뿔로 받아 올려 버렸지,

그 개는 고양이를 물고 흔들었어,

그 고양이는 그 쥐를 죽였지,

그 쥐는 보리싹을 먹었어,

그 보리싹은 잭이 지은 집에 있었지.)

This is the priest all shaven and shorn,

That married the man all tatter'd and torn,

That kissed the maiden all forlorn,

That milk'd the cow with the crumpled horn,

That tossed the dog,

That worried the cat,

That kill'd the rat,

That ate the malt,

That lay in the house that Jack built.

(이 사람은 면도를 하고 머리를 깎은 성직자야,

그 성직자는 아주 찢어지고 헤진 누더기를 입은 남자와 결혼했지,

그 남자는 고독한 소녀에게 키스했어,

그 소녀는 쇠뿔이 뒤틀린 소의 젖을 짰어,

그 소는 개를 뿔로 받아 올려 버렸지,

그 개는 고양이를 물고 흔들었어,

그 고양이는 그 쥐를 죽였지,

그 쥐는 보리싹을 먹었어,

그 보리싹은 잭이 지은 집에 있었지.)

This is the cock that crow'd in the morn,

That waked the priest all shaven and shorn,

That married the man all tatter'd and torn

That kissed the maiden all forlorn,

That milk'd the cow with the crumpled horn,

That tossed the dog,

That worried the cat,

That kill'd the rat,

That ate the malt,

That lay in the house that Jack built.

(이건 아침에 우는 수탉이야,

그 수탉은 면도를 하고 머리를 깎은 성직자를 깨웠어,

그 성직자는 아주 찢어지고 헤진 누더기를 입은 남자와 결혼했지,

그 남자는 고독한 소녀에게 키스했어,

그 소녀는 쇠뿔이 뒤틀린 소의 젖을 짰어,

그 소는 개를 뿔로 받아 올려 버렸지,

그 개는 고양이를 물고 흔들었어,

그 고양이는 그 쥐를 죽였지,

그 쥐는 보리싹을 먹었어,

그 보리싹은 잭이 지은 집에 있었지.)

This is the farmer sowing his corn,

That kept the cock that crow'd in the morn,

That waked the priest all shaven and shorn,

That married the man all tatter'd and torn,

That kissed the maiden all forlorn,

That milk'd the cow with the crumpled horn

That tossed the dog,

That worried the cat,

That kill'd the rat,

That ate the malt,

That lay in the house that Jack built.

(이 사람은 낟알을 뿌리는 농부야,

그 농부는 아침에 우는 닭을 기르고 있었지,

그 수탉은 면도를 하고 머리를 깎은 성직자를 깨웠어,

그 성직자는 아주 찢어지고 헤진 누더기를 입은 남자와 결혼했지,

그 남자는 고독한 소녀에게 키스했어,

그 소녀는 쇠뿔이 뒤틀린 소의 젖을 짰어,

그 소는 개를 뿔로 받아 올려 버렸지,

그 개는 고양이를 물고 흔들었어,

그 고양이는 그 쥐를 죽였지,

그 쥐는 보리싹을 먹었어,

그 보리싹은 잭이 지은 집에 있었지.)

[2] 「This Is the House That Jack Built」의 현대식 구성

This is the house that Jack built.

This is the malt that lay in the house that Jack built.

This is the rat that ate the malt
That lay in the house that Jack built.

This is the cat that killed the rat
That ate the malt that lay in the house that Jack built.

This is the dog that worried the cat
That killed the rat that ate the malt
That lay in the house that Jack built.

This is the cow with the crumpled horn
That tossed the dog that worried the cat
That killed the rat that ate the malt
That lay in the house that Jack built.

This is the maiden all forlorn
That milked the cow with the crumpled horn
That tossed the dog that worried the cat
That killed the rat that ate the malt
That lay in the house that Jack built.

This is the man all tattered and torn
That kissed the maiden all forlorn
That milked the cow with the crumpled horn
That tossed the dog that worried the cat
That killed the rat that ate the malt
That lay in the house that Jack built.

This is the judge all shaven and shorn

That married the man all tattered and torn
That kissed the maiden all forlorn
That milked the cow with the crumpled horn
That tossed the dog that worried the cat
That killed the rat that ate the malt
That lay in the house that Jack built.
This is the rooster that crowed in the morn
That woke the judge all shaven and shorn
That married the man all tattered and torn
That kissed the maiden all forlorn
That milked the cow with the crumpled horn
That tossed the dog that worried the cat
That killed the rat that ate the malt
That lay in the house that Jack built.

This is the farmer sowing his corn
That kept the rooster that crowed in the morn
That woke the judge all shaven and shorn
That married the man all tattered and torn
That kissed the maiden all forlorn
That milked the cow with the crumpled horn
That tossed the dog that worried the cat
That killed the rat that ate the malt
That lay in the house that Jack built.

This is the horse and the hound and the horn
That belonged to the farmer sowing his corn
That kept the rooster that crowed in the morn
That woke the judge all shaven and shorn
That married the man all tattered and torn
That kissed the maiden all forlorn
That milked the cow with the crumpled horn
That tossed the dog that worried the cat
That killed the rat that ate the malt
That lay in the house that Jack built.

[3] 「There Was an Old Lady Who Swallowed a Fly」[37)]

There was an old lady who swallowed a fly;
I don't know why she swallowed a fly – perhaps she'll die!
(파리를 삼킨 할머니가 있었어;
왜 파리를 삼켰는지는 알 수 없지–아마 죽게 될거야!)

There was an old lady who swallowed a spider;
That wriggled and jiggled and tickled inside her!
She swallowed the spider to catch the fly;
I don't know why she swallowed a fly – Perhaps she'll die!
(거미를 삼킨 할머니가 있었어;
그 거미가 할머니 속에서 꼼지락거렸고, 가볍게 흔들었고, 간질간질거렸지!
그녀는 파리를 잡으려고 거미를 삼켰어;
왜 파리를 삼켰는지는 알 수 없지–아마 죽게 될거야!)

There was an old lady who swallowed a bird;
How absurd to swallow a bird!
She swallowed the bird to catch the spider;
That wriggled and jiggled and tickled inside her!
She swallowed the spider to catch the fly;
I don't know why she swallowed a fly – Perhaps she'll die!
(새를 삼킨 할머니가 있었어;
새를 삼키다니 얼마나 우스꽝스러워!
그녀는 거미를 잡으려고 새를 삼켰어;
그 거미가 할머니 속에서 꼼지락거렸고, 가볍게 흔들었고, 간질간질거렸지!
그녀는 파리를 잡으려고 거미를 삼켰어;
왜 파리를 삼켰는지는 알 수 없지–아마 죽게 될거야!)

There was an old lady who swallowed a cat;
Imagine that! She swallowed a cat!
She swallowed the cat to catch the bird,
She swallowed the bird to catch the spider;
That wriggled and jiggled and tickled inside her!

---

37) 「There Was an Old Lady Who Swallowed a Fly」(난 파리를 삼킨 할머니를 알아)는 「I Know an Old Lady Who Swallowed a Fly」나 「There Was an Old Woman Who Swallowed a Fly」로도 알려져 있다.

She swallowed the spider to catch the fly;
I don't know why she swallowed a fly – Perhaps she'll die!
(고양이를 삼킨 할머니가 있었어; 상 좀 해봐! 그녀가 고양이를 삼켰다니!
그녀는 새를 잡으려고 고양이를 삼켰대;
그녀는 거미를 잡으려고 새를 삼켰어;
그 거미가 할머니 속에서 꼼지락거렸고, 가볍게 흔들었고, 간질간질거렸지!
그녀는 파리를 잡으려고 거미를 삼켰어;
왜 파리를 삼켰는지는 알 수 없지–아마 죽게 될거야!)

There was an old lady that swallowed a dog;
What a hog, to swallow a dog!
She swallowed the dog to catch the cat,
She swallowed the cat to catch the bird,
She swallowed the bird to catch the spider;
That wriggled and jiggled and tickled inside her!
She swallowed the spider to catch the fly;
I don't know why she swallowed a fly – Perhaps she'll die!
(개를 삼킨 할머니가 있었어;
이런 돼지가 있나, 개를 삼키다니!
그녀는 고양이를 잡으려고 개를 삼켰어.
그녀는 새를 잡으려고 고양이를 삼켰대;
그녀는 거미를 잡으려고 새를 삼켰어;
그 거미가 할머니 속에서 꼼지락거렸고, 가볍게 흔들었고, 간질간질거렸지!
그녀는 파리를 잡으려고 거미를 삼켰어;
왜 파리를 삼켰는지는 알 수 없지–아마 죽게 될거야!)

There was an old lady who swallowed a goat;
She just opened her throat and swallowed a goat!
She swallowed the goat to catch the dog,
She swallowed the dog to catch the cat,
She swallowed the cat to catch the bird,
She swallowed the bird to catch the spider;
That wriggled and jiggled and tickled inside her!
She swallowed the spider to catch the fly;
I don't know why she swallowed a fly – Perhaps she'll die!

(염소를 삼킨 할머니가 있었어;
그녀는 그냥 목구멍을 벌리고 염소를 삼켰어!
그녀는 개를 잡으려고 염소를 삼켰어,
그녀는 고양이를 잡으려고 개를 삼켰어.
그녀는 새를 잡으려고 고양이를 삼켰대;
그녀는 거미를 잡으려고 새를 삼켰어;
그 거미가 할머니 속에서 꼼지락거렸고, 가볍게 흔들었고, 간질간질거렸지!
그녀는 파리를 잡으려고 거미를 삼켰어;
왜 파리를 삼켰는지는 알 수 없지-아마 죽게 될거야!)

There was an old lady who swallowed a cow;
I don't know how she swallowed a cow!
She swallowed the cow to catch the goat,
She swallowed the goat to catch the dog,
She swallowed the dog to catch the cat,
She swallowed the cat to catch the bird,
She swallowed the bird to catch the spider;
That wriggled and jiggled and tickled inside her!
She swallowed the spider to catch the fly;
I don't know why she swallowed a fly − Perhaps she'll die!
(소를 삼킨 할머니가 있었어;
어떻게 소를 삼켰는지 모르겠어!
그녀는 염소를 잡으려고 소를 삼켰어,
그녀는 개를 잡으려고 염소를 삼켰어,
그녀는 고양이를 잡으려고 개를 삼켰어.
그녀는 새를 잡으려고 고양이를 삼켰대;
그녀는 거미를 잡으려고 새를 삼켰어;
그 거미가 할머니 속에서 꼼지락거렸고, 가볍게 흔들었고, 간질간질거렸지!
그녀는 파리를 잡으려고 거미를 삼켰어;
왜 파리를 삼켰는지는 알 수 없지-아마 죽게 될거야!)

There was an old lady who swallowed a horse;
...She's dead, of course!
(말을 삼킨 할머니가 있었어;
...죽었지, 물론!)

1 라잉(1971: 21).

2 수많은 문학작품은 동일한 내포의 원칙을 기반으로 하고 있다. 예들 들어, 『사라고사에서 발견된 원고 *The Manuscript Found in Saragossa*』에는 한 남자가 이야기를 하고 있는 남자의 이야기를 차례차례 이야기하는 남자의 이야기를 차례차례 하는…남자의 이야기를 한다.

3 실제로 언어는 종종 체스와 비교되었다. 체스의 '말'과 '규칙'은 페르디낭 드 소쉬르가 '랑그'(또는 '언어 체계')라고 부르는 것에 비유될 수 있다면, 체스 '경기'는 소쉬르의 '파롤', 곧 '개인 언어사용' (또는 발화)과 유사하다 할 수 있다. 그렇다 하더라도 언어와 달리, 체스 경기는 지시대상이 없다. 각 체스 말은 '의미'와 기능은 가질 수 있지만, 게임은 그 자체만을 가리킬 뿐이다.

4 어떤 이들은 오늘날 여러 영역, 예를 들면, 기능주의자들, 인지주의자들 그리고 사회언어학자들에 의해서 점점 더 도전을 받고 있는 독단적인 견해라고 말할 것이다.

5 소쉬르[1915](1968: 38) 프랑스어 원본 초판에서.

6 소쉬르는 **랑그**와 **파롤**의 차이를 전달하기 위하여 음악적 비유를 사용한다. 말하자면 교향곡은 많은 수의 잘못된 음을 포함하더라도 사실상 가상의 실체로서 그대로 남아있다. 이는 인간의 조작에 예속된 파롤이 함축적으로 하나의 이상인 **랑그**와 비교될 때 평가 절하된 현상을 구성한다는 것을 암시한다. 음악이 존재하기 위해 연주될 필요가 없는 것과 마찬가지로, **랑그**의 존재는 **파롤**과는 독립적이다.

7 벤브니스트(1966: 128~9).

8 본래 베르사유와 랑부예 사이의 슈브르즈(Chevreuse)에 자리한 시토수도회 수녀들의 수녀원인 포르루아얄(Port-Royal)은 1625년에 파리로 옮겨진 직후 루이 14세 체제에 반대한 지식인들의 중심지가 되었다. 1660년에 출판된 아르노와 랑슬로의 『일반이성문법』은 언어 분석에 데카르트 교리를 적용했다.

9 소쉬르[1915](1968: 30).

10 촘스키(1963: 3). 수년 동안 촘스키의 이론은 많은 다양한 단계 (현재 버전은 **최소주의 프로그램**이라고 부름)를 거쳐 왔지만, 내가 아는 한 화자에 대한 그의 입장은 달라지지 않았다.

11 벤브니스트(1966: 82~3).

12 J. 밀네르(1976).

13 델 하임즈(1972: 277-8).

14 최근에 문법은 독립적으로 연구될 수 있고 또 그렇게 되어야 한다는 관점(촘스키주의자들의 입장)에서 언어사용의 요인들을 포함하는 화용론적 또는 사회언어학적 관점으로 분명히 옮겨져 왔다.

15 델 하임즈(1972: 278).

아주 멀리(So far away)
LA에서부터(From LA)
아주 예전(So far ago)
프리스코에서부터(From Frisco)

모든 문법은 샌다(All grammars leak)
(사피어)

언어의 문법은 우리가 적격한 문장을 만들고 이해할 수 있게 해준다. 문장이 문법적이기 위해서는 그 문장이 모국어 화자로서의 직관에 근거하여 언어공동체에 의해서 그러한 것으로 인정되기만 하면 된다. 이 직관은 화자의 언어능력에 기반하고 있다. 여기에서는 어떤 사회적 혹은 문화적 **규범**을 도입하거나 '훌륭한 언어'에 대한 가치 판단을 내리거나 혹은 화자들이 어떻게 말해야하는가를 그들에게 말할 수는 없다. 언어학자들이 기술하려고 하는 문법은 따라야할 규칙들로 가득 찬 규범적 또는 처방적 문법이 아니다. 'different than'은 'different from(…와 다른)'만큼 문법적이고, 'I can't see no one'은 'I can't see anyone(나는 아무도 볼 수 없다)'만큼 혹은 'he talks real quick'은 'he talks really quickly(그는 정말 빨리 말한다)'만큼 용인가능하다. 문법 규칙의 개념은 해당 방언에서 문법성의 유일한 심판자로서 인정되는 일정 수의 화자들에게 공통된 어법에 의해 뒷받침된다. 어법에서 중요한 차이가 서로 다른 그룹의 화자들 간에 관찰될 때마다, 어떠한 특권도 지배적인 그룹(가장 교육을 받았거나 영향력 있는 그룹)에게 주어져서는 안 된다. 언어학자의 역할은 언어에 **변이**가 있다는 것을 관찰하는 것이며, 이는 어느 정도 사회, 민족 또는 지리적 차이와 관련될 수 있다. 한 언어는 다양한 방언의 총체에 지나지 않는다. 동일한 언어의 방언들은 상호 이해 가능한 변종으로 정의된다. 다른 방언의 화자들이 더 이상 서로를 이해하지 못한다면, 그때 문제의 방언은 비록 이것이 까다로운 문제가 될 수 있을지라도 다른 언어로 간주되어야 한다. 비언어적-정치적 혹은 문화적-기준은 미국에서 '에보닉스ebonics'[1](예를 들면 아프리카계 미국인의 성인 영어)에 대한 최근의 논란에서와 같이 언어적 기준과 충돌할 수도 있다. 이것은 영어의 방언인가 아니면 그 자체로서 하나의 언어인가? 그 결과에 따라 이 말의 화자들을 언어적 소수로 처우하는 것이 정당화되는가?

표준영어나 표준 프랑스어와 같은 우세한 방언은 종종 민족국가 내에서 의사소통의 공식적인 매개체로서의 지위 때문에 영어나 프랑스어와 동일시된다. 언어는 '육군과 해군으로 무장한 방언'[1] 혹은 '성공한 방언'으로 일컬어진다. 세르비아어와 크로아티아어는 언어학적 기준으로 분명히 동일한 언어의 두 방언이지만, 단지 다른 집단들에 의해 사용되기 때문에 지금은 별개의 언어로 간주된다.

문법의 세 계층

우리들 각자는 모국어를 배우는 동안 의미 계층(의미론), 전통적으로 '문법', 즉 형태론과 통사론이라고 불리는 계층, 그리고 음성체계의 계층(음운론)이라는 세 가지 계층을 포함하는 언어 모델, 즉 3단계로 된 문법을 내면화해왔다. 나는 이 세 가지 구성 요소의 일부 또는 전부에 부합하지 않는 것은 비문법적이거나 혹은 비적격적이라는 관점을 채택할 것이다. 왜냐하면 문법과 그로 인한 문법성의 개념은 세 계층 모두를 아우르기 때문이다.[2]

레몽 크노의 소설 「파란 꽃 *Les Fleurs bleues*」(1965)에서 가져온 다음 대

---

1) 에보닉스(ebonics)는 'Ebony(흑단 黑檀)'와 'phonics'의 합성어로서 아프리카계 미국인이 쓰는 영어를 말한다. 「미국언어청각협회 American Speech Language and Hearing Association」는 이 언어의 통사론 및 어휘가 다른 영어와 구별된다는 점을 들어 별개의 방언으로 인정하고 있다〈역주〉.

화를 고려해 보자.

'엑스큐제-누(Exkewsez-noo[2]),' 캠핑하는 남자가 말했다.

'마 비 진트 뻬르뒤(mà wie sind perdus).'[3]

'좋은 출발이야,' 시드롤린이 응답했다.

'까삐또?[4] 길을 잃은 ... 페르뒤스뜨[5].'

'정말 끔찍한 운명이군.'

'깜삐뉴?[6] 론따노?[7] 누... 스마리티[8] ...'

'잘도 이야기를 해대는군,' 시드롤린이 중얼거렸다, '그런데 그가 유럽어 사투리로 말하고 있어 아니면 신바벨어로 말하고 있어?'

'아 하!' 캠핑하는 남자가 분명한 몸짓을 하며 와서는 만족감을 표명했다.

'당신 이유럽어를 페르츄트[9]?'

'운 뽀꼬[10],' 시들로린이 대답했다. '짐을 여기 내려놓으시죠, 귀한 외국 양반,

떠나기 전에 와서 음료나 한 잔 하시오.'

'아 하! 까삐또, 음료...'

'이 사람들 일본인이라고 할 수 있을까?' 시드롤린은 조용히 곰곰이 생각했다.

'그렇지만 그들은 금발이잖아. 혹시 아이누인가?' 그래서 그 소년에게 말을 걸면서,

'혹시라도 아이누 출신인가요?'

'저? 아닙니다. 나, 모든 사람의 친구죠.'

'그렇군. 평화주의자.'

---

2) 'Exkewsez-noo(실례합니다)'는 영어의 *Excuse us*와 프랑스어의 *Excusez-nous*의 혼용이다〈역주〉.

3) 'mà wie sind perdus(내 인생이 길을 잃었어요).'는 프랑스어와 독일어의 혼용이다〈역주〉.

4) 'Capito'는 '알아듣다'를 뜻하는 이탈리아어이다〈역주〉.

5) '페르뒤스뜨(Perdustes)'는 '길을 잃은'을 뜻하는 프랑스어 '페르뒤(perdu)'와 사람을 나타내는 접미사 '-iste'가 결합하여 '길 잃은 자'를 뜻하는 파생어이다〈역주〉.

6) 'Campigne(깜삐뉴)'는 벨기에의 왈롱(Walloon) 지방에서 말해지는 벨기에식 프랑스어로 '캠핑(Camping)'을 뜻한다〈역주〉.

7) 'Lontano'는 이탈리아어로 '저쪽에'를 뜻한다〈역주〉.

8) 'smarriti'는 이탈리아어로 '길을 잃어서'를 뜻한다〈역주〉.

9) 'You fercht Iouropean?(당신은 유럽어를 이해하나요?)'에서 'fercht'는 독일어 'verstehen(이해하다)'을 프랑스어식으로 활용한 것이다〈역주〉.

10) '운 뽀꼬(Un poco)'는 스페인어로 '조금'이라는 뜻이다〈역주〉.

‘야볼.11) 그 음료는 어때요?’

‘자기에게 득이 되는 것은 절대 안 놓치는군, 이 유럽인은.’

이것은 ‘더블 더치’12)의 희극적 예이다. 우리는 언제가 외국인들이 자신들을 이해시키기 위해 애쓰면서 다양한 방식으로 언어의 문법을 엉망진창으로 만들어 놓는 상황에 부딪힌 적이 있을 것이다. 이곳의 대화는 언어능력의 존재에 대한 불합리한 증거로 읽힐 수 있다. 우리는 본문 대화를 아주 잘 이해하지만 ―단지 프랑스어, 이탈리아어 또는 독일어에 대한 수박 겉핥기식 앎이 조금 요구된다― 텍스트는 분명 형태·통사론적으로 기형이다. 그러나 형식의 파괴에도 불구하고 의미 계층은 유지된다.

언어망상13) 현상은 한 걸음 더 나아간다. 즉 언어망상은 어떤 발화 주체들이 일종의 종교적인 최면상태에서 자신들도 모르게 만들어내는 존재하지 않는 언어에 속하는 무아경의 말이다. 이에 대한 예는 사람들이 ‘방언 (放言)으로 말하는’ 다양한 종교 분파에서 찾을 수 있다. 단지 방언은 종교적인 정신착란 속에서 일시적일 뿐이지만 언어망상은 가장 극심한 실어증의 경우로 영구적일 수 있다.3 다음은 그러한 유형을 보여주는 언어의 예이다.

> kolama siando, laboka tohoriamasi, lamo siando, laboka tahandoria, lamo siando kolamasi, labo siando, lakatandori, lamo siambaba katando, lama fia, lama fiandoriako, labokan doriasando, lamo siandoriako, labo sia, lamo siando[4]

이 경우 언어의 비구조화는 총체적이다. 따라서 그것은 모든 의미 있는 의도와 결과적으로 모든 의미적 해석을 잃어버리게 된다. 그것은 완전히 비문법적이다.

---

11) ‘야볼(Iawohl)’은 독일어로 ‘그렇습니다’를 뜻한다〈역주〉.

12) ‘더블 더치(double Dutch)’란 도저히 이해할 수 없는 말, 곧 사람을 속이려고 하는 횡설수설을 뜻한다〈역주〉.

13) 언어망상(glossolalia)이란 정신의학에서는 의미가 불분명한 정신병자의 말을 칭하는 것으로 ‘설어(舌語)’라고도 한다. 종교적 황홀경에서 하는 알아들을 수 없는 말인 방언(放言, gift of tongues)도 ‘언어망상’의 한 형태이다〈역주〉.

한편으로는 크노의 풍자적인 의도와 다른 한편으로는 무의지적인 언어 망상 사이의 어딘가에 루이스 울프선[14]이 『정신분열과 언어 *le Schizo et les Langues*』에서 이야기한 모국어 파괴의 방법론적 시도가 위치한다. 울프슨은 몹시 싫어하는 어머니와 같은 존재와 동일시하는 모국어로서의 영어를 자신 속에서 파괴하고 싶은 욕망에서 외국어들, 그중 프랑스어(나중에 자신의 경험을 이야기하기 위해 채택한 언어), 독일어, 러시아어 그리고 히브리어를 공부하기 시작했다. 그런 다음 그는 음성과 의미의 등가성을 사용하여 영어 낱말을 제거하는 시스템을 완성하여 일종의 개인 에스페란토어를 구축했다. 'don't trip over the wire(줄 위에서 균형을 잃지 마라)'와 같은 문장은 'tu[프랑스어] nicht[독일어] trébucher[프랑스어] über[독일어] èthhé[히브리어] zwirn[독일어]'이 된다.

똑같은 현상이 때때로 동일한 이중 언어 또는 다중 언어에 대한 경험을 공유하는 개인들 사이에서 놀이나 수수께끼 언어의 형태로 발견된다. 예를 들면 조르주 뒤 모리에[15]의 『피터 이벳슨 *Peter Ibbetson*』(1891)의 이중 언어 사용자인 두 어린 영웅은 **프랑킹글(Frankingle)**이라는 프랑스어와 영어 혼성어인 피진어로 의사소통을 한다. 이때 문법과 음성적 기본은 영어이고, 기본 어휘는 프랑스어이다. 이와 반대로, 영어 낱말들이 프랑스어의 문법과 음운에 맞추어져 사용될 때는 **엥글프랑크(Inglefrank)**라 한다. 예를 들어 프랑킹글로 말하는 'Dispeach yourself to ferm the feneeter, Gogo. It geals to pierfend! We shall be inrhumed!(고고, 빨리 창문 닫아. 지독한 추위다! 우리 감기 걸릴 거야!)'[16]는 엥글프랑크로는 'Gogo, il frise à splitter les stones-maque

---

14) 루이스 울프선(Louis Wolfson, 1931~)은 프랑스어로 글을 쓰는 미국 작가이다. 어린 시절부터 정신 분열증으로 치료 받았기 때문에 그는 모국어를 듣거나 읽을 수 없다. 그는 모든 영어 문장을 동일한 소리와 의미를 가진 외국어로 즉시 번역하는 과정을 발명했다〈역주〉.

15) 조르주 뒤 모리에(Georges du Maurier, 1834~1896)는 프랑스 출신의 영국 만화가이자 작가이다. 19세기에 가장 유명한 잡지였던 『펀치 *Punch*』[영국에서 발행된 만화 위주로 된 세계 최고(最古)의 주간잡지(1841.7~2002. 5)]에 삽화 만화를 30년 동안 그려 사회를 풍자한 유명 일러스트레이터였고, 세 편의 소설 『Peter Ibbetson』(1891), 『Trilby』(1894), 『The Martian』(1897)을 썼다〈역주〉.

16) 이 프랑킹글은 'Dépêchez-vous de fermer la fenêtre, Gogo. Il gèle à pierre fendre!

236 • 거울나라의 앨리스와 함께 하는 언어와 언어학의 탐구

aste et chute le vindeau; mais chute le donc vite! Je snize déjà!(고고, 돌이 갈라질 정도로 꽁꽁 얼어. 서둘러 창문 닫아. 아니 그러니까 빨리 그거 닫으라고! 나 벌써 재채기 해!)'[17]가 된다.

이 마지막 예는 모든 화자들에 의해 직관적으로 느껴지는 문법 구조와 어휘의 상대적인 자율성을 강조한다. 이 경우 구조어(곧 기능어)와 내용어의 차이를 포함하고 있으며, 단지 후자만이 아이들의 특별한 언어의 영향을 받는다. 통사론(어순, 기능을 나타내기 위한 구조어의 선택 그리고 내용어의 부류)과 형태론(동사의 굴절어미, 성과 수의 표지)은 이러한 발화들의 명백한 문법성을 보장해 준다. 게다가 차용어는 차용된 언어의 음운론적 패턴을 따르도록 되어 있으므로 프랑킹글은 영어같이 듣기고, 앵글프랑크는 프랑스어처럼 들린다. 이와 관련된 과정이 『시계태엽 오렌지』[18]에서 앤서니 버지스[19]에 의해 사용되었다. 이 작품에서는 슬라브어 어근에서 비롯된 낱말들― 따라서 대부분의 영어 독자들에게는 완전히 이해할 수 없는 낱말들―이 영어 텍스트에 포함되어있다. 이러한 낱말들의 **의미**는 독자가 책을 읽어감에 따라 점차적으로 분명해진다. 왜냐하면 독자는 동일한 낱말이 다른 문맥들에서 맡는 여러 **기능**을 비교할 수 있기 때문이다. 결과적으로 독자는 명사, 동사, 형용사 등과 같은 낱말의 부류를 알아볼 수 있게 된다. 이런 식으로 독자는 추론적 과정에 의해 점진적으로 알려지지 않은 낱말의 문법적, 의미적 성질을 발견하게 된다. 아마도, 자신도 모르게, 독자는 여러 가지 질문을 생각하게 된다. 즉 이 낱말들은 생물을 가리키는가 혹은 무생물을 가리

Nous serons enrhumés!(조조 빨리 문 닫아. 지독한 추위다! 우리 감기 걸릴 거야!)'의 프랑스어 문장에다 영어의 문법과 음성을 섞은 프랑스어와 영어 혼성문이다〈역주〉.

17) 이 앵글프랑크는 'Gogo, il freeze to split the stones. Make haste and shut the window, but shut it therefore fast! I sneeze already(고고, 돌이 갈라질 정도로 꽁꽁 얼어. 서둘러 창문 닫아. 아니 그러니까 빨리 그거 닫으라고! 나 벌써 재채기 해.)'의 영어 문장에다 프랑스어의 문법과 음운을 섞은 영어와 프랑스어 혼성문이다〈역주〉.

18) 『시계태엽 오렌지 A Clockwork Orange』(1962)는 과학에 의해서 개성을 상실하고 로봇화한 인간을 다루고 있다〈역주〉.

19) 앤서니 버지스(Anthony Burgess, 1917~1993)는 영국의 소설가이자 비평가이다. 그의 작품은 창의적인 언어, 해박한 지식, 피카레스크식 구성, 기괴하고 이국적인 작품 배경이 한데 어우러진 것이 특징이다〈역주〉.

키는가 아니면 개체들을 가리키는가? 그들은 인간을 가리키는가, 아니면 비인간을 가리키는가? '친구'를 뜻하는 *droog*와 같은 낱말은 '인간'을 가리키는 것으로 빨리 확인될 것이다. 왜냐하면 이 명사는 인간을 나타내는 주어나 목적어를 요구하는 동사들과 관련되어 있기 때문이다. 대명사(그*he* 대 그녀*she*) 덕택에 낱말이 남성을 나타내는지 아니면 여성을 나타내는지도 알아낼 수 있다. 마찬가지로 문장의 구조는 낱말이 동작주를 가리키는지 아니면 행위의 도구를 가리키는지도 나타낼 것이다. 단수와 복수의 표지인 관사는 낱말이 추상적인가 아니면 구상적인가, 가산적인가 아니면 비가산적인가에 대한 필요한 단서를 제공할 것이다.

> Our pockets were full of <u>deng(money)</u>, so there was no real need from the point of view of <u>crasting(stealing)</u> any more pretty <u>polly(money)</u> to <u>tolchock(hit)</u> some old <u>veck(guy)</u> in an alley and <u>viddy(see)</u> him swim in his blood while we counted the takings and divided by four, nor to do the ultra-violent on some shivering starry grey-haired <u>ptitsa(girl)</u> in a sop and go <u>secking(taking) off</u> with the till's guts.
> (우리의 호주머니는 돈으로 가득 차 있었고 조금이라도 더 많은 돈을 훔친다는 관점에서 실제로는 우리가 수입을 세고 넷으로 나누는 동안 골목에서 어떤 늙은 영감탱이를 때려 그가 피 속에서 헤엄치는 것을 볼 필요도 없었지. 가게에서 어떤 반짝이는 회색머리의 계집아이에게 심한 폭력을 휘두르고 돈 서랍의 내장을 갖고 튈 필요도 또한 없었지.)

탐정소설 읽기는 때때로 시카고 갱들이나 할렘 폭력단에 관한 영화를 볼 때와 마찬가지로 독자에게 동일한 유형의 문제를 제기할 수 있다. *hoodlum*(폭력단원), *broad*(매춘부), *dough*(현금), *slug*(총알), *plug*(가짜돈)와 같은 몇몇 자주 사용되는 용어들은 우리에게 익숙해져 있다. *the Baker*(전기의자), *cabbage*(지폐), *the Barrel*(감옥)와 같은 다른 것들은 우리가 이해하기가 더 어려울 것이다. 실제로 우리는 'a heist in the keister(엉덩이 걷어차기)'를 이해하는 것이 어려울 수도 있다. 그러나 문맥상의 매개 변수가 비-속어사용 독자를 깨우치기에 충분하므로 속어 사전을 참조하는 것은 일반적으로 매우 무의미하다.

의미에 대한 우리의 탐구는 문법적인 능력에 기초하고 있다. 왜냐하면 낱말들의 **의미적** 특성은 그들의 통사적 특성, 곧 그들이 문장에서 수행할 수 있는 기능과 관련되어 있기 때문이다(이것은 매우 중요한 점이다). 통사적 자리—주어, 목적어, 간접목적어—는 그 정의가 의미적인 '행위자(agent)', '경험자(experiencer)', '피동자(patient)', '피영향 대상(affected object)', '도구(instrument)', '원인(cause)', '목표(goal)', '수혜자(beneficiary)', '수령자(recipient)' 등과 같은 의미 논항들로 채워져 있다. 행위자(agency)는 활동성(animacy)을 포함하고 있는 반면 피영향 대상(affected object)은 일반적으로 무생물이라는 것은 명확하다. 그러한 지식은 'The child reads well(이 아이는 잘 읽는다)'는 행위역 주어를 포함하고 있는 반면 'The book reads well(이 책은 잘 읽힌다)'는 그렇지 않다는 것을 밝히거나, 혹은 'Shakespeare reads very well(셰익스피어는 아주 잘 읽는다/셰익스피어의 작품은 아주 잘 읽힌다)'는 중의성이 있는 문장이라는 사실을 설명하는 데에 필수적이다. 그러나 원인역은 생물이거나 무생물일 수 있다. 우리는 'The King made Alice laugh(왕이 앨리스를 웃게 만들었다)'와 마찬가지로 'Drinking from the bottle made Alice shrink(병에 든 것을 마시는 것이 앨리스를 움츠리게 만들었다)'고 말할 수 있다.

이와 같이 우리가 문장을 구축하는 방식은 **의미적 역할**에 의존한다. 예를 들어 우리는 'The garden is swarming with bees(정원은 꿀벌들로 득실거리고 있다)'라고 말하거나 아니면 그 대신에 'Bees are swarming in the garden(꿀벌들이 정원에서 득실거리고 있다)'와 같이 말할 수 있다. 명사구인 'The garden'과 'Bees'는 둘 다 통사적 주어의 자리를 채우지만 명확하게 다른 의미적 지위가 할당되어있음이 틀림없다.

술어들은 의미적으로 **상(aspect)**을 통하여 특징지어진다. 우리는 과정이나 행위 또는 상태나 특성에 대하여, 그리고 일반적인 진리나 특정한 사건에 대하여 말하고 있는 것을 전달하기 위해서 상을 사용한다. 그리고 우리는 행위가 수행되는 방식, 곧 그것이 유일무이한지 아니면 반복적인지, 단기적인지 아니면 장기적인지, 완전한지 아니면 불완전한지, 명확한 목표를 가지고 있는지 아니면 불확정적인지 등을 나타내기 위해서 상을 사용한다. 예를 들어 영어에서 우리는 다음과 같이 상을 대립시킬 수 있다.

> The White Rabbit was running(흰 토끼가 달리고 있었다). (불확정적 과정)
> The White Rabbit ran away(흰 토끼가 도망 쳤다). (행위)
> The White Rabbit was a fine runner(흰 토끼는 훌륭한 주자였다). (특성)
> The White Rabbit kept running(흰 토끼가 계속 뛰었다). (연속 활동)
> The White Rabbit was disappeared(흰 토끼는 사라졌다). (결과에 따른 상태)
> The White Rabbit disappeared(흰 토끼가 사라졌다). (사건) 등등

이와 같이 모든 구별은 문법의 의미적 계층에 속하며 문장의 통사 배치와 일치해야한다. 따라서 문장이 합해지는 과정에 낱말의 의미적 속성에 기초한 선택 제약을 위반하지만 통사적으로는 적격한 문장은, '의미'를 갖지만 '문법적인 실수'를 포함하는 문장과 마찬가지로 비문법적이다. 나는 이 장의 뒷부분에서 이 중요한 부분을 더 상세하게 다룰 것이다. 나는 또한 마지막 장에서 통사론과 의미론 사이의 관계를 재론할 것이다.

문법성 판단

언어모델의 세 계층 사이에는 중요한 차이들이 있다. 일단 음운체계가 자리를 잡으면 화자는 음성 시(詩), 전자—음향 음악 그리고 물론 언어망상의 병리학적 사례를 제외하고는 선택의 자유가 거의 없다. 영어 화자는 자신들의 언어에서 적격한 **음운 조합**을 제어하는 규칙을 내재화하고 있다[20](비록 이들 규칙

---

20) 이는 바로 각 개별언어마다 달리 작용하는 **음소배열원리**, 곧 **음절구조배열원리**를 말한다. 예를 들어 영어의 경우, 어두 자음군이 **파열음**으로 시작할 때는 이어지는 자음이 유음이나 **활음**만이 올 수 있지(ex. *pry, dry, cloth, twin, twenty,* etc.), **비음**은 올 수 없다. 그러나 독일어나 러시아어에서는 파열음 뒤에 비음이 올 수 있다(ex. 독일어: *Knabe*(아이), 러시아어: *dnyom*(낮에)). 한편 국어에서 일어나는 비음화나 유음화와 같은 자음동화 현상(ex. 독립문→동님문, 의견란→의견난, 달님→달림)도 **국어의 음소배열원리**에 따른 결과이다〈역주〉.

중 다수가 실제 낱말을 생산하지는 않을지라도 그렇다). 예를 들어 그들은 /nd/나 혹은 /nb/와 같은 어두 자음 조합을 갖는 낱말은 생성하지 않는다. 따라서 'NDARY ROAD'로 읽히는 거리 표지판은 영어 모국어 화자에게 외국어라는 인상을 줄 것이다.[5] (앞에 말한 화자는 그것이 'Boundary Road(경계선 도로)'에서 잘려버렸다는 것을 깨달을 때만 안도감을 느낄 수 있다.)

반면 통사론과 의미론은 우리가 이미 보았듯이 시작 단계에서의 부정 출발이나 언어수행상의 사건에 취약하다. 그리고 이 두 영역은 창조성은 물론 온갖 종류의 위반에도 유용하게 작용한다.

문법성은 경계가 불분명한 개념이다. 이론적으로 문법(언어능력)은 '우리가 말할 수 있는 것'만을 만들어 내고, '우리가 말할 수 없는 것'은 배제시킨다. 그러나 이 둘 사이의 경계가 항상 명백한 것은 아니다. 이를테면, 언어능력에 의해서 만들어진 문장의 문법성과는 대조적으로 화자의 언어수행에서 발화의 용인성은 종종 정도의 문제가 되므로 가능한 것이 불가능한 것으로 희미해지기도 한다. 화자가 자신들의 '모국어 화자로서의 직관'을 토대로 문법성 판단을 통과하도록 요구 받을 때, 그들이 실제로 판단하는 것은 추상적 체계의 문장이 아니라 발화이다. **용인성**은 동일한 언어나 또는 방언의 화자들에 따라 달라진다. 그것은 문맥이나 억양 또는 의사소통의 가치로 개선될 수 있다. 용인성 판단은 또한 사회적 규범과 처방(때때로 실제 용법과는 관련이 없는 학교에서 가르치는 규칙 참조)에 의해서 영향을 받을 수도 있다. 모국어 화자가 자신의 언어에 대해 언제나 옳다고 생각하고 언어에 대한 태도가 엄청나게 다양하기 때문에, 일관된 판단을 이끌어내는 것은 언어학자에게는 까다로운 작업이 될 수 있다. 왜냐하면 언어학자는 때때로 자신의 직관에 의지하고 싶어하기 때문이다. 언어학자들의 말투에서 공통적인 진술은 '내 방언에서는 이것이 (경우에 따라서) 문법적이다/문법적이지 않다'라는 것이다. 이러한 진술은 언어학자에 의한 문법적 판단이 '전문적 지식이 없는' 모국어 화자가 내린 판단 테스트에 항상 부합하지는 않는다는 불편한 사실을 설명하기 위한 대비책으로도 사용된다.

너는 얼마나 비문법적이 될 수 있니?

'Long time no see(오랜만이야)'라고 「명탐정 필립」[21]의 유명한 장면에서 로렌 바콜[22]이 험프리 보가트[23]에게 말한다. 이것은 통사적으로 부적격하지만 의미를 부여받았고 꽤 의도적으로 생산된 말이다. 이 말은 심지어 일상적인 용법의 일부가 되었다. 우리가 구어체로 '엉터리 영어(broken English)'라고 하는 것은 비록 부정확하지만 기본적인 의사소통을 확실하게 해준다. 뉴스의 헤드라인은 메시지에서 최대의 효과를 확실히 하기 위해 불필요한 구조어를 제거하는 경향이 있어 그로 인해 맥락에 따라 수용할만한 부적격한 문장을 생산한다. 예컨대, 'Inquiry into ticket fraud stalls rail sell-off(티켓 사기 가판대의 가로대 매각에 대한 조사)', 'French wine boycott successful(프랑스와인 보이콧 성공적)', 'Forbes shrugs off barbed attacks by White House rivals(포브스[6]는 백악관 경쟁자들에 의한 가시 돋친 공격을 대수롭지 않게 취급하다)' 등이 그렇다. 따라서 통사론은 위반할 수 있지만 그것을 교묘히 빠져나가면서 의사소통의 목표를 달성할 수 있다. 반면에 시는 예기치 못한 것, 불가능한 것 그리고 아주 유별난 것을 생산하면서 불필요한 중복(곧 잉여성)의 운명을 봉인해버린다. 시는 의미를 위반함으로써 언어의 한계에 도달하고 때로는 그것을 넘어선다.

---

21) 「명탐정 필립 *The Big Sleep*」은 1946년 발표된 하워드 혹스(Howard W. Hawks, 1896~1977) 감독의 미국영화로서 추리작가 레이먼드 챈들러(Raymond Chandler, 1888~1959)의 1인칭 동명소설 「깊은 잠 *The Big Sleep*」(1939)을 영화한 것이다. 하워드 혹스가 레이먼드 챈들러에게 「*The Big Sleep*」에 등장하는 수많은 이중배신과 반전과 놀라움에 대해 설명해달라고 했을 때 '나도 모릅니다'라고 솔직하게 대답했다는 일화로 유명하다〈역주〉.

22) 로렌 바콜(Lauren Bacall, 1924~)은 하워드 혹스의 영화 「소유와 무소유 *To Have and Have Not*」(1944)에서 험프리 보가트의 상대역으로 성공적인 데뷔를 한 후, 마지막으로 출연한 영화 「These Foolish Things」(2006년)에 이르기까지 다양한 장르의 영화에서 상당한 성공을 거둔 미국의 여자 영화배우이다〈역주〉.

23) 험프리 보가트(Humphrey Bogart, 1899~1957)는 전설적인 미국 영화배우이다. 그는 자신의 실제 연인인 로렌 바콜과 함께 만든 영화 「명탐정 필립 *The Big Sleep*」에서 사립탐정 필립 말로우(Philip Marlowe)의 역을 맡았다. 1951년 영화 「아프리카의 여왕 *The African Queen*」으로 아카데미 남우주연상 받았다〈역주〉.

의미적 비문법성의 예로 촘스키가 만든 유명한 문장인 'colorless green ideas sleep furiously(무색의 초록 생각이 격렬하게 잔다)'를 우리가 말하는 것을 멈추게 하는 무엇이 있는가? 델 하임즈는 다음 시에서 그 점을 입증하였다.[7]

Hued ideas mock the brain
Notions of color not yet color
of pure and touchless, branching pallor
Of an invading essential green.
(색조를 띤 생각들이 뇌를 비웃다
아직 채색되지 않은 색의
순수하고 촉감이 없는, 갈라진 창백함의
밀려드는 완전한 녹색의 개념들.)

Ideas, now of inchoate color
Nest as if sleeping in the brain,
Dormant, domesticated green,
As if had not come a dreaming pallor
(생각들은 지금 이제 시작 단계인 색으로
둥지를 튼다. 뇌에서 잠들어 있는
수면상태의, 길들여진 초록처럼
꿈꾸는 창백함이 오지 않은 것처럼)

Into the face, as if this green
Had not, seeping, simmered, its pallor
Seethed and washed throughout the brain,
Emptying sense of any color.
(얼굴로, 이 초록은 스며나오면서,
부글부글 끓지 않은 것처럼. 그 창백함은
뇌를 통해서 소용돌이치며 밀려온다
어떤 색의 감각을 비우면서.)

통사적 비정상

몇 사람만 예를 들자면, 아르토(A. Artaud), 브르통(A. Breton), 데스노스(R. Desnos), 조이스(J. Joyce), 커밍스(e.e. cummings)[24] 그리고 스타인(G. Stein)은 창의적으로 문법을 파괴하고자 했으며, 그렇게 함으로서 언어가 만들어지는 규범이나 사회적 합의에 기반한 의사소통의 기능에 의문을 제기했다. 우리가 그들의 작품을 횡설수설이라기보다는 예술로 인식하는 이유는 그것이 조직화된 일탈에 기반을 두고 있을 때조차도 어떤 의미를 부여하려는 의도가 있기 때문이다.

실어증환자의 텍스트와 시적 텍스트를 비교해 보면 이 두 가지 형태의 비문법적 언어는 **의도**에 의해 분리된다는 것이 분명하다.

아서 코핏[25]의 희곡 『날개 *Wings*』(1968)는 '언어장애와 그 영향'에 대한 의식적인 탐구이다. 그것은 상상력이 풍부한 추측의 작품이지만, 사실에 의한 확고한 정보에 근거하고 있다. 즉 주제에 대한 저자의 관심은 자신의 아버지가 뇌졸중을 일으켜 실어증을 앓았다는 사실에 의해 촉발되었다. 코핏이 우리에게 소개하는 작중인물인 에밀리 스틸슨(Emily Stilson) 또한 뇌졸중을 앓고 있다. 그녀는 다음 단락의 예에서처럼 문법에는 영향을 미치지만 어휘는 건드리지 않고 그대로 두는 실어증의 한 형태인 **실문법증**(agrammaticism)[26]으로 고통을 받고 있다.

---

24) 에드워드 에스틀린 커밍스(Edwars Estlin Cummings, 1894-1962)는 미국의 시인이자 작가이고 미술가이다. 그는 사랑과 에로티시즘을 찬미하고, 구두점에 대한 실험과 시각적 형식의 특징을 살리는 시 창작을 시도했다. 그는 자간과 들여쓰기를 남다르게 구사했으며, 대문자를 거의 사용하지 않은 것으로 유명하다〈역주〉.

25) 아서 코핏(Arthur Kopit, 1937~)은 미국의 극작가이다. 그는 하버드 대학을 다니며 많은 작품을 썼는데, 그 중 그에게 국제적인 명성을 안겨준 작품이 「오오 아버지 불쌍한 아버지, 엄마가 아버지를 골방에 매달아 놓아 나는 슬퍼요 *Oh Dad, Poor Dad, Mama's Hung You in the Closet and I'm Feelin' So Sad*」(1960)이다. 이 작품은 지나치게 소유욕이 강한 어머니와, 그 때문에 억눌린 아들이 반항하지만 실패한다는 이야기의 부조리극이다. 그는 1992년 영화와 뮤지컬 「오페라의 유령 *The phantom of opera*」의 대본과 각본을 썼다〈역주〉.

26) '실문법증(agrammaticism)', 곧 '실문법적 실어증'이란 다른 사람의 말을 잘 이해하고 적절하게 대답할 수 있지만, 화자 자신의 언어 표현에 문법적 장치를 제대로 사용하지 못하는 실어증을 말한다. 1861년 프랑스의 외과의사 브로카(Broca)는 왼쪽 귀의 앞쪽과 약간 위쪽의 대뇌 피질부가

There I go there I go hallway now it's screaming crowded pokes me then the cool-breeze needle scent of sweetness can see palms flowers flummers couldn't fix the leaking sprouting everywhere to save me help me to something movement.[8]

(거기에 난 가 거기에 난 가 통로 그건 울부짖고 있어 북적거리고 나를 쿡 찔러 그리고 나서 시원한 바람 바늘 달콤한 향기 야자나무가 보여 꽃들 알랑방귀 뀌 는 놈들은 새는 걸 수리할 수 없었어 곳곳에 싹이 돋아나고 있어 나를 구하 기 위해 조금 움직이는 걸 도와줘.)[27]

거트루드 스타인은 자신의 입장에서는 의도적으로 비문법적 언어를 사용하 는 위대한 실천가였다. (그녀는 『어떻게 쓸 것인가 *How to Write*』(1973)라는 자신의 책에서 이론적인 수준에서 자신의 접근법을 정당화하였다.)

When he will see
When he will see
When he will see the land of liberty.
The scene changes it is a stone high up against with a hill and there is and above where they will have time. Not higher up below is a ruin which is a castle and there will be a color above it.[9]

(그가 보려고 할 때
그가 보려고 할 때
그가 자유의 땅을 보려고 할 때.
장면이 바뀌고 그것은 언덕을 배경으로 우뚝 솟아있는 돌이며, 그들이 시간을 가질 그 위에 있어요. 성이 붕괴된 폐허가 아주 높은 곳이 아니라 아래에 있고 그 위에 한 색깔이 있을 거예요.)

파괴된 환자에게 이 실어증을 발견하였는데, 이후로 이곳을 '브로카 영역'이라고 하고 이 증상을 '브로카 실어증'이라고도 한다[임지룡 외(2005) 『학교문법과문법교육』(p. 54~55) 참조]〈역주〉.

27) 이곳 우리말 옮김은 텍스트 내용에 대한 (독자들의) 이해를 돕기 위해 어휘 의미를 중심으로 한 것이다. 마찬가지로 계속 이어지는 G. 스타인, e.e. 커밍스 그리고 J. 더스 패서스의 작품에서 발췌한 비문법적 실례(곧 통사적 비정상에 대한 실례)의 번역도 어휘 의미를 중심으로 시도한 것이다〈역주〉.

다음에서처럼 e.e. 커밍스도 그러하였다.

> and like the prince of wales wife wants to die
> but the doctors won't let her comma considers frood
> when he pronounces young mistaken and
> cradles in rubbery one somewhat hand
> the paper destinies of nations sic
> item a bounceless period unshy
> the empty house is full O Yes of guk
> rooms daughter item son a woopsing queer
> colon hobby photography never has plumbed
> the heights of prowst but respects artists if
> they are sincere proud of his scientif
> ic attitude and liked the king of hear
>
> ye! the godless are the dull and the dull are the damned[10]
> (그리고 웨일즈의 왕자처럼 아내는 죽고 싶어했다
> 그러나 의사들은 그녀의 쉼표를 상황판단이 빠른 것으로 여기게 하려 하지 않
> 을 것이다
> 그가 상황을 잘못 판단하여 젊은이라고 말할 때
> 고무 같은 것, 조금, 고무 같은 손에 요람들
> 서류 나라의 운명 원문그대로임
> 항목 수줍지 않은 활기 없는 시기
> 빈집은, 오 그래, 축국공으로 가득 차 있다
> 방들 딸 항목 아들 토하고 있는 동성애자
> 콜론 취미 사진 결코 프라우스트[28)]의 명성을 헤아리지 못했지만
> 예술가들을 존경한다
> 그들이 그의 과학적 태도를 진심으로 자랑스럽게 여기며
> 듣기의 왕을 좋아한다면
>
> 그대들! 무신론자들은 멍청이들이고 멍청이들은 지옥에 떨어질 놈들이다.)

---

28) '프라우스트(prowst)'는 소설가 프루스트(M. Proust)의 이름이 재미로 의도적으로 잘못
발음된 단어이다〈역주〉.

존 더스 패서스[29]의 「큰돈 *The Big Money*」에서 가져온 다음 발췌문 또한 비문법성으로 독자에게 충격을 준다.

> ... the boy walks shyly browneyed beside me to the station talks about how Bart helped him with his homework wants to get ahead why should it hurt him to have known Bart? wants go to Boston University we shake hands don't let them scare you accustomed the smokingcar accustomed the jumble of faces rumble cozily homelike towards Boston through the gathering dark how can I make them feel how our fathers our uncles haters of oppression came to this coast how say don't let them scare you...[11]
> (그 소년이 수줍게 걸어 갈색눈을 가졌는데 내 옆에서 역으로 바트가 어떻게 그의 숙제를 도와주었는가에 대해서 이야기 해 출세하기를 원하지 바트를 알았던 것이 왜 그를 아프게 해야 하지? 보스톤 대학에 가고 싶어 해 우린 악수를 해 그들이 너를 두렵게 하지 마 넌 흡연차에 익숙해져 있지 뒤죽박죽 섞여있는 얼굴들에 모이는 어둠을 뚫고 보스톤으로 향하는 집같이 포근한 웅웅거리는 소리 내가 어떻게 그들이 느끼게 할 수 있지 얼마나 나의 아버지 나의 아저씨 억압을 싫어하는 자들이 이 해안에 와서 어떻게 말하는지 그들이 너를 두려워하지 않게 해...)

이처럼 통사적 비정상은 의미적 비정상보다 더 쉽게 평가될 수 있다. 왜냐하면 발화 주체로서 우리의 반응은 우리가 내면화한 문법 모델을 참고로 하여 정도를 벗어난 발화를 정확하게 '수정'하는 데 있기 때문이다. 예를 들어 위의 더스 패서스의 텍스트는 적절한 구두점을 삽입하고 빠진 대명사 몇 개를 추가하는 것만으로도 확실하게 문법적이 될 수 있다.

교정이 불가능하다고 판명되면, 그땐 우리는 단순히 문법적이지 않은 발화

---

29) 존 더스 패서스(John Dos Passos, 1896~1970)는 포르투갈계 미국인 소설가이다. 그는 제1차 세계대전 이후 이른바 '잃어버린 세대(The Lost Generation)'를 대표하는 주요 소설가 가운데 한 사람이다. 그는 「북위(北緯) 42도 *The 42nd Parallel*」(1930), 「1919년 *Nineteen Nineteen*」 (1932) 그리고 「큰돈 *The Big Money*」(1936)라는 3부작으로 이루어진 『미합중국 *USA*』을 통해 미국생활의 본질을 파헤친 급진적 비평가이자 사회사상가로서의 명성을 얻은 작가이다. 그러나 그 후의 소설은 진보성이 상실됨에 따라 그가 처음에는 좌파였으나 우파로 변절했다고 말하기도 한다〈역주〉.

를 거부한다. 예를 들어 이것은 『날개 *Wings*』의 발췌문에 직면했을 때의 우리의 판단이다. 그러나 우리가 스타인이나 커밍스의 작품에서처럼 시적인 **의도**를 인정한다면 우리는 통사적 비정상을 정당한 형식의 표현으로 받아들여야 한다. 실어증의 텍스트와 시적 텍스트의 차이는 분명 언어능력에 있지 언어수행에 있지 않다.

그럼에도 불구하고 구조를 파괴하는 언어는 여러 가지 위험을 감수한다. 이것은 사회적 규범을 벗어나는 공간으로의 여행이며 때로는 편도 티켓이다. 어떤 환각적인 실험을 통해서 이것은 입증되거나, 아니면 프랑스의 시인 안토닌 아르토의 경우 결국은 미쳐서 '모든 진실한 언어는 이해할 수 없다'라고 선언하기까지 한다. 조이스에 대해서도 마찬가지이다. 즉 「피네간의 경야(經夜) *Finnegan's Wake*」(1939)[30] 이후부터는 계속 의도성의 정도가 정확히 어떤지를 우리는 더 이상 알지 못한다. 나는 제14장에서 더 관습적인 언어 사용에 있어서 통사론의 문제를 다시 다룰 것이다.

의미적 비정상

의미적 비정상은 판단을 내리기가 엄청 더 어렵고 쉽게 수정에도 순응하지 않는다. 요컨대 의미적 수정의 '모델'을 정의하기란 쉽지 않다. 화자들은 의미적인 공백 상태에서 벗어나려는 경향이 있으며 심지어는 매우 어리석은 것처럼 보일지라도 의미를 갖다 붙이려고 애쓴다. 더욱이, 의미규칙을 깨뜨리는 것은 비유적 표현의 정당한 전유물이다. 왜냐하면 비유적 표현이란 한 번 어휘화되면 낱말의 의미를 진화시키기 때문이다(아래 제 12장을 볼 것).

다양한 시적 예들을 토대로 세 가지 종류의 의미적 비정상을 구별하는 것이 가능해 보인다. 즉 '위조된 어휘'의 사용으로부터 유래된 것들, '논리적 위반'으

---

30) 이 소설은 제임스 조이스[1882(아일랜드)~1941(스위스)]의 최후 작품으로 전위 예술적이고 실험적인 서술 방식을 취하면서 언어를 왜곡하고 있다. 이를테면 작가는 이 소설에서 의식의 흐름 기법을 사용하였고 영어를 중심으로 해서 언어를 여러 방법으로 왜곡하고 있다. 따라서 이 소설은 영문학에서 매우 난해한 작품으로 꼽힌다〈역주〉.

로 인한 것들, 그리고 마지막으로 '선택 제한의 위반'으로 인한 것들이다. 나는 이들 각각을 차례대로 다룰 것이다.

언어적 위조

여기서 발화는 의미가 없으며, 어떠한 경우에도 분명한 의미는 존재하지 않는다. 왜냐하면 낱말이 존재하지 않기 때문이다. 이것은 캐럴의 **재버워키**와 같은 난센스 시, 곧 조롱시(mock poetry)를 통해 볼 수 있다.

> T'was brillig, and the slithy toves
> Did gyre and gimble in the wabe;
> All mimsy were the borogroves,
> And the mome raths outgrabe.
> (*지글녘, 유끈한 토브들이*
> *사이넘길 한쪽을 발로 빙돌고 윙뚫고 있었네.*
> *보로고브들은 너무나 밈지했네.*
> *몸 레스들은 꽥꽥 울불었네.*)

문학에는 이러한 위조의 오랜 전통이 있다. 원작을 제대로 다루고 있는 다음 영어 번역에서 앙리 미쇼의 「큰 싸움 *The Great Fight*」은 좋은 예이다.

> He embowerates and enbacks him on the ground.
> He raggs him and rumpets him up to his drale;
> He praggles him and libucks him and berifles his testeries;
> He tricards him and morones him,
> He grobels him rasp by rip and risp by rap.
> Finally, he enscorchorizes him.[12][31)]

---

31) 이곳 영어 번역문의 본래 프랑스어 원문은 다음과 같다(괄호 속의 번역은 이 원문을 바탕으로 역자가 한 것이다)〈역주〉.
   Il l'emparouille et l'endosque contre terre
   Il le rague et le roupète jusqu'à son drâle ;
   Il le pratèle et le libucque et lui barufle les ouillais ;
   Il le tocarde et le marmine,
   Le manage rape à ri et ripe à ra.

혹은 조이스의 「피네간의 경야 *Finnegans Wake*」도 다음 발췌에서처럼 좋은 예이다.

The wallhall's horrors of rollsrights, carhacks, stonegens, kisstvanes, tramtrees, fargobawlers, autokinotons, hippohobbilies, streefleets, tournintaxes, megaphoggs, circuses and wardsmoats and basilikerks and aeropagods.
(압연(壓延機)기의 벽관(壁館), 삯마차, 석동기(石動機), 영궤차(靈櫃車), 가로 수차(樹車), 호화차(呼貨車), 자동차, 마락차(馬樂車), 시가차단(市街車團), 여행 택시, 확성기차(擴聲器車), 원형광장 감시차 및 바시리크 성당, 천층탑(天層塔) 광장[32])

더글라스 애덤스[33])도 『은하수를 여행하는 히치하이커를 위한 안내서 *The Hitch-Hiker's Guide to the Galaxy*』에서 다음처럼 동일한 기법을 사용한다. 즉 'And hooptiously drangle me with crinkly bindlewurdles or I will rend thee in the gobberwarts with my blurglecruncheon'(54)[34].

Enfin il l'écorcobalisse.
(그는 그를 낚아채어 짓누르고 들쳐 업어 땅에다 패대기쳐 눕힌다
그는 그를 희롱하고 거친 숨을 헐떡거릴 때까지 마구 때린다
그는 그를 계속해서 때리고 경멸적인 입맞춤을 하고 그의 따귀를 때린다
그는 맞기만 하는 그를 때리고 휘젓는다.
흥행주가 리에 강간을 하고 라에 난 상처를 긁는다.
마침내 그는 그의 살갗을 벗긴다.)

32) 이 번역은 J. 조이스 작(1939)/김종건 역(2012: 33), 『피네간의 경야』(고려대학교 출판부)를 참조한 것이다〈역주〉.

33) 더글라스 애덤스(Douglas Adams, 1952~2001)는 영국의 소설가이자 시나리오 작가이다. 그는 코믹 과학 소설인 『은하수를 여행하는 히치하이커를 위한 안내서』(총 5권의 시리즈)로 유명하다. 우주적 상상력과 날카로운 풍자가 빛나는 이 시리즈 소설은 1978년 6회짜리 라디오 드라마로 시작했는데, 폭발적인 인기를 등에 업고 텔레비전 드라마, 음반, 컴퓨터 게임, 연극, 영화에 이르기까지 온갖 버전으로 확장되었다. 그는 이 히치하이커 시리즈로 휴고상, 골든팬상 등을 받았으며 '코믹 SF'라는 장르를 개척한 인물로 주목받았다〈역주〉.

34) 이 부분을 김선형·권진아 역(2005: 105), 『은하수를 여행하는 히치하이커를 위한 안내서』(책세상)에서는 '그리고 흐망컨디 찌거덕굴레망치로 나를 익졸라주우, 아니면 내 오대방둥이로 그대 왕여드름을 찢어발기리.'와 같이 옮겨놓고 있고, 김장환역(1995: 95), 『은하수를 여행하는 히치하이커를 위한 안내서』(새와 물고기)에서는 '그리고 흐망하건대 나를 그 엄단한 빗줄로 묶이 주오, 그렇지 않으면 나는 드대에게 선사하리, 고비바트 내 블루그레크런천.'라고 옮겨놓고 있다〈역주〉.

한 번 더 아주 비슷한 것이 다음과 같은 특정 언어 장애에서 발견된다. 즉 'Well, all I know is somebody is clipping the kreples some where, someone here on the kureping arm, why I don't know'. 이 마지막 발화 는 문법적 구조는 온전히 남아있지만 어휘가 와해되어버린 실어증의 한 형태 인 **혼란실어증(jargonaphasia)**으로 고통 받는 사람에 의해 생성되었다.[13]

논리의 위반

발화는 논리, 특히 **전제, 함의** 및 **양립불능관계**의 논리를 무시할 수도 있다. 전제는 '암묵적'이기 때문에 명시적일 필요가 없는 메시지의 일부이다. 캐럴의 다음 인용에서 하인인 풋맨(Footman)은 앨리스의 질문에 근거한 전제의 타당 성, 즉 그녀가 들어올 권리가 있음을 부인하고 있다.

> '어떻게 들어가죠?'라고 앨리스가 하인에게 물었다.
> '당신이 들어오도록 되어있습니까?'라고 하인이 말했다. '이것이 첫 번째 질문 입니다.
> 아시겠습니까?'(46)

티파티에서 3월의 토끼(March Hare)가 '차 좀 더 드세요'(58)라고 앨리스 에게 말할 때, 그는 그녀가 이미 차를 좀 마셨다는 것을 전제로 하고 있다. 그 래서 앨리스는 차 잔이 정말 비어 있다고 착각을 한다. 이처럼 논리주의자 캐 럴은 터무니없음과 역설에 매료되었다.

일반적인 논리 위반은 '언제 당신의 아내를 구타하는 것을 멈추었습니까?'라 는 질문에서처럼 은밀한 전제에 몰래 들어가는 소위 '유도 질문'이다.

'루돌프가 자신의 과부를 죽였다'라는 말은 과부의 남편이 죽었다는 함의를 어기고 있다. '너의 어머니는 아이가 있니?'는 어머니라면 아이가 있다는 함 의를 위반하고 있다. 한 아버지가 자신의 딸에 대하여 '나는 마치 그녀를 낳 은 것처럼 그녀를 안다'라고 말하는 것은 비슷한 근본적인 함의에 위배되고 있다. 또한, 한 프랑스 신문의 헤드라인인 '교황이 또 죽다(Pope dies again)'는 '교황(Pope)'(사람 혹은 직능을 가리킴)이라는 낱말이 갖는 중의성을 활용하여, 당신이 오직 한 번만 죽을 수 있다는 함의를 위반하고 있다. 시몬 시뇨레35)의 자서전인 『향수(鄕愁)는 예전의 향수가 아니다 *Nostalgia Isn't What It Used To Be*』(1978)는 경구를 수정하는 것으로 **양립불능관계**를 도입하고 있다. 사실, 이것은 인기가 있는 제목을 구성하는 데 매우 선호되는 기법이다. 왜냐하면, 이 기법은 예기치 않은 제목을 사용하기 때문이다. 케네스 브래너36)의 영화 「다시 죽다 *Dead Again*」37)나 제임스 본드(James Bond) 모험 영화 「넌 두 번 살 뿐이야 *You only live twice*」.38)도 마찬가지이다.

유의어 반복 또한 논리의 위반이다. 그 예로 'you really are your father's son!(네가 정말 네 아버지의 아들이구나!)'를 들 수 있고, 또는 노련한 통근자가 던진 질문인 'What time does the 5.15 for London leave?(런던행 5시 15분 열차는 몇 시에 떠납니까?)'를 들 수 있다. **모순**은 'The Living Dead(살아있는 죽은 자)'에서처럼 앰퍼고리(amphigoury)39) 또는 꼬인 이야기에서, 곧 다음에서처럼 초등학생들에게 매우 인기가 있는 특별한 유형의 난센스 시에서 체계적인 특성을 띨 수 있다.

---

35) 시몬 시뇨레(Simone Signoret, 1921~1985)는 폴란드계 유대인으로 독일에서 태어났지만 파리에서 자란 영화배우이다. 그녀는 프랑스 배우 중 최초로 1959년 「산장의 방 *Room at the Top*」으로 아카데미 주연상을 받았다. 그녀는 유대인인 것을 감추기 위해 프랑스 태생인 어머니의 처녀적 이름을 예명으로 사용했고, 1951년 동료 배우였던 이브 몽탕(Yves Montand, 1921~1991)과 재혼하여 1985년 사망 때까지 함께 했다. 그녀가 출연한 대표작으로는 「윤무 *La Ronde*」(1950), 「황금투구 *Casque d'or*」(1952), 「산장의 밤」(1959), 「파리는 불타고 있는가? *Paris brûle-t-il?*」(1966), 「그림자군단 *L'armée des ombres*」(1969), 「미망인 쿠데르 *La veuve Couderc*」(1971), 「북극성 *L'Étoile du Nord*」(1982) 등이 있다〈역주〉.

36) 케네스 브래너(Kenneth Branagh, 1960~)는 영국 북아일랜드 출신의 영화감독이다. 그는 자신이 주인공을 맡은 로맨틱 심리 스릴러물 「*Dead Again*」(1991)에 이어 셰익스피어 원작의 「헛소동 *Much Ado About Nothing*」(1993)을 연출하여 '할리우드식 셰익스피어영화'라는 평가를 받았다. 그는 1994년에 「프랑켄슈타인 *Frankenstein*」(로버트 드니로 주연)을 발표하여 흥행에 성공을 거두었고, 1995년에는 흑백영화 「햄릿 만들기 In The Bleak Midwinter」, 이듬해에는 원작을 새롭게 해석한 장편서사극 「햄릿 *Hamlet*」을 연출하는 등 주로 셰익스피어의 원작을 재해석한 작품들을 제작했다〈역주〉.

37) 이 영화는 국내에서 「환생 *Dead Again*」이라는 제목으로 상영되었다〈역주〉.

38) 이 영화는 국내에서 「007 두 번 살다」라는 제목으로 상영되었다〈역주〉.

39) '앰퍼고리(amphigoury)'란 '무의미한 문장이나 글, 또는 시'를 말한다〈역주〉.

I went to the pictures tomorrow
I took a front seat at the back
I fell from the pit to the gallery
And broke a front bone in my back
A lady she gave me some chocolate
I ate it and gave it her back
I phoned for a taxi and I walked it
And that's why I never came back[14]
(나는 내일 영화를 보러 갔다
나는 뒤에 있는 앞좌석에 앉았다
나는 일층석에서 최상층 관람석으로 떨어졌고
등에 있는 앞쪽 뼈를 부러트렸다
한 숙녀가 나에게 약간의 초콜릿을 주었고
나는 그걸 먹었고 그녀에게 돌려주었다
나는 택시를 부르기 위해 전화를 했고 걸어갔다
그리고 그것이 내가 결코 돌아오지 못했던 이유이다)

이러한 실제의 예들―운문의 행들, 영화, TV프로그램 그리고 책의 제목들, 머리기사들, 속담들, 일상어들―중에서 비문법적인 언어는 의도적으로 말도 안 되는 소리가 의미가 통하도록 하고 있다.

의미적 선택제한의 위반

이것은 초현실주의자들과 울리포에 의해서 다양한 방식으로 탐구되어왔다. 곧 전자는 창조적인 우연의 손에 스스로를 맡겼다면, 후자는 한 가지 방법을 체계적으로 적용하였다. 프랑스의 초현실주의자들은 '우아한 시체놀이(exquisite corpse)'라 불리는 놀이를 하는 것을 즐겼는데, 이 놀이는 앞서 제시된 의견을 숨기기 위해 매번 주의 깊게 반복적으로 접은 한 장의 종이를 돌려서 전혀 관계가 없는 요소들을 모아서 문장으로 만드는 것이다. 이것은 결과적으로 의미적 양립가능성의 위반(즉 의미적 선택제한의 위반)을 야기한다. 왜냐하면 놀이를 하는 사람들은 그들이 만들어내는 발화의 문법성을 보장해주는 일련의 조합적 제한을 사용할 수 없기 때문이다(어떤 명사 앞에 어떤 한정사를 놓을 수 없고, 어떤 동사 앞에 어떤 명사를 놓을 수 없는 등등의 제한이 있다). 윌리엄 버로스[40]는 여러 작품에서 발췌하여 끼워 맞춘 것들로 상당히 유사한 성과를 이루어내었다.

물론 초현실주의 시는 그 시작부터 '자동' 기술법에서 인간 무의식의 해방을 추구했다. 그것은 브르통의 '머리카락을 한 움큼 쥔 육체의 서랍들', '지하 통로가 모든 향기를 하나가 되게 한다' 또는 '서커스는 항상 같은 전차 궤도를 황홀하게 만든다'[15]에서와 같이 앞뒤가 맞지 않는 연상이 떠오르게 하고 사전에 계획되지 않은 이미지를 불러일으킨다. 개빈 이워트[41]—영어로 쓰는 초현실주의 시인을 인용하기 위하여—는 다음의 「시행 *Lines*」에서 좋은 예를 제공한다.

The other day I was loving a sweet little fruitpie-and-cream.
He was flying an Avro-Manhattan into a beady-eyed silence.
His little shoes were shining as he stood by the sealions.
Panting she lifted her skirt in a classical gesture.[16]
(일전에 나는 달콤하고 어린 프루트파이와 아이스크림을 사랑하고 있었다.
그는 아브로-맨해튼을 두 눈이 반짝반짝 빛나는 침묵으로 날아오르고 있었다.
그의 작은 신발들은 그가 바다사자 옆에 서 있을 때 빛나고 있었다.
헐떡거리면서 그녀는 고전적인 몸짓으로 자기의 치마를 들어올렸다.)

---

40) 윌리엄 버로스(William Burroughs, 1914~1997)는 미국의 작가이자 시각 예술가이다. 그는 비트족 세대(The Beat Generation)의 주요 인물이었고, 문학뿐만 아니라 대중문화의 다양한 영역에 영향을 미친 포스트모더니즘 작가이다. 그의 첫 번째 소설은 마약중독 체험을 바탕으로 쓴 「정키 *Junkie*」(1953)가 있고, 대표작으로는 마약환자의 환각과 공포를 산문시풍으로 그린 「벌거벗은 점심 *The Naked Lunch*」(1959)이 있다. 그리고 버로스가 1961~1964년에 걸쳐 쓴 세 편의 실험 소설 시리즈, 곧 「소프트 머신 *The Soft Machine*」(1961), 「죽은 손가락은 말한다 *The Dead Fingers Talk*」(1963) 그리고 「노바 익스프레스 *Nova Express*」(1964)는 '노바 3부작(*The Nova Trilogy*)' 혹은 '컷-업(곧 조각으로 자른) 3부작(*The Cut-up Trilogy*)'으로 불린다〈역주〉.

41) 개빈 이워트(Gavin Ewart, 1916~1995)는 영국 시인이다. 그는 케임브리지 대학의 크라이스트 칼리지(Christ's College)에서 공부했으며 1936~7년에는 영국에서 가장 권위 있는 문학 계간지 「그랜타 *Granta*」의 편집장을 지냈다. 1939년에 그의 첫 시모음집 「시와 노래 *Poems and Songs*」가 출판된 이래, 「런던 사람들 *Londoners*」(1964), 「육체의 즐거움 *Pleasures of the Flesh*」(1966), 「그래블 포터의 기만적인 웃음 *The Deceptive Grin of the Gravel Porters*」(1968), 「개빈 이워트 쇼 *Gavin Ewart Show*」(1971), 「상상의 사랑 사건 *An Imaginary Love Affair*」(1974), 「85시 *85 Poems*」(1993) 등의 시집이 출판되었다〈역주〉.

다소 기괴한 이러한 모든 생성물에서 문제가 되는 것은 비록 발화의 통사적 조직은 '정확해' 보일지라도 의미적 특성이나 특징에 근거하여 양립하지 않는 낱말 조합을 보통의 경우 제거하는 선택 규칙이다.

이 마지막 종류의 의미론적 위반은 특히 우리가 '통사론'의 분리성 또는 자율성에 의문을 제기하도록 한다. 왜냐하면 통사론은 의미적 선택을 지배하는 규칙을 분명히 받아들여야 하기 때문이다. 낱말들을 동사, 명사, 부사 등의 부류로 분류하거나 가능한 각각 다른 구조들을 명시하는 것으로 충분하지 않다. 우리는 또한 내가 방금 인용한 것들과 같은 발화를 제거할 수 있도록 해주거나, 아니면 최소한 이러한 것들을 창조적인 일탈이라고 평가할 수 있도록 하는 규칙들을 공식화할 수 있어야 한다. 즉, 각 낱말의 전반적인 속성이나 의미적 자질들을 명시하는 규칙이 필요하다. 가령 타동사의 피동적인 객체의 위치가 아니라 행위자를 나타내는 주체의 위치를 차지할 수 있도록 하는 자질을 명시하는 규칙이 필요하다. 간단히 말해서, 'John admires sincerity(존이 성실을 찬양한다)'라고 말할 수는 있지만, 'Sincerity admires John(성실이 존을 찬양한다)'라고 말할 수 없다는 사실을 우리는 어떻게 설명할 것인가? 그리고 여기서, 우리가 좋아하건 좋아하지 않건 우리는 규범과 일탈의 개념을 다시 도입한다.

의미자질

기술적 관점에서 의미 분석은 음운 분석의 기술을 차용한다. 음소가 분석될 수는 있으나 분리될 수는 없는 한 무리의 **변별적 자질**들로 구성되어있는 것과 마찬가지로 (왜냐하면 한 음소의 변별적 자질들은 하나의 동일한 음성 현실을 형성하기 때문이다), 낱말 또한 한 무리의 **의미소**, 혹은 그 조합이 결과적으로 선택 규칙을 야기하는 **의미자질**들로 구성되어 있다. 따라서 이 때 선택 규칙이란 언어의 의미구조를 구성하는 규칙들이다. 이 규칙들을 어기면 비문법적인 문장이 생기게 된다. 음운 체계는 다른 것들을 배제하면서 특정 조합(그 조합에 대한 지식이 음운론적 언어능력이다)을 허용한다. 사람들은 의미체계에서도 마찬가지라고 믿고 싶어 한다. 의미자질은 일반적으로 '*생물(animate)*/*무생물(inanimate)*', '*인간(human)*/*비인간(non-human)*', '*물질(material)*/*비물질(non-material)*', '*남성(male)*/*여성(female)*', '*성인(adult)*/*비성인(non-adult)*', '*죽는(mortal)*/*죽지 않는(non-mortal)*', '*유일한(unique)*/*유일하지 않는(non-unique)*' 등등과 같은 2항 대립 방식으로 어휘 목록에 있는 낱말들에 할당된다. 여기서 '등등(etc.)'은 매우 유용하다. 왜냐하면 이 목록은 그렇지 않으면 끝맺기가 어렵기 때문이다. 두 가지 중요한 원칙이 이 목록의 한계를 정하는 데 도움이 된다. 즉 의미자질들은 가능한 한 일반적이어야 하며, 그것들은 순수하게 의미적이어야 한다. 따라서 다음과 같은 두 가지 위험을 지적할 수 있다.

1. 특별한 경우에는 유효하지만 전혀 일반화할 수 없는 임시방편적인 자질들을 도입할 위험이 있다. 일반화할 수 없는 규칙이 무슨 소용이 있는가? 예를 들어 우리는 'Mary's widower is here(메리의 홀아비가 여기에 있다)'라는 이상한 문장에서 'widower(홀아비)'에 '소유격 명사구와 양립할 수 없는'이라는 특정한 자질을 부여하는 것으로 이 문장의 비정상적인 지위를 설명하기를 원하지 않는다.[17]

2. 의미자질을 판단하는 데 있어서 우리의 문화와 세계관에 고유한 매개변수를 잘못 알 위험이 있다. 즉 언어외적 세계(곧 지시대상)와, 우리가 그 자율성을 입증하기 위하여 피나는 노력을 해온 언어체계를 혼동하는 위험이 있다. 화자에게 있어서 의미적 '정상 상태'란 보통— 그것이 **의미**를 가지려면-, 발화를 통해 **지시관계**가 맺어지게 되는 세계관(곧 세계에 대한 시각)을 반영한 것에 불과하다. 왜냐하면 이때 세계에 대한 시각, 곧 세계관은 정도를 벗어난 언어관용을 거부하는 것처럼 보이기 때문이다. 이러한 체제상 평균 수준의 화자가 어떤 발화를 해석할 수 없다면 그 발화는 의미적으로 부적격한 것일 것이다. 왜냐하면 화자는 의식 세계에 나타나는 것과 같은 지시대상을 현실 세계에서는 찾을 수 없기 때문이다.

지시적 비정상 대 의미적 비정상

언어의 의미 구조의 위반으로 인한 **의미적 비정상**과 **지시적 비정상**을 구별하는 것은 상당히 어렵다. 그러나 이 구별은 중요하다. 우리가 그렇고 그런 상황을 상상할 수 없다는 사실은 그 자체만으로 그것을 설명하는 발화를 비문법적으로 여기기에는 충분하지 않다. '지구가 돈다'라는 갈릴레오의 문장은 분명 그 당시에는 지시적 비정상이었다. 같은 이유로 '지구는 편편하고, 우주공간에 움직이지 않고 놓여있다'는 오늘날 우리에게는 비정상적이다. 지시적 비정상은 그 특징을 우리가 인식하는 정상적인 세계에서 증명되지 않고 남아있는 사물들과 존재들에 속하는 것으로 생각한다. 그러나 나는 이미 지시관계가 의미와는 구별되어야한다는 것을 강조했다. 존 라이온스[42]은 이에 대해 자신의 평상시 유머감각으로 다음과 같이 말한다.

> 'The horse miaowed' is surely to be regarded as semantically well formed, on the grounds that it expresses a proposition that we could, not only rationally discuss, but even verify. We should be surprised, of course, if we actually found in the world in which we live our everyday lives a horse that miaowed rather than neighed. But that is beside the point. We could identify a horse miaowing, if we ever came across one.[18]
>
> ('말이 야옹거렸다'라는 말은 우리가 이성적으로 논의할 수 있을 뿐만 아니라 확인까지 할 수 있는 명제를 표현하고 있다는 점에서 의미적으로 적격하다고 여겨진다. 물론 우리는 매일 일상적인 삶을 살고 있는 세상에서 히이잉하고 울기보다 야옹하고 우는 말을 실제로 발견한다면 아마 놀랄 것이다. 그러나 그것

---

42) 존 라이온스(John Lyons, 1932~)는 방대한 의미론 연구서인 『의미론 1 *Semantics i*』(1977)과 『의미론 2 *Semantics ii*』(1977)를 낸 영국의 저명한 의미론 언어학자이다. 그는 케임브리지 대학의 크라이스트 칼리지(Christ's College)에서 언어학을 공부했고, 런던 대학의 SOAS(School of Oriental and African Studies)에서 로빈슨(R.H. Robins) 교수의 지도로 박사학위를 받았다. 그는 1964~1984년 동안 에든버러(Edinburgh) 대학과 서식스(Sussex) 대학에서 언어학 교수를 지냈으며, 1985년부터는 케임브리지 대학의 교수로 활동하다가 2000년에 은퇴했다. 그의 다른 저서로는 『이론언어학개론 *Introduction to Theoretical Linguistics*』(1968), 『촘스키 *Chomsky*』(1970), 『언어, 의미, 맥락 *Language, Meaning and Context*』(1981), 『자연언어와 보편문법 *Natural Language and Universal Grammar*』(1991) 등이 있다〈역주〉.

은 중요한 게 아니다. 우리가 한번이라도 우연히 야옹거리는 말을 마주친다면 우리는 말이 야옹거린다는 것을 확인할 수 있을 것이다.)

우리 모두는 우주의 법칙이 일시 정지되는 세계를 창조할 권리를 가지고 있다. 앨리스의 세계에서 동물들은 말을 한다. 이것은 '화이트 래빗이…라고 말했다(White Rabbit said …)'라는 문장을 맞닥뜨리는 것이 정상이 되는 허구의 세계를 건설하는 데 필요한 지시적 비정상이다. 반면 '말하다(say)'는 일반적으로 인간 주체를 선택하는 술어이다. 그러나 이것은 'say'나 'speak' 또는 'tell'의 의미를 전혀 변화시키지 않으며, 이들 동사가 재해석된 것도 아니다. 반대로, 발화의 해석을 위해 우리가 상상의 세계를 믿지 않고 문제가 되는 낱말을 **재범주화**해야 한다면 **선택제한규칙**이 위반된다. 이러한 의미적 위반은 우리가 은유라 부르는 것의 중심에 있다. '나는 카레를 살해할 수 있다(I could murder a curry)'는 '카레'가 '인간'의 지위로 상승되었다는 것을 의미하지는 않는다. 이를테면 동사 '살해하다(murder)'는 '탐욕스럽게/대단한 열정으로 먹다(to eat voraciously/with great enthusiasm)'를 의미하는 은유로 단순히 재해석될 뿐이다. '엄청 많이 먹다(eat up the miles)', '자존심을 억누르다(swallow one's pride)', '문제를 곰곰이 생각하다(chew on a problem)[43] 등과 같은 표현도 마찬가지이다. 이러한 관용구를 글자그대로 해석하는 일은 누구에게도 일어나지 않을 것이다. 그리고 어떠한 원어민 화자도 그것들을 비문법적인 것으로 거부하지 않을 것이다.

언어는 자체 범주를 만들 수 있는 힘이 있다. 우리가 '사람을 먹는 것은 건강에 좋다(eating man is good for you)'를 거부하는 것은 단지 문화적 이유 때문이다. 우리가 비정상적인 것으로 거부하는 것은 이 진술의 내용, 즉 지시관계이다. 우리는 그것이 (의도된 농담이 아니라면) 받아들이기가 쉽지 않다는 것을 안다. 그러나 언어학적으로 이 문맥에서 '사람'이라는 낱말을 사용한다는 사실은 낱말 '사람(즉 인육)'이 '닭고기'나 '설탕'과 동일한 부류에 속하는 물질적인 덩어리, 곧 셀 수 없는 명사가 될 수 있기 때문이다. 그리고 이것은 완벽

---

43) 이들 표현을 각각 직역하면 '수 마일을 먹다', '자존심을 삼키다', '문제를 씹다'가 된다〈역주〉.

하게 말이 된다.

앨리스를 여왕으로 만드는 체스 게임이 끝난 후 연회가 진행되는 동안, 그녀는 테이블 위에서 그녀 앞에 있는 양고기 다리에 다음과 같이 가장 격식을 갖추어서 소개된다.

> '넌 좀 수줍어 보이는군. 내가 양고기 다리에게 늘 소개하도록 하지,' 붉은 여왕이 말했다.
> '앨리스-양고기, 양고기-앨리스.'

그리고 그러한 소개로 인해, 양고기 다리는 '생물'(사실 거의 '인간')의 특징을 띠게 된다. 따라서 앨리스가 여왕에게 말을 걸면서 그녀에게 양고기 다리한 조각을 권했을 때, 여왕은 분개하여 양고기 다리를 다시 '누군가(anyone)'로 다시 언급하면서 다음과 같이 대답한다.

> '당치 않아... 너에게 소개된 누군가(anyone)를 자르는 것은 예의가 아니야.'
> (200)

루이스 캐럴이 재미있는 방식으로 설명하고 있는 것은 언어의 범주화 능력이다. 이러한 범주화가 일어나는 것은 역설적으로 영어 어휘에서 살아있는 동물을 가리키는 용어와 그 동물에서 얻은 고기를 가리키는 용어가 분리되어 있기 때문이다.[19]

의미전이 규칙

'He's a big girl's blouse(그는 나약한 남자이다)' 또는 'He's a sissy(그는 계집애 같은 사내이다)' 또는 '그는 분위기 망치는 놈이다(He's a wet blanket)'[44]와 같은 발화는 의미적으로 비정상적이지 않다. '생물'과 '무생물' 또는 '남성'과 '여성' 사이의 경계는 겹쳐져 있는 것처럼 보일 수도 있다. 그러나 우

---

44) 이들 문장을 순서대로 직역하면 '그는 다 큰 처녀의 블라우스다', '그는 여자애이다', '그는 젖은 담요이다'가 된다〈역주〉.

리는 'girl's blouse(처녀의 블라우스)' 또는 'blanket(담요)'의 의미적 구성을 손상시키지 않고 그것들이 비유적인 의미에서 은유적으로 사용되고 있으며, 의미적 의도를 드러내는 'he'와 가장 양립할 수 없는 것이 바로 사용된 용어들의 특성이라는 사실을 우리가 의식하도록 하는 **의미전이**의 메커니즘을 가동한다. 경멸적인 말들, 곧 모욕은 아주 자주 그러한 의미전이로 구성된다. 예를 들어, 영어는 다음에서와 같이 '인간'과 '비인간' 사이의 대립에 근거하여 어휘 체계에서 일정 수의 구별을 한다.

인간(human)	비인간(non-human)
nose(코)	snout[(동물의) 코/주둥이]
legs(다리)	shanks[(양, 소 따위의) 정강이/정강이살]
hands(손)	paws[(발톱 있는 동물의) 발]
feet(발)	paws[(발톱 있는 동물의) 발]
hips(허리께/엉덩이)	flanks[(소 등의) 옆구리/옆구리 살]
bottom(궁둥이)	rump[(새·짐승 따위의) 궁둥이/둔부]
kill(죽이다)	slaughter(도살하다)
kill(살해하다)	put down[(늙거나 병든 동물을 보통 약을 먹여) 죽이다]
corpse(시체/송장)	carcass[(짐승의) 시체]
give birth(출산하다)	litter[(새끼를) 낳다]

그러므로 비인간적 용어의 경멸적 값이, 'spindle-shanks(키가 작고 팔, 다리가 가는 사람들)', 'get your snout out of my dinner(너의 주둥이를 내 저녁밥에서 꺼내)', 'get your mucky paws off me(나한테 더러운 손대지 마세요)', 'he ought to be put down(그는 죽임을 당할 거야)', 'They were not killed, they were slaughtered(그들은 살해당한 것이 아니라 도살당했다)' 등의 표현에서 보듯이 인간의 맥락에서 적용된다. 사실 경멸이나 모욕의 언어는 확실히 유용한 메커니즘인 그런 의미전이에서 체계적으로 파생된다. 사람들은 때로는 모욕적인 이미지에 어떤 한계가 있는지 정말 궁금해 한다. 거의 모든 용어는 적절한 통사적 틀 속에 놓이면 '넌 김이 나는 … 큰 설탕 그릇이야!(you steaming great … sugar bowl, you!)', '넌 멍청한 냉상(冷床)이

야(you stupid cold frame)'와 같은 예들에서 보듯이 모욕으로 사용될 수 있는 것 같다.

의미적 비정상은 화자의 해석 능력을 요구하며 비유적 표현의 가능성을 열어준다. 은유법, 환유법, 과장법, 반어법 등과 같은 비유법을 고려하지 않고 의미의 개념적, 논리적 구조를 설명하는 것은 불가능하다. 정말 마음만 있다면 어떠한 것도 해석될 수 있다. 전이의 메커니즘 덕분에 언어의 의미구조는 끊임없이 변화하고 있는 것처럼 보인다. 궁극적으로 의미의 비정상은 존재하지 않는다. 예를 들어 누군가가 '존은 마침내 그의 불치병이 치유되었어(John has finally been cured of his incurable sickness).'라고 말하는 것(곧 언뜻 보기에는 의미상 서로 모순되는 두 단어가 들어 있는 진술)을 듣는다면 나는 이 말을 반어적 표현의 진술로 해석할 수 있다. 아마 존은 잘 운용된 정신분석법에 의해서 마침내 자신의 잘못된 인식에서 빠져나온 우울증환자일 것이다. 아니면 아마 존은 단지 일하기 싫어하는 게으름뱅이일 것이다. '루돌프가 자신의 과부를 죽였어(Rodolph has killed his widow).'는 그녀 남편의 기억 혹은 유령이 불운한 여인의 죽음을 야기했다는 의미일 수 있다. 소비에트 노동자 수용소에 수감된 죄수들이 그들의 아내를 '나의 과부'라고 부른 것은 잘 알려진 사실이다. '죽을 고생을 하는 것(To suffer a thousand deaths[45])'은 모순으로 취급되지 않고 '죽음'이라는 의미의 전이를 함축하는 과장법의 한 예이다.

촘스키가 의미적으로 부적격한 문장의 예로서 그의 유명한 '무색의 초록 생각이 격렬히 잠을 잔다(colorless green ideas sleep furiously)'를 만들었을 때, 이것은 많은 언어학자들에 의해서 도전으로 받아들여졌고, 몇몇은 다소 우스꽝스러운 방식으로 그가 틀렸다는 것을 입증하려 했다. 앞에서 인용된 델 하임즈의 시 외에 가장 성공적인 시도는 자오(Y.R. Chao)[46]에 의한 다음과 같

---

45) 이 표현을 직역하면 '천 번의 죽음을 겪는 것' 정도가 된다〈역주〉.

46) 자오 위안런(Yuen Ren Chao, 1892~1982)은 중국계 미국인 언어학자이다. 그는 중국에서 태어나 성장한 후 미국으로 건너가 1914년 코넬 대학교에서 수학 학사 학위를 취득한 후, 1918년 하버드 대학교에서 철학 박사학위를 받았다. 그는 캘리포니아대학교 버클리캠퍼스(University of California at Berkeley)의 동양어문학과 교수로 있으면서 중국 음운론과 문법에 대한 현대적 연구에 기여한 학자이다〈역주〉.

은 짧은 우화이다.

'말도 안 되는 말을 말 되게 하기: 무색의 초록 생각이 격렬히 잠자고 있는 (Colorless Green Ideas Sleep Furiously) 내 친구의 이야기'는 다음과 같다.

나는 항상 생각들, 곧 좋은 생각과 나쁜 생각, 섬세한 생각과 상스러운 생각, 오래된 생각과 새로운 생각으로 가득 찬 친구가 있어. 자신의 새로운 생각을 실천으로 옮기기 전에 그는 보통 그 생각들이 숙성되어 익도록 그 생각을 하면서 잠을 자지. 그러나 그가 바쁠 때는 그 생각들이 아주 익기 전, 다시 말해서 생각들이 아직 초록색일 때, 자신의 생각을 때때로 실천에 옮겨. 그의 초록색 생각들 중의 몇몇은 상당히 생기 있고 색채가 다채롭지만 몇몇은 상당히 평범하고 색깔이 없어. 그는 자신의 색깔 없는 생각 중 몇몇이 너무 초록색이어서 사용할 수 없다는 생각이 떠오르면, 그것들에 대해 생각하며 잠을 자거나 그가 말하는 것처럼 그것들이 잠을 자도록 해. 그러나 그러한 생각들 중에 몇몇이 서로 갈등을 일으키며 서로를 용납하지 않을 수도 있고, 그들이 같은 밤에 함께 잠을 자면 맹렬한 싸움을 벌여 그 잠이 악몽으로 바뀌기도 해. 이와 같이 나의 친구는 종종 '그의 무색의 초록 생각이 격렬히 잠을 잔다'고 불평을 해.[20]

이것은 적절한 맥락을 구축함으로써 **수용 가능성**이 어떻게 고안될 수 있는지에 대한 매우 정교하고 믿기지 않는 예이다. 그러나 그것은 **통사적 부적격성**과 **의미적 부적격성**을 분리할 수는 있지만(이것은 촘스키가 자신의 괴기스러운 문장을 만들 때 강조한 점이다) 후자는 전자보다 확립하기가 어렵다는 것을 보여준다.

어떠한 발화도 그것이 생산하는 의미에 의해서 정당화될 수 있다. 의미는, 가장 일반적인 의미에서, 본질적으로 맥락적이므로, 화자의 의도와 의사소통의 조건들, 즉 간단히 말하면 '개인 언어사용'과 연관되어 있다. 언어체계의 추상적 수준에서 의미적 '규범'에 대한 연구는—그것이 야기하는 문제들에도 불구하고—이론적 용어로 정당화될 수 있다. 왜냐하면 그러한 연구가 우리가 논의 중인 서로 다른 현상들을 뚜렷하게 구별하는 데 도움이 되기 때문이다. 그러나 우리가 관심을 갖는 것은 무엇보다도 우리가 규범을 어기지만 그럼에도 불구하고 여전히 의미를, 말하자면 해석 가능하고 수용 가능한 발화를 생산하도록 하는 메커니즘들, 곧 바로 그 존재가 자명한 메커니즘들이다.

언어체계의 '정상 상태'와는 대조적으로, 개인 언어사용의 창조성은 어떻게 작용하는가? 소쉬르처럼, 우리도 정상에서 벗어난 모든 것을 개인 언어사용의 영역, 곧 '파롤'이나 개인적인 언어수행의 영역으로 밀어낼 수 있다. 그럼에도 불구하고 이 명백한 무질서를 일으키는 조직 원리는 체계적이고 규칙-지배적이므로 언어능력 안에서 설명되어져야만 한다. 우리가 결론지어야하는 것은 언어체계 또한 그 자체 구조의 위반을 허용하고 규제하는 규칙을 포함해야 한다는 것이다. 더욱이 이러한 위반은 언어의 성격, 곧 언어가 어떻게 작용하고, 어떻게 의미가 만들어지는지에 대해 밝혀주고, 또한 언어와 화자의 관계에 대해 밝혀준다. 따라서 '당신이 말할 수 없는 것'은, 말하자면 '당신이 말할 수 있는 것'을 조직하는 규칙들을 찾기 위한 특권을 가진 방법이다.

1　이 인용은 종종 막스 바인라이히(Max Weinreich, 1894~1969: 라트비아 태생의 유대인 언어인 이디시어(Yiddish) 언어학자 및 역사가)의 말로 여겨지고 있지만, 그것은 또한 조슈아 피시먼 (Joshua Fishman, 1926~2015: 미국의 사회언어학자)과 로버트 홀(Robert Hall)의 말로 여겨져 왔다.

2　문법성의 개념을 형태론과 통사론으로 제한하는 것이 가능하다.

3　작스(O. Sachs, 1985: 8-9)를 볼 것

4　사마린(W. Samarin, 1972: 253).

5　이것은 음운체계가 폐쇄적이라는 것을 의미하지는 않는다. 차용어는 해당 외국어의 **음운 배열 순서**를 그대로 유지하기도 한다. 따라서 프랑스어에서 'ʤ(dj)'는 'blue-jean(청바지)'과 'jazz(재즈)'를 통해 도입되었고, 'ŋ(ing)'는 'parking(주차)'을 통해, 그리고 'ts(zz)'는 'pizza'를 통해 도입되었다.

6　『포브스 *Forbes*』지는 미국의 격주간 경제 잡지이다. '포브스(Forbes)'는 창립자 버티 포브스 (Bertie Forbes, 1880~1954), 그의 아들 말콤 포보스(Malcolm Forbes, 1919~1990)와 손자 스티브 포브스(Steve Forbes, 1947~)로 이어져 경영되고 있는 미국의 출판 및 미디어 기업이다. 『포브스 *Forbes*』지는 포브스의 주력 출판 잡지로 뛰어난 경제 예측과 전망으로 유명하다.

7　세벅(Thomas Sebeok, 1960) 참조.

8　『날개 *Wings*』에서 발췌(Kopit 1968: 25).

9　『어떻게 쓸 것인가 *How to Write*』에서 발췌(스타인[1931] 1973: 13).

10　'그의 과학적 태도를 자랑스러워하며(proud of his scientific attitude)', 『50편의 시 *50 poems*』에서 발췌(커밍스, 1939).

11　존 더스 패서스의 『큰돈 *The Big Money*』에서 발췌.

12　『앙리 미쇼 선집 *Selected Writings of Henri Michaux*』(미쇼 1952: 6~7).

13　굿클래스(H. Goodglass, 1993: 86).

14　이오나 & 피터 오피(1959: 24~5).

15　『영어 초현실주의 시 *Surrealist Poetry in English*』(제르맹 1978: 116-17).

16　『영어 초현실주의 시 *Surrealist Poetry in English*』(제르맹 1978: 285).

17　레이코프(R. Lakoff, 1975) 참조. 명사구 'Mary's widower(메리의 홀아비)'는 우리 사회에서 남성이 차지하고 있는 현저한 지위(말하자면 여성을 기준으로 한 남성의 정의를 인정하지 않는 지위)와 관련된 사회적 이유로 인해 받아들여지지 않는다. 그러므로 'Mary's widower(메리의 홀아비)'는 사회 질서에 대한 공격으로 해석될 수밖에 없다. 바로 그런 이유로 이 명사구가 언어관용상 배제되는 것이 정당화된다.

18　라이온스(1977: ii. 420).

19　물론 역사적으로 이러한 구분은 노르만 귀족들(Norman barons)이 먹는 고기를 가리키는 프랑스어 낱말을 차용했지만, 앵글로색슨 농민들은 자국어로 동물을 부르기를 계속한 데 기인한다. 그리하여 'calf(송아지)-veal송아지고기)', 'sheep(양)-mutton(양고기)', 'ox(황소)-beef(쇠고기)', 'pig(돼지)-pork(돼지고기)'와 같은 어휘 쌍이 생기게 된 것이다.

20　World Wide Web의 http://weber.U.Washington.edu./~yuenren/green ideas.html에서 수집.

12 시간 살해하기
비유적 표현

> '저놈의 목을 베어라!
> 시간을 살해하고 있잖아.'[1]

> '그 책은, 죽는 게 낫다고 바라는 사람들이
> 시간을 죽이기 위해 읽는 책이었다.'[2]

'언어의 이상한 조건이란 이러한 것이다. 즉 그 자체에 자신의 멸망 씨앗, 말하자면, 자신의 초기 의미를 뒤집는 일종의 메커니즘을 가지고 있지 않는 낱말은 단 하나도 존재하지 않는다'라고 프랑스 시인인 장 폴랑(J. Paulhan)은 『언어의 선물 *The Gift of Languages*』에서 썼다. 즉 비유적 표현을 금하는 언어는 존재하지 않는다.

비유적 의미는 우리가 방금 보았듯이 의미 규칙이 파괴될 적마다, 곧 *생물/무생물, 인간/비인간, 물질/비물질* 등등 간의 경계가 겹치거나 무시될 적마다 생겨난다. '*babbling brook*(재잘거리는 시냇물)', '*killing time*(시간 죽이기)', '*whispering grass*(속삭이는 풀)', '*walls have ears*(벽에도 귀가 있다)[3]' 등과 같은 관용어는 모두 전이된 의미자질을 사용한다. 그리고 그것은 어떠한 시적 효과나 의도를 암시하지 않아도 된다. 언어 전체는 그 동기가 미적이든 실용적이든 상관없이 비유적 표현으로 가득 차 있다. 그 효과는 다를 수도 있지만 메커니즘은 동일하다.

---

1) 이 말의 원문인 '*Off with his head! He is murdering Time.*'은 『이상한 나라의 앨리스』, 제7장 「엉망진창 파티 *A Mad Tea-Party*」에서 산쥐가 박자가 엉망인 상태로 노래를 부르자 여왕이 지른 소리이다〈역주〉.
2) 이 말의 원문인 'It was a book to kill time for those who like it better dead.'는 영국 소설가 로즈 매콜리(Rose Macaulay, 1881~1958)의 독서 명언이다〈역주〉.
3) 이 표현은 한국어 속담 '낮말은 새가 듣고 밤말은 쥐가 듣는다.'와 비교된다〈역주〉.

따라서 언어의 비유적 사용은 의미의 이동을 초래한다. 세 가지의 가장 일반적인 비유법인 은유, 환유 그리고 제유는 모두 언어의 두 가지 주요 조직 원리에 기반하고 있다. 즉 그것은 **선택**(계열축 혹은 수직축)과 **결합**(통합축 혹은 수평축)이다. 은유는 상상적이든 현실적이든 간에 유사관계에 의존하는 반면, 환유와 제유는 인접관계에 의존한다.

'*killing time*(시간 죽이기)', '*money-laundering*(돈세탁)', '*Pound struggles against Mark*(파운드화가 마르크화에 대항해서 싸운다)', '*price collapse*(가격 붕괴)', '*profits soar*(수익이 치솟다)', '*share prices quiet*(주가가 잠잠해지다)'와 같은 표현들은 모두 비유적인 말이 수직축에서 글자 그대로의 말을 대치하고 있는 **은유**이다. 다른 한편, 다른 한편, '*ski sale*(스키 세일)'(스키 타는 장비), '*Do you like Brahms?*(브람스를 좋아하세요?)'(브람스의 음악작품), '*I'm reading Shakespeare*(난 셰익스피어를 읽고 있어)'(윌리엄 셰익스피어의 작품들), '*the back row was noisy*(뒷줄이 떠들썩했다)'(뒷줄에 앉아있는 사람들), '*there were lively reactions from the floor*(청중석에서 생생하게 반응했다)'(청중석에 앉아있는 사람들로부터)는 모두 **환유**의 예들이다. '*a pint*(파인트)'(1파인트의 맥주), '*a mink*(밍크)'(밍크코트), '*the Crown*(왕관)'(제왕, 왕권), '*the East Stand*(동편 스탠드)'(열혈 서포터), '*the House of Commons*(평민층의 집)'(하원; 하원 위원), '*the strings*(현)'(현악기) 등과 같은 표현들은 **제유**의 예들이다. 환유는 제유와 마찬가지로 통합축에서 생략을 사용하여 단 하나의 낱말이 일군의 낱말들을 나타낸다. 이 두 비유법은 종종 선도적인 환유로 함께 묶이기도 하지만, 환유에서는 한 낱말이 다른 낱말을 포함하는 두 낱말 사이의 관계가 **외부적**이라는 사실에서 의해-비록 항상 분명하지는 않지만-구별될 수 있다. 반면에 제유는 이 관계가 **내부적**이다. 즉 우리는 전체에 대한 부분, 내용물에 대한 용기(혹은 그 반대), 그 물질로 만들어진 물체에 대한 물질, 그 특징을 드러내는 물체에 대한 특징을 취한다.

은유는 필연적으로 언어의 상징적 사용과 자주 예기치 않은 병치로 이어진다는 점에서 가장 큰 시적 잠재력을 가진 것으로 보인다. 한편 **제유**와 **환유**는 생략적이기 때문에 저항이 가장 적은 방식을 따르는 것처럼 보이며, 종종 축약의 형태이거나 중복을 이용하는 방식이다. 관용구로 고정되지 않을 때, 은유는 모든 시적 언어와 마찬가지로 **잉여성**에 대한 도전이다. 그러므로 은유가 갖는 표현의 힘은 더욱 커진다.

> **문:** 눈[4]은 있지만 볼 수 없는 것은?
> **답:** 바늘

'*the eye of needle*(바늘의 눈)'과 '*the eye of the storm*(태풍의 눈)'은 비유법으로서 동일한 가치를 가지지는 않는다. 전자는 의무적인 반면에 후자는 자유롭다. 자유로운 비유법의 경우에는 하나의 기표가 다른 기표 대신 쓰이고 표현적이거나 상징적인 평행이 그려지지만 기의는 동일하게 유지된다. 의무적인 비유법의 경우에는 변화된 의사소통의 필요에 부응하기 위하여 기표는 확장되거나 아니면 대체된 기의를 가진다. 'the *wing* of a car(자동차의 *펜더*)', 'the *wing* of a plane(비행기의 *날개*)', 'the *wing* of a large house(큰 집의 *부속건물*)' 또는 'the *wing* of an army in battle(전투에서 군대의 *좌우 양끝*)', 'the *wing* on a football pitch(축구 경기장의 *좌·우측 끝*)' 등의 모든 표현은 'a bird's *wing*(새의 *날개*)'라는 본래의 의미에서 파생된다. 그러나 이것들은 모두 파생된 용도로 사용할 수 있는 대체어가 없기 때문에 의무적인 비유법이다. 'the *leg* of a table(탁자의 *다리*)', 'the *arm* of a chair(의자의 *팔걸이*)', 'the *jacket* of a book(책의 *커버*)', 'the *back* of a box(상자의 *뒷면*)', 'the *cap* of a pen(펜의 *뚜껑*)', 'the *hand* of a clock(시계의 *바늘*)' 등등은 유사성에 기반을 두고 있기 때문에 원래 은유이다. 그러나 이들은 이제 모든 표현적 가치가 결여되어 있다. 왜냐하면 표현적 가치란 선택이 가능하다는 것을 의미하기 때문이다. 표현의 가치는 발화의 의미가 일탈적이고 시적인 효과나 농담이 의도된다는 것을 깨달을 때만 얻어진다. 그런 다음에야 우

---

4) 한국어는 '바늘의 귀'라고 표현하지만 영어는 '바늘의 눈'이라고 표현한다〈역주〉.

리는 의미전이 규칙을 통하여 해석을 한다.

우리는 아마도 이제 의미전이 규칙이 실제로 어떻게 작동하는지를 탐구해야 할 것이다. 의미의 비정상은 사실상 다음과 같이 두 개의 분리된 단계로 이해된다.

(1) 비정상이 인식된다. 즉 통합축에서—말하자면 인접 관계의 면에서—비양립성이 있으므로 선택 규칙이 위반되고 있다는 것이 인정된다.
(2) 그런 다음 수용 가능한 대체어를 찾기 위해 유사관계에 따라 계열축이 탐색된다.

예를 들어, '그는 초록 생각을 가지고 있다(he has green ideas)'에서 'green(초록)'은 'ideas(생각)'과는 양립할 수 없는 것으로 인지된다. 왜냐하면 '비물질'의 의미자질을 가지고 있는 'ideas(생각)'는 색깔 형용사를 배제하기 때문이다. 그러므로 (두 번째 단계로 옮겨가면서) 우리는 'green(초록)'을 대신할 수 있는 대체어를 찾기 시작한다. 오늘날의 이데올로기적인 분위기와 결합된 자연의 상징으로서 '초록'의 가치는 우리가 이 낱말을 생태적인 기표로 해석할 수 있게 해 준다. 처음에 '초록 생각'은 표현적인 가치를 가진 의도적으로 만들어진 이미지이다. 그러나 '초록(녹색)'이라는 새로운 의미는 매우 빠르게 일반화되어 일상적으로 사용되고 있다. 'Green Party(녹색당)', 'green policies (녹색 정책)', 'green consumers(녹색 소비자)', 'green products(녹색 상품)', 'the green pound[5](그린 파운드)' 등등이 그 예다.[6] 'Green'은 '수익이 안 나는', '생태적인', '자연적인', 또는 '농업과 어떤 관련이 있는 것'의 의미를 띤다. 시간이 흐름에 따라 'green ideas(초록 생각)'는 'black eye(멍든 눈)', 'blue blood(귀족 혈통)', 'blue film(성인 영화)', 'blue note(블루 노트)'[7], 'in

---

5) '그린 파운드(the green pound)'는 EC 가맹국의 농산물 가격 보호를 위해 1969년에 창설한 녹색통화의 한 종류이다〈역주〉.
6) 이들 예에서 'green'을 주로 '녹색'으로 번역하고 있지만, '친환경 정책', '친환경 상품'과 같이 경우에 따라 '친환경'으로 번역하면 더 자연스러울 수도 있다〈역주〉.
7) 'blue note(블루 노트)'는 음계의 제3·5·7도 음보다 반음 낮은 음으로 블루스(blues)의 리프

the red(적자 상태로)', '*red cent*(땡전 한 푼)', '*yellow bellied*(겁 많은)' 등 등과 같은 정도로 어휘화된다. 그 다음에 이러한 새로운 의미는 기의의 일부로 고려되어야하며 사전에도 포함되어야 한다. 이는 언어체계에 소급 적용되는 창의적인 언어 사용의 예이다.

비정상적인 현상이 일반적인 용법으로 사용될 때는 그런 비정상은 느껴지지 않는다. 그런 다음 언어체계의 의미구조는 수정된다. 이런 일이 일어나면 이미지가 '죽었다'(이 표현은 그것 자체로 죽은 은유를 나타낸다)라고 하는데, '매장' 장소는 사전이다. 이 마지막 이미지가 아직 죽지 않았다는 것을 나타내기 위해 여기에는 따옴표 혹은 '큰따옴표'(기자들이 무척 남용하는 수법)를 사용한다.

놀라울 정도로 많은 수의 관용구가 사실은 비유법에서 파생된다는 사실을 깨닫기 위해서는 사람들이 말하는 것을 듣거나 언어의 역사를 조금 공부하기만 하면 된다. '*to accost a passer-by*(행인에게 다가가 말을 걸다)', '*broad in the beam*(엉덩이가 넓은)', '*to git into deep water*(수렁에 빠지다)', '*hit the deck*(땅에 납작 엎드리다)', '*to take the wind out of someone's sails*(의표를 찌르다)', '*to throw someone a line*(어려운 누군가에게 도움을 주다)', '*two ships that pass in the night*(신분을 알 수 없는 사람)'과 '*surfing the Net*(인터넷을 검색하다)' 등이 그 예이다. 이렇듯 영어는 이 예들과 함께 더 많은 해양 또는 항해 관련 은유로 넘쳐난다고까지는 할 수 없을지라도 그런 것들로 가득하다. 그러나 우리 중 얼마나 많은 사람들이 여전히 그것들을 그렇게 인식하고 있을까? 은유는 그 의미를 근본적으로 뒤엎을 수도 있다. 예를 들어 운동선수나 경주용 자동차 운전자가 또 하나의 '자취(wake)'를 남긴다는 것을 듣는 것은 드문 일이 아니다. 이 표현이 본래 갖는 '항적(航跡, wake)'이라는 해양에 기원을 둔 의미가 육지로 전이된 것이다. 반대로, 'ploughing through heavy seas(거친 물결을 헤치고 나아가다)'로 묘사된 배는 농업 용어를 해양…영역으로 옮겨놓고 있다[8](그러나 이것들은 이미 일반

(riff)와 애드리브(ad lib)뿐만 아니라 블루스풍 곡의 프레이징에도 많이 활용되는 음표(note)를 말한다〈역주〉.

8) 'plough' 자체는 명사로는 '쟁기'를 뜻하고 동사로는 '쟁기로 갈다'를 뜻한다. 그러나 'plough

적인 용법이 된 또 다른 죽은 은유의 예이다!).

우리 대부분이 느끼지 못했던 군사적 은유는 정치 및 노동조합의 수사학을 이어받았다. 누구든지 자신이 점령했거나 정복했다고 말하고 싶은 유혹을 받는다. 총리 또는 야당 지도자는 '슬로건(*rallying cry*)'을 발표하고 '적을 지켜봄으로써(*fixing his sights on the enemy*)' '다가올 전투를 위해 병력을 모으는 것(*mustering his troops for the forthcoming battle*)'으로 종종 묘사된다. 스포츠에 대해서도 마찬가지이다. 크리켓 감독은 불운한 타자를 '폭격할(*bombard*)' '주 무기(*main weapon*)'로서 빠른 투수를 가지고 있을지도 모른다. 이는 오직 이 빠른 투수가 4타점을 위해 '로켓(*rocket*)' 같이 날아가는 '최고의 한 방을 쏘는 것(*fire a superb shot*)'을 보기 위함이다. 다른 한편, 전쟁과 군사 행동은 다음 예에서와 같이 '움직이는 졸(*moving pawns*), 허세부리기(*bluffing*), 규칙에 따라 놀이하기(*playing by the rules*), 속이기(*cheating*), 위험을 감수하기(*taking risks*)' 등등을 포함하는 게임이나 도박을 통해 언급될 수 있다.

> 도박에서 어떤 '이익(gains)'을 얻기 위해서는 잃을 수도 있는 '내기에 건 돈(stakes)'이 있다. 전쟁에 가담할 때 '성패가 달려있는(at stake)' 것이 무엇인지 묻는다면, 사람들은 원인의 거래(Causal Commerce)와 도박 같은 위험(Risks-as-Gambles)의 은유를 사용하고 있다. 이것들은 또한 부시 대통령이 '자신의 패를 보여주는 것(show his cards)', 말하자면 전략적 지식을 세상이 다 알도록 하는 것은 어리석은 짓이라고 걸프 만에서의 전략적 움직임을 '포커 게임(poker game)'으로 이야기할 때 사용한 은유이다.[1]

은유는 또한 **내포**에 기반을 둘 수 있다. 어떤 낱말은 특정한 집단의 화자들에게 상징적 가치를 부여한다. 예를 들어 동물의 이름은 종종 상징적인 내포적 가치가 있다. 따라서 빈번한 은유가 우리가 동물에 부여하는 의인화된 자질(우화 작가가 활용하는 관계)에 의해 동기화된다. 그래서 누군가를, 예를 들어,

---

through'에서는 '사이를 가르고 나아가다[뚫고 가다]'라는 의미 확대가 일어남에 따라 'ploughing through heavy seas(거친 물결을 헤치고 나아가다)'라는 비유적 표현이 이제 일반적인 용법이 된 것이다〈역주〉.

'상어(*shark*)'나 '뱀(*snake*)'이라고 부를 수 있는 것이다. 그러므로 '저 놈은 돼지야(that man is a pig)'라는 문장은 '돼지라는 어휘 개념(lexical *notion of pig*)'의 내포가 더러움과 상스러움과 같은 부정적인 육체–문화적 특성을 포함하고 있기 때문에 가능한 것이다. 이러한 가치는 언어마다 다를 수 있다. 경찰은 프랑스어로는 '병아리(*poulets*)'이지만 영어로는 '돼지(pigs)'이다. 모든 동물의 이름이 은유에 적합한 것은 아니다. 상징적인 해석은 문화적 합의에 달려 있기 때문이다. 예를 들어 '넌 완전히 쥐새끼같이 비열한 놈이야(*You are an absolute rat*)'는 꽤 받아들일 만하지만 '넌 완전 스테고사우루스 같은 놈이야(*You are an absolute stegosaurus*)'는 훨씬 덜 받아들여진다. 왜냐하면 스테고사우루스의 육체–문화적 특성을 정의내리기가 분명 상당히 어렵기 때문이다.[2] 그럼에도 불구하고 우리는 아마도 이것을 모욕이라고 생각할 것이다. 왜냐하면 'X는 완전히 Y이다(*X is an absolute Y*)'라는 형태를 가진 대부분의 문장이 모욕적인 말이기 때문이다.

외국어로 된 은유는 우리에게 익숙하지 않기 때문에 모국어로 하는 것보다 더 많은 충격을 준다. 아메리칸 인디언어로 기차를 '철마(iron horse)'라고 부른다. 신–멜라네시아 피진어(neo-Melanesian pidgin)에서 머리카락은 '*grass bilong head*(머리에 있는 풀)'이며 수염은 '*grass bilong face*(얼굴에 있는 풀)'이다. 아마도 이것들이 의무적인 비유법이다 보니, '*flower beds*(꽃밭)'가 영어화자에게 있어서 은유로 인식되지 않는 것처럼, 이들도 화자들에게 은유로 인식되지 않는다는 사실을 깨닫지 못하고 우리는 이것들이 '얼마나 이국적인가!'라고 생각한다. 일단 어휘화된 후에는 처음에 자유로웠든지 의무적이었든지 간에 그러한 비유법은 더 이상 주목을 받지 못한다. 그러나 이것은 은유와 환유가 의미가 확장되는 주요 메커니즘을 구성한다는 주장과 모순되지 않는다. 그러므로 이들은 언어 발달에 결정적인 역할을 한다.

비유적 용어를 동의어 또는 거의 동의어(곧 유의어)로 대체함에 따라 우리가 놀라게 되거나 웃게 될 때 비유법의 **어휘화**는 완료된 것으로 간주될 수 있다. 이것은—때로는 계획적이지만 종종 아이들이나 외국인이 관련된 곳에서는 의도하지 않은—빈번한 유머의 원천이다. 'apple turnover[9](사과 턴오버)' 대신에 'apple roll-over(사과 롤오버)', 'vocal cords(성대)' 대신에 'vocal strings(목소리 현)', 'mad cow disease(광우병)' 대신에 'crazy ox disease (미친 소 병)', 'killing time(시간 죽이기)' 대신에 'murdering time(시간 살해하기)' 등이 그 예들이다. 거기에다가 또 'fine words butter no parsnips (입에 발린 말만으로는 아무 소용이 없다)' 대신에 'fine words do not butter the parsnips'라고 말하는 것과 같이 통사구조에서 약간의 수정이 있을 수도 있다.

『거울나라의 앨리스』와 『이상한 나라의 앨리스』에서 캐럴은 우리 자신의 논리와는 다른 세계를 창조하는 데 도움을 주는 기술, 곧 글자 그대로의 은유를 아주 자주 사용하기 때문에 낱말의 의미구조에 대한 위반을 강조하게 되는데, 바로 이것이 정확하게 우리의 비유법을 가능하게 하는 것이다. 예를 들어, 더 이상 화자에 의해서 비유적 이미지로 인식되지 않는 구절 'killing time(시간 죽이기)'는 글자그대로의 의미로 받아들여진다. 그러나 'kill(죽이다)'은 생명이 있는 대상을 암시한다. 따라서 대문자 T로 시작하는 'Time'은 살아있는 인물이 되며, 그 존재는 'kill(죽이다)'이라는 동사의 의미적 제약에 의해 없어서는 안 될 인물이 된다. 그래서 'kill(죽이다)'은 'murder(살인하다)'로 대체 될 수 있다. 바로 그런 이유로 여왕은 'Off with his head!(그놈의 목을 베어라!), he's murdering Time(이놈이 시간을 살해하고 있어).' 이라고 큰소리로 외치는 것이다. 말하는 꽃에 관해 말하자면, 생명이 있는 존재로서 그들의 지위는 낱말 'flower bed(꽃밭/꽃 침대)'에서 유래된다. 침대는 들어가서 자기 위한 것이고, 자기 위해서 너는 살아있어야만 하고, 이것이 꽃이 말을 하게 하는 것이다. 현실 세계에서는 침대가 부드러워 꽃이 항상 잠들어 있다. 그러나 『이상한 나라의 앨리스』에서는 'flower beds(꽃밭)'가 딱딱하여 꽃들이 깨어있게 한다.

우리가 논의하고 있는 종류의 의미전이는 자주 연속하여 일어나며, 계속적

---

9) '턴오버(turnover)'는 과일과 잼을 속에 넣어 삼각형이나 반달 모양으로 접어 만든 파이를 말한다 〈역주〉.

이면서도 본질적으로 환유적인 여러 의미 이동의 각각은 연쇄의 한 고리를 형성한다. 예를 들어, *seat*라는 낱말은 의자와 같은 '앉는 가구'라는 뜻 외에 '당신의 엉덩이를 가지고 가서 당신 뒤의 의자에 그것들은 놓아주십시오(would you please take your **seats** and place them on the chairs behind you)'와 같은 재담에서처럼 '앉는 행위를 하는 몸의 일부'인 '엉덩이'를 뜻할 뿐 아니라, 마지막으로 '자기 몸의 그 부분을 덮는 것', 즉 '바지 한 벌의 엉덩이 부분'을 뜻하기도 한다. 또한, *seat*는 어떤 고정된 장소, 특히 '옥좌, 법정, 관구, 선거구'와 같은 여러 가지 중요한 공공 업무를 위한 장소를 가리키기도 한다.

또 다른 예를 들자면, 낱말 *film*은 현대 기술의 확장에 따른 환유적인 연쇄를 분명히 보여준다. 처음에는 '피부(skin)'를 의미하는 옛 프리지아어[10]에 기원을 둔 이 말은 '(얇은) 막(membrane)'이라는 의미를 갖게 되었고, 그 이후 '엷은 안개(mist)' 또는 '연무 · 실안개(haze)'를 뜻하는 개념으로 확장된 다음 '얇은 비단 같은 것(thin silk-like)' 또는 '거미줄 같이 섬세한 장막(gossamer screen)' 또는 '막 같이 입힌 칠(coating)'의 개념까지 포함하도록 의미가 확장되었다. 거기에서부터 같은 용어를 사용하여 사진건판 위에 빛에 민감한 감광유제의 얇은 층을 지칭하는 것은 상대적으로 작은 단계였다. 계속되는 환유적 확장이 일어남에 따라 곧 이 낱말의 사용은 영화로 그 영역을 넓혔다. 즉 낱말 *film*은 셀룰로이드[11]에 기록된 사건, 곧 영화나 셀룰로이드 필름통 자체, 그리고 영화 산업 전반을 가리키게 됐다. 우리가 볼 수 있듯이, 이 낱말의 초기 의미와 여기에 나열된 마지막 의미 사이에는 상당한 차이가 있다. 사실, 몇몇의 경우 의미의 연쇄는 설명하기가 다소 어려울 수 있다. 왜냐하면 서로 다른 의미를 통합하는 환유적 또는 은유적 고리가 종종 **공시적인 맥락**에서는, 즉 평균 화자에게만 어떤 현실성을 가질 뿐인 현대 언어의 맥락에서는

---

10) 프리지아어(Frisian)는 유럽 북서부 프리지아 지방(곧 네덜란드 북부의 프리슬란트(Friesland) 주가 중심이 되는 지방)의 전통 언어를 말한다. 이 언어는 독일어, 네덜란드어, 영어와 관련이 많다〈역주〉.

11) 셀룰로이드(celluloid)란 '나이트로셀룰로스에 장뇌와 알코올을 섞어서 만든 반투명한 합성수지로 장난감, 필름, 문방구, 장신구, 일용품 따위를 만드는 데에 쓰이는 것'이다(『표준국어대사전』(두산 동아) 참조)〈역주〉.

전혀 분명하지 않기 때문이다. 그러나 진부한 은유는 그 상징적 가치 때문에 환유보다 더 쉽게 인식 가능한 것으로 드러난다. 환유적 연쇄 이동에서 가장 최근의 의미와 본래의 의미 사이의 관계는 일반적으로 없어진다.

의미 연쇄가 형성되는 이 메커니즘의 흥미로운 결과는 두 언어에서 의미가 정확히 일치하는 낱말을 찾는 것이 매우 드물다는 것이다. 모든 언어는 독립적으로 그 자체의 비유법을 여러모로 활용할 뿐만 아니라 세계를 개념화하는 방식을 지속적으로 재조정한다(제7장을 볼 것). 역사적으로 매우 인접하고, 공통된 어원의 많은 낱말이 있는 두 언어의 경우일 때조차도, 또는 두 언어가—영어와 프랑스어처럼—광범위하게 서로 차용을 할 때조차도 우리는 의미의 스펙트럼에서 중요한 차이가 있는 것을 알아차린다. 이를테면 그 차이라는 것은 보통 차용된 낱말이 갖는 하나의 제한된 의미로 나타난다. 차용 언어에 통합되면 낱말은 자신만의 생애를 시작한다. 따라서 최신 유행의 인기 프랑스어에서 영어동사 '*lose*(잃다)'에서 온 동사 '*louser*/luze/'는 '패배자이다(to be a loser)'라는 제한된 의미를 가지고 있으며, '*j'ai lousé*'(*I lost out*)(내가 졌다, 내가 패배자다)에서처럼 단지 자동사로서만 사용될 수 있다. 마찬가지로, '*rapper*(라뻬)'는 단지 '랩 음악을 하다, 랩 예술을 하다'라는 제한된 의미만을 가지고, '*bit*(비트)'는 프랑스어에서 오직 컴퓨터 용어로만 사용되고, '*crawl*(크롤)'은 오직 크롤 수영법만을 가리키고, '*surf*(서프)'는 스포츠의 유형인 '서핑, 파도타기'를 가리킨다.

현대 영어는 기본적으로 은유를 통해 새로운 기술 용어를 만들어내는 반면, 프랑스어는 그리스어 또는 라틴어에 뿌리를 둔 신조어를 사용하는 경향이 있다. 예를 들어, 영어의 '*painkiller*[12](진통제)'와 프랑스어의 '*analgésique*[13](진통제)'를 비교해 보라. 그러나 프랑스어는 점점 더 신조어를 만드는 대신 영어에서 기술 용어를 차용해왔다. 그러나 영어에서 본래 '몽땅 비워내다(empty out)'나

---

12) 진통제(painkiller)는 'pain(아픔, 고통)'과 'killer(죽이는 것, 살인자)'가 은유를 통해 결합한 합성어이다〈역주〉.

13) 진통제(analgésique)는 그리스어의 부정접두사 'an-'과 '고통, 아픔'을 뜻하는 명사 'algos'가 결합한 파생어이다[A. Dauzat, J. Dubois, H. Mitterand, 『신어원역사사전, *Nouveau Dictionnaire étymologique et historique*』(Larousse, 1981) 참조]〈역주〉.

'~을 파내다(dig out)'를 뜻하는 *scoop*가 은유적 사용에 의해 신문 용어인 '*scoop* (특종)'를 뜻하게 된 것을 그대로 사용하는 프랑스어 화자는 '*hardware*(하드웨어)' 또는 '*software*(소프트웨어)' 또는 '*surf the Net*('surfer sur le net')(인터넷을 서핑하다)'와 같은 컴퓨터사용 용어와 마찬가지로 그것이 은유라는 사실을 전혀 모르고 있다.

비유적 이미지가 만들어 내는 효과의 범위는 다양한 언어들에서 때때로 재미있는 오해의 원천이기도 하다. 프랑스어에서 탁자는 '다리(legs)'가 아니라 '발(feet)'을 가지고 있고, 시계는 '손(hands)'이 아니라 '바늘(needles)'을 가지고 있는 반면, 두 언어 모두에서 의자는 '팔(arms)'을 가질 수 있다.

우리가 비유법에 관해 말할 때, 우리는 '문체' 혹은 '미사여구', '문학적 언어', '화려한 문체'에 대해 생각하고자 하는 유혹에 저항해야 한다. 비유적 언어는 모든 사용역에 존재하고, 심지어 가장 실용적이고 가장 평범하기조차 한 모든 문체에 존재한다. 실제로 속어가 형성되는 주요 방법 중 하나는 비유법을 통해서이다. 예를 들어, 범죄자들은 '나사(screws)'로 감옥의 교도관을 지칭하고, 감옥에서 보낸 시간은 '죽(porridge)' 또는 '새 잡는 끈끈이(birdlime)'라 하고, 무기는 '연장(tools)'이라 부르고, 경찰은 '돼지(pigs)' 또는 '쓰레기(the filth)'라 부른다. 그리고 당신을 위해 당신이 훔친 물건을 처분하는 동료는 '울타리(fence)'라 한다. 격식어와 통속어 모두 비유법을 사용한다. 옥스브리지[14] 졸업생, 정치인 또는 교수의 언어뿐만 아니라 시장 노점상이나 스포츠담당기자의 언어도 비유적인 이미지로 가득하다.

요약하자면, 우리는 어떤 시점에서 한 언어에서의 역할에 따라 세 가지 유형의 비유적 언어를 확인할 수 있다. 그 내용은 다음과 같다.

(1) 의무적인 비유법과 어휘화된 자유로운 비유법: 이것들은 대부분 다음 장에서 다시 논의할 다의성의 주된 원인이다.

(2) 자유로운 비유법은 여전히 그런 것으로 인식되지만 관용어의 지위를 갖는다. 이들은 종종 의도하지 않은 유머의 원천이며 '어이없는 실수'를 유

---

14) '옥스브리지(Oxbridge)'는 Oxford 대학과 Cambridge 대학을 통칭하는 어휘이다〈역주〉.

발한다.

(3) 전통적으로 시인의 특권으로 간주되는 **창조적인 비유법**은 의미적 범주가 아직 적절하게 확립되지 않은—특히 생물/무생물 간의 구분이 확립되지 않은—어린이들의 발화에서 발견되는 경우가 많다. 아이들은 종종 '막대사탕에서 모자/코트를 벗기기(taking the hat/coat off a lolly)'에서와 같이 아주 자발적으로 창조적인 비유법을 만들어낸다(이와는 대조적으로 '페인트를 한 번 칠함(a coat of paint)'은 고정된 이미지이다).

1   레이코프(George Lakoff), 『정치에서 은유 *Metaphor in Politics*』(1991)에서 가져옴.
2   리치(G. Leech, 1974: 214)를 볼 것.

13 수전노와 돌아온 탕아
어휘적 의미

> 거울은 깊이 생각하는 것이 좋으리라
> 우리에게 우리의 이미지를 비추기 전에.
> (장 콕토)

수전노: 다의성과 동음이의

의미전이의 과정은 다의성과 중의성을 초래할 수도 있다. 이 과정(11장에서 논의됨)을 통해 창조적 언어사용자는 신비와 놀라움을 만들어내고 개인적인 해석이나 문맥에서 파생된 해석을 생각해내는 것은 종종 청자의 몫이다. 그러나 앞 장에서 보았듯이 어휘화 과정을 통해 다의성이 정당화되고, 다수의 의미는 언어 내에서 (낱말로서의) 영원한 자리를 차지하게 된다.

순전히 실용주의적 관점에서 볼 때 **다의성**은 (우리가 곧 보게 될 **이철동음이의**[1])와 마찬가지로) 사용된 기호(곧 낱말)의 수에서 경제성을 나타내며, 수전노의 이미지를 불러일으킨다. 여러 가지 다른 기의들이 동일한 기표에 해당할 수 있기 때문이다. 이를 위해 우리가 지불해야하는 대가는 십자말풀이 편집자들이 체계적으로 활용한 특징이자 다음 예에서 보듯이 초등학생들이 세대에서 세대로 전하는 수수께끼의 주요동기이기도 한 중의성의 위험이다.

---

[1] '이철동음이의(異綴同音異義, homophony)'와 '동음이의(同音異義, homonymy)'는 모두 '글자의 소리는 서로 같으나 뜻이 다름'을 나타낸다는 점에서 넓은 의미에서는 동일한 개념이다. 그러나 좁은 의미에서 전자는 'sole[soul](유일한)'과 'soul[soul](영혼)', 'tail[teil](꼬리)'과 'tale[teil](이야기)'처럼 뜻과 철자는 다르지만 소리만 같은 '이철동음이의어(homophone)', 곧 '동음어'를 가리키는 개념이라면, 후자는 전자처럼 철자가 다를 수도 있지만 'sole[soul](유일한)'와 'sole[soul](발바닥)', 'bear[bɛər](곰)'와 'bear[bɛər](견디다)'처럼 뜻은 다르지만 소리는 물론 철자까지도 같은 '동음이의어(homonym)'를 가리키는 개념이다〈역주〉.

Q: What's the difference between an engine-driver and a schoolmaster?

A: One minds the **train**, the other **train**s mind.

(**문:** 기관사와 학교교사와의 차이가 무엇일가요?

 답: 한 사람은 **기차**에 관심을 가지고 다른 한사람은 마음을 **단련시키죠.**)

Q: Why is it hard for a leopard to hide in the jungle?

A: 'Cause he's always **spotted.**

(**문:** 왜 정글에서 표범이 숨기가 어려울까요?

 답: 왜냐하면 항상 **발견되기** (혹은 **점무늬가 있기**) 때문이지요.)

Q: When is an artist unhappy?

A: When he draws **a long face.**

(**문:** 언제 예술가가 불행할까요?

 답: **시무룩한 표정**(혹은 **긴 얼굴**)을 그릴 때요.)

Q: What makes the Tower of Pisa **lean**?

A: It **doesn't eat** enough.

(**문:** 무엇이 피사의 사탑을 **앞으로 꾸부정하게**(혹은 **기울게**) 만들죠?

 답: 충분히 **먹질 못해서요.**)

Q: Why is a nobleman like a book?

A: Because he has a **title.**

(**문:** 왜 귀족은 책과 같죠?

 답: **타이틀**(**칭호**)이 있으니까요.)

Q: What's worse than raining cats and dogs?

A: Hailing taxis.

(**문:** 억수같이 비가 오는 것보다 더 나쁜 것은?

 답: **손짓으로 택시를 부르는** 것.)

프랑스의 유머작가 트리스탕 베르나르[2)]는 'entracte(막간: intermission)'에 대한 그의 정의로 유명하다. 즉 그는 '욕조를 비우고 세면대를 채우다(vide

---

2) 트리스탕 베르나르(Tristan Bernard, 1866~1947)는 전통 희극과 통속 희극을 계승하여 발전시킨 프랑스의 희극 작가이다. 「말 그대로의 영어 *L'Anglais tel qu'on le parle*」(1899), 「코도마씨 *Monsieur Codomat*」(1907), 「야만인 *Le Sauvage*」(1931) 등에서 유머 가득한 문체로 시대의 풍속과 윤리를 풍자했다〈역주〉.

[empties] les baignoires et remplit [fills] les lavabos)'라고 말했는데, 여기서 'baignoire(욕조)'는 또한 은유를 통하여 '극장의 1층 칸막이 관람석'을 의미하고, 'lavabo(세면대)'는 환유를 통하여 공중화장실을 가리키는 완곡어법이 될 수 있다.

격언이나 경구에 종종 사용되는 다의성의 조작은 **환의법³⁾**이라고 하는 수사학적인 장치이다. '젊은 시절에 약간의 **기술**을 익혀라, 그러면 노년에 **배** 없이도 너는 생활비를 벌 수 있을 것이다(In thy youth learn some **craft**, that in thy old age thou mayest get thy living without **craft**)'나 '**사건**의 핵심은 종종 마음의 **문제**이다(the heart of the **matter** is often a **matter** of the heart)'와 같은 예를 들 수 있다. 우리는 프랑스의 유명한 신문의 다음 기사에서 더 확장된 예를 보게 된다.

> 말장난을 하면서 프랑스 대통령은 우리에게 *사리사욕*(interest)으로 팔레스타인의 자결에 대해 말했던 것이 아니라 오직 프랑스의 *이익*(interest) 내에서 팔레스타인의 자결에 대해 말했다고 했다. 사실, 우리가 *흥미*(interest)을 조금 갖는 것은, 아니 이 문제에 *관심*(interest)을 가지기까지 하는 것은, 이것이 우리나라의 더 높은 *이해관계*(interest)에 관한 문제이면서도 이번에는 공동의 *이익*(interest)에도 부합하기 때문이다. 그러나 OPEC에 대한 우리의 *관심*(interest)이 단순히 *이해관계*(interest)를 보여주는 것 이상으로 우리가 석유로 *이익*(interest)을 얻게 될 것이라는 것을 믿게 하는 것 또한 사실이다. 그러므로 대통령은 아랍에미리트의 *관심*(interest)을 불러일으키려고 애쓰면서도 또한 *흥미*(interest) 진진한 역사의 한 페이지를 쓰려고 했다고 우리에게 고백했을 수도 있을 것이다. 그러면 그것이 완전히 *재미*(interest)가 없지는 않았을 것이다.¹

---

3) 환의법(換義法, antanaclasis)은 동일한 단어나 구를 반복적으로 사용하지만 매번 다른 의미로 사용하여 의도한 표현 효과를 얻는 수사법이자 말장난의 한 종류이다. 안타나클라시스라고도 한다⟨역주⟩.

액어법⁴⁾은 해당 동사와 개별적으로는 양립 가능하지만, 이 동사와 양립이 불가능한 두 개 혹은 그 이상의 낱말들을 무리하게 결합시키는 비유법이다. 'to open the window and one's heart(창문과 마음을 열다)', 'he swallowed his pride and a cough lozenge(그는 자존심과 기침약을 삼켰다)', 'Mr. Pickwick took his hat and his leave(픽윅씨는 자신의 모자를 집고 작별을 고했다)' 등이 그 예이다. 또는 포프(Pope)의 다음 시도 액어법을 사용하고 있다.

> Whether the Nymph shall break Diana's Law,
> Or some frail China jar receive a Flaw,
> Or stain her Honour, or her new Brocade,
> Forget her Pray'rs or miss a Masquerade,
> Or lose her Heart, or Necklace, at a Ball ²
> (그 아가씨가 다이애나의 법을 어기게 될지
> 혹은 어떤 약한 사기항아리에 금이 가게 될지
> 혹은 그 아가씨의 이름이 혹은 새 비단옷이 더럽히게 될지
> 그네의 기도를 잊게 될지 혹은 가면무도회에 못 가게 될지
> 혹은 무도회에서 그네의 마음을, 혹은 목걸이를 잃게 될지)⁵⁾

이 모든 예들에서 코믹 효과는 설정된 구나 관용구인 '*open one's heart*(마음을 열다)', '*swallow one's pride*(자존심을 억누르다)', '*take one's leave*(작별을 고하다)', '*lose one's heart*(...에 마음을 빼앗기다)' 내에서 동사의 **비유적 사용**과 동일한 동사의 **문자 그대로의 사용** 사이의 대조에 기인하고 있다.

다의성은 고의적이든 아니든 간에 중의성의 근원이다. 다른 한편으로 **이철 동음이의**와 **동일어원성**은 말장난에 적합하다. 다의성과 동음이의 모두가, 두 개의 다른 낱말이나 한 낱말의 다른 두 의미에 대해 동일한 철자법을 사용함에

---

4) 액어법(軛語法, zeugma)이란 'kill the boys and destroy the luggage'를 'kill the boys and the luggage'라고 표현하는 것과 같이 하나의 형용사 또는 동사를 두 개 혹은 그 이상의 명사에 무리하게 사용하는 표현법을 말한다〈역주〉.

5) 이 번역은 강대건·송락헌, 『18세기 영시』(탐구당)(1993: p. 212)에서 가져온 것임〈역주〉.

따라 십자말풀이 놀이와 같은 것들에는 필수적인 것이지만, 말놀이의 순전히 구어적 유머-그리고 정신분석학자들이 그것들을 즐기는 이유(제6장을 볼 것)-는 소리와 의미의 예기치 않거나 우연한 병치에 있다. 그러나 종종, 말놀이가 근거가 약하면 약할수록 그것이 더 좋은 것은 나타난 고의적인 왜곡에 주의가 끌리기 때문이다. 어떤 사람들은 루이스 캐럴의 최상의 말장난은, 다음 예들에서 보듯이, 또한 최악의 말장난이라고 주장할 수도 있을 것이다.

> 그때 아주 부드러운 목소리가 멀리서 말했다, '그녀는 "아가씨, 취급주의"라고 딱지가 붙여져야 해, 알고 있잖아.'(131)

> '음, 신비(mystery)6) 과목이 있었어.'라고 대답하면서 가짜 거북은 자신의 앞발을 꼼지락거리며 과목들의 수를 확인했다. '신비, 고대와 현대, 바다 지리학을 배웠고, 그 다음엔 느리게 말하기(Drawling)7)를 배웠어. 느리게 말하기 선생은 늙은 붕장어였는데 일주일에 한 번씩 왔지. 우리에게 느리게 말하기(Drawling), 스트레칭(Stretching)8), 몸둘둘말고 기절하기(Fainting in coils)9)를 가르쳐주었어.'(76-77)

> '그것이 그들이 수업(lessons)이라고 불리는 이유다. 왜냐하면 그들은 하루하루 줄어드니까(lessen).10)'라고 그리펀(Gryphon)이 말했다.(77)

아이들의 낱말게임에 활용된 것과 같은 이철동음이의어(즉 다른 철자법을 가진 동음이의어)는 놀이를 통한 학습방법을 제공한다. 이 놀이의 목적은 다음 예에서처럼 어린 학생들의 관심을 의미의 문제뿐만 아니라 철자법의 문제로 끌어들이기 위한 것이다.

> **문:** cat(고양이)와 comma(쉼표)의 차이가 뭘까요?
> **답:** 고양이가 'paws(발)' 끝에 'claws(발톱)'을 가지고 있다면, 쉼표는 'clause(절)'의 끝에 'pause(휴지)'를 가지고 있어요.

---

6) '신비(mystery)'는 '역사(history)'의 말장난이다〈역주〉.

7) '느리게 말하기(Drawling)'은 'drawing(그리기, 데생)'의 말장난이다〈역주〉.

8) '스트레칭(Stretching, 뻗기)'은 'sketching(스케치하기)'의 말장난이다〈역주〉.

9) '몸둘둘말고 기절하기(Fainting in coils)'는 '유화로 그림그리기(painting in oils)'의 말장난이다〈역주〉.

10) '수업(lesson[lésn])'과 '줄어들다(lessen[lésn])'의 발음이 같은 것을 이용한 말장난이다〈역주〉.

또는, 프랑스어에서 잘 알려진 예를 보면 다음과 같다.

Il était un *fois*, dans la ville de *Foix*, une marchande de *foie*, qui vendait du *foie*, elle se dit: 'ma *foi*, c'est la dernière *fois*...'
(옛날에(un *fois*) 푸와(*Foix*)라는 마을에 간(du *foie*)을 파는 여자 간(*foie*)상인이 있었는데 그녀는 속으로 '정말(ma *foi*), 이번이 마지막(la dernière *fois*)이야...'라고 되뇌었다.)[11]

일반명사와 고유명사 간의 이철동음이의 또한, 다음의 와트(Watt)와 노트(Knott) 부부가 당혹스러운 전화 통화로 대가를 치르듯이 상당히 혼란스러운 상황을 유발할 수 있다.

'Hello. Who is speaking?'
'**Watt**,' a man answered.
'**What**'s your name?' said Mr Knott.
'Yes. **Watt**'s my name,' was the answer. 'Are you Jack Smith?'
'No, I am **Knott**.'
'**Will** you give me your name, please?' said Mr Watt.
'**Will Knott**.'
('여보세요. 누구시죠?'
'왓(Watt)', 한 남자가 대답했다.
'이름이 무엇(What)[12]입니까?' 낫(Knott)씨가 말했다.
'예. 왓(Watt)[13]이 제 이름입니다.'가 대답이었다. '당신은 잭 스미스입니까?'
'아니요. 저는 낫(Knott)[14]입니다.'
'당신 이름을 말씀해 주시겠습니까?' 왓(Watt)씨가 말했다.
'윌 낫(Will Knott)[15]입니다.')

---

11) 이 구절에서 'fois', 'Foix', 'foie', 'foi' 등은 모두 똑같이 [fwa](푸와)로 발음되는 동음(이형)이의 어이다〈역주〉.

12) '왓(Watt)[wɑt]'을 거의 동일한 발음인 '왓(what: 무엇)[hwɑt]'으로 알아들음〈역주〉.

13) 앞에서 낫(Knott)씨의 물음인 '왓(What)'을 동일한 발음인 '왓(Watt)'으로 알아들음〈역주〉.

14) 뒤따르는 대답을 볼 때 이곳의 '낫(Knott)[nɑt]'은 동일한 발음인 '낫(not)[nɑt]'으로, 곧 청자에게 'No, I am not(아니요)'으로 들림〈역주〉.

15) '윌 낫(Will Knott)'이 청자에게는 'Will not(이름을 이야기하지 않겠다는 의미)'으로 들릴 수 있다〈역주〉.

다의성과 **동음이의/이철동음이의** 사이의 경계는 항상 매우 분명한 것은 아니다. 유치원 나이의 아동이나 문맹인 사람은 아마 이러한 언어적 특질에 대하여 철자법을 통달한 성인과 동일한 인식을 할 수는 없을 것이다. 실제로, 다의어, 동음이의어를 이용한 말장난과 재치 있는 말놀이의 차원에서는 이들 세 개의 특징 사이에 아무 구별도 없다. 이들의 차이를 명확히 구분하기 위해서는 앞의 6장에서 철자법을 통해 밝혀진 것처럼 언어의 역사를 참고해야 한다. 그러나 그러한 측면을 나중으로 제쳐 둔다면, 문제는 다음 두 가지 사이의 아주 단순한 대립으로 나타낼 수 있다.

(1) 화자들이 서로 다른 의미로 '같은' 낱말을 사용하고 있음을 의식하는 경우(다의성)

(2) 낱말들이 동일하게 표기되건 아니건 간에 이들이 어원적으로나 논리적으로 서로 연결될 수 없을 정도로 완전히 다른, 전혀 별개의 낱말이라는 것을 화자들이 의식하는 경우(예를 들어 *wear, ware, where, we're*가 그렇다)(동음이의/이철동음이의).

다의성의 본래 사례는 화자가 더 이상 원래의 의미와 파생된 의미 사이의 은유적 또는 환유적 연결 고리에 대한 어떤 자각도 갖지 않을 때, 즉, 비유적 이미지가 단순히 죽은 것이 아니라 너무 깊이 묻혀있어서 더 이상 그들이 어디에서 왔는지 알아낼 수 없을 때는 **동음이의**의 사례가 될 것이다. 아주 자주, 현대 언어의 관점에서 낱말을 생각할 때는 두 개의 낱말(동음이의어)로 보이지만 역사적인 관점에서 볼 때 다의성을 지닌 하나의 낱말일 수 있다. 그러나 언어 역사에 대한 지식은 화자에 따라 상당히 다르다. 뿐만 아니라, 예를 들어 '*insure*(보험을 제공하다)'와 '*ensure*(확실히 하다)', 또는 프랑스어에서 '*dessin*('스케치'의 의미를 가진 *design*)'과 '*dessein*('의도'의 의미를 가진 *design*)과 같은 낱말 쌍에서는 상이한 철자법을 통해서 다의성을 지닌 낱말이 동음이의어로 나뉘어 형식화됨으로써—꽤 자의적인 방식으로—의미가 구별된다.

반대로, 민간어원은 종종 동음이의어의 쌍을 본래 다의성을 지닌 동일한 낱말에서 나오는 것처럼 재해석한다. 예를 들어, '*ear of corn*(옥수수 이삭)'은 그 유사성이 비록 우연한 것일지라도 '*ear*(귀)'와 비유된다. 또는 다음 두 '*weeds*'가 본래 다른 낱말에서 파생되었지만, '*widow's weeds*(미망인의 상복)'의 'weeds'는 잡초를 뽑지 않은 정원에서 자란 '*weeds*(잡초)'와 비유된다.

실제로, 다의성, 이철동음이의 그리고 동음이의와 같은 현상으로 인한 중의성은 다행스럽게도 두 가지 방식으로 제한된다. 첫째, 언어 맥락과 의사소통 상황(억양, 성조, 휴지 등등)이 있기 때문에 대개 사람들이 서로를 대단히 잘 이해한다. 둘째, 동음이의어는 다른 통사적 부류에 속하는 경우가 종종 있다(4장을 볼 것). 'Today we're in **Ware**, to see what they **wear**, when and **where**(오늘 우리는 그들이 언제, 어디서 무엇을 입을지 알기 위해 웨어에 있다)'와 같은 진술은 연속적인 세 개의 동음이의어[16]에도 불구하고 전혀 중의적인 것 같지 않다. 진정한 중의성은 다음에서처럼 문장구조 내의 낱말이 잠재적으로 하나 이상의 다른 통사적 부류에 속할 수 있을 경우에만 발생한다.

> *they can fish*
> (1) *they*(대명사 주어), *can*(조동사), *fish*(동사원형).
> '그들은 낚시질을 할 수 있다.'
> (2) they(대명사 주어), can(본동사), fish(불가산명사).
> '그들은 물고기를 통조림으로 만들 수 있다.'

영어는 명사─동사 파생이 종종 통사적 변환의 형태를 취할 정도로 이러한 종류의 중의성에 잘 맞는다. 즉, 여기에 'fish'와 같이 접미사가 첨가되지 않는다. 그러나 이들과 같은 예들에 있어서조차도 문장이 발음될 때는 운율적인 특징과 발음 때문에 중의성은 일반적으로 해결된다.

> they can[kən] FISH
> ≠
> they can[kæn] FISH

---

16) 이 진술에서 세 개의 동음이의어란 'Ware[wɛər](웨어)', 'wear[wɛər](입다)', 'where[hwɛər](어디에)'를 말한다⟨역주⟩.

우리가 5장에서 보았듯이 동사와 명사의 활용어미는 그 자체로 동음이의어가 될 수 있다. 예를 들어, {동사의 명령형}과 {명사의 단수형} 사이에 중의적인 제로형태소가 있고, 또한 {동사의 3인칭 단수 현재형}과 {명사의 복수형} 사이에 중의적인 형태소 -s 가 있다. 이것은 다음 전보에서와 같이 잠재적인 중의성을 야기한다.

SHIP SAILS TODAY STOP

이 전보는 다음 두 가지로 읽혀질 수 있다.

(1) *ship*(명령형의 동사), *sails*(복수명사).
'오늘 배를 배로 보내시오!'
(2) *ship*(단수 명사), *sails*(3인칭 단수 현재형의 동사).
'오늘 배가 항행할 거야.'

또는 다시, 나이 많은 남학생의 다음 농담을 보자.

time flies, you can't [17]

이 농담의 중의성은 'cos they fly too fast(왜냐하면 그것들이 너무 빨리 날아가기 때문이지)'를 추가하면 해결된다.

물론 다음과 같은 헤드라인에서와 같이 오해와 혼란이 존재하며, 종종 매우 재미있기도 하다.

Reagan wins on budget, but more lies ahead(①레이건은 예산에서 승리하지만, 더 중요한 일이 앞에 놓여있다. /②레이건은 예산에서 승리하지만, 앞서서 더 많은 거짓말을 했다/③레이건은 예산에서 승리하지만 앞으로 더 많은 거짓말을 할 것이다).

Eye drops off the shelf(안경알이 선반에서 떨어진다. / 선반에서 떨어진 점안약)

---

17) 이 농담은 다음 두 가지로 해석된다〈역주〉.
(i) '시간은 날아가고, 넌 그럴 수 없어.'
(ii) '파리들이 얼마나 빨리 나는지 시간을 재 봐. 넌 그럴 수 없어.'

Squad helps dog bite victim(①분대는 개가 희생자를 무는 것을 돕는다. / ②분대는 개에게 물린 피해자를 돕는다.)

Teacher strikes idle kids(선생이 게으른 아이들을 때리다./선생님의 파업으로 아이들이 빈둥거리며 시간을 보낸다.)

그러나 말놀이는, 중의성이 단지 잠재적인 것이기는 하지만 실제적으로는 청자에 의해서 알아채지기 때문에 재미있을 뿐이다. 이렇듯 화자와 청자는 공범자임에 틀림없다. 즉 말놀이가 자신의 역할을 해내고, 화자들 사이의 사회적 유대로서 자신의 목적을 달성하기 위해서는 화자와 청자는 은밀히 결탁을 해야 한다. 따라서 말놀이란 단지 **유사-중의성**을 활용하는 것이라 하겠다. 즉 유머를 만들어내는 것은 애매모호한 의미이지 중의적인 의미가 아니다.

돌아온 탕아: 동의성

그러나 경제의 원리가 언어를 지배하는 유일한 원리인 것은 아니다. 언어는 근검절약가이기도 하지만 또한 방탕아이기도 하다. 동의성은—첫눈에—낭비적인 특징을 갖는다. 왜냐하면 동의성은 여러 개의 기표가 동일한 기의에 해당하기 때문에, 다의성에 의해 만들어진 모든 경제 효과를 상쇄해 버리기 때문이다.

십자말풀이는 이 두 가지 필수적인 언어 특성을 풍부하게 사용하며, 이 놀이에서 최상의 결정은 다음에서처럼 다의어와 동의어를 겸비하도록 하는 것이다.

> **힌트:** supply of soup makes family a lot of money
> (수프의 공급은 가족이 많은 돈을 벌게 한다)
> **대답:** stock pot(주식 공동자금/ 육수 냄비)

그러니까 언어는 반대되는 힘이 서로 작용하는 단순한 놀이인 것처럼 보인다. 그러나 겉으로 보기에는 방탕한 것처럼 보인다. 진정한 동의어도 정확한 상당 어구도 실제로는 존재하지 않는다. 주어진 맥락에서는 두 낱말이 서로 바뀔 수 있는 경우가 때때로 있지만, 그 맥락을 벗어날 때 의미의 범위는 일치하는 것이 아니라 차라리 겹칠 것이다. 따라서 동의어는 전체적인 의미가 관련되어 있지만 정확히 일치하지는 않는 낱말로 정의되어야한다. 겹침의 양은 가변적이다. 동일한 것에 가장 근접한 낱말은 매우 좁은 특수 용도의 기술 용어뿐이다.

동의성의 또 다른 특징 중 하나는 문화 공동체가 특정 개념적 영역에 더 관심을 가질수록 그것이 만드는 동의어의 수가 더 많다는 것이다. 따라서 모든 언어에는 특히 성과 에로티시즘에 대한 풍부한 어휘나 여성과 악마에 관해 이야기하는 데 사용되는 용어가 많다. **속어**가 발달된 언어 영역은 화자의 관심이나 강박 관념을 반영한다. 예를 들어 범죄자들의 암흑가 속어는 경찰, 감옥, 불법적인 활동, 매춘, 여자 그리고 돈과 같은 소수의 활동과 특권을 가진 개념으로 엄격하게 제한되어 있다.

때로는 정확하거나 거의 정확한 동의어여야만 하는 낱말들이 다른 분야에서 전문적으로 사용되기 때문에 시간이 지남에 따라 다양하게 갈라진다. 예를 들어 'candid(정직한, 공정한)'는 'white(흰)'과 'candid(순수한)'를 모두 의미하는 라틴어 'candidus'에서 왔지만 영어에서는 'white(흰)'와는 확연히 구별된다.

그러나 동의어들은 단지 각각의 기의들이 전혀 일치하지 않기 때문에 분리되지는 않는다. 그것들은 또한 그것들이 연결되어있는 형식의 수준이나 문체 때문에 갈라지기도 한다. 전문가들이 사용하는 과학적이고 기술적인 용어들은 일상적인 사용에서 동의어를 갖는 경우가 많다. 그러나 이들 동의어는 개념상 동등한 것(따라서 의미와 관련해서는 진정한 동의어)이지만 동일한 종류의 문맥에 나타날 수는 없다. 왜냐하면 하나는 학습된 용어이고 다른 하나는 대중적, 곧 통속적 용어이기 때문이다. 이러한 점에서 영어의 어휘는 명확하게 두 가지 영역, 즉 토착어와 라틴어에서 온 말로 구분된다. 이는 결과적으로 풍부한 동의어들을 생성하게 되는데, 이들은 다음 예들에서와 같이 그들의 사용역에 의해서-정확히-구분된다.

to begin/to commence
to clothe/to dress
to fight/to combat
to give/to donate
to help/to assist
to look for/to search for
to make/to manufacture
to write/to inscribe
deep/profound
king/sovereign
lonely/solitary
spell/enchantment
weariness/lassitude
wish/desire

변이는 지역적이거나 사회적일 뿐만 아니라 문체적일 수 있다. 예를 들어 표준영어에서 *toilet* 또는 *lavatory*라고 말할 수 있는 것이 군대에서는 *latrine* 이라 하고 특히 해군에서는 *head*가 된다. 이 말은 매우 정중한 어법으로는 *conveniences*라 하고, 정중한 표현으로는 *loo*라 하고, 속어로는 *bog*라 하고, 비어로는 *thunderbox* 또는 *shithouse*라 한다. 이 말은 또한 스코틀랜드에서는 *shunkle* 혹은 *duffy*라 하고, 북부 잉글랜드에서는 *netty*라 하고, 미국에서는 *john* 또는 *bathroom* 또는 *powder-room*이라 하고, 오스트레일리아에서는 *dunny*라 한다.[18]

'*To make love*(성관계를 하다)', '*to screw*(속어: 성교를 하다)', '*to have sexual intercourse*(성행위를 하다)'는 분명히 다른 사용역에 속하며, 비록 동일한 화자가 이 표현들 중 어느 것을 번갈아가면서 사용한다할지라도, 결코 그렇게 무관심하게 행하지 않고 오히려 발화 사건이 일어나는 상황에 맞춘다.

외국어를 배울 때 가장 중요한 어려움 중 하나는 주어진 낱말이 사용되는 정확한 조건을 어떻게 맞추는가이다. 실제로, 낱말들을 그 문체적 가치에 따라

---

18) 이처럼 '지역 혹은 장소'와 '사회적 격식'에 따라 화장실에 대한 다양한 변이가 있을 수 있다〈역주〉.

선택한다는 것은 화자의 매우 특별한 언어능력에 해당한다. 왜냐하면 해당 언어의 모국어 화자는 그 점에서 실수를 범하지 않기 때문이다. 원어민화자는 심지어 자신이 전혀 사용하지 않는 낱말들의 경우에서조차 항상 그것들을 일상적인 구어체 언어, 격식적인 언어, 시적 언어, 공식적인 언어 등과 같은 올바른 언어 사용역이나 언어 수준에 위치시키거나, 또는 사회적 방언(속어, 은어)이나 지역적 방언과 같은 방언에 위치시킬 수 있다. 나는 아마도 여기서 구어체 언어, 대중언어 그리고 속어의 개념 간에는 약간 겹치는 부분이 있다는 것을 지적해야겠다.

따라서 다양한 가능성으로부터 특정 동의어를 선택하는 것은 전체적인 발화에 달려 있다. 예를 들어, 뉴스 진행자가 다음과 같은 방식으로 은행 강도를 보도한다면, 시청자들은 의심의 여지없이 문체적 모순에 빠지게 될 것이다.

> The robbers ordered the staff to put the money into bags. The robbers then took the bags, ran out of the bank and threw the dosh into the back of a van, before making their getaway.
> (강도들은 직원들에게 돈을 가방에 넣으라고 명령했다. 강도들은 그 다음에 가방을 들고 은행에서 도망쳐 나왔고 도주하기 전에 밴의 뒤로 돈(dosh)을 던졌다.)

속어 'dosh(돈)'는 문장의 나머지가 표준영어로 되어 있기 때문에 분명 여기에 적합하지 않다. 정확한 상당 어구는 아니지만 다음 용어는 모두 'money (돈)'라는 낱말로 바꿀 수 있다.

> brass, brass farthing(부정문에서 사용), bread, cash, change, coppers, currency, dough, cabbage, greenbacks, lolly, loot, lucre, readies, shekels, silver, wherewithal.

money라는 낱말은 일종의 중립적이거나 무표(無標)적인 낱말로, 학생, 돈 중개인 그리고 길거리 사람과 같이 속어를 우연적으로 아니면 규칙적으로 사용하는 그러한 서로 다른 그룹들의 언어사용을 위한 고리로서 기능하는 것처럼 보인다. money는 주어진 맥락이나 의사소통 행위에 의해 '유표(有標)적'

이지 않은 것처럼 보이는 유일한 용어이다. 이것은 같은 사람이 문맥에 따라 이러한 다른 낱말들을 모두 사용할 수 없다는 것을 말하는 것은 아니다. '*readies*(현금)'이 부족할 때 확실히 해야 할 일은 현금지급기로 가는 것, 은행에 들어가서 나중에 외국여행을 위해 필요한 '*currency*(통화)'를 모으는 것, 그리고 돌아오는 길에 공중전화에서 약간의 '*change*(잔돈)'을 사용하는 것이다.

레몽 크노는『문체 연습』(1947)에서 어떻게 동일한 외연적 또는 핵심적 의미(예를 들어 버스 안에서 어떤 승객의 진부한 이야기)를 다양한 범위의 문체적 사용역(저널리즘 문체, 공식적인 문체, 시적 문체, 속어적 문체 등등)을 활용하여 서로 다른 내포적 의미들을 만들어내고, 결과적으로 다른 의미들을 생기게 하면서 표현할 수 있는가에 대한 훌륭한 실례를 보여준다. 요컨대 우리가 무엇을 말하는 것만이 중요한 것이 아니라 그것을 어떻게 말하는가 또한 중요하다.

어휘적 의미에 대한 사회적 맥락의 영향

언어체계의 자율성에도 불구하고, 지시대상은 기의에 어느 정도의 영향을 미칠 수 있다. 처음에는 맥락에 따라 바뀔 수 있는 문맥적 의미가 일반적인 용법에서는 고정될 수 있기 때문에 기표/기의 관계는 수정될 수도 있다. 따라서 의미는 추상적인 언어능력을 구체적인 발화에다 투사하는 능력에 달려 있지만, '부메랑' 효과는 항상 가능하다. 내가 사회주의자인지 아닌지에 따라 그리고 사회주의자라는 사실을 내가 긍정적인 것으로 보느냐 아니면 부정적인 것으로 보느냐에 따라(서로 충돌하는 내포의 문제), 나는 '당신은 사회주의자 군요'라는 진술을 찬사나 모욕으로 받아들일 것이다. '찬사'의 의미도 '모욕'의 의미도 '*socialist*(사회주의자)'라는 기의 속에는 포함되어 있지 않다. 그러나 사회주의자가 조직적으로 낙인찍히거나 불신 당했던 사회에서는, '범죄자' 또는 '악역'의 의미가 내포를 통해 기의의 의미적 구조(외연)에 들어갈 수 있고

심지어 결국에는 본래의 **개념적 의미**를 몰아내기까지 할 수 있다는 것은 분명하다. 반대로, 사회주의자들이 상당히 보편적인 인정(認定)을 받는다면, 그 낱말은 '국가에 대한 은인' 또는 그와 비슷한 사람들과 동의어가 될 것이다. 따라서 '그가 나를 사회주의자라고 불렀어!'라는 말은 우리의 첫 번째 사회에서는 아주 적절한 형벌이 될 것이지만 두 번째 사회에서는 그렇지 않다(왜냐하면 '누군가를…라고 부르다'는 항상 경멸적인 별칭을 끌어들이기 때문이다). 사회주의자, 민주주의자, 공산주의자, 자유주의자와 같은 이념적으로 숨은 뜻이 있는 낱말은 다른 신념을 지닌 화자들에 의해 '으르렁거리는 말(snarl words)'뿐만 아니라 '가르랑거리는 말(purr words)'[3]로도 사용될 수 있다.

그들의 엄격한 **외연적 의미**(언어코드에서의 그들의 위치) 이외에, 낱말들은 문화적 코드에서의 위치를 차지하고 있다. 이 문화적 코드는 지시대상과 관련하여 화자의 집단적(곧 사회적) 태도나 개인적인 태도를 반영하는 과정이다. 그러한 태도는 나중에 불쾌하고 저속한 낱말들(욕설, 음란한 말, 또는 '으르렁거리는 말')이나 또는 그와는 반대로 매력적이고 유쾌한 낱말들('가르랑거리는 말')로 인식되어 나타난다. 즉 이 후자의 경우 낱말들은 그들에게 부여된 미적 가치, 시적 가치, 도덕적으로나 이념적으로 긍정적인 가치를 가질 수 있다. 그러므로 **내포**는 지시대상과 화자 둘 다에서 비롯된 기의가 관계된 곳에 일종의 간섭을 나타낸다. 왜냐하면 낱말에 대한 어떠한 사회적 판단도 필연적으로 이러한 낱말들을 사용하는 화자를 반영하기 때문이다. 게다가, 비유적 표현이 언어체계에 영향을 미치는 것과 마찬가지로 **내포**가 **외연**을 만들고, 따라서 언어체계는 낱말의 의미 변화의 결과로 진화한다. 현대영어에서, 예를 들어, '*male*(수컷), *masculine*(남성), *virile*(남성미 넘치는)'이라는 말은 핵심 개념이 같더라도 완벽한 동의어가 결코 아니다. '*amateur*(아마추어), *tourist*(관광객)'와 같은 낱말은 많은 맥락에서 경멸적인 의미를 함축한다. 그러나 내포, 곧 함축적 의미는 사회의 발전과 그 태도(사고방식)에 따라서 (*socialist*의 경우에서와 같이) 나타날 수도 사라질 수도 있다.

함축적 의미, 곧 내포는 상징적이고 이념적인 가치의 총체이며, 생각, 감정,

평가의 연합체이고, 문맥상 낱말에 부여된 가치판단이다. 함축적 의미를 통한 실제 언어 사용은 기의에 표현된 것과 같은 언어 체계, 즉 명시적 의미나 개념적 가치를 침해한다. 그래서 내포가 사회적 차이나 갈등을 반영하는 한, 내포는 언어 체계의 이상화된 단위에 대한 또 다른 의문점을 제기한다.

말은 상처를 줄 수 있다: 금기어와 완곡어법

실제로, 우리는 우리가 사용하는 낱말에 대해 무관심하기가 매우 어렵다. 뼈아픈 진실은 말하기 어려울 수도 있다. 때로는 낱말을 찾을 수 없다. 또 다른 때에는 감히 찾을 엄두도 내지 못한다.

완곡어법(euphemism: '좋게-말하기'를 뜻하는 헬라어, 곧 고대 그리스어에서 유래)은 동의어(곧 유의어)의 고갈되지 않는 원천이다. 왜냐하면 모든 당혹스러운 상황은 금기(taboo)의 영향을 받기 때문이다. 그러나 현실은 부정될 수 없으므로 금기는 말로 옮겨진다. 이런 식으로 낱말은 일종의 마법의 힘으로 가득 차게 된다. 그들은 수용할 수 없는 것들을 수용하게 하고, 말할 수 없는 것들을 말할 수 있게 한다. 당신이 해야 할 일은 지나치게 노골적인 표현과, 말하자면, 비난받아 마땅한 '유죄의' 표현을 '무죄의' 표현으로 대체하는 것뿐이다.

내포, 곧 함축적 의미는 완곡어법을 만들어 내지만, 이들은 결국 다른 내포를 생성할 수 있다. '노골적인' 낱말, 즉 불쾌감을 주거나 민감한 문제를 나타내기 때문에 사회적 금기 사항에 해당하는 낱말은 '공손한' 완곡어법으로 대체될 때마다 완곡어법 자체는 내포적 의미를 전달한다. 이때 내포적 의미란 일정한 사회적 규범을 따르고 있는 '공손한' 화자가 사용하는 함축적 의미를 말한다. 비슷한 방식으로 완곡어법을 존중하지 않거나 아니면 충격적인 낱말을 사용하려는 고의적인 시도는 둘 다 동일한 규범의 위반을 함축하거나 아니면 화자가 자신의 규범을 수립하고 있는 하위 집단에 속한다는 사실을 내포한다. '정치적으로 올바른(politically correct: PC)' 영어의 화자들은 분명히 첫 번째 범주에 속한다. 많은 PC 어법은 '*gravitationally challenged*(중력 장애가 있는)'(fat: 뚱뚱한), '*follicularly challenged*(모낭 장애가 있는)'(bald: 대머리) 또는 '*biologically challenged*(생물학적 장애가 있는)'(dead: 죽은 듯한, 마비된)와 같은 문구인데, 이들 문구는 귀에 거슬리게 희화화되어 왔거나 때로는 그 희화화가 정당화되어 왔다. 밝혀진 바와 같이, 이러한 언어적 공격은 많은 PC 용어들이 구어용법 속으로 들어갈 정도로 다소 언어적으로 도전을 받는(곧 놀라서 말이 안 나오는) 것으로 드러났다. 이제 신문 광고에서 '*firefighter*(소방관), *barperson*(바에서 일하는 사람) 또는 *salesperson*(판매원)'[19]이라는 말을 보는 것은 아주 흔하다. 회의는 이제 '*chairperson*(의장, 위원장)' 또는 더 정확히 말하면 '*chair*(의장, 위원장)'에 의해 주재되며, 안내소와 같은 것은 '*manned*(사람이 있는)'보다 '*staffed*(직원이 있는)'라고 한다. 마찬가지로, 미국 인디언들(American Indians)은 '*Native Americans*(아메리카 원주민)'이고, 니그로들(negroes)은 '*Blacks*(흑인)'이거나 '*African-Americans*(아프리카계 미국 흑인들)'이다. 자기 생각을 숨김없이 말하는 것은—분명히 말장난의 의도 없이—도전적인 행위이거나 전문가의 특권인 것 같다. 성, 질병, 죽음과 관련이 있는 곳에서 '학습된' 용어는 구어체 언어의 더 생경하고 더욱 표현적인 용어와 관련하여 자연스러운 완곡어법의 역할을 한다. 말하자면 말로 표현할 수 없는 것들의 한계로 인해 과학적 용어는 적게나마 정당화된 힘을 갖게 된다. 왜냐하면 우리가 성생활에 대한 직접적인 표현을 피하는 것(으레 중산층 부인들은 정숙한 체하는 말(곧 완곡어법)을 마음껏 떠들며 즐긴다)처럼, 우리는 죽음('*pass on/over*(임종하다, 별세하다)', '*expire*(숨을 거두다)'과 같은 완곡어법 사용한다)과 질병(암은 종종 '*a long illness*(지병)'으로 묘사된다)에 관한 직접적인 표현을 피할 수 있기 때문이다.

나는 최근에 다음 항목이 포함된 여름 캠프 지원서를 작성했다.

---

19) '*firefighter*(소방관)'은 '*fireman*(소방관)'보다 화재를 더 잘 진화하는 소방관이라는 의미가 들어있고, '*barperson*(바에서 일하는 사람)'은 '*bartender*(바텐더)'보다 전문성을 강조하지 않는 표현이고, '*salesperson*(판매원)'은 '*salesman*(판매원)'보다 '외판'하는 일까지 하는 판매원을 가리킨다〈역주〉.

당신의 아이는

- 학업에 재능이 있습니까?
- 예술적 재능이 있습니까?
- 발달장애아입니까?
- 정서적 장애가 있습니까?
- 청각장애가 있습니까?
- 시각장애가 있습니까?
- 신체장애가 있습니까?
- 그 아이는 학습장애가 있습니까?

이런 종류의 공식화된 질문서가 정말이지 심한 장애가 있거나 단순히 말썽을 부리는 아이들의 부모들의 일을 더 쉽게 해줄 수 있는가? 나는 그것이 매우 의심스럽다.

정치인들 또한 유권자의 눈에 그들의 정책을 강화하기 위해 또는 정책이 초래하는 고통을 줄이기 위해 완곡어법을 사용한다. 예를 들어 'unemployed(실업자)' 대신에 'benefit claimants(실업수당 청구자)', 'old age pensioners(노령연금 수령자)' 대신에 'senior citizens(어르신)'이라는 완곡어법을 사용한다. 비즈니스 및 상거래에서도 동일한 기술을 자주 사용한다. 'unemployment(실업상태)'와 'redundancy(잉여 인원)'는 그야말로 존재하지 않고, 'downsizing(군살 빼기), rationalization(합리화), restructuring(구조 조정), natural wastage(자연 감원 처리)'나, 아니면 숭고한 표현인 'workforce imbalance correction(노동 인력 불균형 정정)'으로 대체되어왔다.

그러나 현실 세계는 완곡어법에 의해 영향을 받지 않기 때문에 게임은 빨리 끝이 나고 곧 새로운 완곡어법을 만들어내야 한다. 하나의 완곡어법은 다른 완곡어법을 몰아내므로 동의어의 연쇄는 점점 더 길어진다.

'공주와 완두콩'

왕자는 완벽한 배우자를 찾아 두루 여행을 다니면서, 결혼생활에서 자신의 마음을 사로잡을 짝을 찾았습니다. 그는 충실한 길동무인 말 위에 걸터앉아 왕국과 여왕국, 공국과 여공국을 돌아다니며 이름과 전화번호를 물었습니다. 피부색이 짙든 옅든, 키가 크든 작든, 뚱뚱하든 말라깽이든, 외모가 매력적이든 괴짜로 생겼든[20], 그는 조금도 상관하지 않았습니다. 그의 유일한 평가기준은 왕가의 특권과 개인적인 가치에 대한 자신의 망상을 공유할 수 있는 진짜 공주여야 한다는 것뿐이었습니다.

어느 비오는 날 저녁, 멀리 떨어진 수많은 생물 지역을 오랫동안 여행하고 돌아온 왕자는, 카레가루를 넣은 렌즈콩 스튜를 먹으면서 어머니에게 걱정을 털어 놓았습니다. '엄마, 나는 평생을 같이할 진짜 공주를 영원히 못 찾을 것 같아요.'

그러자 왕비는 아들을 위로했습니다.

'음, 아들아. 독신 생활에도 이점이 많다는 것을 잊지 말아라. 사회와 교회의 압력에 떠밀려, 너에게 어울리지도 않는 생활방식을 받아들이면 안 된다.'

'아무래도 범위를 좀 더 넓혀야겠어요.' 아들은 생각에 잠긴 얼굴로 말했습니다.

'뭐라고? 그러면 네 기준을 내던지겠다는 거냐?'

'아니에요, 어머니. 아무래도 저는 정통적 이성애자인 다수의 함정에 빠져버린 것 같아요. 공주가 아니라 젊은 '왕자'를 찾으면, 저한테 어울리는 멋진 왕자가 어딘가에 있을 거예요. 적어도 한 번 시도해볼 가치는 있어요.'

어머니가 무어라고 대답하기도 전에 성문을 두드리는 소리가 들렸습니다. 하인들이 무거운 현관문을 밀어 열자 빗속에서 웬 젊은 여자가 나타났습니다. 그녀는 머리끝부터 발끝까지 흠뻑 젖어 있었지만 당신이 외모에 가치를 두는 천박한 사람이라면, 보기에는 확실히 매력적이었습니다. 우리 이야기를 위해서는 다행한 일이지만, 왕자는 그런 사람이 아니었습니다. 그는 계급 차별적이었을 지는 몰라도 한 가지 기준을 갖고 있었습니다.

'공주는 이런 날씨에 밖에 있어서는 안돼요!' 손님이 불쑥 이렇게 말했을 때 왕자가 얼마나 놀랐을지 상상해보세요. 음, 이 말은 본인의 입에서 곧바로 나온 하나의 계시였습니다! 왕자는 너무 놀라서 잠시 말도 못하고 있다가, 비에 흠뻑 젖은 손님[21]에게 성에서 하룻밤 묵으면서 따뜻한 접대를 즐기라고 권했습니다.[22]

제임스 핀 가너(James Finn Garner),
『좀 더 정치적으로 올바른 베드타임 스토리 *Once Upon a More Enlightened Time: More Politically Correct Bedtime Stories*』(MacMillan 출판사, 1995).

언덕과 골짜기: 반의관계와 부정

> 여왕이 말 중간에 끼어들었다.
> '네가 "언덕"이라고 말할 때, 내가 너에게 언덕을 보여줄 수도 있어. 언덕과 비교해 보면 넌 그걸 골짜기라고 부를 거야.'
> '아니요, 불가능해요.' 급기야 여왕에게 반박하게 되어 놀란 앨리스가 말했다.
> '언덕은 골짜기일 수가 없어요. 알잖아요. 그건 말도 안 되는 소리예요...'
> (125)

동의어들 사이에 절대적인 등가성이 없듯이 반의어들 사이에도 절대적인 일대일 대립은 존재하지 않는다. 다른 낱말들이 공통점이 있는 한 이들은 같은 반의어를 가질 수 있다. 더욱이, 한 낱말은 의미의 수만큼 여러 가지 반의어를 가질 수 있다. 이는 모든 낱말이 의미적 자질들의 조합이기 때문에, 이들 각 의미적 자질은 다른 낱말의 의미적 자질들 중 하나와 대조를 이룰 수 있기 때문이다. 예를 들어, 'lady'는 'gentleman(신사)'과 대조되지만 또한 'woman(여자)' 또는 실제로 낱말 'wife(아내)'와도 대조되는데, 이는 'lady'가 종종 'lover(연인)'의 의미로도 사용되기 때문이다. 바로 이 점에서 'lady'의 내포적인 반의어는 또한 'lady of night(밤의 여인, 매춘부)'에서와 같이 매춘에 대한 개념을 포함하고 있다.

그럼에도 불구하고 언어는 용어를 양극화하고 명확한 이원적 대립을 설정하려는 강한 경향이 있다. 화자의 마음으로 사용할 수 있는 형태론적 수단은 이 목적에 더 적절하다. 왜냐하면 대부분의 언어는 많은 결여적 및 부정적 접미사를 가지고 있기 때문이다(그러나 5장에서 보았듯이 비대칭은 계속 지속된다).

---

20) 이곳 밑줄 친 부분이 'Heavily or lightly pigmented(짙게 색칠했든 옅게 색칠했든), vertically or horizontally challenged(수직적으로 장애가 있든 수평적으로 장애가 있든), cosmetically attractive or differently visaged(미용적으로 매력적인 얼굴이든 아니면 그렇지 않은 얼굴이든)'와 같이 직역될 수 있음을 볼 때 완곡어법이 사용되고 있음을 확인할 수 있다〈역주〉.

21) 이곳 밑줄 친 부분이 'the dryness-challenged visitor(건조 장애가 있는 손님)'와 같이 직역될 수 있음을 볼 때 완곡어법이 사용되고 있음을 확인할 수 있다〈역주〉.

22) 본 역은 제임스 핀 가너 지음/김석희 옮김(1996), 『좀더 정치적으로 올바른 베드타임 스토리』(실천문학사, pp.45-47)를 참조함〈역주〉.

흥미로운 사실은 한 쌍의 반의어 내에서 하나가 더 기본적이라는 것, 곧 덜 '유표적'이라는 것이다. 'short(키 등이 작은)'는 'tall(키 큰)'의 반의어이지만 일반적으로 'How short are you?(당신은 얼마나 키가 작습니까?)'라고 하지 않고 'How tall are you?(키가 얼마나 되세요?)'라고 한다. 'Young(젊은)'은 'old(늙은)'의 반의어이지만 우리는 'How old are you?(나이가 몇 살 입니까?)'라고 묻는다. 'How young are you?(얼마나 어립니까?)'는 청자의 젊음과 특히 관련이 있다는 것을 함축하고 있는 '유표적 질문'일 것이다. 방향을 물을 때, 당신은 'How near?(얼마나 가까운가요?)'보다 'How far is it?(얼마나 먼가요?)'이라고 물을 것이다. 예상대로, 반의어가 부정접두사를 첨가함으로서 만들어질 때, 어근은 항상 무표적인 것으로 기능한다. 그래서 오웰은 선전 조어인 뉴스피크[23]에서 'bad(나쁜)'에서 'unbad(나쁘지 않은)'보다는 'good(좋은)'에서 'ungood(좋지 않은)'을 만들어낸다. 이런 식으로 뉴스피크의 조어자들은 다음 예에서처럼 어휘적 반의어(good/bad)와 더 경제적인 형태론적 반의어(able/unable) 사이의 차이를 없앤다.

> 결국, 단순히 어떤 다른 낱말의 반대되는 낱말이 어떤 정당성이 있는가? 한 낱말은 그 자체에 자신의 반의어를 포함하고 있다. 예를 들어 'good'을 보자. 당신에게 'good'과 같은 낱말이 있다면 'bad'과 같은 낱말이 무슨 필요가 있는가? 'ungood'이라도 좋다—더 나을 것이다. 왜냐하면 이것은 정확한 반대말이며 다른 하나는 그렇지 않기 때문이다.

그러나 형태론적 반의어가 더 경제적이라는 것은 'good'이 반의어 쌍의 무표적인 구성요소로 남아있기 때문에 사실이 아니다.

그러나 비유적 표현과 내포가 작용하여 양극화 과정을 막을 수 있다. 'It was black day when our army raised the white flag(우리 군대가 백기를 들었던 날은 비극적인 날이었다)'라고 말하면 black과 white는 반의어가 아니다. 내포는 반의관계를 상쇄해버릴 수도 있다. 이것은 종종 의미적 자질인

---

23) 뉴스피크(Newspeak)는 조지 오웰이 소설 『1984 Nineteen Eighty-four』에서 선전 언어로 만든 조어이다. 더 상세한 내용은 앞 5장을 볼 것〈역주〉.

'*male*(남성)/*female*(여성)'이 대립되는 경우이다. 따라서 '*master*(주인)'가 항상 '*mistress*(여주인)'의 반의어는 아니며, '*patron*(후원자)'이 '*matron*(양호교사, 부인)'의 반의어도 아니다. 사실, 많은 *patrons*는 여자들이다(몇몇은—누가 알겠는가—아가씨일 수도 있다).

다음에서처럼 네 가지 유형의 의미적 대립을 이끌어낼 수 있다.

(1) **이원적 대립.** 이것은 *dead*(죽은)≠*alive*(살아 있는) 유형의 상호배타적 이분법이다. 등급을 매길 수 없으므로 '*more dead than alive*(살아있는 것보다 더 죽은)'는 의미전이규칙을 사용하여 비유적으로 해석되어야 한다.

(2) **상호배타적이지만 이원적이 아닌 대립.** 예를 들어 친족관계 용어는 한 집단으로 구성되며, 이 집단 속의 각 용어는 나머지 모든 것들과 대립된다.

(3) **배타적이지 않는 이원적 대조.** 이 유형의 대립은 단계별로 나눌 수 있어서 비교급이 존재한다. 예를 들면 '*rich*(부자의)≠*poor*(가난한)'의 대립은 양 극단에서 단계적 변화가 인정된다. 사람은 얼마큼 부자일 수도 있고, 얼마큼 다정하거나 심술궂거나 지성적이거나 멍청하거나, 등등일 수도 있다. 『거울나라의 앨리스』에서 여왕은 마치 'hillness(언덕성)' 또는 'valleyness(계곡성)'의 정도가 가능하기라도 한 것처럼, 이 세 번째 범주에서 '*valley*(계곡)와 *hill*(언덕)' 사이에 절대적이고 배타적인 대립을 위치시킨다. 즉 '나는 네게 언덕을 보여줄 수 있어. 비교해 보면 넌 그걸 계곡이라 부를 거야(I could show you hills, in comparison with which you'd call that a valley)'.

이렇게 볼 때 여왕은 몰리에르[24]의 「평민 귀족 *Le Bourgeois gen*-

---

24) 몰리에르(Molière, 1622~1673)는 17세기 프랑스를 대표하는 극작가이자 배우 겸 연출가이다. 쇠락한 장르였던 소극(farce)을 부활시키고, 궁정 발레에서 영향 받은 발레희극을 민중의 축제로 재창조하며 고전주의 희극을 완성했다. 그의 작품으로는 「따르뛰프」(1664~69), 「동 쥐앙」(1665),

tilhomme』에게 그의 개인 철학자가 '산문인 것은 운문이 아니며 운문인 것은 산문이 아니다'라고 가르치는 대신에 일부의 운문에 비해서 다른 운문들은 단지 통속적인 산문에 불과하다고 공표하는 것과 같다.

(4) **거울 대립**, 또는 **상호적 대립**. 이 대립은 상호적으로 범위가 정해진다. 다음과 같은 예를 들 수 있다: *parent*(부모)/*child*(아이), *above*(위)/*below*(아래), *left*(왼쪽)/*right*(오른쪽), *in front*(앞에)/*behind*(뒤에), *own*(소유하다)/*belong*(속하다), *bigger than*(...보다 더 큰)/*smaller than*(...보다 더 작은)과 같은 정도의 비교. 이들은 '*If I am in front of you, you are behind me*(내가 너의 앞에 있다면, 너는 나의 뒤에 있다)', '*I own this house/This house belongs to me*(나는 이 집을 소유하고 있다/이 집은 나의 소유이다)' 등등과 같은 유형의 '거울' 발화를 허용한다.

『거울나라의 앨리스』에서 캐럴은 반대, 대칭, 부정에 대한 좀 더 일반적인 문제를 다룬다. 거울의 땅에서는 모든 것이 반대로 되어 있어야 한다. 그러나 텍스트를 정확하게 반대로 쓰는 것은 결코 간단치 않다. 문장의 '반대'는 정확히 무엇인가? 같은 문장의 부정인가? 그러나 부가적인 문제는 부정이 그 범위에 따라 다를 수 있다는 것이다.[25] '루돌프가 자신의 아내를 죽였다(Rodolph killed his wife).'라는 긍정문이 보일 수 있는 가능한 부정문은 다음과 같다: '그의 아내를 죽인 것은 루돌프가 아니었다(It was not Rodolph who killed his wife)'(주어의 부정), '루돌프는 자기의 아내를 죽이지는 않았다(Rodolph did not kill his wife)'(술어의 부정), '루돌프가 죽인 것은 그의 아내가 아니었다(It was not his wife that Rodolph killed)'(목적어의 부정).

그렇지 않으면, 반대되는 것이란 모든 낱말이 그 반의어로 대체된 발화인가? 따라서, 다음과 같은 셰익스피어의 유명한 소네트 18의 도입부 시구는

「인간 혐오자」(1666), 「수전노」(1668), 「상상병 환자」(1673) 등 외 수많은 희곡을 냈다〈역주〉.
25) 부정의 범위'란 달리 '부정의 작용역(scope of negation)'을 말한다〈역주〉.

Shall I compare thee to a summer's day?
Thou art more lovely and more temperate:
Rough winds do shake the darling buds of May,
And summer's lease hath all too short a date
(그대를 여름날에 비길 수 있으리오?
그대는 한층 더 사랑스럽고 부드럽지요.
모진 바람이 오월의 귀여운 꽃봉오리를 흔들고
어름 한철은 너무나 짧은 길요.)

다음과 같이 다시 쓰여질 수도 있다.

Shall I compare thee to a winter's night?
Thou art more horrible and more extreme:
Soft still air doth calm the hateful blooms of November,
And winter's freehold hath all too long a date
(그대를 겨울밤에 비길 수 있으리오?
그대는 더 무섭고 더 과격하지요.
부드럽고 잔잔한 바람이 11월의 증오에 찬 꽃들을 달래고
겨울의 자유보유권은 너무나 긴 걸요.)

　순전히 어휘적인 용어로 반의관계를 정의하는 것으로는 전체 내용을 파악할 수 없다. 고립되어 취해진 어휘적 반의관계는 맥락에서는 분명해지는 의미적 비대칭(곧 의미적 반대)을 숨길 수 있다. 예를 들어, *Alice was careful to leave the bottle marked poison on the table*(앨리스는 탁자위에 독약이라고 표시된 병을 남겨 둘 정도로 주의 깊었다)은 분명히 *Alice was careless to leave the bottle marked poison on the table*(앨리스는 탁자위에 독약이라고 표시된 병을 남겨둘 정도로 부주의했다)의 반대는 아니다. 왜냐하면 'careful(주의 깊은)'은 앨리스의 의도를 한정하는 것인 반면에 'careless(부주의한)'는 그녀의 행동을 한정하는 것이기 때문이다. 그러나 화자의 관점에서 그렇다는 것이다. 동일한 유형의 비대칭이 다음에서도 발견될 수 있다. 즉 '*Alice was grateful to leave*(앨리스는 떠나는 것에 감사했다)'/'*Alice was ungrateful to leave*(앨리스가 떠나다니 배은망덕했군)'의 차이를 보자. 첫 번

째 경우에 앨리스가 감사해 떠난 반면에 두 번째 경우에는 그녀가 떠난 것이 배은망덕하였다.

사전의 역할

사전이 하는 일이란 언어공동체를 위하여 낱말들 사이의 관계가 어떠한가, 무엇이 무엇에 포함되는가, 의미의 일탈, 동의관계(곧 유의관계), 반의관계 등을 정의하고 기록하는 것이다. '언어체계' 사전은 낱말을 기호로서 취급하는 반면, '사물' 사전은 각 낱말에다 그 낱말이 정의하는 지시대상을 제공하는 것이다. 그러나 대부분의 사전에서는 이 두 관점이 반드시 결합되어 있다. 개와 낱말 '개'가 공존한다.

사전은 다른 말로 바꾸어 표현하기(하나의 기호를 다른 기호로 옮김), 동의관계와 반의관계를 사용하고, 동음이의어와 이철동음이의어가 존재할 때 그것들에 대해 언급하고, 낱말의 다의성을 상세하게 열거하고, 다양한 파생의미 간의 관계와, 글자그대로의 의미와 비유적 의미 사이의 관계를 설명하고, 낱말을 문맥에 배치하여 그 사용역과, 의미와 기능의 다양성을 명확하게 하고, 문법적 부류에 따라 낱말을 위치시키고, 우리에게 낱말이 옛 말투인지, 신어인지, 아니면 다른 언어로부터 차용된 것인지 알려준다. 대체로 사전은 언어체계 내에서, 즉 언어외적 현실과 관련해서가 아니라 언어체계 내의 다른 기호들과의 상관관계에 따라 한 낱말의 정확한 위치를 명시하려는 시도이다. 사전이 때로는 그 접근에 있어서 동어 반복적이거나 순환적으로 보인다면, 이는 기호가 자율적인 언어체계에서 상호 의존적인 다른 기호들과 함께, 그리고 그 기호들과의 관계에 의해서만 정의될 수 있다는 사실의 필연적인 결과이다.

그러나 전체 공동체가 갖는 어법의 반영인 사전은 개인들에 의해서 축적되므로, 사전 편찬자(곧 사전의 '저자')의 역할은 필연적으로 모호한 것이다. 그의 역할은 자칫 중재자가 되어 가장 수용가능하고, 가장 널리 퍼져있는 평균적인 언어사용에 기반한 상세한 언어 정보를 그 역사의 한 순간에 제공하는 것이다. 그러나 언어공동체는 동질적이지 않다. 최선의 의도를 가지고 가능한 최소한의 사회적 편견과 가능한 최소한의 규범적인 방식으로 활동함에도 불구하고 사전 편찬자는-사전 편찬단조차도-자의적인 선택, 곧 사전의 크기와 목표로 한 시장(곧 대상이 되는 독자)과 관련된 선택을 하는 것은 피할 수 없다(어린이 사전에서부터 완전히 모든 범위를 총망라하는 것을 목표로 하는 사전에 이르기까지). 이것은 언제 어떻게 낱말이 사용되는가의 문제이지만 또한 낱말의 가치와 지위에 대한 사회적 판단의 문제이다. 사전 편찬자는, 사실, 무엇이 말해지고 무엇이 말해지지 않으며, 혹은 더 정확히 말하면 어떤 경우에는 무엇이 말해져서는 안 되는지를 결정하는 골치 아픈 일을 맡고 있다. 그렇지만 우리는 아주 자주 그것이 지배적인 문화 집단 또는 본보기로 여겨지는 사회계층-비록 최근 몇 년에 걸쳐서 여기에 진전이 있긴 하지만-의 '올바른' 어법이라는 것을 알아야한다. 그리고 사전은 금기와 편견을 반영하고, 또한 그런 금기와 편견을 만드는 계층의 사회적 분열을 반영한다. 그러나 사전은 그러한 특징들을 설명하는 데 반하여 그것들을 만들어내지는 못하며, 1996년 프랑스에서 일어난 것처럼 사전 편찬자가 인종차별주의로 고소당하는 것은 완전히 터무니없는 일이다.

스크래블 놀이를 하는 사람들이 사전의 일방적인 결정에 따르도록 하는 규정이 있다. 단지 사전에 있는 낱말만이 받아들여진다. 결과적으로, 사전의 선택은 게임에서 절대적으로 중요하다. 왜냐하면 사전 편찬자의 선택은 다양할 수 있기 때문이다. 예를 들어, 어떤 편찬자들은 다른 사람들보다 통속적이거나 속어적인 표현을 보다 많이 포함시키기도 한다. 하나의 흥미로운 테스트는 *fuck*라는 낱말이 포함된 사전과 그렇지 않은 사전을 알아보고, 이들 사전이 이 낱말의 용법과 지위를 어떻게 정의하는지를 알아보는 것이다. 그러나 선택된 규범이 무엇이든 간에 거의 혹은 전혀 사용된 적이 없는 많은 수의 낱말이 여전히 사전에서 자리를 차지하고 있다. 반대로, 모든 화자가 알고 있고 끊임없이 사용되는 상당히 많은 수의 영어 낱말이 어떤 사전에도 나타나지 않고 있다. 스크래블 놀이를 하는 모든 사람은 사전-그 사전이 어떤 것이든-을 의무적으로 참고하는 것이 게임을 위해 사용되는 언어 자료—사전의 언어—와 실제 언어 사이의 차이를 인정한다는 것을 잘 인식하고 있다.

1   「르몽드(Le Monde)」지(1990년 3월).

2   포프의 『머리타래의 겁탈 *The Rape of the Lock*』(ii, 105-9).

3   이 말들은 하야카와(Hayakawa, 1978)에 의해 만들어진 것이다.

14 트위들덤과 트위들디 [1]
통사론의 속임수와 함정

　통사론은 문장을 구성할 수 있는 모든 방법을 정의하여 각 낱말에 기능을 부여한다.

　어순은 모든 통사적 체계를 특징짓는 자질이다. 즉 어순의 역할은 언어가 **굴절어**인가 아니면 **분석어**인가에 따라 그 중요도가 다소간 달라진다. [2] 라틴어, 러시아어 또는 독일어와 같은 굴절어에서 명사는 격변화한다. 즉 명사의 어미는 문장에서 그들의 기능—주어, 목적어, 도구, 장소 등—을 표시하기 위하여 변한다. 이것을 **격변화**(곧 어형 변화)라 부르며, 각각의 분리된 형태는 격을 나타낸다. 격변화는 또한 형용사와 한정사에도 영향을 미칠 수 있다.

　앨리스는 다음에서 보듯이 이에 대한 막연한 생각을 가지고 있다.

> 　그래서 앨리스가 말을 시작했다. '오 생쥐야. 이 웅덩이에서 나가는 길을 아니? 나는 여기에서 수영을 하느라고 완전히 지쳐버렸어. 오, 생쥐여!' (앨리스는 생쥐에겐 이런 식으로 말을 걸어야 옳다고 생각했다. 생쥐와 말해 본 적은 한 번도 없지만, 오빠의 라틴어 책에서 이런 예문을 본 기억이 났기 때문이었다. '쥐가—쥐의—쥐에게—쥐를—오, 쥐여!') [3]

　당연히, 이러한 언어들에서 어순은 융통성이 있다. 당신이 *Petrus amat*

---

1) 　트위들덤과 트위들디(Tweedledum and Tweedledee)는 영국의 전래 동요와 루이스 캐럴의 『거울나라의 앨리스』에 등장하는 허구적 인물이다. 이 두 이름은 일반적으로 경멸적인 맥락에서 동일한 방식으로 세상을 보고 행동하는 '구별할 수 없을 만큼 서로 닮은 두 사람(또는 두 개체)'을 뜻하는 동의어이다〈역주〉.

2) 　종합어, 곧 굴절어와 분석어에 대해서는 5장 마지막 부분을 참고할 것〈역주〉.

3) 　이 구절은 『이상한 나라의 앨리스』의 제2장 「눈물 연못 The Pool of Tears」에 나오는 내용임. 우리말 옮김은 루이스 캐럴 원작/ 마틴 가드너 주석 & 존 테니얼 그림/ 최인자 옮김(2005: 58), 『마티 가드너의 앨리스 깊이 읽기. **Alice** 이상한 나라의 앨리스 · 거울나라의 앨리스』(북폴리오) 참조〈역주〉.

Paulum(피터가 폴을 사랑한다)라고 말하거나 아니면 *Paulum amat Petrus* (폴을 피터가 사랑한다)라고 말하거나 라틴어에서는 실제로 중요하지 않다(비록 그 차이가 화용론적으로는 의미가 있긴 하지만–나는 곧 이 문제로 돌아올 것이다). 반면에 영어나 프랑스어 같은 분석어에서 어순이 비교적 엄격하다. 왜냐하면 어순은 통사적 기능을 가리키는 역할을 맡고 있기 때문이다. 예를 들어 *Peter loves Paul*(피터가 폴을 사랑한다)은 *Paul loves Peter*(폴이 피터를 사랑한다)와 절대 동일하지 않다.

몰리에르의 「평민 귀족 *Le Bourgeois gentilhomme*」에는 아주 재미있는 장면이 있다. 즉 주르댕씨(신분상승을 꿈꾸는 야심가)는 자신의 개인 철학자이자 문법 교사에게 가능하면 다소 평범한 연애편지를 향상시켜 보다 시적인 느낌을 주도록 요청한다. 그러자 그 철학자는 주르댕의 편지가 어순의 변화에 의해 향상될 수도 있다고 다음과 같이 제안한다.

> **철학자:** 글쎄, 우선 우리는 다음과 같이 나리께서 낱말들을 넣는 순서대로 넣을 수 있습니다. 'Belle marquise, vos beaux yeux me font mourir d'amour.'(아름다운 후작 부인이여, 그대의 아름다운 눈빛은 내가 죽도록 사랑하게 합니다.), 또는 'D'amour mourir me font, belle marquise, vos beaux yeux.', 또는 'Vos beaux yeux d'amour me font, belle marquise, mourir.', 또는 'Mourir vos beaux yeux, belle marquise, d'amour me font.', 또는 'Me font vos beaux yeux mourir, belle marquise, d'amour.'
>
> **주르댕:** 그런데 모든 그러한 문장들 중 어느 것이 가장 좋을까요?
>
> **철학자:** 오, 단연 당신이 말한 것이지요.[1]

영국의 묘지에 있는 비명은 다음에서와 같이 동일한 기법을 사용한다.

> Shall we all die?(우리 모두 죽을까?)
> We shall die all
> All die shall we
> Die all we shall[2]

그러나 어떤 주어진 어순은, 그것이 한 개별언어에서 아무리 엄격하다할지라도 전혀 보편적이지 않다. '주어-동사-목적어'의 어순은 우리에게 아주 친숙하지만 많은 다른 가능성들 중 단지 하나일 뿐이며, 일반적인 믿음과는 반대로 그것에 특별한 논리가 있는 것도 아니다.

우리는 앞에서 동의관계, 동음이의 그리고 다의성이 한 언어의 어휘구조에 어떻게 들어있는지를 보았다. 동일한 특징들이 통사론의 차원에서도 발견될 수 있다.

통사적 동의관계

> ... 길이 어디로 갈라지든지 간에 똑같은 방향을 가리키는 두 개의 표지판이 있다고 분명 확신했다. 하나는 '트위들덤의 집으로(to Tweedledum's house)'이고 다른 하나는 '트위들디의 집으로(to the house of Tweedledee)'이라고 표시만 다를 뿐. (137)

앨리스가 마주치는 두 개의 푯말은 무엇보다도 **통사적 동의관계**의 기호들이다. 모든 자연 언어에서 동일한 의미관계는 여러 가지 다른 **통사구조**에 의해 표현될 수 있다. 이렇게 하면 문장을 다른 말로 환언하는 것이 가능하다. 두 문장은 다음과 같이 다르게 구조화되어 있음에도 불구하고 동일한 언명이나 명제 내용을 포함하고 있는 경우에는 알기 쉽게 바꾸어 말하는 관계, 즉 설명적인 관계를 유지한다고 한다.

> Stars were glittering in the sky(별들이 하늘에서 빛나고 있었다).
> The sky was glittering with stars(하늘은 별들로 빛나고 있었다).

또는

> The Anglo-Saxon Messenger gave Alice the cake.
> (앵글로색슨 매신저는 앨리스에게 케이크를 주었다.)
> The Anglo-Saxon Messenger gave the cake to Alice.
> (앵글로색슨 매신저가 케이크를 앨리스에게 주었다.)

어휘의 경우에서와 같이 통사적 동의관계는 항상 완벽한 것은 아니다. 따라서 위에서 언급된 표지판의 경우, 전치사에 의한 소유격(of)은 고대 영어의 격 변화의 잔존물인 굴절된 소유격('s)[3]보다 더 형식적인 사용역에 속한다(다른 잔존물은 목적격 대명사이다.)

그러나 문체적인 선택 이외에, 둘 또는 그 이상의 동의어적 통사구조 사이에서 화자의 선택은 의사소통의 요구에 의해 동기화된다.

통사론, 의미론, 그리고 화용론

통사구조는 두 개의 다른 심층구조에 의해 뒷받침된다. 하나는 **의미역 구조**로, 이것은 **의미적**이고, 사건이나 과정 또는 이야기되고 있는 사태에 참여하는 사람들에게 **역할**을 부여한다. 이것은 11장에서 다루었다. 의미역의 예로 '행위역(agent)', '피동역(patient)', '도구역(instrument)', '경험역(experiencer)', '원인역(cause)', '피사동주역(causee)', '수혜역(beneficiary)', '수령역(recipient)', '목표역(goal)'을 들 수 있다. 다른 하나는 **정보 구조**로, 이것은 **화용론적**이며 화자의 의사 전달 목적을 해석해 준다. 이 점을 설명하기 위해 다음의 전–문법적 문장을 보자.

ALICE FOLLOW WHITE RABBIT INTO HOLE

영어의 모든 화자는 자신들의 언어능력에 호소하고 위에 언급된 의미역 구조를 사용함으로써 일정 수의 '문법적' 발화를 형성할 수 있다. 먼저, 화용론적으로 중립적인(곧 무표적인) 문장이 있다.

> Alice followed the White Rabbit into the hole
> (앨리스는 하얀 토끼를 따라 구멍으로 들어갔다.)

여기서 주어는 **화제**(이야기되어지고 있는, 곧 말해지고 있는 것)로 해석되고 술부는 **논평**(주제에 대해서 말해지고 있는 것)로서 해석되는데 이것은 보통 문장의 **초점**이다. 왜냐하면 논평은 화제에 포함된 **주어진 정보**(곧 **구정보**)와는 대조적으로 **새로운 정보**(곧 **신정보**)를 제공하기 때문이다.[4]

그러나 화자는 이 기본 문장 구조에서 여러 가지 방법으로 출발할 수 있다. 변이는 두 가지 유형, 곧 운율적(말하자면 음운론적) 유형과 통사적 유형이 될 수 있다. 그리고 이 두 가지 유형의 변이는 화자가 전달된 정보의 일부를 주목하거나 특별히 전경화하는 한편, 메시지의 나머지 부분은 경시하거나 배경 역할만을 하도록 할 때 사용된다. 따라서 이 문장은 또한 다음과 같은 형태를 취할 수 있다. 이때 각 낱말은 운율적 강세의 대조적인 사용에 의해서 연속적으로 강조되거나 초점화된다.

ALICE followed the White Rabbit into the hole(그녀의 언니가 아니라)
Alice **FOLLOWED** the White Rabbit into the hole(앞장선 것이 아니라)
Alice followed the **WHITE** Rabbit into the hole(검은 토끼가 아니라)
Alice followed the White **RABBIT** into the hole(흰 양이 아니라)
Alice followed the White Rabbit **INTO** the hole(구멍으로가 아니라)
Alice followed the White Rabbit into the **HOLE**(집으로가 아니라)

이것은 영어에서 서로 다른 정보구조를 연결시키는 **음운–통사규칙**이 필요함을 보여준다. 위 발화들 사이의 선택은 분명 문맥과 의사소통 상황에 근거하고 있다.

두 번째 유형의 변이는 **분열문 만들기**(clefting), **전치**(fronting), 그리고 **전위**(dislocation)와 같은 통사적 수단을 사용한다.

분열문 만들기는 **초점화** 장치이다. 그것이 대조적인 강세와 같은 효과를 가지고 있음은 다음 테스트에서 쉽게 볼 수 있다.

It was Alice who followed the White Rabbit into the hole

---

4) 본서에서 말하는 '화제(topic)'라는 용어는 다른 곳에서는 흔히 '주제(theme)'라고 말하고, '논평(comment)'은 '설명(rheme)'이라고 한다. 따라서 '화제(구정보)–논평(신정보)'의 구조는 '주제(구정보)–설명(신정보)'의 구조와 동일하다〈역주〉.

(하얀 토끼를 따라 구멍으로 들어간 것은 **앨리스**였다)
What Alice did was to follow the White Rabbit into the hole
(앨리스가 한 것은 구멍으로 하얀 토끼를 **따라 들어가는** 것이었다)
It was the White Rabbit that Alice followed into the hole
(앨리스가 구멍으로 따라 들어간 것은 **하얀 토끼**였다)
It was into the hole that Alice followed the White Rabbit
(앨리스가 하얀 토끼를 따라 들어간 곳은 **구멍으로**였다)

전치는 **화제화**(흔히 **주제화**라고도 함)의 장치이다. 화자가 주어 외에 한 구절을 화제로 설정함으로써 그것에 현저성, 곧 탁립성(prominence)을 부여하고 싶을 때는 언제나 다음에서처럼 전치를 사용한다.

The White Rabbit # Alice followed into the hole
Into the hole # Alice followed the White Rabbit
(여기서 #는 운율적 휴지를 나타낸다)

전위 또한 화제화를 하지만 표준영어에서 아주 흔하지는 않다. 이 경우 화자는 화제(이미 문맥상 잘 정립되어 있음)를 명명하고 난 후 대명사의 형태로 화제를 반복하면서 완전한 문장을 만들게 된다. 다음 예에서와 같다.

Alice, she followed the White Rabbit into the hole
The White Rabbit, Alice followed *him* into the hole

그렇지 않으면 화제가, 다음 예에서처럼, 문장의 끝 부분에서 반복될 수도 있다.

She followed the White Rabbit into the hole, *Alice did*
(이 마지막 문장은 비표준어로 인식된다)

영어 화자가 사용할 수 있는 운율 장치의 효과를 고려해 볼 때 통사적 장치는 훨씬 적게 사용되므로 덜 '자연스러운' 것처럼 보인다.

그러나 프랑스어에 있어서는 그 반대이다. 여기에서 분열문은 초점을 나타내는 특권을 가진 방법이다. 입말의 기본적인 특징인 전위는 화제화에 널리 사용된다. 이것은 '무표적' 어순을 지키는 규범적인 문장이 영어에서보다 덜 흔하다는 사실을 말한다. 러시아어에서는 의미역 관계가 격어미에 의해 표시되기 때문에 어순이 한층 더 유연하다. 그 결과 발화의 정보 구조는 어순과 운율 둘 다로 나타낼 수 있다.

능동 문장과 피동 문장 사이의 교체는 유사한 방식으로 설명될 수 있다. 두 구문 사이의 선택-그 가능성이 있는 언어에서-은 발화의 정보구조, 즉 화제와 초점이 분배되는 방식을 반영한다. 종종 주어와 일치하는 화제는 가장 많이 한정된 요소, 즉 문맥이나 발화 상황에 이미 나타나 있는 요소이다. 따라서 화제가 종종 **대용대명사**이거나 **직시적 대명사**[5](예를 들어 인칭대명사)일지라도 놀라운 일이 아니다. 따라서 능동과 피동 형식이 둘 다 동일한 심층구조에서 나왔다할지라도(말하자면 이들은 통사적 동의어이다), 이들이 항상 똑같이 수용 가능한 것은 아니다. 'I was drinking a cup of tea(나는 차 한 잔 마시고 있었다)'는 꽤 부자연스러움을 감수하지 않고는 'a cup of tea was being drunk by me(차 한 잔이 나에 의해서 마셔지고 있었다)' 형태로 표현될 수 없다. 반면에 우리는 'un avalanche killed Rodolph(눈사태가 루돌프를 죽였다)'보다 'Rodolph was killed in an avalanche(루돌프가 눈사태로 죽었다' 라고 말하기가 더 쉽다.

의사소통의 목적을 달성하기 위해 화자들은 메시지를 구성하는 다양한 의미 단위를 우선순위로 매긴다. 구절이 한정적이면 한정적일수록 더욱더 나은 **화제** 후보자라면, 구절이 덜 한정적일수록 더욱더 나은 **초점** 후보이다(아래 표 14.1을 볼 것).

---

5) 직시적 대명사(deictic pronoun)란 문맥상 선·후행하는 요소를 되받는 '대용대명사(anaphoric pronoun)'와는 달리, 'I, you, me, this, here' 등과 같이 화자나 청자, 발화 위치 등에 따라 지시대상이 달라지는, 곧 뜻이 달라지는 대명사를 말한다〈역주〉.

표 14.1. 지시대상의 계층 구조

직시적 지시관계(Deictic reference) I (화자) You (청자)	
대용적 지시관계(Anaphoric reference) he/she (인간) it (비인간)	사람 이름(Name of person): Rodolph 정명사구(Definite Noun Phrase) (인간)　the man/woman(남자/여자) (비인간)　the horse(말) (무생물) 　가산명사: the cup(컵) 　불가산명사: the sugar(설탕)
	부정명사구(Indefinite Noun Phrase) (인간)　a man/woman(남자/여자) (비인간)　a horse(말) (무생물) 　가산명사: a cup(컵) 　불가산명사: (a piece of) sugar 　　　　　　설탕 (한 조각)

주석: 꼭대기에서 바닥까지: 더 한정적인 것부터 덜 한정적인 것까지, 더 화제적인 것부터 덜 화제적인 것까지

한정의 등급에 있어서 생물 지시대상은 무생물 지시대상보다 더 한정적이며, 인간 지시대상은 비인간 지시대상보다 더 한정적이며, 가산명사의 지시대상은 불가산명사의 지시대상보다 더 한정적이며, 한정명사구는 부정명사구보다 더 한정적이다. 피동 또는 능동 문장구조를 선택할 때 화자는 직관적으로 이 계층 구조를 사용한다. 행위자가 피동자나 대상에 작용하는 **의미역 구조**가 주어지면 화자는 자연스럽게 'the sugar was swallowed by the horse(설탕이 말에 의해 삼켜졌어)'라기보다는 'Look! the horse swallowed the sugar(봐, 말이 설탕을 삼켰어)'라고, 'the horse is being stroked by Rodolph(말이 루돌프에게 맞고 있어)'라기보다는 'Look! Rodolph is stroking the horse(봐, 루돌프가 말을 때리고 있어)'라고, 'a lot of dust is raised by the car(많은 먼지가 차에 의해 일어나)'라기보다는 'the car raises a lot of dust(차가 많은 먼지를 일으켜)'라고, 'a mouse was caught by the cat(쥐가 고양이에 의해 잡혔어)'라기보다는 'the cat caught a mouse(고양이가 쥐를 잡았어)'라고 말한다. 위 계층 구조에서 동일한 '지위'를 가진 두 참가자(곧 의미적 역할을 가진 논항) 사이에 '갈등'이 발생하는 경우, 이기는 것은 둘 중에 더 한정적인 것이다. 따라서 'a little girl was being held in his arms by the man(어린 소녀가 그 남자에 의해 팔에 안겨져 있었다)'라기보다는 'the man held a little girl in his arms(그 남자는 어린 소녀를 팔에 안았다)'라고 말한다. 두 개의 논항이 모두 매우 한정적일 때, 바로 그럴 때만 능동문과 피동문은 비록 서로 다른 화제를 포함하고 있을지라도 똑같이 용인된다고 말할 수 있다. 따라서 'John loves Mary(존은 메리를 사랑한다)' = 'Mary is loved by John(메리는 존으로부터 사랑받는다)'[6](이와 대조적으로 우리는 'a girl is loved by John(한 소녀가 존으로부터 사랑받는다)'라기보다 'John loves a girl(존은 한 소녀를 사랑한다)'라고 말할 것이다[7]).

통사적 동음이의

동의관계와 동음이의가 어휘가 구조화되는 방식에서 서로 대조를 이루고 서로를 완전하게 만드는 것과 마찬가지로 '통사적 동의관계'도 '통사적 동음이의'와 대응관계에 놓인다. 표면적으로 다른 두 개의 문장이 심층구조에서 동일한 방식으로 읽힐 수 있는 것과 마찬가지로(우리가 조금 전에 '앨리스와 하얀 토끼'에서 본 것처럼), 분명히 동일한 방식으로 조직된 문장들이 서로 다른 의미역 관계에 해당할 수 있다. 왜냐하면 그들의 표면적인 유사성은 통사 조직의 우연한 결과에 지나지 않기 때문이다(동음이의가 기표의 일치를 나타내는 것

---

6) 이 두 문장에서 사람 이름을 나타내는 고유명사 'John'과 'Mary'는 화제로 사용될 수 있을 정도로 지시대상의 계층구조에서 매우 한정적인 논항이다〈역주〉.

7) 여기서 고유명사 'John'은 지시대상의 계층구조상 매우 한정적인 논항이라면 부정명사구 'a girl'은 한정성의 정도가 낮은 논항이다. 따라서 한정적인 논항 'John'은 'John loves a girl'에서처럼 화제로 나타날 수 있지만, 한정성의 정도가 낮은 부정명사구 'a girl'은 'a girl is loved by John'에서처럼 주어위치에서 화제로 나타나는 것이 자연스럽지 않다〈역주〉.

과 같은 방식으로). 예를 들어 다음과 같은 두 문장을 비교해보면 동일한 구조를 가진 것처럼 보이지만, 우리는 직관적으로 표현된 의미역 관계가 다르다는 것을 안다.

(1) Alice was *likely* to win the game of croquet
   (앨리스는 크로켓 경기에서 이길 것 같았다)

(2) Alice was *eager* to win the game of croquet
   (앨리스는 크로켓 경기에서 이기고 싶어 했다)

우리는 설명적 환언을 사용하여 그 차이점을 지적할 수 있다. 문장 (1)은 다음과 같이 환언될 수 있다.

(1') It was likely that Alice was going to win the game of croquet
   (앨리스가 크로켓 경기에서 이길 것 같았다)

그러나 유사한 설명적 환언이 두 번째 문장의 경우에는 불가능하다.

(2') *It was eager that Alice was going to win the game of croquet

다음 두 문장은 같은 점을 나타낸다.

(3) Alice *seemed* to know the answer to the riddle
   (앨리스는 수수께끼에 대한 답을 알고 있는 것처럼 보였다)

(4) Alice *wanted* to know the answer to the riddle
   (앨리스는 수수께끼에 대한 답을 알고 싶어 했다)

문장 (3)만이 비인칭 구조를 사용하여 다른 말로 환언할 수 있다:

(3') It seemed that Alice knew the answer to the riddle

(4') *It wanted that Alice knew the answer to the riddle

문장 (4)만이 분열문의 변이형을 사용하여 다른 말로 환언할 수 있다.

(3″) *What Alice seemed was to know the answer to the riddle

(4″) What Alice wanted was to know the answer to the riddle

통사적 동음이의를 없애기 위해 통사적 동의관계에 의존하는 것은 항상 가능하다. 이것은 이러한 특징들이 얼마나 **상보적**인가를 보여준다.

통사적 중의성

통사론은 또한 중의성의 경우를 보여준다. 하나의 동일한 문장이 다른 방식으로 해석되거나 '읽힐' 수 있다. 그러나 어휘에서와 마찬가지로 우리는 아마도 여기에서 동음이의와 다의성을 구분해야 할 것이다. *They can fish* 와 같은 중의적 문장은 그것 자체의 통사적 구성 때문에 중의적이지는 않는데, 이는 그들이 포함하고 있는 낱말들이 동음이의어(*can* [8])이거나 아니면 여러 품사(*fish* [9]에 대해서는 13장을 볼 것)에 속할 수 있기 때문이다. 어쨌든, 이전에 보았던 이러한 종류의 유사—중의성은 종종 억양, 휴지 또는 음성 변이에 의해 해결된다.

대조적으로, 다음 문장에서 중의성은 한편으로는 통사적 동음이의에서 다른 한편으로는 형용사 *curious*의 다의성(*curious* 1: '기이한(weird) 또는 특이한 (unusual)', *curious* 2: '호기심이 가득한(full of curious)')에서 온다.

(5) Alice is *curious* to know

통사적 동음이의의 근원은 *to know*의 목적어가 (문맥에서 생각해낼 수 있는 한) 표현되지 않은 채 남아있을 수 있다는 사실이다. 이 경우에 앨리스는 경험자의 의미적 역할을 하고, *Alice is curious to know*는 *Alice wishes to know*(앨리스는 알고 싶어한다)의 의미와 매우 가깝다. 그러나 우리는 또한

---

8) 'can'은 '...할 수 있다'를 뜻하거나 '통조림으로 만들다'를 뜻하는 동음이의어이다〈역주〉.

9) 'fish'는 명사로서는 '물고기'를 뜻하고, 동사로서는 '낚시질하다, 낚다'를 뜻한다〈역주〉.

앨리스를 표현되지 않은 경험자로 남아있는 *know*의 목적어로 해석할 수도 있다. 앨리스를 안다는 것은 그때 그녀에게 가까이 다가온 사람에게는 특이한 경험이 될 것이다.

이러한 중의성을 해결하기 위해서는, *know*의 보어를 덧붙이기만 하면 된다.

(5') Alice is curious to know the answer to the riddle
    (앨리스는 수수께끼에 대한 답을 알고 싶어 한다)

또는 *curious* 뒤에 명사를 추가할 수 있다.

(5'') Alice is a curious person to know
    (앨리스는 알고 싶어 하는 호기심 많은 사람이다)

우리가 지금 *curious*를 *eager* 또는 *interesting*으로 바꿀 경우, 통사적 동음이의는 남아있지만 중의성은 사라진다. *eager*도 *interesting*도 다의어가 아니다.

(6) Alice is *eager* to know
(7) Alice is *interesting* to know

마지막으로, 우리가 생물인 사람을 가리키는 주어인 *Alice*를 무생물 주어로 대체하면, 중의성은 마찬가지로 사라진다. 왜냐하면 그러한 무생물 명사와 함께 쓰인 *curious*는 단지 *curious* 1로만 해석될 수 있기 때문이다.

(8) Alice's story is curious to know
    (Alice의 이야기는 알고 싶을 정도로 기이하다)

비교급의 문장 또한 구조적 중의성을 나타낼 수 있다. 다음 문장은 두 가지 다른 방식으로 읽힐 수 있다.

(9) Alice understands the White Queen better than the Red Queen

앞 문장 (9)는 다음 중 하나를 의미할 수 있다.

(9') Alice understands the White Queen better than she does the Red Queen

(앨리스는 붉은 여왕을 이해하는 것보다 흰 여왕을 더 잘 이해한다)

(9'') Alice understands the White Queen better than the Red Queen does

(앨리스는 붉은 여왕이 이해하는 것보다 흰 여왕을 더 잘 이해한다)

여기서 중의성은 생략 또는 '공백화(gapping)'로 인한 것이며 그 공백이 채워지자마자 사라진다. 이것은 바로 대체 동사 *do*가 하는 일이다. 우리는 이참에 중의성이 사용된 두 보어의 생물적 지위와 관련되어 있음을 주목해야 한다. 즉, 생물적 지위를 갖는 *the Red Queen*은 (9'')에서 보았듯이 주어로 기능할 수 있는 가능한 후보가 되는 것이다. 그에 반해서, 다음 (10)은 중의적 문장이 아니다.

(10) Alice understands physics better than maths

(앨리스는 수학보다 물리학을 더 잘 이해한다)

따라서 잠재적으로 중의성을 띠고 있는 문장의 의미역 구조를 해석하는데 있어서 우리는 확실히 **선택제한규칙**에 대한 지식을 이용한다(앞 11장 참조).

그렇지만 또 다른 유형의 중의성이 캐럴의 『거울나라의 앨리스』에서 활용된다. 앨리스가 왕에게 '잠시 멈출 수 있을 정도로 선량한(...good enough *to stop a minute*)'지를 물으니, 왕은 다음과 같이 대답한다.

> I'm *good* enough, ... only I'm not *strong* enough. You see, a minute goes by so fearfully quick. You might as well try to stop a Bandersnatch! (173)
>
> (난 충분히 선량하지...단지 충분히 강하지 않을 뿐이야. 알지. 일 분은 무서울 정도로 빨리 지나가. 넌 밴더스내취[10]를 멈추려고 시도하는 편이 나을 거야!)

왕은 화자가 전치사 *for*를 삭제할 수 있게 됨으로써 앨리스의 질문을 맥락에 맞지 않는 방식으로 이해하는 편이 좋다고 결정하는 **자유 변이**를 활용하고 있다. 실제로, 'stop a minute'는 'stop a bus(버스 멈추다)'라고 말하는 것과 같이 'to interrupt the progress of a minute(1분의 흐름을 방해하는 것)'로 읽힐 수 있거나, 아니면 'to stop what one is doing for a minute(누군가가 하고 있는 것을 잠시 동안 멈추는 것)'로 읽힐 수도 있다.

'어이없는 실수들'이 신문이나 아이들의 연습장에서 발견되거나 때로는 대화상에서 자연스럽게 발생하는 경우가 많다. 이는 종종 그런 실수를 범하는 이가 예상하지 못했던 **중의성** 때문이다. 다음과 같은 예를 들 수 있다.

Doctor Wotsit's had me in bed for a fortnight now and he still hasn't done me any good.[11] (보건부에 보낸 편지에서)

Since 'Talk Radio' started broadcasting my wife and I haven't had it off.[12] (전화 연결 라디오 프로그램에서 답하는 청취자)

He opened his mouth and put his foot straight in it.[13]

(질문: it의 지시대상은 무엇인가?)

Would ladies please wash pots then stand upside down in the sink.[14]

---

10) 밴더스내취(Bandersnatch)는 '광포한 성질을 가진 가공의 동물'을 말한다〈역주〉.

11) 이 문장은 다음 두 가지로 해석된다〈역주〉.
   (i) Wotsit 박사는 2주 전부터 나와 침대에 누워 있지만 아직 나에게 아무 짓도 하지 않았어요.
   (ii) Wotsit 박사는 2주 전부터 나를 침대에 누워있게 해놓고는 아직 나에게 아무 처치도 하지 않았어요.

12) 이 문장은 다음 두 가지로 해석된다〈역주〉.
   (i) 'Talk Radio'가 내 아내를 방송하기 시작한 이후로 나는 놀아나지 않았다.
   (ii) 'Talk Radio'가 방송하기 시작한 이후로 내 아내와 나는 놀아나지 않았다.

13) 이 문장은 다음 두 가지로 해석된다〈역주〉.
   (i) 그는 입을 벌리고 곧바로 발을 그것에(곧 입속에) 넣었다.
   (ii) 그는 입을 벌리고 발을 그 속에 똑바로 세웠다.

14) 이 문장은 다음 두 가지로 해석된다〈역주〉.
   (i) 숙녀들은 냄비를 씻고 난 후 싱크대에 거꾸로 서시겠습니까?
   (ii) 숙녀들은 냄비를 씻어서 싱크대에 거꾸로 세워 주시겠습니까?
   (i)은 stand를 자동사로 해석하는 경우이고, (ii)는 stand를 타동사로 해석하는 경우이다. 이 후자의 경우는 stand 뒤에 목적격 대명사 *them*이 생략된 것으로 본다(Would ladies please

(교회 제의실(祭衣室)에 있는 안내문: 대명사 *them*이 빠져있다; *stand*는 자동사로도 타동사라도 사용될 수 있다.)

방언을 가로지르는 통사론

주어진 언어의 방언—우리가 보았듯이 음운론에서는 다양하다—은 또한 통사론에서도 구별될 수 있다. 캐럴은 다음과 같이 그리펀(Gryphon)에게 런던 말투의 특성을 부여한다.

> They never executes nobody, you know
> (그들은 결코 아무도 처형하지 않아, 알잖아)
> It's all his fancy that; he hasn't got no sorrow, you know
> (그것은 그의 모든 공상이야, 그는 슬픔도 없어, 알잖아)
> This here young lady, she wants for to know your history, she do
> (여기 이 젊은 아가씨는 당신의 이력을 알고 싶어 해)[15]

오늘날 규범에 벗어난 것으로 매우 철저하게 낙인찍힌 이중 부정—*I ain't got no money*(난 돈이 없어), *I don't know nuffin'*(난 아무것도 몰라)—은 초서와 셰익스피어의 시대에는 매우 일반적이었고, 많은 영어 방언의 당연한 통사적 특징으로 아직도 널리 퍼져있다. 이중 부정의 가장 잘 알려진 예들 중 하나는 아마도 롤링 스톤스[16]의 노래 「*I can't get no satisfaction*(난 만족을

---

wash pots then stand ***them*** upside down in the sink).

15) 첫 두 문장에서는 이중 부정(*never ... nobody, hasn't ... no*)을 사용한다는 것이 런던 말투의 특성이고, 마지막 문장에서는 want가 부정법을 이끌어오면서 전치사 for까지 포함된 '*... wants for to ...*' 형식을 사용한다는 것과, 강조 표현 'she do'가 3인칭 주어인데도 'she does'가 아닌 'she do'를 사용한다는 것이 런던 말투의 특성이다〈역주〉.

16) 롤링 스톤스(The Rolling Stones)는 1962년에 결성된 영국의 6인조 록 그룹이다. 이 그룹은 블루스를 기반으로 한 로큰롤을 구현하며 대중음악사에서 가장 위대한 록 밴드 중 한 팀으로 평가 받고 있다. 1963년 4월 앤드류 루그 올덤(Andrew Loog Oldham)이 그룹의 매니저가 된 후, 비틀스(The Beatles)의 단정한 스타일과 상반되는 '시대의 반역아(bad boy)' 이미지를 추구하기 시작했다. 2012년 11월에는 팀 결성 50주년을 기념하는 콘서트를 개최했다. 대표

얻을 수가 없어)」일 것이다.

　그러나 이것을 더 이상 탐구하는 것은 우리를 매혹적이면서도 사회적 · 지역적인 방언학이라는 아주 방대한 영역—나는 솔직히 여기서 이에 대해 조사할 공간이 없다—으로, 또는 더 일반적으로 사회언어학의 틀에서 언어학적 변이와 그에 대한 연구의 영역으로 데리고 갈 것이다.

앨범으로는 「Beggars Banquet」(1968), 「Sticky Fingers」(1971), 「Exile On Main Street」(1972) 등이 있고, 대표곡으로는 「I can't get no satisfaction」(1965), 「Paint It, Black」(1966), 「Ruby Tuesday」(1967), 「Symphathy for the Devil」(1968), 「Brown Sugar」(1971) 등이 있다(「두산백과」 참조)〈역주〉.

1   「평민 귀족 *Le Bourgeois gentilhomme*」, 2막 4장.

2   오가르드(Augarde, 1984: 103).

3   이 두 가지 형식의 소유격(혹은 속격)(genitive)을 사용하는 것은 사실 내가 여기에서 주장하는
    것보다 훨씬 더 복잡하다.

결론

그리고, 이제 우리가 결론을 내려야하기에...

'거울나라의 앨리스를 통한 언어 탐구'의 이 일주 여행에서 끝까지 나와 동행해준 독자들에게, 나는 단지 여러분들이 이제 언어에 대해 더 많이 알게 되고, 그것에 어떻게 다가가야 하는지를 더 잘 알기를 바랄 뿐이다. 정말로 이 작은 책의 목표는 여러분이 자신에게 '너무 쉬워. 여기 있는 모든 것은 이미 내 속에 있었는데 내가 그것을 미처 깨닫지 못했어!'라고 말할 수 있도록 모든 사실을 '불현듯 분명해지게'하는 것이다. 비록 전문가가 마땅히 진지한 연구, 즉 한 언어나 여러 언어들의 이러저러한 세세한 양상과 관련하여 심도 있고, 종종 까다롭기도 하지만 별로 보람 없는 연구를 독점하는 것이 사실이라 할지라도, 우리가 언어에 관심을 갖는 것은 아무도 모든 화자들에게 있어서 다른 무엇보다도 그들을 인간으로 만드는 언어 메카니즘의 지배를 거부할 수 없기 때문이다. 달톤 트럼보[1]의 영화 「자니, 총을 얻다 *Johnny Got His Gun*」 (1971)에 등장하는 사지가 절단된 병사—그의 팔다리, 얼굴 그리고 그의 거의 모든 장기가 날아간 병사—는 그럼에도 불구하고 자신을 자극하고 또 자신 속에다 세계에 대한 이미지를 간직하게 해주는 내면의 독백 덕분에 인간으로 남는다. 결국, 그는 언어가 없어서 야생 동물의 수준으로 퇴화한 '야생아'보다 더 인간으로 남는다.

언어는 인간의 마음속에 깊이 자리 잡고 있고, 인간은 언어의 중심에 깊숙이 있다.

---

[1] 달톤 트럼보(Dalton Trumbo, 1905~1976)는 미국 콜로라도 태생의 영화인으로 시나리오 작가와 감독으로 활동했다〈역주〉.

참고문헌

검퍼즈(J. Gumperz) & 하임즈(D. Hymes)(1972), 『사회언어학의 방향 Directions in sociolinguistics』, New York: Holt, Rhinehart and Winston, Inc.

고드지히(W. Godzich)(1974), "고유명사: 언어/텍스트 Nom propre: langage/text", 《연구 Recherches》, 16.

고든(W. T. Gordon)(1996), 『입문자들을 위한 소쉬르 Saussure For Beginners』(Abbe Lubell의 삽화), New York & London: Writers & Readers Publishing, Inc.

고르진(R. Georgin)(1978), "서양세계의 언어학자 Le Linguiste du monde occidental", 《시스트르 연구 Cahiers Cistre》, Special issue to honour Roman Jakobson, 5, p. 94-130.

군델(J. K. Gundel)(1988), 『언어이론에서 화제와 논평의 역할 The role of topic and comment in linguistic theory』, New York: Garland Publishing, Inc.

굿글래스(H. Goodglass)(1993), 『실어증 이해하기 Understanding Aphasia』, 샌디에이고, California: Academic Press Inc.

그린버그(H. Greenberg)(ed.)(1963), 『언어의 보편적 특성 Universals of Language』, Cambridge, Mass.: MIT Press.

그릴(Gril)(1993), 『새로운 어휘 만들기: 영어 5 Néologie Lexicale: Anglais 5』, Paris: Paris VII University.

그림쇼(J. Grimshaw)(1990), 『논항 구조 argument structure』, Cambridge, Mass.: MIT Press.

기본(T. Givón)(1993), 『영문법: 기능을 기반으로 한 소개, 1과 2 English Grammar: A Function-based Introduction, i & ii』, Amsterdam: John Benjamins.

뉴먼(S. Newman)(1964), "어휘 수준: 주니족의 신성하고 속어적인 어법 Vocabulary Levels: Zuni Sacred and Slang Usage", 『문화와 사회에서의 언어 Language in Culture and Society』[D. Hymes(ed.)(1964)].

다이볼드(R. Diebold)(1964), "초기의 이중언어 Incipient Bilingualism", 『문화와 사회에서의 언어 Language in Culture and Society』[D. Hymes(ed.)(1964)].

데샹(A. Deschamps)(1994), 『쓰기에서 말하기로, 그리고 말하기에서 쓰기로: 영어의 발음과 철자 De l'écrit à l'oral et De l'oral à l'écrit: Phonétique et orthographe de l'anglais』, Paris: Operys.

데스노스(R. Desnos)(1953), 『육체와 재물 Corps et Biens』, Paris: Gallimard.

둔데스 외(A. Dundes et al.)(1972), "터키 소년들의 언어논쟁 전략 Strategy of Turkish Boys' Verbal Dueling", 『사회언어학의 지침서 Directions in Sociolinguistics』

[J. Gumperz & D. Hymes(eds.)(1972)].

뒤 모리에(G. du Maurier)(1986), 『피터 이벳슨 *Peter Ibbetson*』, London: Osgood, Mc Ilvaine and Co.

뒤샤첵(O. Ducháček)(1969), "동음이의어와 다의어 L'homonymie et la polysémie", 《*Vox Romanica*》, 21, 1.

_____(1970), "언어학적 관점에서의 낱말놀이 Les jeux de mots au point de vue linguistique", 《로만어 문헌학에 대한 논문 *Beitrag zur Romanischen Philologie*》, 1.

뒤크로(O. Ducrot)(1972), 『말하기와 말하지 않기 *Dire et ne pas dire*』, Paris: Hermann.

라보프(W. Labov)(1972a), 『사회언어학적 패턴들 *Sociolinguistic Patterns*』, Philadelphia: University of Pennsylvania Press.

_____(1972b), 『도심지역의 언어 *Language in the Inner City*』, Philadelphia: University of Pennsylvania Press.

_____(1994), 『언어 변화의 원리 1 *Principles of Linguistic Change* i』, Oxford, UK and Cambridge, Mass.: Blackwell.

라이온스(J. Lyons)(1977), 『의미론 1과 2 *Semantics* i and ii』, Cambridge: Cambridge University Press.

_____(1991), 『자연어와 보편문법 *Natural Language and Universal Grammar*』, Cambridge: Cambridge University Press.

라잉(R. D. Laing)(1971), 『매듭 *Knots*』, London: Penguin.

램브레히트(K. Lambrecht)(1974), 『정보 구조와 문장 형식 *Information Structure and Sentence Form*』, Cambridge: Cambridge University Press.

레이코프(G. Lakoff)(1986), "마음의 반영으로서의 분류사 Classifiers as a Reflection of Mind", 『명사군과 범주화: 범주화와 명사 분류에 대한 발표 논문집 *Noun Classes and Categorization: Proceeding of a Symposium on Categorization and Noun Classification*』[Colette Craig(ed.)], Philadelphia: John Benjamins Publishing Company, p. 297-308.

_____(1987), 『여자, 불 그리고 위험한 것들: 범주가 마음에 대해서 드러내는 것 *Women, Fire and Dangerous Things: What Categories Reveal about the Mind*』, Chicago: Chicago University Press.

_____& 존슨(M. Johnson)(1980), 『삶으로서의 은유 *Metaphors We Live By*』, Chicago: Chicago University Press.

레이코프(R. Lakoff)(1975), 『언어와 여성의 위치 *Language and Woman's Place*』,

New York: Harper and Row.

레논(J. Lennon)(1964), 『그 자신의 글 *In His Own Write*』, London: Jonathan Cape.

_____(1965), 『어떤 스페인 사람 *A Spaniard in the Works*』, London: Jonathan Cape.

로트링거(S. Lotringer)(1974), "명백한 망상과 소쉬르의 '콤플렉스' Flagrant Délire and Le 'complexe' de Saussure", 《연구 *Recherches*》, 16.

루시(J. A. Lucy)(1992), 『문법적 범주와 인지 *Grammatical Categories and Cognition*』, Cambridge: Cambridge University Press.

르 게른(M. Le Guern)(1973), 『은유와 환유의 의미론 *Sémantique de la métaphore et de la métonymie*』, Paris: Larousse.

릴리(R. Lilly) & 비엘(M. Viel)(1933), 『체계적인 영어 음성학 입문서 *Initiation raisonnée à la phonétique de l'anglais*』, Paris: Hachette.

리세(J. Risset)(1974), "논란이 되는 시학 Poétique mise en questions", 《비평 *Critique*》, 322.

리치(G. Leech)(1974), 『의미론 *Semantics*』, London: Penguin.

마르티네(A. Martinet)(1960), 『일반 언어학의 개요 *Éléments de linguistique générale*』, Paris: Armand Colin.

무냉(G. Mounin)(1963), 『번역의 이론적 문제 *Les Problèmes théoriques de la traduction*』, Paris: Gallimard.

미쇼(H. Michaux)(1952), 『앙리 미쇼 선집 *Selected Writing of Henri Michaux*』, 엘만(R. Ellmann) 번역, London: Routledge and Kegan Paul.

_____(1961), 『심연에 의한 앎 *Connaissance par les gouffres*』, Paris: Gallimard.

밀네르(J. -C. Milner)(1978), 『언어의 사랑 *L'Amour de la langue*』, Paris: Seuil.

밀네르(J. Milner)(1976, 1977), "화자들은 무엇 때문에 웃는가? De quoi rient les locuteurs?", 《변화 *Change*》, 29, & 32-33.

밀로이(L. Milroy) & 밀로이(J. Milroy)(1985), 『언어 속의 권위 *Authority in Language*』, London: Routledge.

모트(W. F. Motte)(1986), 『잠재 문학 입문서 *A primer of Potential Literature*』, Lincoln, Nebraska: University of Nebraska Press.

바인라이히(U. Weinreich)(1953), 『언어 접촉 *Languages in Contact*』, New York: Linguistic Circle of New York.

바흐친(M. Bakhtine)(1929), 『마르크시즘과 언어철학 *Marksizm i filosofija jazyka*』

(Leningrad). 영어번역: 『Marxism and the Philosophy of Language』, 라디슬 라프 마테이카와 I. R. 티투닉 번역(1986), Cambridge, Mass.: Harvard University Press.

버지스(A. Burgess)(1962), 『시계태엽 오렌지 *A Clockwork Orange*』, London: Penguin.

벤브니스트(É. Benveniste)(1966), 『일반언어학의 제 문제 1 *Problèmes de linguistique générale, i*』, Paris: Gallimard. 영어번역: 『Problems in General Linguistics』, Coral Gables, Fla.: University of Miami Press(1971).

_____(1974), 『일반언어학의 제 문제 2 *Problèmes de linguistique générale, ii*』, Paris: Gallimard.

보드리야르(J. Baudrillard)(1980), 『유혹에 대하여 *De la séduction*』, Paris: Flammarion.

보만(R. Bauman) & 슈르제르(J. Sherzer)(1974), 『말하기의 민족지학적 탐구 *Explorations in the Ethnography of speaking*』, Cambridge: Cambridge University Press.

볼린저(Bolinger, D.) & 시어스(Sears, D. A.)(1981), 『언어의 양상들 *Aspects of Language*』, 3rd edn. (Fort Worth: Harcourt, Brace and Jovanovitch, Inc.).

브라우어(R. A. Brower)(ed.)(1959), 『번역에 관하여 *On Translation*』, Cambridge Mass.: Harvard University Press.

브라운(R. Brown) & 포드(M. Ford)(1964), "미국 영어로 된 주소 *Address in Americans English*", in D. Hymes(ed.)(1964).

브라운(R. Brown) & 질만(A. Gilman)(1960), "힘과 결속력의 대명사들 The pronouns of Power and Solidarity", in Thomas Sebeok(1960), p. 253-276.

블랑슈-벤브니스트(C. Blanche-Benveniste)(1969), 『철자법 *L'Orthographe*』, Paris: Gallimard.

브르통(A. Breton)(1962), 『초현실주의 선언문 *Manifeste du Surréalisme*』(초판. 1924) Paris: J. J. Pauvert. 영어번역: *Menifestoes of Surrealism*(리처드 시버 & 헬렌 R. 레인 번역, Ann Arbor: Michigan University Press, 1972).

브르통(A. Breton) & 엘뤼아르(P. Éluard)(1930), 『무염수태 *Immaculée Conception*』, Paris: José Corti.

사마린(W. Samarin)(1972), 『인간과 천사의 혀 *The Tongues of Men and Angels*』, New York: Macmillan.

사피어(E. Sapir)(1921), 『언어 *Language*』, New York: Harcourt, Brace & World.

_____(1949), 『언어, 문화 그리고 인물에 대한 선집 *Selected Writings*

in Language, Culture and Personality』, D. G. Mandelbaum(ed.), Berkeley: California University Press, .

삭스(O. Sachs)(1985), 『자신의 아내를 모자로 착각한 남자 *The man who mistook his wife for a hat*』, London: Pan Books.

세벅(T. Sebeok)(ed.)(1960), 『언어 속의 문체 *Style in Language*』, Cambridge, Mass.: MIT Press.

소쉬르(F. de Saussure)(1968), 『일반언어학 강의 *Cours de linguistique générale*』, Paris: Payot(초판, 제네바, 1915). 바스킨(W. Baskin)이 영어로 번역, *Course in General Linguistics*(New York: Philosophical Library, 1959).

쉐릴(J. Scherrill)(1964), 『그들은 다른 언어로 말한다 *They speak with other tongues*』, New York: McGraw-Hill.

쉐브렝(H. Shevrin)(1972), "축약과 은유: 꿈꾸는 몽상가와 꿈꾸는 창조자 Condensation et Métaphore: le rêveur révant et le créateur rêvant", 《신정신분석지 *Nouvelle Revue de Psychanalyse*》, 5, p.115–130.

슈비터스(K. Schwitters)(1973), 『문학 작품 1 서정시 *Das literarische Werk*, i. *Lyric*』, H. von Friedhelm Lach(ed.), Köln: Verlag M. DuMont Schauberg.

스타인(G. Stein)(1973), 『글 쓰는 법 *How to write*』, Barton: Something Else Press Inc.(초판 Paris 1931).

스위프트(J. Swift)(1903), 『걸리버의 세계 먼 나라들로의 여행(걸리버 여행기) *Gulliver's Travel into Remote Nations of the World*(*Les voyages de Gulliver*)』, (초판 1726; London: Dent).

아담스(Adams, D.)(1979), 『'은하수를 여행하는 히치하이커를 위한 안내서 *The Hitchhiker's Guide to the Galaxy*』, London: Pan.

아르토(A. Artaud)(1948), 『신의 심판과 함께 끝내기 위하여 *Pour en finir avec le jugement de Dieu*』, Paris: Gallimard.

아폴리네르(G. Apollinaire)(1920), 『알코올 *Alcools*』, Paris: Gallimard.

_____(1925), 『칼리그람 *Calligrames*』, Paris: Gallimard.

애치슨(Aitchison, J.)(1976), 『조음이 되는 표유 동물 *The Articulate Mammal*』, London: Routledge.

_____(1987), 『마음속에 있는 말들 *Words in the Mind*』, Oxford: Blackwell.

안지외 외(D. Anzieu et al.)(1977) 『정신분석학과 언어 *Psychanalyse et Langage*』, Paris: Dunod.

알라주아닌(T. Alajouanine)(1979), "정상적인 언어와 병적인 언어 Langage normal et langage pathologique", 《르노-바로 연구지 *Cahiers Renaud-Barrault*》, 99.

야겔로(M. Yaguello)(1978), 『언어와 여성 *Les mots et les femmes*』, Paris: Payot.

_____(1989), 『낱말의 성 *Le Sexe des mots*』, Paris: Belfond.

_____(1991a), 『영어 탐구 문법 *Grammaire exploratoire de l'anglais*』, Paris: Hachette.

_____(1991b), 『언어의 광적 애호가들 *Lunatic lovers of Language*』, London: Athlone.

야겔로(M. Yaguello)(ed.)(1994), 『주체성과 주관성 *Subjecthood and Subjectivity*』, Paris: Ophrys; London: IFRU.

야콥슨(R. Jakobson)([1921] 1973), "러시아 신시 단편집 Fragments de la 'la nouvelle poésie russe'", in Jakobson(1973),

_____(1941), "유아어, 실어증 및 일반 발음법 Kinder Sprache, Aphasie und allgemeine Lantgesetze", 『선집 *Selected Writings*』, i (1962-84).

_____([1942] 1976), 『소리와 의미에 관한 여섯 강의 *Six leçons sur le son et le sens*』, Paris: Editions de Minuit.

_____(1956a), "음운론과 음성학 Phonology and Phonetics", in Halle and Jakobson(1956).

_____(1956b), "언어의 두 가지 측면과 실어증 장애의 두 가지 유형 Two Aspects of Language and Two Types of Aphasic Disturbances", in Halle and Jakobson(1956). Jakobson(1987)에 재수록됨.

_____(1959), "번역의 언어학적 측면에 대해서 On linguistic Aspects of Translation", in Brower(1959), p. 232-239. Jakobson(1987)에 재수록됨.

_____(1960a), "폐회사: 언어학과 시학 Concluding Statement: Linguistics and Poetics", in Sebeok(1960), Jakobson(1987)에 재수록됨.

_____(1960b), "왜 엄마와 아빠인가 Why Mama et Papa", 『선집 *Selected Writings*, i』(1962-84).

_____([1961] 1973), "문법시와 시문법 Poésie de la Grammaire et gammaire de la poésie", in Jakobson (1973), (원본 러시아어, Jakobson(1987)에 영어로 요약됨).

_____(1962), "일반 음운론에서 유아어의 소리 법칙과 그 위치 Les lois phoniques du language enfantin et leur place dans la phonologie générale", 『선집 *Selected Writings*』, i(1962-84).

_____(1962-84), 『선집 *Selected Writings*』, The Hague: Mouton.

_____(1973), 『시학의 문제들 *Questions de poétique*』, Paris: Seuil.

_____(1983), "문법시와 시문법 Poésie de la Grammaire et gammaire de la poésie", 『선집 *Selected Writings*』, iv (1962-84). Jakobson(1987)에 재수록됨.

_____(1987), 『문학 속의 언어 *Language in Litterature*』, Cambridge, Mass.:, Harvard University Press.

_____(1990), 『언어에 관하여 *On Language*』, L. Waugh & M. Monville-Burston(ed.), Cambridge, Mass.: Harvard University Press.

야콥슨(R. Jakobson) & 포모르스카(K. Pomorska)(1983), 『대화 *Dialogues*』(Halle의 서문. Mary Fretz가 러시아어를 번역), Cambridge, Mass.: MIT Press.

야콥슨(R. Jakobson) & 워(L. R. Waugh)(1980), 『언어의 소리 모양 *The Sound Shape of Language*』(Bloomington: Indiana University Press; Hassocks, England: Harvester Press (재판, Aug. ed., Berlin: Mouton, 1987). 『선집 *Selected Writings*』, viii (1962-84), p.1-315에 재판됨.

에티엔느(L. Étienne)(1957), 『콩트로페의 기술 *L'Art du contrepet*』, Paris: Gallimard.

_____(1962), 『삽화 속에 문자 수수께끼의 기술 *L'Art de la charade à tiroirs*』, Paris: Gallimard.

오리아노(M. Oriano)(1980), 『국경의 노동자들 *Les travailleurs de la frontière*』, Paris: Payot.

오가르드(T. Augarde)(1984), 『낱말-게임 옥스퍼드 북 *The Oxford Book of Words-Games*』, Oxford: Oxford University Press.

오스틴(J.-L Austin)(1962), 『말로써 행동하는 방법/언어와 행위 *How to do things with words*』, Oxford: Clarendon Press.

오피(I. Opie) & 오피(P. Opie)(1959), 『초등학생들의 전래 말놀이와 언어 *The Lore and Language of School-Children*』, Oxford: Oxford University Press.

울리포(Oulipo)(1973), 『잠재적 문학 *La Littérature potentielle*』, Paris: Gallimard.

울프슨(L. Wolfson)(1970), 『정신분열증환자와 언어 *Le Schizo et les Langues*』, Paris: Payot.

워프(B. L. Whorf)(1956), 『언어, 생각 그리고 현실 *Language, Thought and Reality*』,

Cambridge, Mass.: MIT Press.

웰스(J. C. Wells)(1982), 『영어의 억양 *Accent of English*』, i, ii, iii, Cambridge: Cambridge University Press.

이리가레이(L. Irigaray)(1974), "정신분열증 환자와 기호의 문제 Le schizophrène et la question du signe",《연구 *Recherches*》, 16.

이오네스코(E. Ionesco)(1954), 『대머리 가수와 수업 *La Cantatricde chauve et La Leçon*』, Paris: Gallimard.

(*영어번역: 『영어연극: 수업, 의자, 대머리 프리마 도나, 자크 또는 복종 Plays English: The Lesson, The chairs, The bald Prima Donna, Jacques or Obedience*』, 도널드 윈스턴 번역, London: Calder, 1958.)

저메인(E. B. Germain)(ed.)(1978), 『초현실주의 영시 *Surrealist poetry in English*』, London: Penguin.

조이스(J. Joyce)(1950), 『피네건의 경야 *Finnegans Wake*』, London: Faber and Faber.

주스(M. Jousse)(1978), 『발화주체, 말, 그리고 호흡 *Le Parlant, la Parole et le Souffle*』, Paris: Gallimard.

촘스키(N. Chomsky)(1957), 『통사 구조 *Syntactic Structures*』, The Hague: Mouton.

_____(1965), 『통사론의 여러 양상 *Aspects of the Theory of Syntax*』, Cambridge, Mass.: MITPress.

_____(1972), 『언어와 마음 *Language and Mind*』, New York: Harcourt Brace Jovanovitch.

_____(1975), 『언어에 대한 고찰 *Reflections on Language*』, New York: Random House Inc.

카이우아(R. Caillois)(1967), 『놀이와 인간 *Les Jeux et les Hommes*』, Paris: Gallimard.

캐럴(L. Carroll)(1992), 『이상한 나라의 앨리스 *Alice in Wonderland*』(초판 1865))와 『거울나라의 앨리스 Through the Looking Glass and What Alice Found There』(초판 1871)의 합본, Norton Critical Edition, Donald J. Gray(ed.), London: W. W. Norton and Co.

커밍스(E. E. Cummings)(1939), 『50편의 시 *50 Poems*』, New York: Hawthorn Books.

케르브라-오레키오니(C. Kerbrat-Orecchioni)(1977), 『암시적 의미 *La Connotation*』, Lyon University Press.

_____(1980), 『발화행위: 언어의 주관성에 대

하여 *L'Enonciation: De la Subjectivité dans la langage*』, Paris: Armand Colin,.

_____(1990), 『언어의 상호작용 *Les Interactions verbales*』, i, ii, iii, Paris: Armand Colin.

코앵(J. Cohen)(1966), 『시적 언어의 구조 *Structure du langage poétique*』, Paris: Flammarion.

_____(1979), 『고급 언어 *Le haut langage*』, Paris: Flammarion.

코핏(A. Kopit)(1968), 『날개 *Wings*』, New York: Hill and Warburg.

코헨(J. M. Cohen)(1975), 『희극적이고 기이한 시의 선택 *A Choice of Comic and Curious Verse*』, Harmondsworth: Penguin.

콰인(W. V. O. Quine)(1960), 『낱말과 사물 *Word and Object*』, Paris: Gallimard.

콤리(B. Comrie)(1981), 『언어의 보편적 특성과 언어 유형론 *Language Uinversals and Linguistic Typology*』, Oxford: Blackwell.

쿠퍼(R. L. Cooper) & 스폴스키(B. Spolsky)(1991), 『언어가 문화와 사상에 미치는 영향: 조슈아 A. 피시만의 65세 생일을 축하하는 논문집 *The influence of language on culture and thought: Essays in the honors of Joshua A. Fishman's 65th birthday*』, Berlin: Mouton de Gruyter.

『크리티크 *Critique*』(1974), 로만 야콥슨을 기념하기 위한 특별호(Special issue to honour Roman Jakobson), 322.

크리스탈(D. Crystal)(1992) 『언어와 언어들의 백과사전식 사전 *An encyclopedic dictionary of language and languages*』, Cambridge, Mass.: Blackwell.

퀼리올리(A. Culioli)(1990), 『발화행위의 언어학을 위하여 *Pour une linguistique de l'enonciation*』, Paris: Ophrys.

크뢰버(A. L. Kroeber)(1964), "언어화 문화의 분류학에 대하여 On Taxonomy of languages and cultures", 『문화와 사회의 언어학 *Language in Culture and Society*』[D. Hymes(ed.)(1964)].

토도로프(T. Todorov)(1972), "의미적 모순들 Les anomalies sémantiques", 《언어 *Langages*》, I, p. 100-123.

_____(1972), "소리의 의미 Le sens des sons", 《시학 *Poétique*》, 11, pp. 446-462.

_____(1977), 『상징이론 *Théories du symbole*』, Paris: Le Seuil.

토도로프(T. Todorov) 외(1979), 『시의 의미론 *Sémantique de la poésie*』, Paris: Le Seuil.

토드(L. Todd)(1990), 『피진어와 크리올어 *Pidgins and Creoles*』, London: Routledge.

트루질(P. Trudgill)(1992), 『언어와 사회 입문 *Introducing Language and Society*』, London: Penguin.

페예(J. P. Faye) & 레옹(R. Léon)(1969), "프라하 학회 Le cercle de Prague", 《변화 *Change*》, 3, Paris: Le Seuil.

파르브(P. Farb)(1984), 『말놀이 *Word Play*』, New York: Alfred A. Knopf, Inc.

팔머(F. R. Palmer)(1976, 1981), 『의미론 *Semantics*』, Cambridge: Cambridge University Press.

_____(1994), 『문법적 역할과 관계 *Grammatical Roles and Relations*』, Cambridge: Cambridge University Press.

페렉(G. Perec)(1967), 『잠자는 사람 *Un homme qui dort*』, Paris: Denoël.

_____(1969), 『실종 *Disparition*』, Paris, Gallimard.

_____(1978), 『인생 사용법 *La Vie mode d'emploi*』, Paris: Hachette.

펜슈(T. Fensch)(1971), "루이스 캐럴, 최초의 LSD 중독자 Lewis Carroll, the First Acid Head", 『앨리스의 여러 측면 *Aspects of Alice*』[R. Phillips(ed.)(1971)].

폭스(J. Fox)(1974), "우리의 선조들은 파리에서 연설을 했다 Our Ancestors Spoke in Paris", 『말하기의 민족지학적 탐구 *Explorations in the Ethnography of speaking*』, in Bauman, R. & J. Sherzer(1974).

폴랑(J. Paulhan)(1956), 『전집 *Œuvres complètes*』, Paris: Gallimard.

_____, 「원시적 심성과 탐험가들의 환상 *Mentalité primitive et l'Illusion des explorateurs*」

_____, 「수사학, 그 재속에서 다시 태어나다 *La Rhétorique renaît de ses cendres*」

_____, 「야곱 카우 그것을 표절하다 혹은 낱말들이 기호라면 *Jacob Cow le Pirate ou Si les mots sont les signes*」

_____, 「언어의 선물 *Le Don des langues*」

_____, 「수사학 개론 *Traité des figures*」

퐁타니에(Fontanier)(1977), 『담화 비유법 *Les Figures du discours*』, 초판출판 1818, Paris: Flammarion.

폴리바노프(E. Polivanov)([1929] 1970), "모든 시적 기법에 공통된 음성학적 원리 Le principe commun à toute technique poétique", 《변화 *Change*》, 6.

푸코(M. Foucault)(1970), 『사물의 질서 *The Order of Thing*』(『말과 사물 *Les mots et les choses*』), New York: Random House.

푹스(C. Fuchs)(1987), 『애매성과 설명적 환언 *L'ambiguité et la paraphrase*』, Caen: Caen University Press.

풀럼(G. K. Pullum)(1991), 『엄청난 에스키모의 어휘 장난 *The Great Eskimo Vocabulary Hoax*』, Chicago: Chicago University Press.

프라이드(J. B. Pride) & 홈스(J. Holmes)(eds.)(1972), 『사회언어학 *Sociolinguistics*』, Harmondworth: Penguin.

프로이트(S. Freud)(1976), 『농담과 무의식의 관계 *Jokes and their Relation to the Unconscious*』, 독일어 초판(1905), James Strachey 번역, Angela Richards 수정, Harmondworth: Penguin.

프롬킴(V. Fromkim) & 로드만(R. Rodman)(1974), 『언어학 입문 *An Introduction to Language*』, New York: Holt, Rhinehart and Winston, Inc.

프리드리히(P. Friedrich)(1972), "사회배경과 의미자질, 러시아어의 대명사 용법 Social Context and Sematic Features; the Russian Pronominal Usage", 『사회언어학의 지침서 *Directions in Sociolinguistics*』(Gumperz & Hymes(eds.)(1972).

피쉬맨(J. Fishman)(1971), 『사회언어학 *Sociolinguistics*』, Rowley: Newbury House.

필립스(R. Phillips)(ed.)(1971), 『앨리스의 양상 *Aspects of Alice*』, London: Penguin.

크노(R. Queneau)(1947), 『문체 연습 *Exercices de style*』, Paris: Gallimard.

_____(1965a), 『수직선, 수와 글 *Bâtons, Chiffres et Lettres*』, Paris: Gallimard.

_____(1965b), 『푸른 꽃들 *Les Fleurs bleues*』, Paris: Gallimard.

『크리티크 *Critique*』(1974), 야콥슨에게 헌정된 특별호, 322.

하스(M. Haas)(1964), "언어 간의 금기어 Interlingual Word Taboo", 『문화와 사회에서의 언어 *Language in Culture and Society*』, in D. Hymes(ed.)(1964).

하위징아(J. Huizinga)(1951), 『호모 루덴스 *Homo ludens*』, Paris: Gallimard.

하임즈(D. Hymes)(ed.)(1964), 『문화와 사회의 언어 *Language in Culture and Society*』, New York: Harper and Row.

_____(1972), "의사소통 능력에 관하여 *On Connunicative Competence*", in Pride and Holmes(1972).

할레(M. Halle) & 야콥슨(R. Jakobson)(eds.)(1956), 『언어의 기본원칙 *Fundamentals of language*』, The Hague: Mouton.

할리데이(M. A. K. Halliday)(1973), 『언어기능의 탐구 *Explorations in the functions of language*』, London: Edward Arnold.

_____, 『말하고 쓰는 영어 *Spoken and written English*』, Oxford: Oxford University Press, 1989.

하야카와(S. I. Hayakawa)(1978), 『사상과 행동의 언어 *Language in thought and action*』, New York: Harcourt, Brace Jovanovich.

허드슨(R. Hudson)(1995), 『낱말의 의미 *Word Meaning*』, London: Routledge.

허버트(G. Herbert)(1941), 『조지 허버트 작품집 *The works of George Herbert*』, Oxford: Clarendon Press.

헨리 외(A. Henri et al.)(1967), "머지강의 소리 The Mersey Sound", 『Penguin 현대시인 선집 *Peguin Modern Poets*』, 10, Harmondworth: Penguin.

호켓(C. Hockett)(1967), "혀가 미끄러지는 곳, 거기서 나는 미끄러진다 Where the tongue slips, there slip I", 『로만 야콥슨을 기리기 위하여 *To honor Roman Jakobson*』, ii, The Hague: Mouton.

삽화 출처

출판사에서는 표시된 쪽에 삽화들을 전재하도록 친절하게 허가해 준 다음 분들에게 감사 드린다. (이곳 쪽수 표시는 이 책 본문의 쪽수임)

29쪽: © 에르제(Hergé)/물랭사르(moulinsart), 1998

31쪽: 피터 뉴어크(Peter Newark)의 군대 그림

63쪽: 럭키 루크 영화제작사(Lucky Luke Productions)

110쪽: (런던) 유한책임회사 더 에이전시(The Agency)의 허가로 전재됨. 판권 © 1997 그레이엄 롤리(Graham Rawle), 제4계급 유한책임회사(The Fourth Estate Limited)에 의해 초판 출판됨. (런던) 유한책임회사 더 에이전시 판권 소유 및 문의, 24 Pottery Lane, London W11 4LZ, 팩스: 0171 727 9037

156쪽: © 알베르 르네(Albert René)/고시니(Goscinny) 출판사 – 위데르조(Uderzo),

173쪽: 배트맨과 모든 관련 요소들은 DC 코믹스(DC Comics)의 상표입니다 © 1998 판권 소유. 허가 후 사용됨

212쪽: 게리 라슨(Gary Larson)에 의한 「저 편(The Far Side)」 © 1991 파월스(Farworks) 주식회사, 허가 후 사용. 판권 소유.

찾아보기: 인명

113, 138, 165, 239, 252, 266, 300, 320

소쉬르(Ferdinand de Saussure)_12, 66, 71, 73, 151, 164, 165, 166, 167, 177, 178, 206, 207, 208, 209, 217, 221, 231, 263, 324, 326, 328

슈비터스(Kurt Schwitters)_193, 194, 195, 328

스위프트(Jonathan Swift)_16, 148, 149, 328

스타인(Gertrude Stein)_16, 41, 175, 188, 245, 248, 264, 328

스턴(L. Sterne)_27

스트릿지(Charles Sturridge)_48

시뇨레(Simone Signoret)_252

시라크(Jacques Chirac)_216

ㅇ

아데어(Gilbert Adair)_147

아르노(Antoine Arnauld)_208, 231

아르토(Antonin Artaud)_42, 213, 244, 248, 328

애덤스(Douglas Adams)_214, 250

야겔로(Marina Yaguello)_4, 5, 8, 9, 21, 48, 56, 99, 160, 164, 177, 207, 210, 329

야콥슨(Roman Jakobson)_12, 25, 40, 42, 52, 78, 90, 118, 147, 171, 174, 177, 178, 179, 184, 192, 200, 329,

330, 332, 334, 335

에르제(Hergé)_28, 336

엘리엇(Thomas Stearns Eliot)_16, 27

예스페르센(Otto Jespersen)_25, 171

오가르드(T. Augarde)_64, 147, 322, 330

오리아노(M. Oriano)_200, 330

오웰(George Orwell)_94, 108, 161, 298

오피(Iona & Peter Opie)_330

왓츠(Isaac Watts)_179

울프선(Louis Wolfson)_236

워즈워스(W. Wordsworth)_27, 182

워프(B. L. Whorf)_160, 164, 330

웰스(J.C. Wells)_144, 147, 331

이스트우드(Clint Eastwood)_113

이오네스코(Eugene Ionesco)_84, 128, 203, 205, 331

이워트(Gavin Ewart)_254

인판테(Guillermo Cabrera Infante)_121

ㅈ

자오 위안런(Chao Yuen Ren)_261

작스(O. Sachs)_264

조이스(James Joyce)_16, 41, 213, 244, 248, 250, 331

존스(Daniel Jones)_123

주스(M. Jousse)_52, 200, 331

지드(A. Gide)_175

찾아보기: 용어

ㄱ

각운(rhyme)_23, 44, 45, 70
개념적 의미(conceptual meaning)_292
개별언어(particular language)_123,
   240, 307
개인 언어사용(speech)_231, 263
거울 읽기(mirror reading)_112
격변화/어형 변화(declension)_306
격식어(formal language)_275
결합적 축(결합축)(axis of
   combination)_72, 73, 75
계열관계(paradigmatic relationship)_74
계열적 축(계열축)(paradigmatic axis)_75
고(古)형태소(paleo-morpheme)_83,
   85
고정 관념(stereotype)_162
곡언법(曲言法, litotes)_217
관습적인/협약적인(conventional)_165,
   248
교착/첨가(agglutination)_191
구조어=기능어(structure word/function
   word)_79, 188, 237
국제음성기호(IPA: International Phonetic
   Alphabet)_78, 123, 126, 147
굴절 형태소(inflectional morpheme)_83,
   97

굴절어(inflectional language)_97, 98,
   306
귀환규칙(recursive rule)_17, 206, 207
귀환성(recursiveness)_17, 201, 205,
   206, 218
그릇된 나누기(false division)_69
글말 전승(written tradition)_116
글말 코드(written code)_102, 109
글말/문어(written language/ written
   words)_102
기본모음(Cardinal Vowels)_125
기의(signified/signifié)_151, 152, 154,
   155, 165, 172, 178, 184, 192, 217,
   267, 278, 287, 288, 291, 292, 293
기표(signifier/signifiant)_151, 152,
   154, 155, 159, 165, 166, 169, 172,
   178, 184, 192, 198, 217, 267, 268,
   278, 287, 291, 314

ㄴ

내용어=어휘어(content   word/lexical
   word)_79, 96, 237
내포/함축적 의미(connotation)_293
논평(comment)_309, 310
누보로망(nouveau roman)_27, 28
뉴스피크(Newspeak)_94, 161, 298

ㅅ

ㅇ